精品化教材
High Quality Textbooks

"十三五"职业教育国家规划教材
"十四五"职业教育国家规划教材
四川省"十四五"职业教育省级规划教材
新形态一体化教材
校企双元团队合作开发教材
省级精品课程（慕课）配套教材

GONGYINGLIAN GUANLI SHIWU

供应链管理实务

（第五版）

主　编　胡建波
副主编　李方敏　张锦惠　付 涛　张小艳

本书特点：

- 任务引领　◆项目导向
- 能力本位　◆职业导向
- 课程思政　◆名师导向
- 慕课在线　◆智慧导向

西南财经大学出版社
中国・成都

图书在版编目(CIP)数据

供应链管理实务/胡建波主编;李方敏等副主编. 5版.--成都:西南财经大学出版社,2024.11.
ISBN 978-7-5504-6468-1

Ⅰ.F252.1

中国国家版本馆 CIP 数据核字第 20249DD030 号

供应链管理实务(第五版)
主　编　胡建波
副主编　李方敏　张锦惠　付　涛　张小艳

策划编辑:王　琳　王青杰
责任编辑:王　琳　王青杰
助理编辑:金欣蕾
责任校对:余　尧
封面设计:张姗姗
责任印制:朱曼丽

出版发行	西南财经大学出版社(四川省成都市光华村街 55 号)
网　　址	http://cbs.swufe.edu.cn
电子邮件	bookcj@swufe.edu.cn
邮政编码	610074
电　　话	028-87353785
照　　排	四川胜翔数码印务设计有限公司
印　　刷	郫县犀浦印刷厂
成品尺寸	185 mm×260 mm
印　　张	23.125
字　　数	625 千字
版　　次	2024 年 11 月第 5 版
印　　次	2024 年 11 月第 1 次印刷
印　　数	1—3000 册
书　　号	ISBN 978-7-5504-6468-1
定　　价	55.00 元

内容简介

本书按照高等职业教育人才培养的要求，在总结国家示范性高职院校建设、国家骨干高职院校建设、国家优质高职院校建设以及中国特色高水平高职学校和专业建设（简称“双高”）现代物流管理专业数字化供应链运营课程教学改革成果的基础上编写而成。本书是“十四五”暨“十三五”职业教育国家规划教材、四川省“十四五”职业教育省级规划教材、新形态一体化教材、校企双元团队合作开发教材、省级精品课程（慕课）配套教材（构建了网上教学资源库，学习者扫描二维码可获取物流与供应链视频、微课视频及专家、教授、名师的授课视频等电子教学资源）。本书秉持“职业活动导向”的理念，遵循由浅入深的认知规律，参照《高等职业教育专科现代物流管理专业教学标准》《物流管理1+X试点工作指南》《供应链管理师国家职业技能标准》《物流服务师国家职业技能标准》等文件精神，结合数智技术赋能职业教育的创新发展，以及供应链的数字化转型、升级，对数字化供应链运营课程的内容进行了重构与优化，设置了智慧供应链与智慧供应链管理认知、供应链的设计与构建、供应链计划管理、供应链库存管理、供应链采购管理、供应链生产管理、供应链物流管理、供应链管理策略的选择与实施、供应链关系管理、供应链绩效管理十项综合任务。

本书充分挖掘课程思政元素，设置素质目标，开发课程思政素材，凸显课程思政地位，落实立德树人根本任务；有机融入新技术（如AI、BC、ML、RPA、IoT等）、新标准、新规范；任务引领、项目导向，涵盖供应链的认知、校园超市供应链的设计、啤酒游戏、供应链运作与管理等实训项目；软件仿真（在线实训），角色扮演，游戏教学，寓教于乐；内容新，紧贴行业发展，包含供应链协同管理、供应链风险管理、供应链可视化管理、供应链策略成本管理（ABC、TCO分析）、全球供应链管理、绿色供应链管理、电子供应链管理、新质生产力及其对供应链的影响、区块链及其在供应链中的应用、供应链金融、智慧供应链、现代供应链、数字化供应链、反脆弱供应链、韧性供应链、敏捷供应链、精益供应链、供应链控制塔、S&OP到IBP的升级与转变、平衡计分卡（BSC）法在供应链绩效管理中的应用、缓冲存货点（DP）的递变规律及影响因素、SCOR 模型及其应用、供应链流程再造、协同库存管理、牛鞭效应的成因与减弱对策等内容；配套数字资源丰富；问题驱动，支持探究式学习；语言流畅，表述准确，逻辑严谨；图文并茂，术语准确；提供大量我国崛起企业新案例，传承民族精神，厚植爱国情怀，增强教材可读性。

本书可作为高等职业院校物流类、工商管理类、经济贸易类、电子商务类、交通运输类专业及其他相关专业的教材，也可作为应用型本科院校相关专业的参考书，还适合作相关领域从业人员的培训教材。

第五版前言

本书将党的二十大精神渗透到内容中，通过小贴士（专门知识点）和案例反映人工智能（AI）、区块链（BC）、机器学习（ML）、机器人流程自动化（RPA）等新技术在数字化供应链中的应用，凸显数字经济；通过挖掘课程思政元素，设置素质目标，开发课程思政素材，将社会主义核心价值观渗透到内容中，产生“润物细无声”的效果，落实立德树人根本任务；将新技术、新标准、新规范、新模式渗透到内容中，确保内容新，为提升我国产业链供应链竞争力培养合格供应链人才，推动经济高质量发展。

2017 年 10 月，国务院办公厅颁布了《关于积极推进供应链创新与应用的指导意见》，提出到 2020 年，形成一批适合我国国情的供应链发展新技术和新模式，基本形成覆盖我国重点产业的智慧供应链体系。培育 100 家左右全球供应链领先企业，重点产业的供应链竞争力进入世界前列，中国成为全球供应链创新与应用的重要中心。

2018 年 5 月，财政部、商务部联合发文，决定重点围绕供应链“四化”（标准化、智能化、协同化、绿色化）开展流通领域现代供应链体系建设。

2019 年 11 月，国家发展改革委、中央银行、银保监会等 15 部门联合发布了《关于推动先进制造业和现代服务业深度融合发展的实施意见》，支持相关企业开展供应链金融服务。

2018 年 4 月和 2020 年 4 月，商务部等八部门先后下发了《关于开展供应链创新与应用试点的通知》《复制推广供应链创新与应用试点第一批典型经验做法》以及《关于进一步做好供应链创新与应用试点工作的通知》。

2021 年 3 月，商务部等八部门联合下发了《关于开展全国供应链创新与应用示范创建工作的通知》，要求将供应链思维融入经济发展全局，着力构建产供销有机衔接和内外贸有效贯通的现代供应链体系，巩固提升我国的全球供应链地位，推动经济高质量发展。

2022 年 5 月，国务院办公厅发布的《“十四五”现代物流发展规划》指出，现代物流一头连着生产，一头连着消费，高度集成并融合运输、仓储、分拨、配送、信息等服务功能，是延伸产业链、提升价值链、打造现代供应链的重要支撑，在构建现代流通体系、促进形成强大国内市场、推动高质量发展、建设现代化经济体系中发挥着先导性、基础性、战略性作用；坚持以供给侧结构性改革为主线，提升产业链供应链韧性和安全水平，推动构建现代物流体系，推进现代物流提质、增效、降本，为建设现代产业体系、形成强大国内市场、推动高水平对外开放提供有力支撑。

但是，目前我国供应链运营与管理人才匮乏，缺口达到430万人。未来5年，我国对供应链人才的需求总量将达到600万人。我国供应链人才培养还处于起步阶段，亟须调动社会各方面的力量来尽快解决我国供应链人才短缺的问题。

为践行产教融合、校企合作的精神，把行业企业供应链运作与管理的先进内容引入教材，使教材内容反映行业的发展趋势，并满足行业企业对高素质、创新复合型技术技能人才的需求，我们组建了校企双元编写团队，由全国模范教师、全国物流职业教育教学名师、中国物流学会理事、全国物流职业教育教学指导委员会教学改革专业委员会委员及课程思政专门委员会委员胡建波教授领衔，多所高职院校的物流与供应链教师和行业龙头企业专家参与编写。

本书具有以下主要特色：

第一，凸显课程思政地位。编写团队充分挖掘课程思政元素，设置素质目标，开发课程思政素材。本书依托供应链上升为我国国家战略、中国物流在世界崛起等素材，培养学生的家国情怀、专业认同感及勇于担当和勇于创新的精神。

第二，校企双元团队合作开发、编写。行业、企业专家主要提供物流与供应链运作、管理的素材，教师负责将其转化为学习情境及任务和项目。

第三，配套数字资源丰富。本书印制了二维码，配套在线开放课程，内含物流与供应链视频、微课（专家、教授、名师授课视频）、案例库、习题库、试题库、实训资源、拓展资源、在线测试与讨论等内容（详见慕课 https://www.xueyinonline.com/detail/227529073）。学习者扫描二维码即可获取相关课程资源，既方便学生自主进行个性化学习，又方便教师开展线上线下混合式教学，有利于翻转课堂的组织实施。

第四，凸显新技术在智慧供应链中的应用。本书有机融入人工智能（AI）、区块链（BC）、机器学习（ML）、机器人流程自动化（RPA）、物联网（IoT）、数字孪生等新技术，凸显新技术在智慧供应链中的应用。

第五，任务引领、项目导向。全书内容由十项综合任务及其下设子任务构成，包含供应链的认知、校园超市供应链的设计、啤酒游戏、供应链运作与管理等实训项目，要求学生开展企业调查并完成调查报告，撰写设计方案，完成实训报告，系统培养学生的综合运用能力。

第六，游戏教学，寓教于乐。在供应链的认知、啤酒游戏、供应链运作与管理等实训项目的教学中，软件仿真、在线实训，角色扮演、游戏教学，寓教于乐。

第七，问题驱动，支持探究式学习。本书在每项综合任务的开头设置了引例，并设计了引导问题。在书中设计了思考题，引导学生开展探究式学习。

第八，课后同步测试。本书在每项综合任务结束后设计了判断、选择、计算、实训、情境问答、综合分析、案例分析、方案设计等题型。题型灵活多样，着重培养学生的数字化供应链运营与管理实务的能力，体现职业活动导向。

第九，内容新，紧贴行业发展。本书包含供应链协同管理、供应链风险管理、供应链可视化管理、供应链策略成本管理（ABC、TCO 分析）、全球供应链管理、绿色供应链管理、电子供应链管理、新质生产力及其对供应链的影响、区块链及其在供应链中的应用、供应链金融、智慧供应链、现代供应链、数字化供应链、反脆弱供应链、韧性供应链、敏捷供应链、精益供应链、供应链控制塔、S&OP 到 IBP 的升级与转变、平衡计分卡（BSC）法在供应链绩效管理中的应用、缓冲存货点（DP）的递变规律及影响因素、SCOR 模型及其应用、供应链流程再造、协同库存管理、牛鞭效应的成因与减弱对策等内容，从物流外包的模式、领域、类型、方式等几个方面介绍了物流外包的发展趋势，并对“物流外包的风险与减弱对策”等内容做了有益的探讨。

第十，物流术语准确。本书根据现行国家标准《物流术语》（GB/T 18354-2021）准确界定和使用每个物流术语。

第十一，提供大量我国崛起企业新案例，如供应链管理全球顶尖企业的特质、天物大宗的在线供应链金融服务、华为公司的核心竞争力、中国的希音为什么能够打败西班牙的 ZARA、联想运用区块链技术创新实现采销高效协同等，传承民族精神，厚植爱国情怀，增强了可读性。

本书由四川交通职业技术学院（国家示范性高职院校、国家优质高职院校、国家“双高”院校）胡建波教授担任主编，广州科技职业技术大学李方敏副教授、成都工业职业技术学院（四川省“双高”院校）张锦惠副教授、成都航空职业技术学院（国家示范性高职院校、国家优质高职院校、国家“双高”院校）付涛副教授、甘肃交通职业技术学院（甘肃省优质高职院校）张小艳副教授担任副主编。具体分工如下：胡建波教授设计全书内容框架并统稿，编写任务 1“智慧供应链与智慧供应链管理认知”、任务 3“供应链计划管理”和任务 9“供应链关系管理”；李方敏副教授编写任务 5“供应链采购管理”；张锦惠副教授编写任务 10“供应链绩效管理”；付涛副教授编写任务 8“供应链管理策略的选择与实施”；张小艳副教授编写任务 2“供应链的设计与构建”；山东理工职业学院（山东省优质高职院校）孙惠副教授编写任务 4“供应链库存管理”；贵州电子商务职业技术学院齐娱讲师编写任务 6“供应链生产管理”；新疆科技职业技术学院杨雪婷编写任务 7“供应链物流管理”。

本书在编写过程中参考了一些案例，引用了一些图片和视频，由于来源较广，未能一一注明出处，在此对其原始文献作者表示衷心感谢。

在本书出版之际，特别感谢北京络捷斯特科技发展股份有限公司总经理邵清东，上海智教信息科技有限公司总经理徐海峰，京东物流副总裁吉芥，京东赋能学院总监陈丽曼，深圳市鸿益达供应链股份有限公司成都分公司副总经理程建德，风神物流有限公司运营总监刘杨，中铁集装箱运输有限责任公司成都分公司副总经理王刚，苏宁云商集团股份有限公司成都分公司总监江曼莉，中联思科物流科技成都有限公司总经理刘晓源，中国联合网络通信股份有限公司成都分公司市场总监陈梁，西南民族大学彭安金教授、胡敏副研究员，西南交通大学胡骋希，四川交通职业技术学院陈敏，成都铁路局冉钟月、谭辛佑。他们为本书的出版做了大量工作，在此一并致谢。

因编者水平有限，书中难免有不妥之处，恳请使用本书的广大读者提出宝贵意见，以便进一步完善本书，编者邮箱：583052380@ qq. com。

编者

2024 年 11 月

目 录

CONTENTS

任务1

智慧供应链与智慧供应链管理认知

供应链上升为
我国国家战略（微课）

数字化供应链（微课）

现代供应链（微课）

智慧供应链（微课）

我国全球顶尖供应链
企业的情况（微课）

【素质目标】

1. 具有家国情怀。
2. 树立社会主义核心价值观及科学发展观。
3. 树立系统观念。
4. 具有协同理念。
5. 具有绿色低碳理念。
6. 具有成本意识。
7. 具有服务意识。
8. 具备团队精神。
9. 具备创新精神。
10. 具有专业认同感。

【知识目标】

1. 理解供应链、数字化供应链、现代供应链、智慧供应链等的概念与内涵。
2. 了解人工智能等新一代信息技术在智慧供应链中的应用。
3. 了解新质生产力及其对供应链的影响。
4. 了解供应链的特征。
5. 了解供应链的分类。
6. 理解供应链管理的概念与要旨。
7. 理解供应链管理的主要特点。
8. 熟悉供应链管理的主要领域。
9. 掌握供应链管理的流程。
10. 理解供应链管理的目标。
11. 理解供应链管理的优势。
12. 了解供应链管理的产生和发展历程。
13. 了解供应链管理的发展趋势。

【能力目标】

1. 能分析供应链的典型结构。
2. 能分析供应链中物流、资金流、信息流的流向。
3. 能判断特定企业的供应链类型。

【引例】

思科公司凭借数字化供应链成为业界最高效的公司

思科公司是全球最大的互联网设备供应商，一度以公司从不开发技术而闻名于世。虽然近年来其自主研发的产品或技术的比例在不断提高，但仍然有40%的技术创新成果是通过公司并购及战略联盟的方式从其他公司获得的。思科公司能够在其全球供应链网络中快速地进行资源的优化配置和整合，归功于其数字化供应链战略。

（1）需求预测与管理。人们无法想象，思科公司93%的订单是通过cisco.com网站在线交易完成的。从客户查询产品信息、下达订单到思科公司确认库存数量、通知（合同）制造商生产产品、客户付款以及产品交付乃至售后服务，都是利用网络完成的。客户一旦登录思科公司的网站，网站就会自动识别客户来自哪里，属于何种类型，并能够根据客户的类型向其推荐适合客户的购买模式和产品。这是思科公司通过App和互联网获取大数据进行分析，并通过人工智能对供应链需求进行预测的结果。

（2）数字化供应链体系。思科公司通过虚拟数据库构建了完整的供应链合作伙伴视图，并通过数字化工具、优化产品组合、战略采购等一系列举措，大幅度提升了其与供应链合作伙伴的协同水平，构建了高水准的数字化供应链体系。思科公司依托先进的信息技术手段，实施了业务流程重组（BPR），并与供应链合作伙伴构建了虚拟企业、动态联盟。相应地，思科公司的供应链运营模式从传统的"推式"转变为"拉式"。

（3）虚拟物流。随着思科并购新公司、推出新产品，其业务关系变得十分复杂。为了能够在任何时间和地点全面了解公司的订单及其执行情况，思科公司构建了虚拟物流网络，创建了一个虚拟视图，加强了其与全球物流网络中相关物流企业①的合作，确保了物流对采购、生产、客户服务等供应链运作的有效支撑。

引导问题：

1. 思科公司成功的关键是什么？
2. 目前供应链发展到了什么阶段？

案例分析：思科公司凭借数字化供应链成为业界最高效的公司（微课）

随着科技进步及经济社会的发展，企业经营环境变得高度动态、复杂与多变。顾客越来越挑剔，竞争越来越激烈。特别是进入20世纪90年代以后，许多企业经营管理者发现仅仅依靠一家企业的力量不足以在竞争中获胜，于是纷纷联合，企业间从竞争走向合作。相应地，企业的竞争模式逐渐演变为供应链与供应链的竞争。

1.1 智慧供应链认知

［案例］ **京东物流集团的一体化供应链服务**

京东物流集团以物联网、大数据、机器人和人工智能（AI）等技术为基础，面向产业链上下游提供涵盖智慧供应链系统、无人科技和价值链等全方位的供应链智慧化、数字化解决方案。

① 物流企业（logistics service provider）是指"从事物流基本功能范围内的物流业务设计及系统运作，具有与自身业务相适应的信息管理系统，实行独立核算、独立承担民事责任的经济组织"（GB/T 18354-2021）。

随着服务客户的能力提升和场景不断丰富，京东物流集团不仅提供标准化供应链服务产品，同时针对家电、服饰、消费品、家居、3C、生鲜、汽车后市场等不同行业的特点，打造了定制化的解决方案，全面满足客户多样化需求。此外，京东物流集团孵化了“京东服务+”平台，深耕3C、家电、家居领域，让消费者在京东能实现从产品到服务的一站式购买、售后安装、维修、清洗保养等一体化服务。

想一想：京东物流集团为客户提供了哪些供应链服务？

美国供应链管理专业协会（Council of Supply Chain Management Professionals，CSCMP）认为：“物流①是供应链流程的一部分，是以满足客户要求为目的，对货物②、服务及相关信息在产出地和销售地之间实现高效率和高效益的正向和反向流动及储存③所进行的计划、执行与控制的过程。”目前，物流管理④已经发展到了供应链管理阶段。

供应链的概念（微课）　供应链内涵的拓展（微课）　物流供应链（微课）　服务产品化，产品服务化（微课）

一、供应链的概念

［小贴士］　人工智能正在推动供应链变革

人工智能正在推动供应链变革（微课）　供应链的概念与内涵（微课）

近年来，人工智能正在积极推动供应链变革。企业运用人工智能技术，借助复杂的算法及海量数据，不断挖掘企业简化运营、优化决策及显著节约成本的潜力。

人工智能能够优化供应链并促使相关业务流程自动化。借助机器强大的学习能力，人工智能系统能够实时分析庞大的数据集，识别潜在模式，并精确做出预测。这为供应链管理者提供了快速、有效的决策支持，从而实现运营精简及企业盈利能力的提升。

根据IDC的预测，到2026年，福布斯全球企业2000强中，将有55%的企业利用人工智能技术重新设计其服务供应链。这一趋势显示出人工智能在简化运营、提升效率及为动态供应链管理带来竞争优势的巨大潜力。

根据麦肯锡公司的预测，生成式人工智能的各种应用场景每年有望带来2.6万亿至4.4万亿美元的收入增长，这进一步体现了人工智能在重塑供应链等多个领域所具有的革命性潜力。

供应链的概念是在发展中形成的。随着供应链管理实践及理论研究的不断深入，其内涵在不断丰富，外延在不断扩大，概念本身也在不断完善。

1985年，美国哈佛大学商学院的迈克尔·波特（Michael Porter）教授在《竞争优势》

---

①　物流（logistics）是指“根据实际需要，将运输、储存、装卸、搬运、包装、流通加工、配送、信息处理等基本功能实施有机结合，使物品从供应地向接收地进行实体流动的过程”（GB/T 18354-2021）。

②　物品/货物（goods）是指“经济与社会活动中实体流动的物质资料”（GB/T 18354-2021）。需要说明，人们一般所说的物品是从广义的角度指称，而物流中的物品与货物同义，指发生实体流动的物质资料。

③　储存（storing）是指“贮藏、保护、管理物品”（GB/T 18354-2021）。而保管（stock keeping）是指“对物品进行储存，并对其进行保护和管理的活动”（GB/T 18354-2021）。

④　物流管理（logistics management）是指“为达到既定的目标，从物流全过程出发，对相关物流活动进行的计划、组织、协调与控制”（GB/T 18354-2021）。

一书中提出了价值链理论，这是供应链概念产生的前奏。

早期的观点认为供应链是制造企业中的一个内部过程，它是指企业将采购的原材料和零部件，通过生产加工转换以及销售等活动，将产品经由零售商并最终送达用户的一个过程。传统的供应链概念局限于企业的内部操作层面上，注重企业自身资源的利用这一目标，而忽视了企业与外部环境的联系。

中期的观点注意到了企业与外部环境的联系，认为供应链是一个“通过链中不同企业的制造、组装、分销、零售等过程将原材料转换成产品，再到最终用户的转换过程”。这是从更大的范围来定义供应链，它已经超越了单个企业的边界。例如，美国的史蒂文斯（Stevens）认为：“通过增值过程和分销渠道控制，从供应商的供应商到用户的用户的流程就是供应链，它始于供应的源点，结束于消费的终点。”这些定义均注意到了供应链的完整性，并注意到了供应链成员企业运作的一致性。

近期，供应链的概念更加注重围绕核心企业（core company）的网链关系，更加强调核心企业对供应链的规划、设计和管理作用。哈理森（Harrison）认为：“供应链是执行采购原材料，将它们转换为中间产品和成品，并且将成品销售到用户的功能网链。”菲力浦（Phillip）和温德尔（Wendell）认为供应链中的战略伙伴关系很重要，企业通过与重要的供应商和客户建立战略联盟，能更有效地开展企业经营活动。我国学者邵晓峰和黄培清等认为：“供应链是描述商品需—产—供过程中的实体活动及其相互关系动态变化的网络。”

目前，人们提出了现代供应链的概念。它是指以客户需求为导向，以提高质量和效率为目标，以整合资源为手段，以数据为核心要素，运用现代信息技术手段和现代组织方式将上下游企业和相关资源进行高效整合、优化和协同，实现产品设计、采购、生产、销售、服务等全过程高效协同的组织形态。与传统供应链相比，现代供应链具有数字化、智慧化、平台化、服务化、绿色化、全球化等特征和发展趋势。供应链已经成为继节省原料、节省人力、降低物流成本①之后的第四利润源（减少环节、协同增效）。

［小贴士］　**数据是第五大生产要素**

目前，数据已经成为继土地、劳动、资本和企业家才能之后的第五大生产要素。Forrester 在 2024 年 8 月的 1 份报告中显示，到 2028 年，数字经济将达到 16. 5 万亿美元，占全球经济产出的 17%。2023 年我国数字经济规模超过 55 万亿元，占国内生产总值的比重已经超过 40%。在当今高速发展的数字经济时代，数据作为新时代核心生产要素，已经成为国家重点战略方向。数据是第五大生产要素，但不是所有的数据都能成为新质生产要素。我们要分析和管理数据，并把优质的数据智能化，使其应用于科技、商业和运营，从而产生数据价值。

数据是第五大生产要素（微课）

［小贴士］　**数字化转型**

数字化转型也称数位转型，是企业将新一代信息与通信技术（information and communications technology，ICT）整合到各个业务领域的过程，即把新一代信息与通信技术叠加到企业原有的生产要素中，从而引起业务的创新与重构。数字化转型不仅仅是将技术简单地运用到生产过程中，更应该在转型过程中不断积累并形成数字资产，围绕数字资产构建数字世界的竞争力，为企业不断创造价值。数字化转型本质上是业务转型，是新一代信息与通信技术驱动下的一场业务、管理和商业模式的深度变革与重构。技术是支点，业务是内核。通过对信息与通信技术的深入运用，我们可以构建一个全感知、全联接、全场景、全智能的数字世界，进而优化再造物理世界的业务，对传统管理模式、业务模式、商业模式进行创新和重塑，不断提升企业竞争力。

数字化转型（微课）

---

① 物流成本（logistics cost）是指“物流活动中所消耗的物化劳动和活劳动的货币表现”（GB/T 18354-2021）。

［案例］　　　　　　**联想集团的供应链数字化**

联想集团利用数据指导用户进行需求分析并推动用户的需求决策，成功地实现了公司业务的转型。联想利用智能质量管理生态系统改进需求预测分析方法，以确保客户满意。联想还采用了5G、区块链（BC）、物联网（IoT）、RPA和人工智能（AI）等先进技术，以优化向全球客户提供的产品及服务解决方案。联想高级副总裁兼集团运营官表示，“供应链数字化是联想成功的关键驱动力之一，并确保我们保持最佳供应链的卓越性”。

联想集团的供应链数字化（微课）

［小贴士］　　　　　　**供应链数字化**

供应链数字化（supply chain digital transformation）指在供应链相关信息充足的基础上，供应链从上游到下游由数字驱动，并由人工智能技术在数字驱动的基础上为供应链活动做出有效决策。供应链数字化的应用技术主要包括机器人流程自动化（RPA）、人工智能（AI）和区块链（BC）。RPA通常是供应链数字化的第一步，是一种通过自动从数据库（如ERP或者电子邮件）读取相关信息并根据事先预设好的流程自动对所读取的信息做出反应的软件。RPA是供应链数字化中最受欢迎的技术（RPA的开发及后续使用成本较小），目前将近60%的财务部门已经引进RPA来自动处理业务流程，其次是采购和人力资源领域。人工智能通常指人类语言学习、机器视觉及机器学习，在数字化供应链①（见图1.1）中主要指机器学习（ML），即利用现有的数据对模型进行训练，并通过多次迭代优化结果。例如，利用机器学习模型对供应链需求进行预测（最典型的应用），供应链风险管理，对运输延迟进行预测，等等。区块链是管理数据的数据库技术，具有数据录入以后不可更改的特性，其在供应链领域多指以制造企业为核心企业向其上下游辐射出去形成的私有链。IBM公司的相关数据显示，供应链数字化可使企业采购成本降低20%，可使供应链成本节省50%，可使收入增长10%。传统条块式的供应链管理转向全链条的可视化管理，是企业供应链数字化建设的长期行动方向。我们要加强在数据管理范围、数据收集手段、数据分析及应用三个方面的供应链数字化建设，实现以数据驱动推动供应链数字化。

供应链数字化（微课）

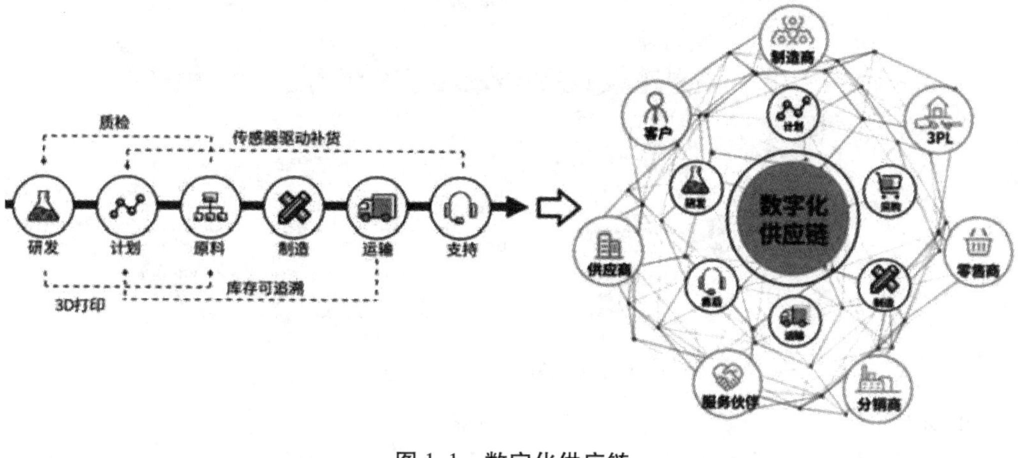

图1.1　数字化供应链

---

① 数字化供应链是指基于互联网、物联网、大数据、人工智能等新一代信息技术及现代化管理理念和方法，以价值创造为导向，以数据为驱动，对供应链活动进行整体规划设计与运营的新型供应链。

［小贴士］　**中国物流与供应链数字化发展迅猛**

大数据、区块链、物联网等与物流行业结合，加快推进了中国物流与供应链数字化发展。中国已经涌现全球最大的数字货运物流平台满帮、全球最大即时物流服务平台美团、全球最大快递物流服务平台菜鸟。数字物流发展迅猛，宝武钢铁旗下欧冶云商、中国物流集团旗下中储智运、中化能源旗下66云链等在不同领域培育处于领先地位的数字供应链服务平台。

中国物流与供应链数字化发展迅猛（微课）

综上所述，供应链的概念经历了企业内部供应链（萌芽阶段）、传统供应链（扩展供应链）、集成供应链（整合供应链）、协同供应链等阶段，在云计算、边缘计算、大数据、区块链、5G、人工智能、增强现实/虚拟现实（AR/VR）等技术快速发展的今天，供应链已经发展到与互联网、物联网深度融合的智慧供应链（见图 1.2 和图 1.3）新阶段。

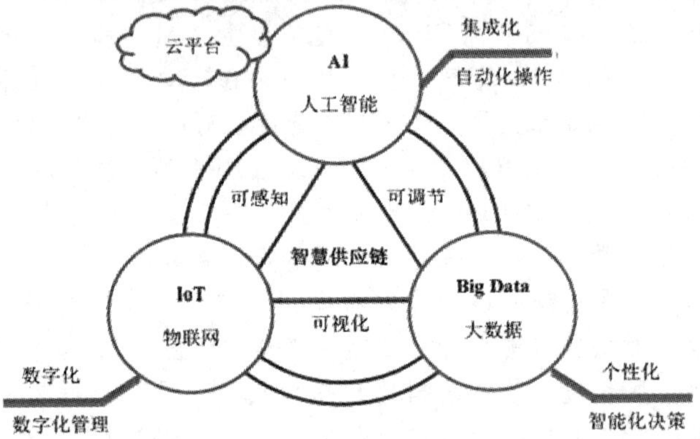

图 1.2　智慧供应链

图 1.3　智慧供应链图谱

［小贴士］　**智慧供应链**

2010 年 IBM 公司发布的《智慧的未来供应链》研究报告中提出了智慧供应链的概念，意指供应链与互联网、物联网的深度融合。企业通过采用物联网、大数据、云计算和人工智能等先进技术，使得整个供应链系统运作如同在人的大脑指挥下实时收集并处理信息，做出最优决策、实现最优布局，系统中各组成单元能实现高质量、高效率、低成本的分工与协同。

智慧供应链一般具有感知、优化决策和智能反馈等功能，通过连接升级、数据升级、模式升级、体验升级、智能升级和绿色升级全面推进供应链升级，深刻影响社会生产和流通方式，并且在降低服务成本、提高流通效率、减少资源能耗、开展增值服务等方面显现巨大的优势。

［小贴士］　　中国的物流与供应链发展阶段

改革开放以来，中国的物流与供应链经历了引进吸收探索发展、加入WTO以后快速发展及党的十八大以后转型发展三个阶段。

中国的物流与供应链发展阶段（微课）

［小贴士］　　中国的物流与供应链战略目标

我国的物流与供应链战略目标是，到2030年实现三个“十”：一是社会物流总费用占GDP的比率降到10%左右，二是全球物流与供应链绩效指数（LPI）排名进入全球前十，三是有10家左右的企业成为全球有影响力的物流与供应链企业，中国的物流与供应链国际竞争力极大提升，中国从物流大国走向物流强国。

中国的物流与供应链战略目标（微课）

我国国家标准《物流术语》（GB/T 18354-2021）对供应链（supply chain）的定义是：“生产及流通过程中，围绕核心企业的核心产品或服务，由所涉及的原材料供应商、制造商、分销商、零售商直到最终用户等形成的网链结构。”

本书认为，供应链是围绕核心企业，通过对商流、物流、信息流及资金流等流程的控制，从原材料、零部件等生产资料的采购与供应开始，经过生产制造、分销（拨）、零售以及售后服务等活动，由供应商、制造商、分销商、零售商、相关服务商（如物流服务商、银行等金融机构、IT服务商等）和终端用户连成的整体功能网链结构模式。

供应链涵盖所有成员企业，它不仅是一条从供应源到需求源的物流链、资金链、信息链，更是一条增值链，物料及产品因加工、包装①、运输②等过程而增加价值，给消费者带来效用，同时也给供应链其他成员企业带来收益。

［小贴士］　　2004—2024年全球供应链的发展阶段

结合供应链管理全球顶尖企业的成功做法，我们可以将过去20余年的供应链发展划分为四个阶段：2004—2010年的供应链是以需求为导向的价值网络，2011—2015年是以客户为中心的供应链网络，2016—2020年是体现数字化商业模式的供应链，2021—2024年是体现可持续运营的供应链。

2004—2024年全球供应链的发展阶段（微课）

二、供应链的结构

1. 供应链的结构模型

供应链的结构（微课）　　典型行业企业的供应链结构（微课）

---

① 包装（package；packaging）是指“为在流通过程中保护产品、方便储运、促进销售，按一定技术方法而采用的容器、材料及辅助物等的总体名称”（GB/T 18354-2021）。注：也指为了达到上述目的而采用容器、材料和辅助物的过程中施加一定技术方法等的操作活动。

② 运输（transport）是指“利用载运工具、设施设备及人力等运力资源，使货物在较大空间上产生位置移动的活动”（GB/T 18354-2021）。

供应链有多种结构模型，如静态链状模型、动态链状模型、网状模型和石墨模型等，其中最常见的是网链结构模型，供应链的网链结构模型如图 1.4 所示。

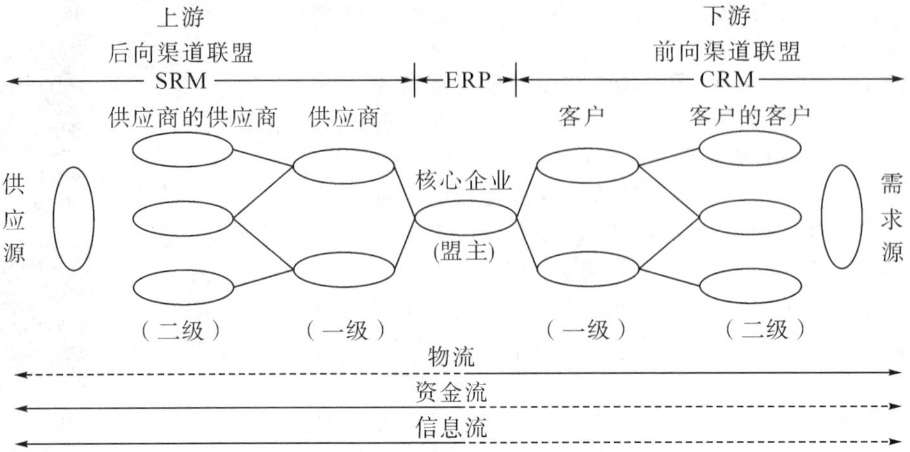

图 1.4 供应链的网链结构模型

从供应链的网链结构模型可以看出，供应链是由节点和连线组成的复杂网络。其中节点代表企业实体，连线代表节点间的连接方式，可能是商流、物流、资金流或信息流。通常，节点具有双重身份，它既是其供应商的客户，又是其客户的供应商。节点企业在需求信息的驱动下，通过供应链的职能分工与合作，以资金流、物流/服务流为媒介实现供应链的增值。

供应链中的实体包括法律实体、物理实体和功能实体三种类型。法律实体是指合法存在的企业，物理实体是指物流节点①（如车站、码头、航空港、物流中心②、配送中心③、仓库等），功能实体是指企业的功能部门（职能部门）。

供应链的结构要素主要包括：供应链的长度、供应链的宽度（集约度）、节点企业间的关系。一般认为，供应链的长度即是满足顾客需求所涉及的环节数，同类企业处于同一层面。而供应链的宽度亦即供应链的集约度，它可以由供应链中同类企业的数量来衡量。

2. 供应链参与体的角色分类

供应链参与体包括主体企业和客体企业两种类型。主体企业是指在供应链中占据主导地位，拥有供应链存在的决定性资源，该企业的进入或退出对供应链的存在及运营会产生显著影响，且具有较高的行业地位（如行业领导者），在本行业中具有较强综合竞争力的节点企业。而客体企业则在供应链的运营中起辅助和参与作用，被动响应，处于次要地位。主体企业中的领袖企业就是核心企业，核心企业对供应链的业务运作能起到关键性的推动作用，它既能为客户提供最大化的附加价值，又能帮助其他成员企业拓展到新的产

供应链成员企业的角色分类（微课）

① 物流节点（logistics node）是指“具有与所承担物流功能相配套的基础设施和所要求的物流运营能力相适应的运营体系的物流场所和组织”（GB/T 18354-2021）。

② 物流中心（logistics center）是指“具有完善的物流设施及信息网络，可便捷地连接外部交通运输网络，物流功能健全，集聚辐射范围大，存储、吞吐能力强，为客户提供专业化公共物流服务的场所”（GB/T 18354-2021）。

③ 配送中心（distribution center，DC）是指“具有完善的配送基础设施和信息网络，可便捷地连接对外交通运输网络，并向末端客户提供短距离、小批量、多批次配送服务的专业化配送场所”（GB/T 18354-2021）。

品市场领域。而其他处于相对次要地位的成员就是非核心企业。根据客体企业与主体企业业务关系的疏密程度又可将其划分为内围企业和外围企业两种类型，内围企业与主体企业的业务关系相对紧密，而外围企业与主体企业的业务关系相对松散。此外，还有一类企业虽然目前与供应链企业群体没有业务合作关系，但是一旦机会成熟，就可能会取代现有的某些节点成为供应链的新成员，这类企业即为潜在企业。需要说明，供应链中的主体企业或核心企业可以是具有较强影响力的工商企业或物流企业。

供应链中企业的角色分类如图 1.5 所示。

如图 1.4 所示，供应链的网链结构模型中的企业群体属于卫星式企业群体，其中只有一个主体企业（核心企业）。而在团队合作式企业群体中往往不止一个主体企业（见图 1.6）。例如，汽车行业企业的供应链就属于典型的团队合作式企业群体。其中，汽车制造商、发动机和变速箱等关键部件的供应商、汽车经销商（如 4S 店①）等是主体企业，而次要零部件的供应商等参与体是非主体企业。

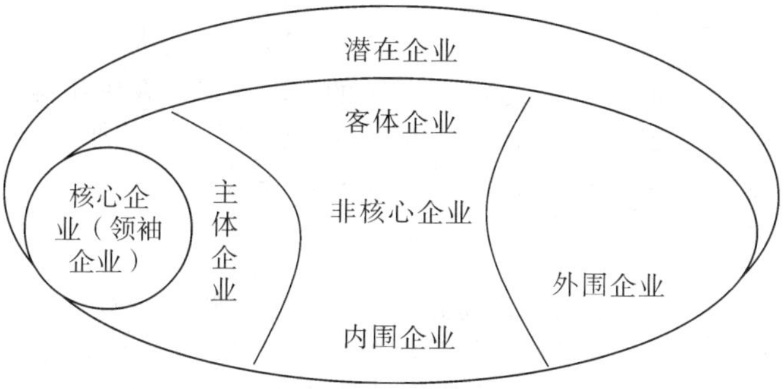

图 1.5 供应链中企业的角色分类

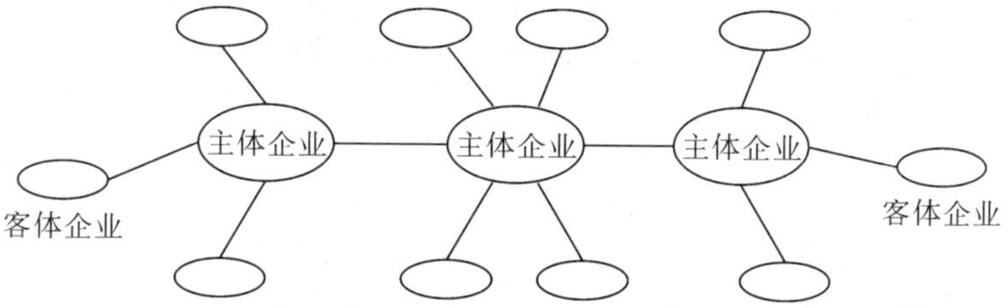

图 1.6 团队合作式企业群体

3. 供应链中的关键流

供应链中的关键流主要包括物流、资金流和信息流。从严格意义上讲，物流、资金流和信息流都是双向的，但它们都有一个主要流向（在图 1.4 中以实线箭线表示）。通常，物流从上游往下游流动，其表现形态包括原材料、零部件、在制品、产成品等实体的流动，称为正向物流；但当发生退货、回收包装物或

供应链的四流（微课）

供应链的典型流程（微课）

① 4S 店即“汽车销售服务 4S 店”，是一种集整车销售（sale）、零配件供应（sparepart）、售后服务（service）、信息反馈（survey）“四位一体”的汽车销售企业。4S 店采用的是以“四位一体”为核心的汽车特许经营模式。

其他废旧物品时，物流的流向与正向流恰恰相反，称为逆向物流或反向物流。在供应链的“四流”中，物流比较外显，最容易观察到。

供应链中的信息主要包括需求信息和供应信息。需求信息主要有客户订单、企业与客户签订的销售合同等，其流向与正向物流相反，当其从下游往上游流动时，即引发正向物流；供应信息通常由需求信息引发，例如货物发运单、提前装运通知（advanced shipment notification，ASN）等，其流向与正向物流相同，与需求信息的流向相反。其中，需求信息的流动方向是供应链信息流的主要流向。在市场转型的今天，供应链成员企业的经营活动一般是在需求信息的驱动下开展的，因而，辨识并获取客户的需求信息是供应链经营活动的起点。

物流或服务流本质上反映了资金的运动过程。顾客的需求信息引发物流或服务流，与之相伴而生的是资金流。与正向物流相对应，资金流主要从下游往上游流动，与正向物流反向；而当发生逆向物流时，资金流与正向物流同向。总之，物流与资金流是反向的。

三、供应链的特征

供应链的特征
（微课）

一般地，供应链具有以下主要特征。

1. 需求导向性

供应链的存在、优化与重构，都是基于一定的市场需求。在供应链运营的过程中，用户的需求成为信息流、物流/服务流、资金流的驱动源。因此，及时、准确地获取不断变化的市场需求信息，并快速、高效地满足顾客的需求，成为供应链运营成功的关键。

2. 增值性

供应链是一个高度一体化的提供产品和服务的增值过程。所有成员企业都要创造价值。制造商主要通过对原材料、零部件进行加工转换，生产出具有价值和使用价值的产品来实现增值（形质价值或形式价值）；物流商主要通过提供仓储、运输服务来创造时间价值和空间价值，通过提供流通加工①服务来创造形质（式）价值；银行等金融机构主要通过为供应链中的企业提供融资服务来创造价值；IT 服务商主要通过为工商企业和物流企业提供软件开发、系统维护与升级等服务来创造价值。供应链时代的来临，要求各成员企业分工协调、同步运作，实现供应链的增值。

3. 交叉性

一家供应商可同时向多家制造商供应原材料等生产资料，一家制造商生产的产品也可以由多个分销商分销，一个零售商可同时销售多家制造商生产的产品，一个第三方物流企业可同时向多条供应链中的工商企业提供物流服务②。某条供应链中的节点企业还可以成为其他供应链的成员。众多的供应链错综复杂地交织在一起，大大地增加了协调管理的难度。

4. 动态性

供应链的动态性首先来源于企业经营环境的动态性、复杂性与多变性。为了适应竞争环境的变化，管理者需要对供应链进行不断优化，从而使其呈现出动态性的特征。此外，供应链的结构与类型因行业而异。即使是同一行业中的企业，其供应链的类型与结构也不可能完

---

① 流通加工（distribution processing）是指“根据顾客的需要，在流通过程中对产品实施的简单加工作业活动的总称”（GB/T 18354-2021）。注：①简单加工作业活动包括包装、分割、计量、分拣、刷标志、拴标签、组装、组配等。②来料加工（processing with supplied materials）是指“由境外单位提供原料，委托境内加工单位在保税状态下进行加工装配，成品由境外单位销往国外的一种贸易方式”（GB/T 18354-2021）。③“进料加工”（processing with imported materials）是指“境内企业进口物料加工后再销往国外的一种贸易方式”（GB/T 18354-2021）。

② 物流服务（logistics service）是“为满足客户物流需求所实施的一系列物流活动过程及其产生的结果”（GB/T 18354-2021）。

全相同。伴随着企业的发展，供应链的类型与结构也需要动态地更新。

5. 复杂性

供应链同时具有交叉性和动态性等特征，因而是错综复杂的。供应链的有效运作还需要协调控制物流、资金流、信息流等多种“流”，这进一步增大了供应链管理的复杂性。此外，虽然供应链成员企业都有通过满足顾客需求来实现盈利这一共同目标，但毕竟每个成员企业都拥有独立的产权，并存在一定程度上的利益冲突①，因而更增大了核心企业协调管理供应链的复杂性。

在上述特征中，顾客需求是供应链存在和运营的前提，而增值性是供应链的本质特征。

四、供应链的分类

供应链有多种分类方法，以下是几种常见的分类。

（一）按照供应链存在的稳定性划分

按照供应链存在的稳定性，可将其划分为稳定供应链和动态供应链两种类型。稳定供应链面临的市场需求相对单一、稳定，而动态供应链面临的市场需求相对复杂且变化频繁。在实际运作中，需要根据不同的市场需求特点来构建不同的供应链，且应根据变化的市场需求来修正、优化乃至重构供应链。

（二）按照供应链的容量与用户需求的关系划分

按照供应链的容量与用户需求的关系，可将其划分为平衡供应链和倾斜供应链两种类型。平衡供应链是指用户需求不断变化，但供应链的容量能满足用户需求而使之处于相对平衡的状态、供需能够匹配的供应链。倾斜供应链则是指当市场变化剧烈时，企业不是在最优状态下运作而处于倾斜状态、供需失衡的供应链。平衡供应链具有相对稳定的供需匹配能力，而倾斜供应链则会导致库存积压或缺货成本上升，供应链总体拥有成本（total cost of owership，TCO）增加。

（三）按照产品类型划分

1. 产品的基本类型

按照产品生命周期（product life cycle，PLC）、产品边际利润、需求的稳定性以及需求预测的准确性等指标，可以将产品划分为功能型产品（functional products）和创新型产品（innovative products）两种类型，功能型产品与创新型产品需求特征的比较如表 1.1 所示。

功能型产品与创新型产品特征的比较（微课）

表 1.1　功能型产品与创新型产品需求特征的比较

需求特征	产品类型	
	功能型产品	创新型产品
产品生命周期（PLC）	>2 年	1~3 年
边际贡献率/%	5~20	20~60
产品多样性	低（10~20）	高（上百）
平均需求预测偏差率/%	10	40~100
平均缺货率②/%	1~2	10~40
平均季末降价比率/%	几乎为 0	10~25
产品生产的提前期（LT）	6 个月~1 年	1 天~2 周

① 供应链成员企业间本质上是竞争与合作关系。

② 缺货率（stock-out rate）是指“衡量缺货程度及其影响的指标，用缺货次数与客户订货次数的比率表示”（GB/T 18354-2006）。

由表 1.1 可知，功能型产品用于满足用户的基本需求，具有较长的生命周期，需求比较稳定、一般可预测，但边际利润较低，如日用百货等。而创新型产品的生命周期较短，产品更新换代较快，需求不太稳定、需求预测的准确度较低，但其边际利润较高，如时装、IT 产品等。

产品类型与供应链类型的匹配（微课）

功能型供应链与创新型供应链运营成功的关键（微课）

按照产品类型，可将供应链划分为功能型供应链和创新型供应链两种类型。

2. 功能型供应链和创新型供应链

（1）功能型供应链。功能型供应链是指以经营功能型产品为主的供应链。因功能型产品的市场需求比较稳定，容易实现供需平衡，故这种供应链运营成功的关键是通过减少供应链的环节来实现供应链的简约化和精益化，通过供应链的规模运作（包括采购、生产和物流）来降低运营成本，通过非核心业务外包和设置适量的库存等策略和举措来提高供应链的效率，降低供应链的成本。

（2）创新型供应链。创新型供应链是指以经营创新型产品为主的供应链。因创新型产品的市场需求不太稳定，供需容易失衡，故这种供应链运营成功的关键是利用链上的信息来协调成员企业间的活动，以实现供需匹配。为此，供应链成员企业应实时信息共享，联合预测需求，协同制订计划，同步协调运作；应增强供应链的系统性和集成性，提升供应链的敏感性和响应性。

（四）按照供应链的功能模式划分

供应链的功能模式主要有物理功能和市场中介功能两种。按照供应链的功能模式可将其划分为效率型供应链和响应型供应链两种类型。

效率型供应链也称有效性供应链（efficient supply chain），是指在生产领域以较低的成本将原材料转化成零部件、半成品及产成品，以及在运输、配送①等实物流通（物流）活动中体现物理功能的供应链；响应型供应链也称反应性供应链（responsive supply chain），是指通过市场中介功能（商流）及高效物流系统（物流）把产品分销（拨）到目标市场，对不可预知的需求做出快速反应、体现市场中介等功能的供应链。这两种类型供应链的比较见表 1.2 所示。

效率型供应链与响应型供应链之比较（微课）

表 1.2　效率型供应链与响应型供应链的比较

比较项目	供应链类型	
	效率型供应链	响应型供应链
主要目标	高效、低成本地满足可预测的需求	对不可预测的需求做出快速响应，避免缺货及削价损失
制造的核心	提高资源的平均利用率	拥有弹性的生产能力

① 配送（distribution）是指“根据客户要求，对物品进行分类、拣选、集货、包装、组配等作业，并按时送达指定地点的物流活动”（GB/T 18354-2021）。注：①集货（goods collection）是指“将分散的或小批量的货物集中起来，以便进行运输、配送的活动”（GB/T 18354-2021）。②组配货（grouping allocation）是指“根据客户、流向及品类，对货物进行组合、配货，以便合理安排装载的活动”（GB/T 18354-2021）。

表1.2(续)

比较项目	供应链类型	
	效率型供应链	响应型供应链
库存策略	供应链库存最小化	设置足够的安全库存(零部件、产成品)
提前期（LT）管理的重点	在不增加成本的前提下缩短提前期	尽量缩短提前期
选择供应商的准则	重点关注成本、质量	重点关注速度、柔性和质量
产品设计策略	产品标准化，成本最小化	模块化设计，尽可能实施延迟策略

（五）按照供应链的运营模式划分

按照供应链的运营模式，可将其划分为推式供应链、拉式供应链、推—拉式供应链三种类型。

推式、拉式、推—拉式供应链之比较(微课)

推式供应链是指企业根据对市场需求的预测进行生产，然后将产品通过分销商逐级推向市场的供应链。这是一种有计划地将产品推销给用户的传统的供应链模式，其本质特点是预测驱动供应链的运作。而拉式供应链则是顾客需求驱动型供应链，体现了现代的供应链运营模式。例如，企业按订单生产（make to order，MTO）就是拉式供应链中常见的需求响应策略。在拉式供应链中，零售商通过 POS① 系统及时准确地获取销售时点信息，并通过 EDI 将其传递给制造商共享。制造商根据需求信息制订生产计划，采购原料并安排生产，通过上下游企业的实时信息共享，动态调整生产计划，使供、产、销与市场保持同步，真正做到生产的产品适销对路。

推式供应链和拉式供应链流程的比较如图 1.7 所示。

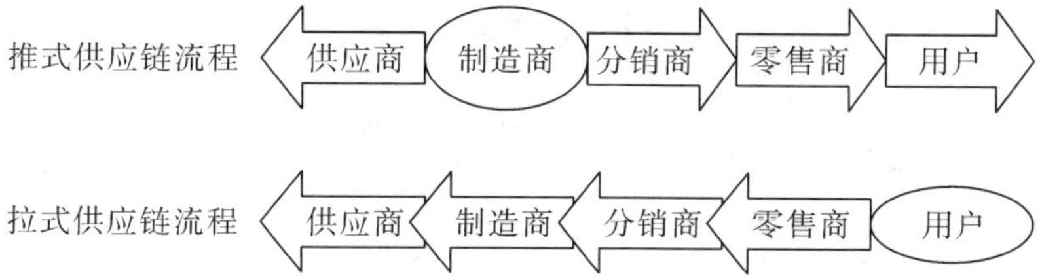

图 1.7　推式供应链和拉式供应链流程的比较

［案例］　　**戴尔与康柏的供应链运营模式**

戴尔（Dell）公司自 20 世纪 90 年代以来，通过直销模式，变传统的推式供应链为拉式供应链②，以价格低、响应快赢得客户青睐，迅速成为全球电脑业界的巨头；而同一时期的康柏（Compaq）公司，尽管技术实力比戴尔雄厚，但由于采用传统的推式生产与多级分销模式，在供应链上积压了大量库存，连年亏损，由全球最大的电脑制造商一落千丈，最终被惠普（HP）公司收购。

需要说明，推式供应链和拉式供应链代表两种极端的情形，在实务中常常需要将其有机结合，这样就形成了推—拉式供应链。在推—拉式供应链中，需要将供应链流程进行分解，共性流程由预测驱动（推），个性化（差异化）流程由订单驱动（拉）。这样，合理界定推—拉的分界线就显得格外重要。推—拉式供应链如图 1.8 所示。

---

① 即销售时点系统（point of sale，POS）。

② 准确讲，是推—拉式供应链。

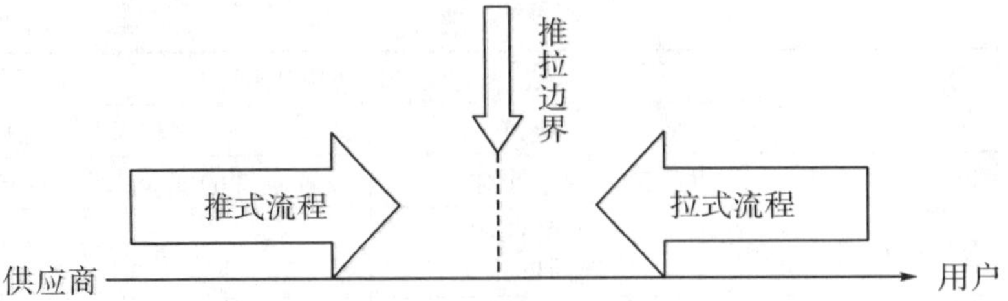

图 1.8　推—拉式供应链

（六）按照供应链的特征划分

按照供应链的特征，可将其划分为精益供应链（lean supply chain）和敏捷供应链（agile supply chain）两种类型。精益供应链源自日本丰田汽车公司的精益生产（lean production，LP），是精益思想在供应链中的应用。精益供应链是精干、高效的供应链，是消除非增值环节、杜绝浪费、追求持续改善的供应链。敏捷供应链则强调供应链的“敏捷性”和“反应性”，它是企业在复杂、多变的环境下，针对特定的市场机会，为获得最大化的价值而形成的基于一体化动态联盟、协同运作的供应链。其特点是根据动态联盟的形成和解体，进行快速重构和调整。其实质是借助信息技术、先进制造技术和现代管理方法和手段的多企业资源的集成。它强调信息共享、流程整合、虚拟企业（动态联盟）、快速响应。敏捷性是敏捷供应链的核心。精益供应链通过消除非增值环节来缩短交货期，敏捷供应链通过信息共享和高效快速的物流活动来缩短订货提前期①。两者最大的区别在于，精益供应链强调消除一切浪费，敏捷供应链则强调供应链的快速重构。

精益供应链与敏捷供应链之比较（微课）

［**案例**］　　**思科公司的敏捷供应链**

思科公司是实施敏捷供应链的典范。思科公司 90% 以上的订单来自互联网，而其过手的订单不超过 50%。思科公司通过公司的外部网连接零部件供应商、分销商和合同制造商，构成一个虚拟的制造环境。当客户通过思科公司的网站订购一种典型的思科产品（如路由器）时，订单将触发一系列的信息给为其生产电路板的合同制造商，同时分销商也会被通知提供路由器的通用部件（如电源插件）。那些为思科公司生产路由器机架、组装成品的合同制造商，通过登录思科公司的外部网并连接至其生产执行系统，可以事先知道可能产生的订单类型和数量。第三方物流服务商则负责零部件和产成品在整个供应链中的储存、运输与配送，并通过实时信息共享实现供应链的可视化。

除了上述分类外，供应链还有其他分类方法。比如，按照供应链核心企业的类型可以将其划分为制造商主导型供应链、批发商主导型供应链②、零售商主导型供应链、物流商主导型供应链等类型。

核心企业主导型供应链（微课）　　**按照管理对象划分的供应链（微课）**

① 订货提前期（order lead-time）是指“客户从发出订货单到收到货物的时间间隔”（GB/T 18354-2021）。

② 在农副产品、服装等轻工业产品市场上，批发商仍然占据着主导地位。

五、新质生产力及其对供应链的影响

（一）新质生产力的概念与内涵

新质生产力是传统生产力因科技创新与产业升级在信息化和智能化生产条件下所衍生的新形式和新质态，具有高科技、高效能、高质量等特征。

（1）科技创新。科技创新能够催生新产业、新模式、新动能，是发展新质生产力的核心要素。

新质生产力的概念与内涵（微课）

（2）产业创新。围绕发展新质生产力布局产业链，产业创新能提升产业链供应链韧性和安全水平，保证产业体系自主可控、安全可靠。

（3）绿色发展。绿色发展是高质量发展的底色，新质生产力本身就是绿色生产力。

（4）优质生产要素。建立高标准市场体系，创新生产要素配置方式，让各类先进优质生产要素向发展新质生产力顺畅流动。

（二）新质生产力对供应链的影响

新质生产力对供应链的影响体现在以下几个方面：

（1）信息科技。智技融合的高效智能决策引入云计算、大数据、物联网、人工智能等尖端技术，提升供应链的智能化水平。

新质生产力对供应链的影响（微课）

［案例］ 人工智能技术助力供应链全球顶尖企业的生产力和流程改善

生成式人工智能（Gen AI）技术可以生成新的衍生内容版本，如为潜在的包装设计图像，还可以通过成本更低的员工福利及服务改善一线人员的体验。供应链全球顶尖企业正在积极应用生成式人工智能技术并评估其潜力，尤其是在客户服务、规划和制造领域。机器学习等更成熟的人工智能技术往往更适合大多数潜在的供应链人工智能场景。供应链全球顶尖企业在数字化供应链的数据和能力方面打下了坚实的基础，他们加大了人工智能技术和生成式人工智能技术的应用力度，促进了生产力和流程改善，为众多企业提供了人工智能成功应用的真实案例。

人工智能技术助力供应链全球顶尖企业的生产力和流程改善（微课）

（2）绿色发展。人们通过引入环保材料、节能技术等降低供应链运行过程中的环境污染，推动产业绿色发展。

（3）产业创新。我们通过风险预判应对供应链外部冲击，通过数据分析和模型预测提前识别供应链的潜在风险并制定相应的应对措施。

（4）新质生产力推动供应链产业升级。在新质生产力的驱使下，传统物流历经传统供应链向智慧供应链发展。

（5）新质生产力促进供应链技术升级。在新质生产力的驱使下，供应链技术不断升级，从态势感知技术到运筹管理技术，再向绿色技术迈进。

（6）新质生产力提升供应链服务质量。通过政策协同及平台整合，我们可以不断提升供应链的专业服务质量。

（7）新质生产力提升供应链安全水平。这包括环境安全、信息安全及实物安全等。

1.2 智慧供应链管理认知

[案例] **京东物流集团的供应链产业平台**

京东物流集团的供应链产业平台聚焦两大方向，一是提供全程供应链服务，二是搭建供应链技术平台。围绕全程供应链服务，京东物流将以“双24小时”和“双48小时”的方式实现产销全链打通和国内国际双通。在产地上行的“最先一公里”，打造以产地为核心、辐射全国的高效网络，实现“产地到全国24小时达”。在销地下沉的“最后一公里”，推进“千县万镇24小时达”，让24小时甚至半日达成为更多地区的物流“标配”。在国际业务上，京东物流可通达全球200多个国家和地区，满足国内商家出海、跨境进口以及海外当地的物流服务需求，基于全球智能供应链基础网络（GSSC），将搭建“双48小时”通路网络，使得海外商品进入中国和中国品牌走向世界更加便捷。

依托在智能技术创新和全场景应用的能力积累，京东物流集团已经打造了涵盖底层技术、软硬件系统及智能供应链三个层面的立体化供应链技术平台，可以模块化对外输出。

想一想：京东物流集团的供应链产业平台为客户提供什么服务?

供应链管理的产生顺应了时代要求，它不仅关注企业内部的资源和能力，而且关注企业外部的资源和联盟竞争力，强调企业内外资源的优化配置以及整个供应链上企业能力的集成，是一种全新的管理思想和方法。

戴尔公司的供应链管理（微课）

供应链管理的概念与内涵（微课）

一、供应链管理的概念与要旨

1982年，英国物流专家、博思公司（Booz & Company）的资深合伙人凯思·奥立夫（Keith R. Oliver）和迈克尔·韦伯（Michael D. Webber）在《观察》杂志上发表了《供应链管理：物流的更新战略》一文，首次提出“供应链管理”的说法。

1989年，美国管理学家格雷厄姆·史蒂文斯（Graham C. Stevens）从集成的角度强调了供应链管理的概念，包括企业内部集成和企业外部集成。该管理思想强调供应链成员企业之间的合作。

1998年，美国供应链管理专家弗雷德·A. 库琳（Fred A. Kuglin）在其《以顾客为中心的供应链管理》一书中，提出了“协调供应链”，主张供应链成员企业之间一致“协调对外”的理念，促进了供应链管理的发展，使供应链合作伙伴关系的建立逐步进入人们的视野。

2005年1月1日，“美国物流管理协会”（Council of Logistics Management，CLM）更名为“美国供应链管理专业协会”（CSCMP），标志着全球进入供应链管理时代。

我国国家标准《物流术语》（GB/T 18354-2021）对供应链管理（supply chain management）的定义是：“从供应链整体目标出发，对供应链中采购、生产、销售各环节的商流、物流、信息流及资金流进行统一计划、组织、协调、控制的活动和过程。”

本书认为，供应链管理是在满足服务水平需要的同时，通过对整个供应链系统进行计划、组织、协调、控制和优化，最大限度地减少系统成本，实现供应链整体效率优化而采用的从供应商到最终用户的一种集成的管理活动和过程。

供应链管理涉及供应链合作伙伴关系管理、供应链需求预测与计划管理、供应链设计与优化、企业内部与企业间物料供应与需求管理、基于供应链的产品设计与制造管理、供应链物流管理、供应链资金流管理、供应链风险管理、供应链可视化管理等内容。

核心企业通过与供应链成员企业的合作，对供应链系统的物流、资金流、信息流进行控制和优化，最大限度地减少非增值环节，提高供应链的整体运营效率；通过成员企业的协同运作，共同对市场需求做出快速响应，及时满足顾客需求；通过调和供应链的总成本与服务水平之间的冲突，寻求服务与成本之间的平衡，实现供应链价值最大化，提升供应链系统的整体竞争力。

二、供应链管理的特点

供应链管理的特点（微课）

一般地，供应链管理具有以下主要特点。

1. 需求驱动

供应链的形成、存在、重构都是基于特定的市场需求，用户的需求是供应链中物流、资金流、信息流的驱动源。一般地，供应链的运作是在客户订单的驱动下进行的，由客户订单驱动企业的产品制造，产品制造又驱动采购订单，采购订单驱动供应商。在订单驱动的供应链运作中，成员企业需要协同，需要努力以最小的供应链总成本最大限度地满足用户的需求。

2. 系统优化

供应链是核心企业和上下游企业以及众多的服务商（包括物流服务商、信息服务商、金融服务商等）结合形成的复杂系统，是将供应链各环节有机集成的网链结构。供应链的功能是系统运作体现出的整体功能，是各成员企业能力的集成。因此，通过系统优化提高供应链的整体效益是供应链管理的特点之一。

3. 流程整合

供应链管理是核心企业对企业内部及供应链成员企业间物流、资金流、信息流的协调与控制过程，需要打破企业内部部门间、职能间的界限，需要打破供应链成员企业间的阻隔，将企业内外业务流程集成为高效运作的一体化流程，以降低供应链系统成本，缩短供应提前期，提高顾客满意度。

4. 信息共享

供应链系统的协调运行是建立在成员企业之间的高质量的信息传递和信息共享的基础之上，能及时、准确、可靠的进行信息传递与共享，可以提高供应链成员企业之间的有效沟通，有助于成员企业的群体决策。信息技术的应用，为供应链管理提供了强有力的支撑，供应链的可视化（visibility）极大地提高了供应链的运行效率。

［小贴士］　数智技术在供应链管理决策中的应用

数智技术在供应链管理决策中的应用（微课）

近年来，云计算、大数据、物联网、人工智能等新一代信息技术在供应链管理决策中的应用越来越广泛。

云计算可以为供应链提供弹性及可扩展的计算资源，使得数据处理更加迅速、高效。通过云计算，企业可以快速地处理大量的数据，并进行复杂的数据分析，为供应链管理决策提供更准确、更快速的支持。

大数据技术能够深入挖掘供应链中的潜在价值，帮助企业更准确地预测市场需求，优化库存管理和物流路径。通过大数据技术，企业可以对历史数据进行分析，发现市场趋势和消费者行为的特点，为供应链管理决策提供更科学、更合理的支持。

物联网技术可以实时监控货物状态，包括货物的位置、状态、数量等。通过物联网技术，企业可以实现对供应链的可视化管理，及时发现和解决问题，提高供应链的透明度和响应速度。

5. 互利共赢

供应链是核心企业与其他成员企业为了适应新的竞争环境而组成的利益共同体，成员企业通过建立协商机制，谋求互利共赢的目标。供应链管理改变了企业传统的竞争方式，将企业之间的竞争转变为供应链与供应链之间的竞争，强调供应链成员之间建立起战略伙伴关系，扬长避短，优势互补，强强联合，互利共赢。

三、供应链管理的领域

供应链管理的领域（微课）

供应链管理主要涉及供应管理、生产运作管理、物流一体化管理、需求管理四个领域，供应链管理涉及的领域如图 1.9 所示。

供应链管理以同步化、集成化的供应链计划（如供应链综合计划、销售与运作计划）为指导，以先进的制造技术（如计算机集成制造系统）、现代物流技术及信息技术（云计算、大数据、人工智能）等为支撑，围绕供应、生产运作、物流以及满足需求来实施。供应链管理是“应用系统的方法来管理从原材料供应商通过工厂和仓库直到最终顾客的整个信息流、物流、资金流的过程”①。

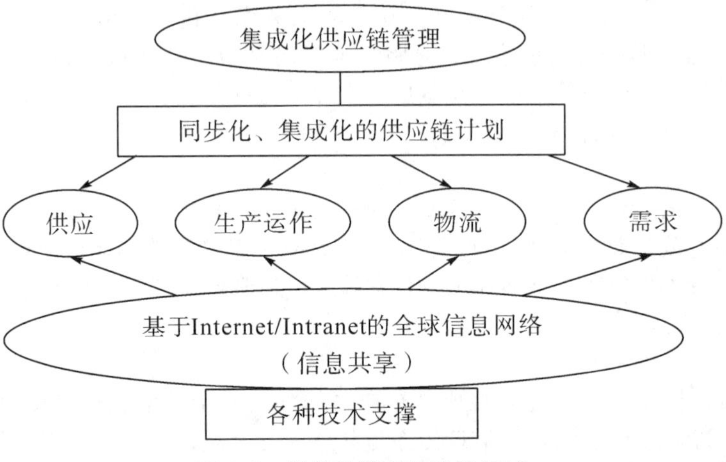

图 1.9　供应链管理涉及的领域

［案例］　人工智能在亚马逊供应链运营与管理中的应用

人工智能在亚马逊供应链运营与管理中的应用（微课）

在供应链优化的众多领域，人工智能的应用引人注目。无论是优化配送路线、精准预测需求，还是智能管理库存水平，人工智能均对企业的供应链运营与管理产生了深远的影响。亚马逊公司一直处于将人工智能融入供应链运营与管理的前沿。亚马逊电商平台运用机器学习技术为其推荐引擎提供强大支持。该引擎能

① Chase Production & Operations Management-Manufacturing & Services 1998.

够深入分析客户的搜索查询上下文与意图，并实时追踪用户在平台上的行为。得益于这一推荐引擎，亚马逊成功实现了35%的销售收入增长。同时，在供应链战略与管理方面，亚马逊也广泛依赖人工智能技术。亚马逊采用机器学习和独有算法，对历史销售数据、客户行为及市场趋势等多源数据进行自动化处理与分析，进而精确预测客户需求，确保在恰当的时间和地点拥有适量的库存，从而缩短交货周期并降低库存成本。此外，亚马逊还运用机器学习技术自动处理采购管理及仓储管理与运输规划等物流管理关键环节中至关重要的数据。亚马逊拥有专门的软件，不仅用于选择供应商并与之进行价格谈判，还能实现订单跟踪。在其仓库运营中，机器人更是发挥着举足轻重的作用，通过自动化技术实现了整个存储与检索系统的高效运转。

四、供应链管理的流程

供应链管理的流程（微课）

20世纪末，美国物流专家道格拉斯·兰伯特（Douglas M. Lambert）等从客户关系管理、客户服务管理、需求管理、订单配送管理、制造流程管理、采购与供应管理、产品开发与商品化管理、逆向物流管理等业务管理层面对供应链涉及的流程进行了分析。本书认为，供应链管理涉及供应链战略管理、供应链计划管理、供应链运作管理、供应链绩效管理和供应链关系管理等内容。其中，供应链战略包括快速反应（QR）、有效客户反应（ECR）以及供应链集成战略等类型；供应链计划管理包括供应链需求预测、供应链需求管理、供应链综合计划、销售与运作计划以及协同库存管理（如供应商管理库存、联合库存管理）等内容；供应链运作管理包括供应链采购管理、供应链生产管理、供应链物流管理等内容；供应链绩效管理主要涉及供应链流程管理、供应链策略成本管理、供应链绩效评价等内容；供应链关系管理贯穿前述四个流程，主要涉及供应链协同管理、供应链可视化管理、供应链风险管理等内容。供应链管理流程如图1.10所示。

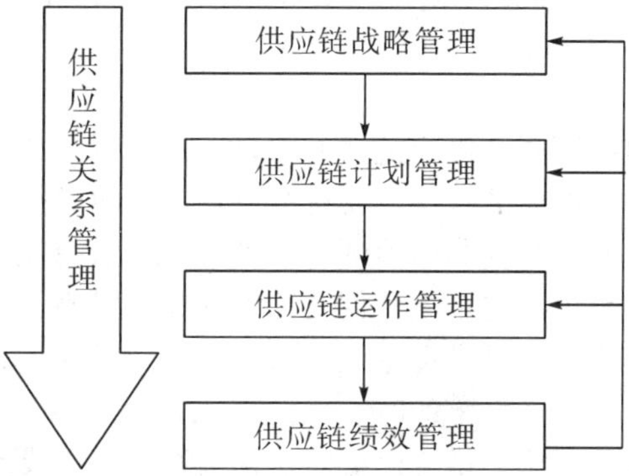

图1.10 供应链管理的流程

五、供应链管理的目标

供应链管理的目标（微课）

供应链管理的目的是增强企业竞争力，首要的目标是提高顾客满意度，具体目标是通过调和总成本最小化、总库存最少化、响应周期最短化以及服务质量最优化等多元目标之间的冲突，实现供应链绩效最大化。

（一）总成本最低

总成本最低并非指供应链中某成员企业的运营成本最低，而是指整个供应链系统的总成本最低。为了实施有效的供应链管理，必须将供应链成员企业作为一个有机的整体来加以考虑，以实现供应链运营总成本最小化。

（二）库存总量最少

传统管理思想认为，库存的设置是为了应对供需的不确定性，是必须的。然而，按照精益管理思想，库存乃“万恶之源”，会导致成本上升。因此，为了控制成本，就必须将供应链系统的库存控制在最低的水平。总库存最少化目标的达成，需要核心企业在集成供应链各库存点信息的基础上对供应链中的库存进行集中控制，抑或上下游企业协同对供应链库存进行控制。

（三）响应周期最短

供应链的响应周期①是指从客户发出订单到获得满意交货的总时间。如果说 20 世纪 80 年代企业的竞争是“大鱼吃小鱼”，那么，进入 20 世纪 90 年代以后企业的竞争更多地演变为“快鱼吃慢鱼”。时间已成为当今企业市场竞争成功的关键要素之一。因此，加强供应链成员企业间的合作，构筑完善的供应链物流系统，最大限度地缩短供应链的响应周期，是提高顾客满意度、提升企业竞争力的关键。

（四）服务质量最优

企业产品及服务质量的优劣直接关系到企业的兴衰与成败，因而质量最优也是供应链管理的重要目标之一。而要实现质量最优化，必须从原材料、零部件供应的零缺陷开始，经过生产制造、产品分拨，直到产品送达用户手里，涉及供应链全程的质量最优。

一般而言，上述目标之间存在一定的背反性：客户服务水平的提高、响应周期的缩短、交货品质的改善必然以库存、成本的增加为前提。然而运用集成化供应链管理思想，从系统的观点出发，改善服务、缩短周期、提高品质与减少库存、降低成本是可以兼顾的。成员企业只要加强合作，优化供应链业务流程，就可以消除重复与浪费，降低库存水平，降低运营成本，提高运营效率，提高顾客满意度，最终在供应链服务②与供应链成本之间找到平衡点。

六、供应链管理的优势

供应链管理的优势（微课）

成功的供应链管理能够协调整合供应链所有活动，使之成为无缝连接的一体化流程。具体而言，供应链管理主要有以下几方面的优势。

首先，加强供应链管理能够减少非增值环节，消除无效的劳动与浪费，避免库存的重复设置，减少流通费用，创造竞争的成本优势。

其次，实施供应链管理能够通过成员企业的快速重构形成动态联盟，对市场需求做出快速反应，实现供求良好结合，创造竞争的时空优势。

再次，实施供应链管理可以构筑供应链战略伙伴关系，实现成员企业在战略、战术和运作层面的协同，实现企业核心能力的协同整合，创造强大的竞争优势。

最后，实施供应链管理还可以促使企业采用现代化的信息技术、物流技术与管理方法。在供应链运营与管理中，信息技术的广泛应用是其成功的关键，而先进的物流设施设备、科学的管理方法则是其成功的重要保障。

① 对应客户的订货提前期。

② 供应链服务（supply chain service）是指“面向客户上下游业务，应用现代管理和技术手段，对其商流、物流、信息流和资金流进行整合和优化，形成以共享、开放、协同等为特征，为客户创造价值的经济活动”（GB/T 18354-2021）。

［小贴士］　人工智能可以有效解决供应链管理问题

人工智能可以有效解决供应链管理问题（微课）

人工智能正在为供应链管理创造无与伦比的新机遇。企业在应用人工智能时，需要了解传统的人工智能、生成式人工智能等技术如何协同运作。传统人工智能通过分析数据来完成特定任务；生成式人工智能通过使用大型语言模型将某些内容置于上下文中，对其进行总结并生成新内容；运筹学则使用线性规划和网络模型等科学方法来研究辅助人类决策的系统。在供应链管理中我们可以综合运用这些方法，如将运筹学与人工智能相结合，在多数情况下会产生更好的效果。我们可以运用人工智能技术有效解决供应链管理问题。

总之，实施供应链管理可以提高供应链的运营效率，降低供应链的运营成本，提高客户服务水平，提高顾客满意度，给企业带来强大竞争优势。

［小资料］　供应链管理的优势

PRTM 公司曾经做过一项关于集成化供应链管理的调查，涉及 6 个行业共 165 家企业。调查结果显示，实施有效的供应链管理，可以使企业获得如下竞争优势：供应链总成本降低 10%（占销售收入的百分比）以上；订单响应周期缩短 25%～35%；中型企业的准时交货率提高 15%，其资产运营绩效提高 15%～20%，库存降低 3%；绩优企业的库存降低 15%，而现金流周转周期比一般企业减少 40～65 天。

七、供应链管理的基本要求

供应链管理的基本要求（微课）

供应链是具有供求关系的多个企业的组织，成员企业各有各的产权，各有各的利益，彼此间还存在竞争。因而，供应链管理的成功实施有一定的难度，对核心企业的要求较高。一般而言，实施供应链管理对成员企业有以下基本要求。

（一）建立双赢/共赢合作机制

供应链成员企业的合作必须建立在双赢/共赢的基础之上。核心企业把上下游企业及其他服务商整合起来形成集成化的供应链网络，各成员企业仍然从事本企业的核心业务，保持自己的经营特色，但它们必须为实现供应链价值的最大化而通力合作。为此，首先应建立共赢合作机制，这是实施供应链管理的基本要求。

（二）实时信息共享

供应链成员企业的协同，必须建立在实时信息共享的基础上。而传统供应链渠道长、环节多，需求信息易扭曲、失真。为此，一方面要优化供应链的结构，实现供应链的简约化，另一方面要借助 EDI、（移动）互联网、物联网以及增强现实/虚拟现实（AR/VR）等现代信息技术手段，打造透明的供应链，实现供应链的可视化（visibility），为成员企业的协同运作奠定良好的基础和条件。

［小贴士］　新兴技术在供应链中的应用促进企业数字化转型

新兴技术在供应链中的应用促进企业数字化转型（微课）

电子商务、区块链、物联网（IoT）、人工智能（AI）和供应链数字孪生等技术助推企业数字化转型。数字孪生是数百个物流位置、资产、库存和仓库的虚拟表示，它使用高级分析和人工智能来模拟供应链的性能，包括导致漏洞和风险的所有复杂情况。区块链允许将物流服务商、航运公司及其他承运人等不同主体的业务流程集成到一个平台上。在供应链中我们可以使用物联网进行机械和技术维护、库存控制、车队跟踪和改善仓库管理。人工智能有助于解决供应链中的治理挑战，以及长期存在的数据孤岛等问题，从而提高分散和远程利益相关者之间的可见性和集成度。电子商务集成、创建了互联系统，使物流服务商能够高效运营并提供无缝的客户体验。

（三）根据客户所需的服务特性进行市场细分

传统意义上的市场细分一般是根据顾客的产品需求特性划分目标客户群体，往往忽视了客户的服务（尤其是物流服务）需求特性；而实施供应链管理则强调根据客户的服务需求特性进行市场细分，并在此基础上决定提供的服务方式和服务水平，尽可能满足客户的个性化需求。

［案例］ **根据客户需求进行市场细分**

一家造纸企业在市场调查的基础上，按照传统的市场细分原则划分客户群，其结果是，有三种类型的客户群对纸张有需求：印刷企业、经营办公用品的企业和教育机构。接下来，该公司针对这三类客户制定差别化的服务策略。但若是实施供应链管理，还须进一步按照客户所需的服务特性来细分客户群，比如印刷企业，就应再细分为大型印刷企业和小型印刷企业，因为这两类企业的需求有差异，前者允许较长的供应提前期，而后者则要求JIT供货（要求在24小时内供货）。

（四）根据客户需求和目标盈利率设计供应链物流网络

客户需求是供应链运营的驱动源，而实现目标盈利率是企业实施供应链管理要达成的目标。因此，在设计供应链物流网络时，必须考虑客户需求和目标盈利率这两个要素。

［案例］ **根据客户需求和盈利率设计物流网络**

在上例中，这家造纸企业过去无论是针对大型印刷企业还是小型印刷企业，均只设计一种物流网络，即在印刷企业较集中的地区设立一个中转站，并建立仓库。这往往造成对大型印刷企业的供应量不足；而小型印刷企业则持有较多的库存，引起小型印刷企业不满。因为这既不能满足小型印刷企业的个性化需求，还占用了其较多的资金，成本与风险均上升。实施供应链管理后，这家造纸企业建立了3个大型配送中心和46个紧缺物品快速反应中心，分别满足了这两类企业的不同需求。

八、供应链管理的产生和发展

供应链管理的产生和发展与企业经营环境的演变有着密切的联系。

（一）环境的演变加剧企业竞争

经济全球化、竞争国际化、信息网络化、知识资源化、管理人文化是新经济时代的重要特征。技术进步，尤其是信息技术的飞速发展，增大了环境的不确定性，加剧了企业之间的竞争。企业面临着市场需求多变，产品生命周期（PLC）及交货期缩短，提高产品质量和服务质量，绿色环保与可持续发展，降低企业经营成本的压力。

21世纪企业经营环境的特征（微课）

（二）企业管理模式的演变

企业管理模式是一种系统化的指导与控制方法，通过先进、科学的管理，企业把人、财、物、时间和信息等资源高质量、低成本、快速及时有效地转换为市场所需的产品和服务。企业管理模式一般是围绕质量、成本和时间来发展的。质量是企业的立足之本，成本是企业的生存之道，时间则是企业的发展之源。

从传统管理模式到现代管理模式，企业管理模式的发展经历了两个阶段，即基于单个企业的管理模式和基于扩展企业的管理模式。

1. 基于单个企业的管理模式

所谓基于单个企业的管理模式，是指管理模式的设计以某一个企业的资源利用为核心，资源的概念仅局限于本企业。

人们早就认识到，环境变化对企业管理模式会产生重大影响，只有适应环境变化的企业管理模式才能发挥有效作用。为此，人们从技术和组织的角度采取了许多有效措施，采用了一系列适应不断变化的竞争环境的技术与方法，例如：成组技术（GT）、柔性制造系统（FMS）、减少零件变化（VRP）、计算机辅助设计（CAD）、计算机辅助制造（CAM）、计算机集成制造系统（CIMS）、敏捷制造（AM）等。归纳起来，基于单个企业的管理模式都有一个共同特点，即企业主要使用自有资源，企业管理者重点考虑的是本企业制造资源的优化配置问题，很少考虑利用企业外部资源，没有将企业间的合作提高到战略高度来加以重视，甚至将企业间的协作视为不得已之事。

2. 基于扩展企业的管理模式

20 世纪 80 年代后期，美国意识到了必须夺回在制造业上的优势，才能保持其国际领先地位。于是向日本企业学习精益生产方式，并力图在美国企业中实施。但由于文化背景和各种社会条件的差异，效果不尽如人意。1991 年美国国会提出要为国防部制订一个较为长期的制造技术规划，要能同时体现工业界和国防部的利益。于是，委托里海大学的亚科卡研究所于 1994 年年底撰写了一份《21 世纪制造企业战略》的报告，该报告提出了“敏捷制造”（agile manufacturing，AM）的概念，描绘了一幅在 2006 年以前实现敏捷制造的蓝图。报告的结论性意见是：全球竞争使市场变化太快，单个企业依靠自有资源进行自我调整的速度赶不上市场变化的速度。为了解决这个影响企业生存和发展的全球性问题，报告提出了以虚拟企业（virtual enterprise，VE）或动态联盟为基础的敏捷制造模式。虚拟企业是一种新的指导思想，如何具体实施还没有确定的模式，正在此时，兴起的供应链管理模式刚好满足了实现敏捷制造所寻找的具体途径的要求。

基于扩展企业的管理模式（微课）

敏捷制造是指制造企业通过现代通信与组织技术连接相关的各类企业构成虚拟制造环境，以既竞争又合作的原则在虚拟制造环境内动态选配成员，优化、快速配置各种专项资源，从而组成面向某特定任务或市场机遇的敏捷型虚拟企业——动态联盟（agile virtual enterprise，AVE），以敏捷的员工用敏捷的工具通过敏捷的生产过程生产出敏捷的产品，使企业在持续发展、变化中能快速、协调、有效地响应动态变化的市场，从而以较好的价格（P）、时间（T）、质量（Q）、成本（C）、服务（S）、柔性（F）、环境（E）等指标赢得市场竞争，最大限度地满足市场需求的一种先进制造技术。

虽然敏捷制造从提出到现在仅 30 余年的时间，但由于它蕴含的先进生产哲理适应了企业参与全球化市场竞争的需要，因此在诞生之初就受到高度重视。目前，敏捷制造已成为世界公认的 21 世纪最具竞争力的现代生产模式和企业改造与发展的理想目标模式。

（三）供应链管理的产生和发展

管理模式与企业经营环境的关系（微课）

供应链管理产生的历程（微课）

纵向一体化、横向一体化、供应链管理三者的关系（微课）

1. 供应链管理的产生

总体而言，供应链管理模式的产生经历了纵向一体化和横向一体化两个阶段，并将不断发展、完善。

（1）纵向一体化。

［案例］　　福特公司纵向一体化战略的解体

几乎从一开始，亨利·福特（Henry Ford）就想成为一名完全自给自足的行业巨头。在鲁日河，底特律的正西南，福特开发了一个庞大的制造业联合体，其中包括内陆港口和一个错综复杂的铁路和公路网络。福特的目标是控制。要实现这一目标，他计划发展世界第一个垂直一体化公司的联合体。

为了确保材料供给的可得，福特投资于煤矿、铁矿石仓库、森林地、玻璃厂，甚至买地种植用于制造油漆的大豆。福特自给自足的许诺延伸到在巴西购买了250万英亩（1英亩≈4 046.87平方米）土地，发展一个他称为“福特兰地亚”的橡胶种植园。

福特所期望的控制超出了材料和部件范围。为了把材料运输到鲁日河，把制成品运送给零售商，他还投资铁路、运货卡车，以及大湖船舶和远洋船舶。他的想法是要控制一个遍及美国、加拿大、澳大利亚、新西兰、英国和南非，由40多家制造、服务和装配厂组成的网络运输，以及全球零售商的存货。

很显然，这是最富雄心的垂直一体化计划之一，然而福特发现他需要帮助。在福特的一体化扩展的顶峰时期，公司面临着经济调整，以及工会的障碍，最终形成由一个以独立供应商组成的网络来提供产品和服务。此外，他最终还发现有效的市场营销的关键是要发展一个由独立零售商组成的网络。

随着时间的流逝，福特发现，专业化公司能够承担其最基本的工作，并且有些工作甚至要比自己的官僚机构干得更好。事实上，这些专业人员在质量和成本方面的表现，都要胜过福特自己的单位。不久，企业家公司就成为福特网络的贡献者。

最后，福特公司的战略从物权型控制转变为发展和谐的渠道关系。福特的金融资源被转移去开发和维持核心的制造能力。福特在最终的分析中发现，没有哪家厂商能够自给自足。

想一想：福特公司的纵向一体化战略为什么会失败？

质量、成本和时间（供应提前期）一直是企业经营的三个核心要素，企业的生存和发展依赖于对这三个核心要素的有效管理。从管理模式上看，企业出于对制造资源的占有和对生产过程直接控制的需要，过去通常采用的策略是扩大企业经营的范围，后向（供应链的上游方向）整合（如兼并供应商或参股供应商或投资建厂内部供应），与为其提供原材料、零部件的供应商形成一种所有权关系，形成典型的“后向一体化（backward integration）”管理模式。若企业经营范围向前方（供应链的下游方向）拓展，进入产品的分销领域，兼并分销商或零售商，或者借助电子商务平台直接与消费者或用户建立联系，即形成“前向一体化（foarward integration）”管理模式。若企业经营范围同时向前方和后方（供应链的上下游方向）拓展，这就是“纵向一体化（vertical integration）”管理模式。需要说明，纵向一体化是典型的传统管理模式。

（2）横向一体化。

随着“纵向一体化”管理模式弊端的暴露，从20世纪80年代后期开始，首先是美国的企业，随后是其他国家的许多企业放弃了这种经营模式，出现了“横向一体化”（horizontal integration）管理思想，企业与其同业竞争者之间从竞争走向合作。其目的是充分利用竞争对手的资源快速响应市场需求，赢得产品在低成本、高质量、早上市等方面的竞争优势。

［案例］ **雷诺-日产联盟**

1999年3月，雷诺与日产两家汽车公司相互参股，组建了雷诺-日产联盟。联盟建立在相互信任和彼此尊重的基础之上。联盟主要通过双方优势互补、协同增效、横向小组以及技术平台和配件共享来实现合作。2002年，雷诺与日产分别出资50%，在荷兰建立了雷诺-日产私人有限公司（Renault-Nissan B. V.，RNBV），该机构负责在联盟内进行战略管理，旨在实现更为高效的决策，提升经营绩效，利用双方的优势打造协同效应。RNBV的董事会和高管层则涵盖了双方企业的核心决策者。RNBV主要负责对两家公司的战略资源进行整合，包括技术研发、人力资源和供应链管理（包括制造和采购）。RNBV的统筹管理为联盟带来了规模经济效应：技术平台的共享使联盟扩大了产量，制造和采购领域的整合降低了运营成本，人力资源互补的优势提升了联盟的竞争力。2016年5月，日产汽车集团收购了三菱汽车公司34%的股份，成为三菱汽车最大的单一股东。收购三菱后，雷诺日产联盟成为2017年上半年全球汽车销量冠军。如今，雷诺-日产联盟已成为世界第三大汽车制造商，跻身全球汽车第一军团，参与到冠军的争夺战中。

2. 供应链管理的发展趋势

供应链管理的发展趋势主要表现为：全球供应链管理、电子供应链管理、绿色供应链管理以及供应链金融等。

供应链管理的发展趋势（微课）

（1）全球供应链管理。全球供应链管理是指企业在全球范围内构筑供应链系统，根据企业经营的需要在全球范围内选择最具竞争力的合作伙伴，实现全球化的产品设计、采购、生产、销售、配送和客户服务，最终实现供应链系统成本和效率的最优化。构筑全球供应链的策略主要包括：生产专门化（规模经济）、库存集中化、延迟与本土化。构筑全球供应链应遵循决策与控制全球化、客户服务管理本土化、业务外包最大化、供应链可视化等原则。

（2）电子供应链管理。因特网的飞速发展，改变了企业的性质及其竞争方式，基于网络技术协同的电子供应链（e-supply chain）应运而升。电子供应链建立在一体化供应链网络之上，而一体化供应链网络则通过物流网络和信息网络连接在一起。电子供应链管理（e-SCM）是核心企业将电子商务理念和互联网技术应用于供应链管理，通过电子市场将供应商、客户及其他交易伙伴连接在一起，形成电子供应链，或将传统供应链转变成电子供应链。电子市场主要有专有市场和公共市场两种类型。专有市场由核心企业开发和运作，包括电子采购（e-procurement）平台和电子销售平台。公共市场由平台服务商开发和运作，是为核心企业提供定位、管理支持以及核心企业与合作伙伴协同的平台。

（3）绿色供应链管理。面对全球资源的枯竭以及环境污染的加剧，绿色供应链（green supply chain）作为现代企业可持续发展的模式，越来越受到关注。我们可以把从产品形成、消费一直到最终废弃处理作为一个环境生命周期（ELC），通过生命周期评价（LCA）来评估整个供应链对环境的影响。如果企业及其供应链伙伴相互协作能够减少供应链活动对环境的影响，就可以逐步形成环境友好型的绿色供应链。绿色供应链管理（GrSCM）将环境管理与供应链管理整合在一起，可以识别供应链流程对环境的影响。它倡导企业通过内外变革来对环境产生积极的影响，包括要求合作伙伴通过 ISO14001 环境管理体系认证等。绿色供应链管理不仅可以通过确保供应链符合环境法规、将环境风险最小化、维护员工健康以及采取环境保护等措施来避免额外的供应链成本，而且可以通过提高生产率、促进供应链关系、支持创新以及加快增长等途径形成供应链的环境价值。

［**案例**］ **京东物流集团的供应链碳管理平台（SCEMP）**

京东物流集团的供应链碳管理平台（SCEMP）（微课）

京东物流集团作为国内首个设立科学碳目标的物流企业，始终致力于推动建设绿色可持续发展的供应链。京东物流集团基于多年的发展经验推出了适用于多种不同场景下的供应链碳管理平台（SCEMP），推动更多企业高效、低成本地减少碳排放量，以实现“净零排放”的目标。供应链碳管理平台（SCEMP）是国内首个面向物流运输行业全场景的温室气体管理平台。平台通过 IoT 设备数字化采集所有能源信息。平台底层集成强大的适配物流行业的因子库、“双碳”路径模型、运筹减碳算法等技术并与 WMS、TMS、ECLP 等系统进行对接，精细化计算所有排放源的数据，支持企业碳排放量的全景可视化追踪及对“双碳”目标的管理。供应链碳管理平台（SCEMP）可实现移动排放源 MRV[①] 可视化，并为供应链物流运输全景化搭建计算模型。平台的计算结果符合 ISO 14064/14067、PAS 标准系列及中国生态环境部等的碳披露要求。强大的数据库采集的一级数据具有真实性和有效性，有效解决了移动排放源的监测难题。京东物流集团依托供应链碳管理平台（SCEMP）科学计量物流碳足迹，携手上下游合作伙伴构建绿色供应链生态圈，助力“双碳”目标达成。

引导问题：

该案例给我们什么启示？

（4）供应链金融。供应链金融[②]是面向供应链成员企业的一项金融服务创新，主要通过将供应链核心企业的信用价值有效传递给上下游众多的中小企业，提高其信贷可得性，降低其融资成本，进而提高整个供应链的财务运行效率。供应链金融的行为主体包括核心企业、上下游企业、物流企业、商业银行、电子商务平台以及保险公司和抵押登记机构等其他供应链服务成员。供应链金融包括前向物流金融和后向物流金融等模式。其中，前向物流金融模式最典型的是“厂商银”，又称买方信贷或保税仓融资模式。后向物流金融最典型的是基于应收账款的物流金融服务。基于物流产生的应收账款融资主要包括应收账款质押融资和应收账款保理两种方式。

供应链金融的内涵（微课）　　供应链金融（微课）　　应收账款保理融资（微课）

① MRV 指碳排放监测核算（monitoring）、报告（reporting）、核查（verification）。

② 供应链金融（supply chain finance）是指“以核心企业为依托，以企业信用或交易标的为担保，锁定资金用途及还款来源，对供应链各环节参与企业提供融资、结算、资金管理等服务的业务和业态”（GB/T 18354-2021）。

［案例］ **京东的供应链金融独具优势**

多数电商企业在备货方面有强烈的融资需求，但零售仓单融资存在以下两个方面的难点：一方面，对“出质方”存货周转率的要求高，这不同于整进整出的批量存货质押，比如奶粉、纸尿裤、鞋、化妆品等消费类商品随时进出，对既定生成的仓单要求具有更频繁的解付、置换、再质押等操作，且必须采用数字化流程；另一方面，质押物有质保临期或者过季风险，若借款未及时归还，为避免发生违约，还需要一个强有力的处置变现体系，以确保产品在可售期内处理完毕，否则仓单面临掉价，无法应对融资本金风险。京东集团的销售和仓储都是自营可控的，可与金融机构实现数据共享，因此京东在供应链金融方面具有独特优势，具备质押货物变现的能力。

［案例］ **沃尔玛供应商的应收账款保理融资**

沃尔玛的供应商利用沃尔玛延迟支付的应收账款作为信用凭证，以获得银行的融资服务。其基本流程为：供应商在网上接到沃尔玛的订单后，向银行提出融资申请，用于组织生产和备货；获得融资并生产产品后，向沃尔玛供货，供应商将发票、送检入库单等单据提交银行，银行即可办理应收账款保理融资，归还订单融资；应收账款到期，沃尔玛按约定支付货款资金到供应商在银行开设的专项收款账户，银行收回保理融资，从而完成供应链融资的整套办理流程。

实训项目1：供应链的认知

实训项目描述

利用“顺博”供应链实战模拟软件等信息技术手段构筑一个虚拟的企业经营环境。通过角色扮演，学生分组模拟供应链上的各节点企业，由各节点企业再组成供应链，从而进行供应链运营管理活动。

实训目标

通过实训，各小组应达到以下目标：

1. 能识别供应链，并清楚供应链的组成；
2. 能根据需要选择供应链的类型与结构；
3. 熟悉供应链业务流程，能绘制供应链流程图；
4. 能分析供应链的运作；
5. 会操作供应链管理软件；
6. 感悟职业角色内涵，建立职业认同感。

实训内容

借助“顺博”供应链实战模拟软件等信息技术手段，让学生：

1. 设定物料清单（BOM）、日期、订单和库存周转天数等基础信息；
2. 设置零售商每日的需求预测数量（系统自动生成订单）；
3. 根据订单制作发货单；
4. 查询库存，查询资产。

建议实训时间

4 h。

实训过程

一、任务准备

引导问题1：什么是供应链？

引导问题2：供应链有哪些主要参与体？

引导问题3：节点企业如何构成供应链？

引导问题4：供应链业务活动有哪些？

引导问题5：如何利用“顺博 SHBS-GSCM”供应链实战模拟软件构筑一个虚拟的企业运营环境？

引导问题6：如何设定各节点企业供应链运营相关的各项参数？

二、软件操作

（一）设置基础信息

1. 登录 SHBS-GSCM

- 打开界面。
- 登录。

引导问题7：如何通过软件对节点企业内部相关部门进行管理？

2. 操作步骤

- 部门分类：采购部、市场部、生产部、开发部、销售部。
- 增加，删除，修改部门。
- 各部门员工的管理：删除员工，增加员工，修改姓名，编辑员工。员工管理见图1.11。

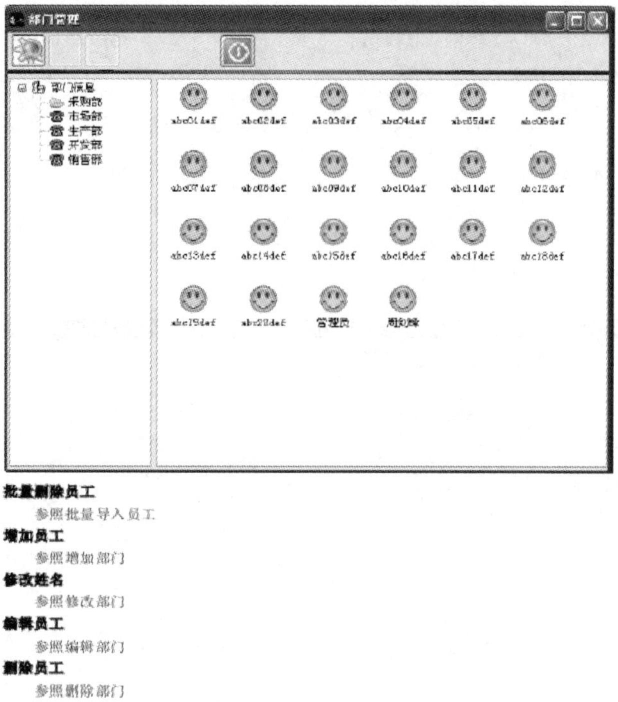

图 1.11　员工管理

（二）SHBS-GSCM 对抗演练

引导问题 8：SHBS-GSCM 的对抗流程有哪些?

请列举 SHBS-GSCM 的对抗流程：

（1）____；

（2）____；

（3）____；

（4）____；

（5）____。

引导问题 9：在 SHBS-GSCM 对抗环境下，如何进行供应链管理?

（1）如何查看并设置订单？订单查看见图 1.12。

（2）如何进行发货管理?

（3）如何进行收货管理?

（4）如何进行生产管理?

引导问题 10：在 SHBS-GSCM 系统环境下，如何分角色进行对抗?

（三）SHBS-GSCM 对抗数据的查询与统计

引导问题 11：借助 SHBS-GSCM 管理软件，可以对哪些数据进行查询和统计?

（1）____；

（2）____；

（3）____；

（4）____；

（5）____。

4.4.3 订单查看

4.4.3.1 功能

查看自己的销售订单和采购订单

4.4.3.2 路径

业务管理>>>订单查看

4.4.3.3 界面

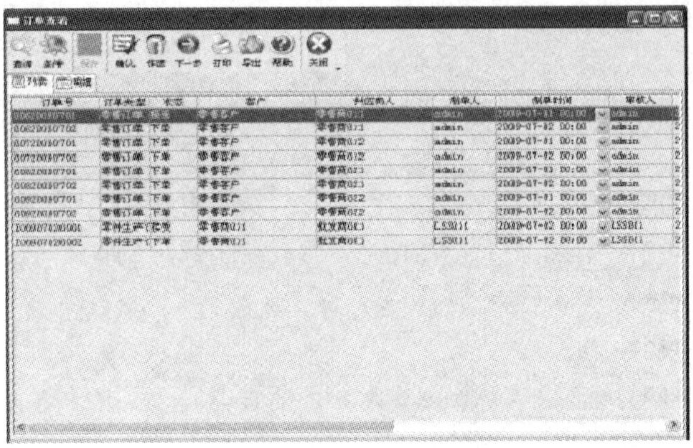

图 1.12　订单查看

引导问题 12：如何对库存进行查询？

引导问题 13：如何查看预测的产品销量，进而确定合理的库存量？

（四）各小组的任务

引导问题 14：各小组成员可以扮演供应链中哪些节点企业的角色？

引导问题 15：所扮演的角色应承担哪些相应的任务？

（五）供应链运作流程

引导问题 16：通过对抗演练，请画出供应链运作流程图。

引导问题 17：如何撰写实训报告？请在课余完成《供应链认知实训报告》。

评价与反馈

1. 小组成果展示

（1）小组的收获与体会（见表 1.3）。

表 1.3　小组的收获与体会

活动总结	内容描述
活动收获	
活动体会	

（2）对其他小组的建议（见表1.4）。

表1.4　对其他小组的建议

反馈建议	内容描述
改进建议	
备注：①请从专业知识及用语准确、方法及应用正确和方案严谨可行等方面对其他小组提出建议。②建议的内容应分条列出，应清楚准确，注意保持和谐的氛围	

2. 评分

采用加权平均法对学生的实训成绩进行评定，包括学生自评（25%）、小组互评（25%）、教师评价（50%）三部分，学生实训成绩评定见表1.5。

表1.5　学生实训成绩评定

考核项目	评分标准	分数	学生自评（25%）	小组互评（25%）	教师评价（50%）	小计
团队合作	是否默契（在实训活动中是否相互交流、发扬团队精神、共同提高）	5				
活动参与	是否积极（是否人人参与实训活动，是否都贡献了智慧和力量）	5				
任务方案	是否正确、合理（任务方案中涉及的操作方法是否符合要求、方案是否可行）	5				
实训过程	（1）任务准备。 ①节点企业的组建； ②供应链的组成； ③相关数据与信息的录入	20				
	（2）对抗演练。 ①各供应链的运作状况； ②各供应链的生存时间长短； ③各供应链上节点企业的收益状况	30				
	（3）对抗数据的查询分析。 ①对抗数据的查询； ②数据分析与总结，供应链的调整与优化	20				
任务完成情况	是否圆满完成	5				
方法使用	是否规范、标准	5				
实训纪律	是否能严格遵守	5				
总分		100				
教师签名：			年　　月　　日		得分	

注意：没有按照实训要求操作，出现人身伤害或设备严重事故时，本任务考核记0分。

小结

供应链是生产及流通过程中，围绕核心企业的核心产品或服务，由所涉及的原材料供应商、制造商、分销商、零售商直到最终用户等形成的网链结构，具有需求导向性、增值性、交叉性、动态性、复杂性等主要特征。供应链概念的演变经历了传统供应链、整合供应链、协同供应链、智慧供应链等阶段。新质生产力是传统生产力因科技创新与产业升级在信息化和智能化生产条件下所衍生的新形式和新质态，具有高科技、高效能、高质量等特征。其对供应链的影响主要体现在信息科技、绿色发展、产业创新、推动供应链产业升级、促进供应链技术升级、提升供应链服务质量及提升供应链安全水平等方面。人工智能、区块链、物联网、数字孪生等新技术助推供应链数字化转型、升级。微观企业供应链逐渐向产业链供应链及现代供应链方向演进。提升供应链的弹性、韧性及反脆弱性能够增强供应链的竞争优势。供应链管理是从供应链整体目标出发，对供应链中采购、生产、销售各环节的商流、物流、信息流及资金流进行统一计划、组织、协调、控制的活动和过程，主要涉及需求、生产运作、物流及供应四个领域，具有需求驱动、系统优化、流程整合、信息共享、互利共赢等主要特点。供应链管理包括供应链战略管理、供应链计划管理、供应链运作管理、供应链绩效管理和供应链关系管理等内容，其主要目标是消除重复与浪费，寻求供应链系统成本与供应链服务水平的平衡，并对市场需求做出快速响应。供应链管理的产生与企业经营环境的演变有着密切的联系，它经历了纵向一体化和横向一体化两个阶段，目前主要朝全球供应链管理、电子供应链管理、绿色供应链管理等方向发展。

同步测试

一、判断题

1. 新质生产力是传统生产力因科技创新与产业升级在信息化和智能化生产条件下所衍生的新形式和新质态。（　　）

2. 智技融合的高效智能决策引入云计算、大数据、物联网、人工智能等尖端技术，提升了供应链的智能化水平。（　　）

3. 在新质生产力的驱使下，供应链技术不断升级，从态势感知技术向运筹管理技术转变，并向绿色技术迈进。（　　）

4. 供应链已经成为继节省原料、节省人力、降低物流成本之后的第四利润源。（　　）

5. 目前供应链已经发展到与互联网、物联网深度融合的数字供应链新阶段。（　　）

6. 数字化供应链是指基于互联网、物联网、大数据、人工智能等新一代信息技术及现代化管理理念和方法，以价值创造为导向，以数据为驱动，对供应链活动进行整体规划设计与运营的新型供应链。（　　）

7. 供应链数字化指在供应链相关信息充足的基础上，供应链从上游到下游由数字驱动，并由人工智能技术在数字驱动的基础上为供应链活动做出有效决策。（　　）

8. 区块链是管理数据的数据库技术，具有数据录入以后不可更改的特性，其在供应链领域多指以制造企业为核心向其上下游辐射出去形成的私有链。（　　）

9. 传统条块式的供应链管理转向全链条的可视化管理，是企业供应链数字化建设的长期行动方向。（　　）

10. 智慧供应链涉及决策智慧化、管理数字化、作业自动化三个层级的管理、决策和运作。（　　）

二、单选题

1. （　　）是供应链数字化中最受欢迎的技术。
   A. RPA　　B. AI　　C. 5G　　D. IoT
2. 人工智能在数字化供应链中主要指（　　）。
   A. 人类语言学习　　B. 机器视觉　　C. 5G　　D. 机器学习
3. 近年来人工智能积极推动供应链朝（　　）供应链方向发展。
   A. 弹性　　B. 韧性　　C. 反脆弱　　D. 脆弱
4. 供应链的本质特征是（　　）。
   A. 需求导向性　　B. 增值性　　C. 动态性　　D. 交叉性
5. 供应链管理涉及的主要问题是（　　）。
   A. 资金流问题　　B. 全球化问题　　C. 结构性问题　　D. 协调机制问题
6. 后向物流金融中最典型的是（　　）。
   A. 基于应收账款的物流金融服务　　B. 基于应付账款的物流金融服务
   C. 买方信贷　　D. 保税仓融资
7. 与反应性供应链相匹配的产品是（　　）。
   A. 创新型产品　　B. 功能型产品　　C. 科技型产品　　D. 基本型产品
8. 推式供应链的运营是以（　　）为核心的，对需求变动的响应能力较差。
   A. 供应商　　B. 制造商　　C. 分销商　　D. 零售商
9. 下列不属于功能型产品特征的是（　　）。
   A. 产品多样性低　　B. 需求稳定　　C. 产品生命周期长　　D. 边际利润高
10. 虚拟企业也称（　　）。
   A. 动态联盟　　B. 静态联盟　　C. 敏捷供应链　　D. 精益供应链

三、多选题

1. 供应链的概念经历了（　　）阶段。
   A. 传统供应链　　B. 整合供应链　　C. 协同供应链　　D. 智慧供应链
2. 新质生产力具有（　　）等特征。
   A. 高科技　　B. 高效能　　C. 高质量　　D. 高成本
3. 供应链管理具有（　　）特点。
   A. 需求驱动　　B. 系统优化　　C. 流程整合　　D. 互利共赢
4. 新质生产力对供应链的影响体现在（　　）方面。
   A. 信息科技　　B. 绿色发展
   C. 产业创新　　D. 供应链产业及技术升级
5. 加强在（　　）几个方面的供应链数字化建设，以数据驱动推动供应链数字化。
   A. 数据管理范围　　B. 数据收集手段　　C. 数据分析　　D. 数据应用
6. 供应链管理的产生与企业经营环境的演变有着密切的联系，它经历了（　　）阶段。
   A. 纵向一体化　　B. 横向一体化　　C. 前向一体化　　D. 后向一体化

7. 新质生产力提升供应链安全水平，包括（　　）。

A. 环境安全　　B. 信息安全　　C. 实物安全　　D. 人员安全

8. 供应链金融包括（　　）等模式。

A. 前向物流金融　　B. 后向物流金融

C. 纵向物流金融　　D. 横向物流金融

9. 前向物流金融最典型的模式包括（　　）。

A. 厂商银　　B. 买方信贷

C. 保税仓融资　　D. 仓单质押融资

10. 基于物流产生的应收账款融资主要包括（　　）方式。

A. 应收账款质押融资　　B. 应收账款保理

C. 应收账款保险理赔　　D. 厂商银

四、情境问答题

1. 请结合本任务引例“思科公司凭借数字化供应链成为业界最高效的公司”回答以下问题：

（1）思科公司成功的关键是什么？

（2）思科公司的供应链有何特点？

（3）什么是数字化供应链？

（4）请简述智慧供应链与数字化供应链的关系。

2. 转变发展方式、提升经济增长的质量和效益是当前和未来我国经济发展的重要指导思想。近年来，许多物流企业纷纷采取多种方式进行业务创新，提升企业的竞争力和服务水平。其中，在仓单质押①基础上发展起来的物流金融业务取得了快速发展，成为许多物流企业和商业银行新的业务增长点。但是在 2012 年及以后的几年里，我国多个地区爆发了通过虚假仓单②、重复质押③等行为骗取银行贷款的“钢贸事件”，对物流金融及供应链金融业务的发展产生了较大的不利影响。请分析“钢贸事件”发生的原因，并提出如何避免此类问题再度发生的建议。

五、案例分析题

供应链管理全球顶尖企业的特质（微课）

案例 1：供应链管理全球顶尖企业的特质

自 2006 年起，全球著名管理咨询公司高德纳（Gartner）在每年的 5 月都会发布当年全球供应链大师以及仅次于全球供应链大师的全球顶尖供应链管理 25 强企业榜单。其中，苹果、宝洁、亚马逊、麦当劳、联合利华等企业多次被评为全球供应链大师。中国的联想、阿里巴巴、京东近年来也取得了不俗的业绩，其中联想和阿里巴巴多次入围全球顶尖供应链管理 25 强企业榜单。京东于 2024 年也强势入围。联想近年来在 25 强企业榜单中的排位分别是第 9（2022 年）、第 8（2023 年）、第 10（2024 年）。

高德纳公司对于供应链大师级企业的评选要求是，该企业在过去 10 年内有 7 次进入 25 强榜单的前 5 名。大师级企业是一个独立于 25 强排名的顶级桂冠，彰显了这些企业近 10 年内在供应链管理领域的持续卓越表现。

---

① 存货质押融资监管（inventory financing supervision）是指“需要融资的企业（借方），将其拥有的存货作为质物，向资金提供企业（贷方）出质，同时将质物委托给具有合法保管存货资格的物流企业（中介方）保管和占有，以获得贷方资金的业务活动”（GB/T 18354-2021）。

② 仓单（warehouse receipt）是指“仓储保管人在与存货人签订仓储保管合同的基础上，按照行业惯例，以表面审查、外观查验为一般原则，对存货人所交付的仓储物品进行验收之后出具的权利凭证”（GB/T 18354-2021）。

③ 质押是指债务人或者第三人将其财产移交债权人占有，以作为债权的担保。债务人不履行债务时，债权人有权将其拍卖或（折价）变卖所获得的价款优先受偿。质押分动产质押、不动产质押和权利质押几种情形。

高德纳公司是从世界500强及福布斯2 000强企业榜单中遴选年营业收入超过120亿美金的企业（要求实体营业收入占比大于50%），同时排除主营业务与供应链关联度不高的企业。其排行榜规则包括每家入围公司最近3年的加权平均资产收益率、年库存周转率、最近3年的加权平均营业收入增长率、企业社会责任（CSR）等指标，最终按照企业综合得分排名。其中CSR是高德纳公司从2016年开始采用的新指标，意味着企业社会责任、绿色环保等越来越受到人们的关注。评分与计分公式如下：

企业综合得分=业界专家的评分×25%+高德纳公司专家的评分×25%+资产收益率×20%+库存周转率×10%+营业收入增长率×10%+CSR得分×10%

其中，专家的评价必须基于DDVN模型，即高德纳需求驱动的供应链成熟度模型（gartner's demand-driven model for supply chain maturity）。该模型由供应链战略、绩效驱动、供应链网络规划、供应链运营、客户订单履行、需求管理、产品生命周期管理七部分组成。

2018年，苹果、宝洁、亚马逊、麦当劳4家企业成功入选全球供应链大师。2019年，除了这4家企业外，联合利华也成功入选全球供应链大师。2020—2022年，这5家企业继续保持了全球供应链大师的领先地位。2023—2024年，苹果、宝洁、亚马逊、联合利华持续被评为全球供应链大师，而施耐德电气、思科、高露洁连续2年居25强企业前3。

供应链管理全球顶尖企业近年来的成功做法如下。

加大人工智能和生成式人工智能在供应链管理领域的应用力度。供应链管理全球顶尖企业正在利用人工智能重新设计流程并使之自动化，同时在知识管理和学习与发展（L&D）系统等领域进行投资。这些企业正在重新定义组织中的角色、技能、关系和结构，这对于提高企业绩效和员工的参与度至关重要。此外，供应链管理全球顶尖企业正在通过人工智能驱动企业进步，以实现生产力和流程转型。

苹果公司在其自有的设施中已经实现100%使用绿色清洁能源，其23家供应商也已经承诺使用清洁能源来生产苹果公司的产品；宝洁公司通过数字化工具、优化产品组合、战略采购整合等一系列举措，大幅度提升其与供应链合作伙伴之间的协同水平，构建了一个堪称全球最高水准的数字化供应链体系；亚马逊公司目前已经拥有超过10万个正在服役的物流机器人①，其下一个重点投入的产业将会涉及医药供应链；麦当劳与其众多的供应商、服务商、门店之间的协同能力不断提升，已经实现全美1.4万家门店的新鲜牛肉配送替代传统的冷冻牛肉配送；联合利华通过使用机器人流程自动化（RPA）大幅度提高了其“从订单到现金”的运营效率和服务水平，并将继续以坚实的数字供应链流程和运营为主导，包括利用自动化、数据科学和机器学习，以及通过使用新兴的维护和过程控制技术来改进数字化制造的计划；思科公司正在努力发展反脆弱供应链，并实施了服务供应链数字孪生计划，其基于SCOR模型提出的Supply Chain as a Service Architecture（SCaaSA）的架构产品获得业界普遍认同，该公司凭借其强劲的收入增长、环境、社会和治理（ESG）方面的优势以及在社区民意调查中受到认可的领导力，于2020年至2022年连续3年居25强企业榜首；施耐德电气成功实施了STRIVE（可持续、可信赖、弹性、智能、速度和效率）计划，旨在改造供应链，提高供应链的弹性，增强企业与客户的黏度，并与领先的供应商建立更稳定的合作伙伴关系。微软公司在人工智能和生成式人工智能的发展中处于领先地位，伴随着用户对计算能力需求的增加，其云服务在强大的资本投资支持下实现了强劲的收入增长；高露洁棕榄搭建了基于AI、预测技术和自动化技术的智能工厂，并致力于建立一种以新技术、增强决策能力和领导能力为基础的企业第一思维模式。

2023年，全球顶尖供应链管理25强企业中19家公司再次在ESG指标上得了满分，彰显了供应链顶尖企业在可持续发展方面的强大竞争优势。其中施耐德电气在不到两年的时间里帮助其关键供应商减少了10%的碳排放量，堪称典范。

---

① 物流机器人（robot for logistics）是指“具有一定程度的自主能力，能代替人执行物流作业预期任务，可重复编程的自动控制操作机”（GB/T 18354-2021）。

强生公司在为其多元化的制药、医疗技术和消费领域的客户不断发展和推进产品及解决方案方面继续表现出领导力。为了提高根据实时数据做出实时决策的能力，强生公司的供应链团队将数字控制塔进行了端到端的扩展。为了确保整个供应链的连续性，强生公司的供应链团队建立了一个供应链弹性仪表盘，并建立了一个控制塔来实时跟踪和追踪冷链产品。

联想集团利用数据来指导用户进行需求分析并推动用户的需求决策，成功地实现了公司业务的转型。联想利用智能质量管理生态系统改进需求预测分析方法，以确保客户满意。联想还采用了5G、区块链、物联网、RPA和人工智能等先进技术，以优化向全球客户提供的产品及服务解决方案。联想高级副总裁兼集团运营官表示："供应链数字化是联想成功的关键驱动力之一，并确保我们保持最佳供应链的卓越性。"

高德纳公司副总裁兼分析师迈克·格里斯沃尔德（Mike Griswold）说，全面的客户体验、循环供应链、扩展的数字化供应链等是全球供应链未来的发展趋势。

一是企业要大规模地为客户提供真正意义上的个性化服务。提高客户体验并更加注重个性化的客户服务是每家公司的首要任务。能够为客户提供规模化的个性化服务是供应链管理全球顶尖企业的一个特质。格里斯沃尔德说："为客户提供大规模的个性化服务需要企业具有一定程度的灵活性、供应链柔性和潜在的技术能力。""近年来供应链管理领先的企业找到了正确的平衡点。在客户需要提供个性化产品或服务的地方，它们以数字方式捕捉客户需求，灵活地设计产品、生产产品、进行客户化包装，并迅速将产品递交给客户。如果标准产品组合的多样性丰富，它们会保持产品组合的最佳表现。"

二是企业要能够充分利用生态系统价值。由于企业面临着诸如培养本土高级技能人才、减少塑料废物的产生及海洋污染等新的挑战，供应链领导企业需要专注于与供应链合作伙伴进行生态系统的合作。这种视角和方法的改变，是供应链领导公司更大范围地转变经营理念、获得更多驱动供应链组织的驱动力的必然选择。

三是企业要实施以商业为导向的数字战略。在过去的几年中，自动化和增强现实的技术趋势在企业供应链中迅速传播。而那些供应链顶尖企业往往是新的业务概念和技术的早期采用者。对于那些在供应链数字化转型中走得最远的企业来说，企业主导的数字转型的基本概念正在回归。格里斯沃尔德说："这些领先的供应链企业将重点放在了解和提升客户需求以及支持这些需求所需的运营绩效点的举措上，并从这些需求向后推进，直达能够实现这些需求的流程和技术变革""但请记住，变革性创新并不总是立刻转化为及时的投资回报率（ROI）。通常情况下，优化会带来更直接的投资回报"。

除了上述趋势外，近年来人工智能积极推动供应链朝反脆弱供应链方向发展。反脆弱供应链超越供应链弹性，展现出了竞争优势（根据供应链不确定性的价值喇叭图谱，脆弱供应链导致价值受损，弹性供应链实现价值保护，反脆弱供应链实现价值增值）。当前，各行业供应链组织都面临着动荡、复杂和模糊的环境，这就要求供应链管理者接受并积极管理供应链战略中的不确定性，使供应链朝反脆弱供应链方向发展。反脆弱供应链不会带来价值风险，反而会因不确定性和中断带来更高的价值。要使供应链进入"反脆弱"状态，企业需要进行一系列转变，这些转变会影响决策过程、技术、网络设计及许多其他战略要素的构思和使用方式。企业要有效管理不确定性驱动的价值风险，提升供应链的风险管理能力、敏捷性管理能力和响应性管理能力。

对于希望在全球激烈的市场竞争中获得领先优势的企业，供应链管理能力是不可或缺的。如何创新供应链管理模式并通过新技术的运用驱动更加绿色环保、更加贴近用户需求的端到端的供应链体系，已经成为全球顶尖供应链管理企业必须研究和突破的课题。

根据案例提供的信息，请回答以下问题：

1. 供应链管理全球顶尖的企业具有哪些特质？
2. 全球供应链未来的发展趋势是什么？
3. 你如何理解高德纳需求驱动的供应链成熟度模型？
4. 中国的3家企业入围全球顶尖供应链管理25强企业榜单，对你有何启示？

案例2：天物大宗的在线供应链金融服务

天物大宗是一家为大宗商品贸易提供在线服务的电子商务企业。近年来，该公司大力开发大宗商品贸易的在线供应链金融服务，逐步实现了大宗商品供应链的商流、物流和资金流的在线整合。

天物大宗的在线供应链金融服务（微课）

天物大宗的母公司是一家大型国有企业，主营业务为钢材、煤炭、矿石和化工产品等大宗商品贸易。天物大宗依托母公司的渠道优势，形成了在线交易、厂家专区、在线竞标和集中采购四种交易模式。其中，在线交易模式是电子商务平台最基本的形式；集中采购模式是通过电子商务平台集中客户的采购需求，平台以大批量采购优势，为客户提供服务；厂家专区模式是为入驻平台的厂商提供线上商品展示服务，同时为厂商提供融资支撑服务；在线竞标包括采购竞标和销售竞标。天物大宗在线业务运作模式如图1.13所示。

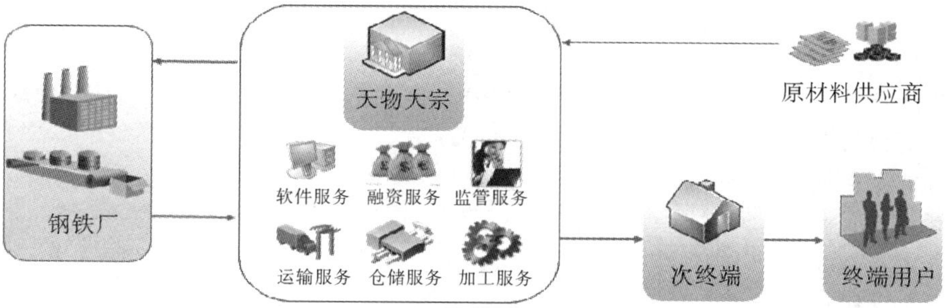

图1.13　天物大宗在线业务运作模式

利用电子商务平台为贸易双方提供在线供应链金融服务是天物大宗业务的最大特色。天物大宗通过真实的交易信息确定贸易双方的信用等级，并利用网络化、信息化的“物流监管”优势，有效降低了在线供应链金融服务的风险。凭借母公司丰富的自有资金和银行授信额度优势，天物大宗可以为客户提供订货融资、合同融资、仓单融资和应收账款保理融资四种在线融资服务。天物大宗电子商务平台融资模式如图1.14所示。

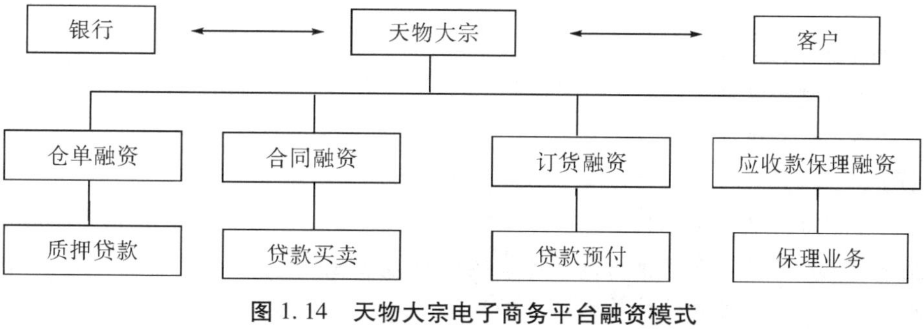

图1.14　天物大宗电子商务平台融资模式

从线上交易到线上协同的物流服务，再到线上金融服务，天物大宗为上下游企业特别是中小企业提供了线上线下协同的集交易、物流和金融服务为一体的供应链集成服务，打造了一个能够让制造业、流通业、服务业和金融业走向深度融合的专业化供应链集成服务平台。

根据案例提供的信息，请回答以下问题：

1. 天物大宗为客户提供了哪些创新服务？天物大宗为什么能够吸引终端客户？
2. 与传统的物流金融服务相比，天物大宗提供的供应链融资服务有何优势？
3. 天物大宗为什么能够实现对商流、物流、资金流和信息流的整合？
4. 天物大宗应采取哪些措施来控制其在线供应链金融服务的风险？
5. 天物大宗为客户提供的哪些融资服务属于供应链金融服务？为什么？

任务2

供应链的设计与构建

【素质目标】

1. 树立系统观念。
2. 具有协同理念。
3. 具有绿色低碳理念。
4. 具有成本意识。
5. 具有服务意识。
6. 具备团队精神。
7. 具备创新精神。
8. 具备精益求精的工匠精神。
9. 具备耐心细致的品质。
10. 具备与时俱进的品质。
11. 具有专业认同感。

【知识目标】

1. 掌握典型的供应链设计策略。
2. 了解供应链的设计原则。
3. 了解供应链的设计步骤。

【能力目标】

1. 能绘制供应链的网链结构图。
2. 能正确运用基于产品的供应链设计策略设计供应链。
3. 能正确运用供应链的设计原则设计供应链。
4. 能进行中小企业供应链的设计与优化。
5. 能运用供应链的构建方法构建供应链。

【引例】

校园超市供应链的设计

学校后勤公司打算在学生生活区设立一家超市，面积约150平方米。

学习性工作任务：

请你完成“校园超市供应链的设计方案”。

引导问题：

1. 在设计供应链时应遵循哪些基本原则？
2. 供应链的设计包括哪几个步骤？
3. 如何进行供应链的设计？

有效构建供应链是企业成功进行供应链管理的基础，而科学合理地设计供应链则是有效构建供应链的前提。为了供应链设计的有效性，有必要进一步明确供应链的结构模型。

2.1　供应链结构模型认知

供应链的结构（微课）　　典型行业企业的供应链结构（微课）

一般而言，供应链的结构模型包括链状结构（分静态链状结构和动态链状结构）、网状结构、网链结构以及石墨层状结构等几种模型。其中，网链结构模型是较常见的供应链结构模型。

一、供应链的链状结构模型

结合供应链的定义与结构，不难发现供应链的链状结构最简单。当供应商、制造商、分销商、零售商和用户在一条线上时，就形成供应链的链状结构。原材料来自供应源，经过采购、供应、生产、分拨、配送，产品到达用户。供应链的链状结构模型如图 2.1 所示。

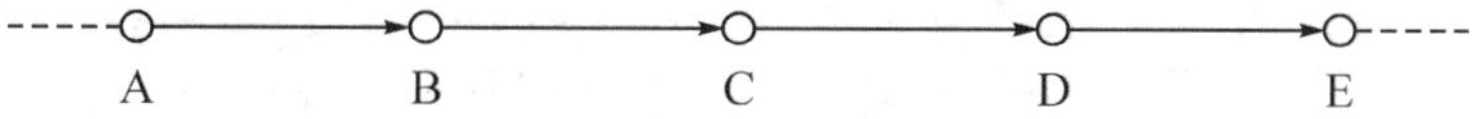

图 2.1　供应链的链状结构模型

如果把满足顾客需求的各个环节都抽象成一个个节点，则众多的节点连接起来就形成供应链。假如把 C 点定义为制造商，则 B 为 C 的一级供应商，A 为 C 的二级供应商；同样，D 为 C 的一级分销商，E 为 C 的二级分销商；依次类推。通常，企业可能有多级供应商或多级分销商，这与企业所在的行业及企业管理者对供应链的设计有关。了解多级供应商和多级分销商的概念，有利于从整体上把握供应链的运行状况。

想一想：为什么很少有企业采用链状供应链结构？

链状供应链结构的缺陷是明显的，企业面临着供应中断的风险，也不利于产品快速、大幅度覆盖市场，还存在链中信息的扭曲与失真，因而在实务中很少有企业采用，除非是为了加强对供应链的控制（如军事供应链）。

二、供应链的网状结构模型

事实上，在一个行业中同类企业往往不止一家，比如链状结构模型中 C 的同业竞争者

可能有 C_1，C_2，…，C_k 等 k 家，C 的供应商也可能不止一家，而是有 B_1，B_2，…，B_n 等 n 家，分销商也可能有 D_1，D_2，…，D_m 等 m 家。于是上面的链状结构就演变成了网状结构，供应链的网状结构模型如图 2.2 所示。

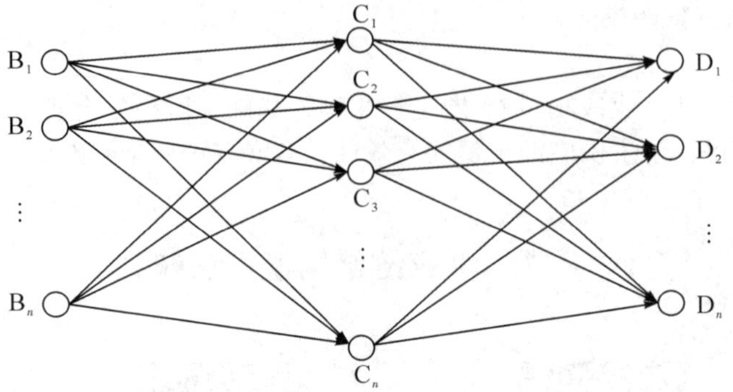

图 2.2　供应链的网状结构模型

网状结构模型更能说明企业经营运作中产品的复杂供应关系。下面以裘皮服装供应链示意图（见图 2.3）为例说明供应链的网状结构。

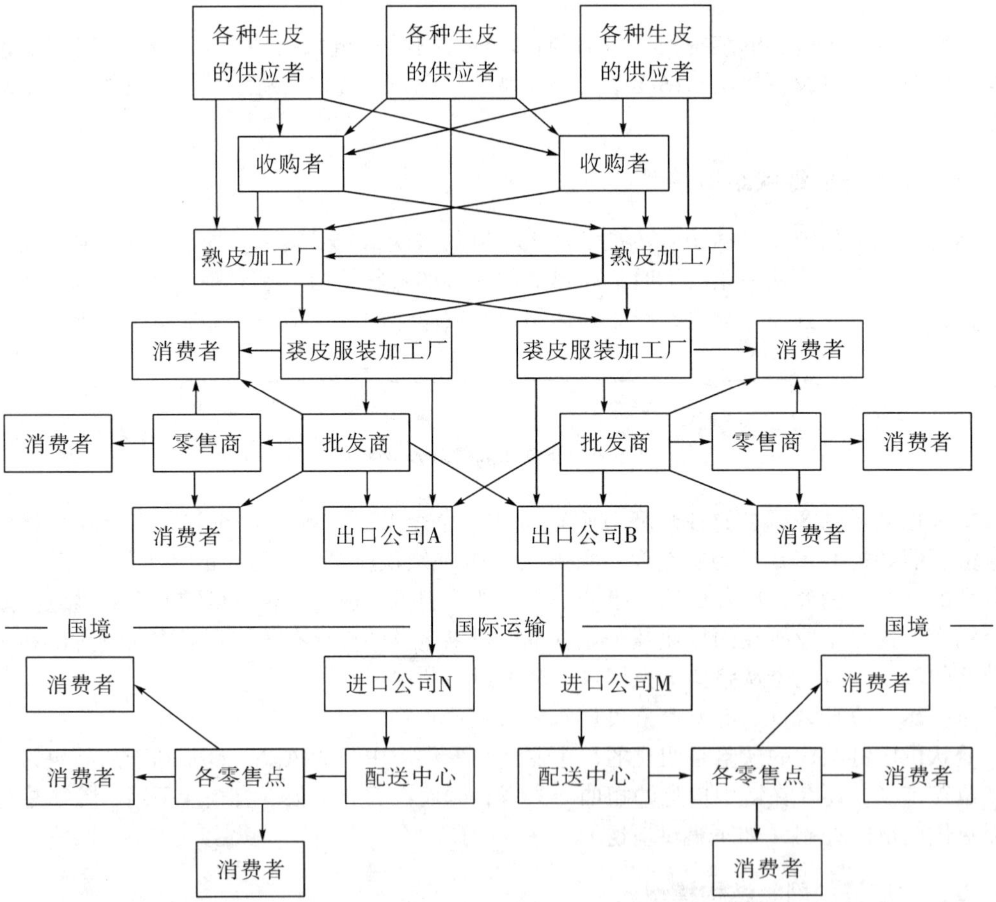

图 2.3　裘皮服装供应链

从图2.3不难看出，供应链不是一条单一的链条，供应链中包含原材料供应商、制造商、批发商、零售商、配送中心、承运人①和消费者等参与体。供应链网络中的企业并非独立地运作，因业务联系而形成很多交叉点，交叉的程度因行业企业而异。

在网状结构模型中，各参与体之间存在着联系，这些联系有强有弱，并且总在不断地变化着。网状结构模型更有利于我们对供应链的整体把握。相对于链状结构模型而言，网状结构模型更为复杂。

在网络时代，任何一家企业和用户都可以通过因特网成为全球网络供应链中的一个节点（见图2.4）。例如，我们可以通过因特网向美国的亚马逊书店购买我们所需要的图书，而亚马逊书店对我们的这一需求也会做出响应。在跨境电子商务快速发展的今天，全球网络供应链比比皆是。

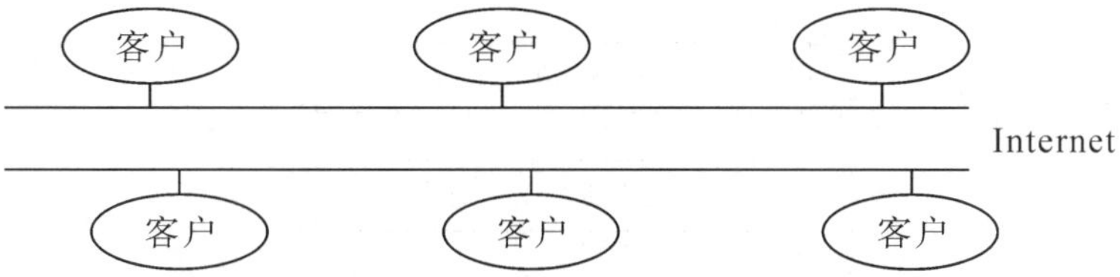

图2.4　基于因特网的全球网络供应链

三、供应链的网链结构模型

供应链的网链结构模型见1.1“供应链的认知”部分，这里不再赘述。

2.2　供应链的设计

设计和构建一个有效的供应链，对于企业的成功至关重要。有效率和有效益的供应链可以增强企业的运作柔性，降低运作成本，提高客户服务水平，提升企业竞争力。

一、供应链的设计策略

基于产品的供应链设计策略(微课1)

基于产品的供应链设计策略(微课2)

基于成本的供应链设计策略(微课)

基于多代理的供应链设计策略(微课)

---

① 承运人（carrier）是指“本人或者委托他人以本人名义与托运人订立货物运输合同并承担运输责任的当事人”(GB/T 18354-2021)。与“承运人”相关的概念有“无车承运人”和“无船承运人”。无车承运人（non-truck operating carrier，NTOC）是指“不拥有货运车辆，以承运人身份与托运人签订运输合同、承担承运人责任和义务，并委托实际承运人完成运输服务的道路货物运输经营者”(GB/ T18354-2021)。无船承运人（non-vessel operating carrier，NVOC）是指“不拥有、不经营船舶，但以承运人的身份接受托运人委托，签发自己的提单或其他运输单证，向托运人收取运费并承担承运人责任，通过与有船承运人签订运输合同，完成海上货物运输经营活动的经营者”(GB/ T18354-2021)。

供应链的设计策略主要有基于成本的供应链设计策略、基于产品的供应链设计策略、基于多代理的供应链设计策略等。

1. 基于成本的供应链设计策略

该策略是根据供应链总成本优化的原则来选择供应链节点，实现最佳的供应链节点组合的一种设计策略。该策略的要旨是，在特定的时间期限内，综合考虑供应链的物料成本、劳动力成本、运输成本、设备成本及其他变动成本等因素，同时考虑经验曲线、相关国家的汇率、通货膨胀等影响成本的因素来完成供应链的设计。其设计步骤如图 2.5 所示。

基于成本的供应链设计策略主要注重供应链运作成本的降低，可能会导致次优的结果。

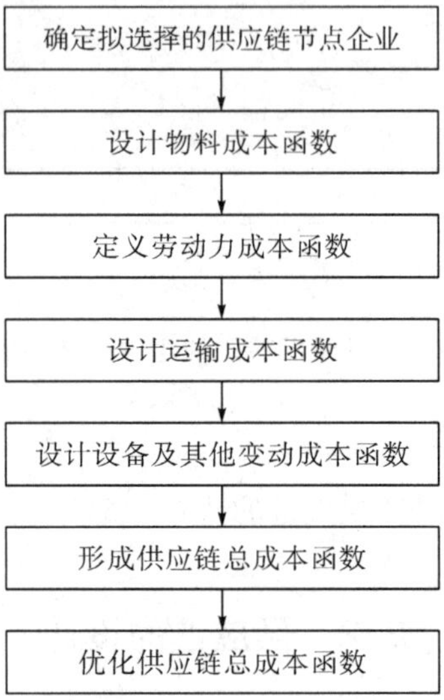

图 2.5　基于成本的供应链设计策略的步骤

2. 基于产品的供应链设计策略

该策略比较成熟、应用较广。其提出者美国宾夕法尼亚大学沃顿商学院的马歇尔·费希尔（Marshall L. Fisher）教授认为，供应链的设计要以产品为中心。供应链的设计者首先要清楚顾客对产品的需求，包括产品类型以及需求特性（不同的产品可以满足不同的客户需求）。此外，还应该明确不同类型供应链的特征，在此基础上，设计出与产品特性相一致的供应链。

协调供需关系
（拓展资源）

传统意义上，生产系统的设计主要考虑制造企业的内部环境，侧重于生产系统的可制造性、质量、效率以及服务性等因素，对企业外部环境因素考虑较少。在供应链管理环境下，不仅要考虑企业内部因素对产品制造过程的影响，还要考虑供应链对产品成本和服务的影响。供应链管理扩大了原来的企业生产系统设计范畴，把影响生产系统运行的因素延伸到了企业外部，与供应链上的所有企业都联系起来，因而供应链系统设计就成为构造企业系统的一个重要方面。但是供应链也可能因为设计不当而导致失败，因此最重要的是必须设计出与产品特性相一致的供应链，这就是所谓的基于产品的供应链设计策略（product-based supply chain design，PBSCD）。

我们知道，根据产品生命周期、产品边际利润、需求的稳定性以及需求预测的准确性等指标可以将产品划分为功能型产品和创新型产品两种基本类型，而根据供应链的功能模式可以将供应链划分为效率型供应链和响应型供应链两种类型。我们根据这两类产品的特性以及这两种类型供应链的特征，就可以设计出与产品类型相一致的供应链。基于产品的供应链设计策略矩阵如图 2.6 所示。

	功能型产品	创新型产品
效率型供应链	匹配	不匹配
响应型供应链	不匹配	匹配

图 2.6　基于产品的供应链设计策略矩阵

策略矩阵中的四个元素代表四种不同的产品类型与供应链类型的组合，从中可以看出产品和供应链的特征，管理者据此就可以判断企业的供应链类型是否与产品类型相匹配。显然，这四种组合中只有两种是有效的，即效率型供应链与功能型产品相匹配以及响应型供应链与创新型产品相匹配的组合。

显然，上述供应链设计思想主要考虑了产品类型及需求特性，忽略了供应特性（如供应市场的复杂度与不确定性）。事实上，不同的行业，不同的产品市场领域，企业所面临的供应风险是不同的。如果综合考虑需求的不确定性以及供给的不确定性，上述供应链设计策略矩阵可以进一步得到优化，供应链设计策略矩阵如图 2.7 所示。

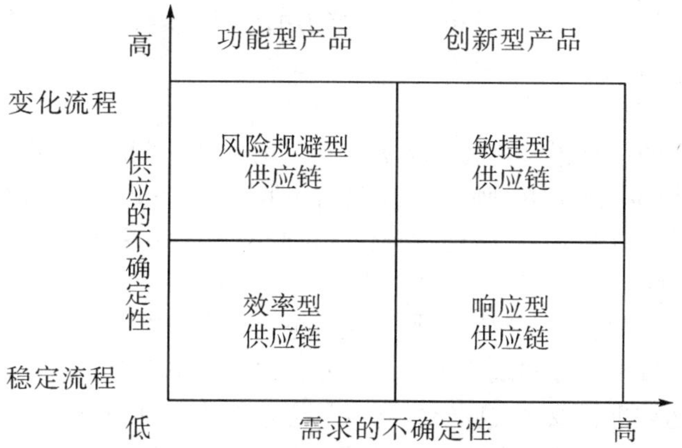

图 2.7　供应链设计策略矩阵

若需求与供给都相对稳定，可以设计为效率型供应链；若需求与供给的不确定程度都高，可以设计为敏捷型供应链；若供给稳定而需求的不确定性程度高，可以设计为响应型供应链；若需求稳定而供给的不确定程度高，可以设计为风险规避型供应链。

需要指出，基于产品的供应链设计策略应该与公司的业务战略相适应，并能最大限度地支持公司的竞争战略。许多学者也认为应该在产品开发的初期设计供应链。因为产品生产和流通的总成本最终取决于产品的设计，这样就能使与供应链相关的成本和业务得到有效的管理。

二、供应链的设计原则

在设计供应链时，应遵循如下一些基本原则，其目的是确保在供应链的设计、优化乃至重构过程中能贯彻落实供应链管理的基本思想。

（一）双向原则

供应链的设计原则（微课）

该原则是指自上而下与自下而上相结合。自上而下即从全局到局部，是设计目标和任务逐级分解的过程，自下而上则是从局部到全局，是设计方案的系统集成的过程。在进行供应链设计时，一般由企业供应链管理者（如供应链总监 CSCO）根据企业所在的产品市场领域以及客户的产品与服务需求特性进行供应链规划，再结合采购与供应、生产运作、分销（拨）、客户服务以及物流等相关职能领域的业务流程特点进行详细设计。在供应链运营过程中，还要充分利用自下而上不断反馈的信息，对供应链进行优化、整合。因而供应链的设计与优化是自上而下与自下而上两种策略的有机结合。

（二）简约化原则

该原则也称简洁性原则。为了能使供应链具有快速响应市场需求变化的能力，供应链的环节要少，同时每个节点都应该是敏捷的，能够根据客户订单进行供应链的快速重构。因此，合作伙伴的选择就应该遵循“少而精”的原则。企业通过和少数业务伙伴建立战略联盟，努力实现从精益采购到精益制造，再到精益供应链这一目标。

（三）集优原则

供应链成员企业的选择应遵循“强强联合”的原则，以实现企业内外资源的优化整合。每个节点企业都应该具有核心业务，在理想的情况下都应该具有核心能力。同时需要实施“归核化”战略，将资源和能力集中于核心业务，培育并提升本企业的核心能力。通过成员企业间的“强强联合”，将实现成员企业核心能力的协同整合，全面提升整个供应链系统的核心竞争力。

（四）优势互补原则

供应链成员企业的选择还应遵循“优势互补”的原则。“利益相关，优势互补”是组织之间或个体之间合作的一条基本原则。尤其是对企业这种营利性的经济组织而言，合作的前提是成员企业能实现“优势互补”。通过合作，取长补短，实现共赢。

（五）协调性原则

供应链的设计应体现协调性原则。每个成员企业在供应链中所处的位置与作用，在很大程度上取决于供应链管理目标实现的需要。为此，供应链中各个参与主体的存在，应当根据供应链管理目标的达成进行取舍。同时，各成员企业至少要能够承担供应链的某一项职能，要能够从供应链绩效目标达成的角度体现出整个供应链的协调性。

（六）动态性原则

动态性是供应链的一个显著特征。一方面，企业经营环境是动态、复杂多变的；另一方面，成员企业间的相互选择必然使供应链的构成发生变化。为了能适应竞争环境，供应链节点应根据企业经营的需要动态更新。因此，供应链的设计应符合动态性原则，应根据企业发展的需要优化乃至重构供应链，以适应不断变化的竞争环境。此外，处于不同产业的企业，其供应链的类型与结构也有所不同，在设计、构建供应链时应体现权变、动态的原则，不可盲目照搬。

（七）创新性原则

市场竞争日益激烈，企业不创新便不能生存，更谈不上发展，因而创新是供应链设计的一条重要原则。要进行创新性设计，就要敢于突破现状、抛弃传统、破旧立新、标新立异，用新的思维审视既有的供应链模式，进行大胆的创新设计。

在对供应链进行创新设计时，要注意以下几点。

第一，目标导向。创新必须在企业总体目标和战略的指导下进行，并与企业的战略目标保持一致。

第二，客户导向。供应链的设计要从用户的需求出发，体现市场导向、需求导向的理念，最大限度地满足客户需求。

第三，集思广益。要充分发挥企业供产销、物流以及客户服务等相关人员的积极性、主动性和创造性，并加强与关键供应商和关键客户及其他关键合作伙伴的沟通，群策群力，确保供应链创新设计的有效性。

第四，科学决策。要建立科学的供应链设计项目评价体系和组织管理体系，并进行技术经济分析以及可行性论证。

（八）战略性原则

供应链的设计应具有前瞻性，应在企业竞争战略和供应链管理策略的指导下进行。供应链的规划与设计应从长计议，不能仅仅着眼于满足眼前企业运营的需要，还应该能够满足企业未来发展的需要。为此，供应链高级经理应至少对企业未来 5 年涉足的产品市场领域进行展望，并在此基础上进行供应链的顶层设计，确保战略性原则的贯彻与落实。

三、供应链的设计步骤

基于产品的供应链设计主要有以下八个步骤，供应链的设计步骤如图 2.8 所示。

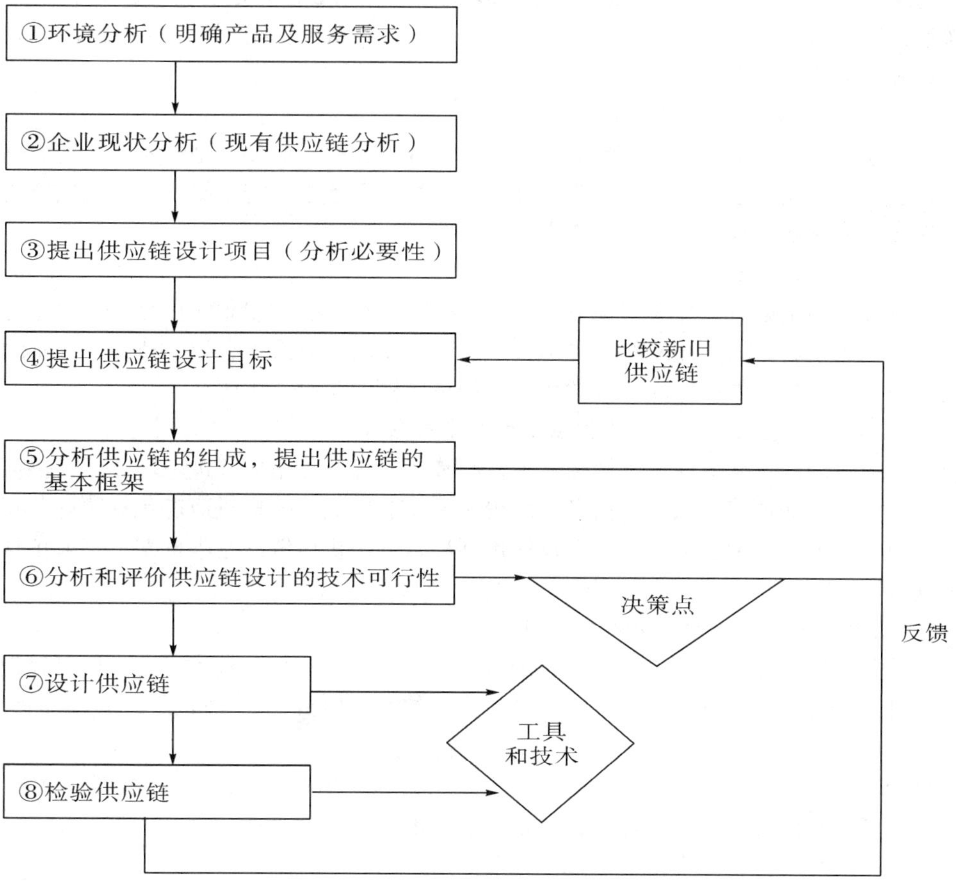

图 2.8　供应链的设计步骤

供应链的设计步骤（微课）

日本某服装制造商的经营策略（微课）

波特竞争模型和 PEST 模型在公司环境分析中的应用（微课）

（一）环境分析

市场竞争环境分析的主要目的是明确顾客的产品需求及相关服务需求，包括产品类型及其特征、相关服务需求及其特性。为此，需要运用 PEST 模型、波特竞争模型、产品生命周期（PLC）模型[1]等多种管理工具，分析企业经营环境，包括环境的不确定性、所在行业的成长性、市场的竞争性（特别是同业竞争者、关键的用户、关键原料或产品供应商、替代品或替代服务供应商、新入侵者/潜在进入者等特殊环境要素所构成的竞争威胁）。在市场调查、研究、分析的基础上确认用户的需求以及市场竞争压力。第一步输出的结果是按每种产品的重要性排列的市场特征。

（二）企业现状分析

这一步主要是分析企业供求管理的现状（若企业已经在实施供应链管理，则应着重分析供应链及其运营管理的现状），其目的是发现、分析、总结企业存在的问题（特别是影响供应链运营绩效的问题），找出影响供应链设计（或再设计/优化设计）的瓶颈环节，并明确供应链开发或改进的方向。

（三）提出供应链设计项目

针对存在的问题提出供应链设计项目，并分析其必要性。例如，是供应渠道需要优化还是分销渠道需要优化；是生产系统需要改进，还是客户服务水平需要提高；是供应链物流系统需要构筑，还是供应链信息系统需要集成；等等。

（四）提出供应链设计目标

供应链设计的主要目标在于寻求供应链服务与供应链成本之间的平衡，同时还可能包含以下目标：进入新市场，开发新的分销渠道，开发新的供应渠道，建立新的生产基地，改善售后服务水平，提高供应链的运营效率，降低供应链的运营成本等。

（五）分析供应链的组成，提出供应链的基本框架

供应链由供应商、制造商、分销商、零售商和用户等节点组成，进一步分析，供应链系统还包括供应链物流系统、供应链信息系统等子系统。因此，分析供应链包括哪些节点、哪些物流节点、这些节点的选择与定位以及评价标准，提出供应链的基本框架，就成了这一步的主要任务。

（六）分析和评价供应链设计的技术可行性

本阶段的主要任务是进行供应链设计的技术可行性分析。如果技术可行，就可以进行下一步的设计；否则，就要进行回溯分析，对供应链的设计项目、设计目标、供应链的组成等进行重新评估。

（七）设计供应链

这一步是供应链设计的主要环节，包括以下主要内容。

① 产品生命周期是分析企业所在行业成长性的一种重要工具。

（1）确认供应链的成员组成。主要包括供应商、制造商、分销商、零售商、用户、物流服务商、银行等金融机构、IT服务商等成员。

（2）明确物料的来源。需要考虑以下问题：是企业内部自制还是外购，是直接供应还是间接供应，是采用多层次的供应商网络还是单源供应等。

（3）生产系统设计。主要包括产品决策、生产能力规划、生产物流系统设计等问题。

（4）分销系统与能力设计。主要包括需求预测、目标市场选择、分销渠道设计（如采用多级分销还是直销模式，抑或采用多渠道系统）等问题。

（5）供应链物流系统设计。主要包括：生产资料供应配送中心、成品库、物流中心、区域配送中心①、成品配送中心等物流节点的选择、选址与定位；运输方式的规划；物流管理信息系统②的开发，包括仓库管理系统（WMS）、运输管理系统（TMS）、库存管理系统（IMS）以及进货管理系统等子系统的开发与集成；物流系统流量预估等。

（6）供应链信息系统设计。主要解决基于Internet/Intranet、EDI的供应链成员企业间的信息组织与集成问题。

在供应链设计中，需要用到许多设计方法、工具和技术。前者如网络图形法、数学模型法、计算机仿真分析法、CIMS-OAS框架法，后者如设计软件、流程图等。

（八）检验供应链

供应链设计完成以后，应采用一些方法和技术进行测试，抑或通过试运行进行检验。如果不可行，则要返回到第四步进行重新设计；如果可行，便可实施供应链运营管理。

2.3 供应链的构建

供应链的构建包括供应链合作伙伴的选择、供应链组织机制的建立、供应链物流系统的构筑、供应链信息系统的构建以及供应链管理流程的设计等内容。

一、供应链合作伙伴的选择

供应链成员的选择是构建供应链的前提。供应链包括采购、供应、生产、分销、零售以及客户服务等多个环节的多家供应商、制造商、分销商、零售商、消费者（或用户）以及为这些节点提供服务的物流服务商、IT服务商和银行等金融机构。可以说，供应链包括为满足客户需求，直接或间接涉及的所有环节。

一般而言，供应链节点企业在市场交易的基础上，为了共同的利益而结成相对稳定的伙伴关系。但供应链的主体企业，尤其是核心企业，通常主导供应链的运作和管理，因而其在合作伙伴的选择上往往具有一定的话语权。而供应链的非主体企业，其规模和竞争实力相对

① 区域配送中心（regional distribution center，RDC）是指“具有完善的配送基础设施和信息网络，可便捷地连接对外交通运输网络，配送及中转功能齐全，集聚辐射范围大，存储、吞吐能力强，向下游配送中心提供专业化统一配送服务的场所”（GB/T 18354-2021）。需要说明，企业在设置RDC时一般需考虑物流时效和成本。在我国，企业的RDC一般以5~9个为宜，企业通常选择华东、华南、华北、华中、西部等大区交通条件较好的中心城市设置RDC。

② 物流管理信息系统（logistics management information system）是指“通过对物流相关信息的收集、存储、加工、处理以便实现物流的有效控制和管理，并提供决策支持的人机系统”（GB/T 18354-2021）。

较弱，在供应链中常处于从属地位，往往无法主宰自己能否成为特定供应链的成员。能否成为合作伙伴，是企业间相互选择的结果。

合作伙伴的选择方法和步骤详见“9.3 供应链合作伙伴的选择”。

二、供应链组织机制的建立

供应链组织机制是保证供应链有效运行的基础。由于供应链涉及多家企业的多个业务环节，而这些企业都是独立的市场经济主体，在管理上自成体系。要实现供应链的无缝衔接，各节点企业必须在相关业务环节上达成一致（形成无缝衔接的一体化流程），才能保证供应链运作的整体协调性。因而，供应链组织机制是各成员企业相关业务组织机制的集合，各成员企业必须从供应链整体出发，设计并构建相关的组织机制。

供应链组织机制由供应链成员、成员间的关系以及供应链业务衔接方式等要素组成。供应链组织机制的建立，是为了保证能合理利用和配置供应链资源，提升供应链运营效率，实现供应链价值的最大化。

三、供应链物流系统的构筑

供应链管理目标的实现离不开供应链物流系统的有力支撑。为此，我们需要从企业竞争战略的高度对供应链物流系统进行运筹和规划，并把供应链管理策略通过物流策略的贯彻实施得以落实。

供应链物流系统是供应链系统的一个子系统，它是以供应链管理及物流系统管理为基础，在物流系统设计与运作中注重网络关系管理，将物流网络的整体性与协作性作为突出特点的物流系统。与传统物流系统设计相比，供应链物流系统的设计更加强调成员企业的全员参与性、系统整体性、成员协作性以及运作协同性，通过企业间的合作来配置物流资源，以提高物流运作效率，降低物流运作成本，在实现供应链价值最大化的同时，达成成员企业的经营目标。

在构筑供应链物流系统时，要充分考虑供应链物流网络的优化、物流节点的选址、运输线路的优化、物流作业方法的选择与优化等问题，充分运用各种支持物流运作与管理决策的技术与方法来构建与供应链相匹配的物流系统，以对供应链的有效运行提供支持和保障。

四、供应链信息系统的构建

供应链信息系统的构建，主要解决基于 Internet/Intranet、EDI 的供应链成员企业间的信息组织与集成问题。传统的企业管理信息系统是以企业内联网和 ERP① 为核心的，当今的供应链管理系统在 Internet 技术的推动和支持下，成为构建在电子商务基础之上的，以供应链管理软件为核心，以 EDI、条形码和 POS 系统等多种信息技术为辅助的体系结构。

首先，企业可以通过高速数据专用线连接到 Internet 骨干网中、通过路由器与自己的 Intranet 相连，再由 Intranet 内主机或服务器为其内部各部门提供数据服务。

其次，在集成化供应管理环境下，要实现企业内部独立的信息处理系统之间的信息交

① 企业资源计划（enterprise resource planning，ERP）是“在制造资源计划（MRP Ⅱ）的基础上，通过反馈的物流和反馈的信息流、资金流，把客户需求和企业内部的生产经营活动以及供应商的资源整合在一起，体现按用户需求进行经营管理的一种管理方法”（GB/T 18354-2021）。

换，就需要设计系统之间信息交换的数据接口。以往企业各部门的信息系统之间往往因系统结构、网络通信协议、文件标准等环节的不统一而呈现分离的局面，而通过 Internet 或 EDI 的“标准化”技术，将以更方便、更低成本的方式来集成各类信息系统，更易达到数据库的无缝连接，使企业通过供应链管理软件将内外部信息环境集成为一个统一的平台整体。

最后，还要注意网络安全问题。安全问题至关重要，安全性是一个多方面的问题，系统必须保证只允许适当的人访问适当的信息，同时，必须解决 Web 服务器为服务器和浏览器之间的通信提供保密层加密。这可以保证有效地获取信息并防止信息被窃取。

五、供应链管理流程的设计

供应链的管理流程是保证供应链有效运营的关键。供应链的管理流程包括：供应链战略管理、供应链计划管理、供应链运作管理、供应链绩效管理和供应链关系管理（见图1.10）。其中，供应链战略包括快速反应（QR）、有效客户反应（ECR）以及供应链集成战略等类型；供应链计划管理主要包括供应链需求预测与管理、匹配供需的供应链需求与供应计划（包括供应链综合计划、销售与运作计划等计划模式）、协同库存管理等内容；供应链运作管理包括供应链采购管理、供应链生产管理、供应链物流管理等内容；供应链绩效管理主要涉及供应链流程管理、供应链策略成本管理、供应链绩效评价等内容；供应链关系管理贯穿前述四个流程，主要涉及供应链协同管理、供应链可视化管理、供应链风险管理等内容。

实训项目2：校园超市供应链的设计

校园超市供应链的设计（微课）

实训项目描述

学校后勤公司打算在学生生活区设立一家超市，面积约150平方米，经营的商品拟以小食品、学生生活用品以及学习用品等为主。假如你是学校后勤公司的业务主管，请你完成“校园超市供应链的设计方案”。

实训目标

通过实训，各小组应达到以下目标：

1. 能有效开展市场调查；
2. 能正确进行市场竞争环境分析；
3. 能正确进行校园超市目标客户群体的需求分析；
4. 能正确进行校园超市经营商品的品类决策；
5. 能正确进行校园超市的选址决策；
6. 能正确绘制校园超市供应链的网链结构图；
7. 能正确绘制校园超市供应链的业务流程图。

实训内容

学生以小组为单位，完成以下实训内容：

1. 开展校园超市所在区域或服务区域的市场调查，并完成调查报告；

2. 进行校园超市所在区域或服务区域的市场竞争环境分析；
3. 进行校园超市服务的目标客户群体的需求分析；
4. 进行校园超市经营商品的品类决策；
5. 进行校园超市的选址决策；
6. 绘制校园超市供应链的网链结构图；
7. 绘制校园超市供应链的业务流程图；
8. 完成校园超市供应链的设计方案。

建议实训时间

8 h（其中课内 4 h，课余 4 h）。

注意事项

1. 校园超市供应链主要涉及供应商、零售商、消费者三个层级；
2. 供应商可能包括学习用品供应商、日用品供应商、食品供应商、饮料供应商、假日用品供应商等类型；
3. 校园超市的目标客户群体主要是在校大学生，此外还涉及老师、外来人员等参与体；
4. 校园超市供应链的流程包括：需求预测、销售与运作计划的制订、商品采购与供应、退货、客户服务等。

评价与反馈

1. 小组成果展示

（1）小组的收获与体会（见表 2.1）。

表 2.1　小组的收获与体会

活动总结	内容描述
活动收获	
活动体会	

（2）对其他小组的建议（见表 2.2）。

表 2.2　对其他小组的建议

反馈建议	内容描述
改进建议	
备注：①请从专业知识及用语准确、方法及应用正确和方案严谨可行等方面对其他小组提出建议。②建议的内容应分条列出，应清楚准确，注意保持和谐的氛围	

2. 评分

采用加权平均法对学生的实训成绩进行评定，包括学生自评（25%）、小组互评（25%）、教师评价（50%）三部分，见表2.3。

表2.3 学生实训成绩评定

考核项目	评分标准	分数	学生自评（25%）	小组互评（25%）	教师评价（50%）	小计
团队合作	是否默契（在市场调查、方案设计时是否相互交流、共同提高）	5				
活动参与	是否积极（是否均参与调查、分析及方案设计，是否贡献智慧力量）	5				
任务方案	是否正确、合理（任务方案涉及的内容是否科学、合理、规范，是否符合设计要求）	5				
实训过程	①是否正确开展了市场调查并形成调查报告	10				
	②是否正确进行了市场竞争环境分析	10				
	③是否正确进行了目标客户群体的需求分析	10				
	④是否正确进行了品类决策	10				
	⑤是否正确进行了选址决策	10				
	⑥是否正确绘制了校园超市供应链的网链结构图	10				
	⑦是否正确绘制了校园超市供应链的业务流程图	10				
任务完成情况	是否圆满完成	5				
方法使用	是否规范、标准	5				
实训纪律	是否能严格遵守	5				
总分		100				
教师签名：			年 月 日		得分	

注意：没有按照要求进行实训，未能提供实训成果时，本任务考核记0分。

小结

有效构建供应链是成功进行供应链管理的基础，而科学合理地设计供应链则是有效构建供应链的前提。供应链有链状、网状、网链状及石墨层状等结构模型，其中网链结构模型比较典型。供应链的设计策略主要有基于产品、基于成本、基于多代理的供应链设计策略，其中，较成熟、应用较广泛的是基于产品的供应链设计策略。根据该策略，功能型产品与有效性供应链相匹配，创新型产品与响应型供应链相匹配。按照供应链设计策略矩阵，根据需求与供给的不确定性程度，可以将供应链设计为效率型、响应型、敏捷型以及风险规避型等类型的供应链。供应链的设计应遵循双向、简约、集优、互补、协调、动态、创新以及战略性原则。供应链的构建包括供应链合作伙伴的选择、供应链组织机制的建立、供应链物流系统的构筑、供应链信息系统的构建以及供应链管理流程的设计等内容。

同步测试

一、判断题

1. 构建供应链的前提是科学合理地设计供应链。（ ）
2. 在跨境电子商务快速发展的今天，全球网络供应链越来越多。（ ）
3. 设计和构建一个有效的供应链，对于企业的成功至关重要。（ ）
4. 供应链包括链状、网状、网链状等基本结构模型。（ ）
5. 产品类型不同，供应链的类型和结构往往也不同。（ ）
6. 供应链的结构因行业而异。（ ）
7. 链状供应链比网状供应链更加容易控制，因此，未来供应链的发展趋势是朝链状结构方向发展。（ ）
8. 基于成本的供应链设计策略主要注重供应链运作成本的降低，可能会导致次优的结果。（ ）
9. 在设计供应链时，企业进行市场竞争环境分析的主要目的是明确顾客的产品需求及相关服务需求，包括产品类型及其特征、相关服务需求及其特性。（ ）
10. 基于产品的供应链设计策略应该与企业的业务战略相适应，并能够最大限度地支持企业的竞争战略。（ ）

二、单选题

1. 基于（ ）的供应链设计策略是根据供应链总成本最优的原则来选择供应链节点，实现最佳的节点组合的一种供应链设计策略。

A. 产品　B. 成本　C. 多代理　D. 时间

2. （ ）是分析企业所在行业成长性的重要工具。

A. SWOT　B. PEST　C. PLC　D. 五力模型

3. 下列属于比较典型的供应链结构模型的是（ ）。

A. 链状结构模型　B. 网状结构模型
C. 网链状结构模型　D. 石墨层状结构模型

4. 下列不属于供应链设计原则的是（ ）。

A. 简洁性原则　B. 协调性原则　C. 战略性原则　D. 互利性原则

5. 我们应该在（ ）设计供应链。

A. 产品开发的初期　B. 产品生产的过程中
C. 产品销售的过程中　D. 售后服务时

6. 根据基于产品的供应链设计策略矩阵，经营创新型产品的企业应该将其供应链设计为（ ）供应链。

A. 有效性　B. 反应性　C. 创新性　D. 功能性

7. 基于产品的供应链设计策略矩阵，经营功能型产品的企业应该将其供应链设计为（ ）供应链。

A. 有效性 B. 响应性 C. 反应性 D. 功能性

8. 基于产品的供应链设计策略是（ ）提出的。

A. 迈克尔·波特 B. 马歇尔·费希尔 C. 拉舍尔 D. 彼得·德鲁克

9. 供应链管理目标的实现离不开（ ）的有力支撑。为此，我们需要从企业竞争战略的高度对供应链物流系统进行运筹和规划，并把供应链管理策略通过物流策略的贯彻实施得以落实。

A. 供应链信息系统 B. 供应链物流系统

C. 供应链管理系统 D. 供应链物流作业系统

10. 供应链管理系统在因特网技术的推动和支持下，成为构建在电子商务基础之上的，以（ ）为核心，以 EDI、条形码和 POS 系统等多种信息技术为辅助的体系结构。

A. ERP B. 企业内联网 C. 供应链管理软件 D. MIS

三、多选题

1. 供应链的结构模型包括（ ）。

A. 链状结构模型 B. 网状结构模型

C. 网链状结构模型 D. 石墨层状结构模型

2. 供应链的设计策略包括（ ）。

A. 基于产品的供应链设计策略 B. 基于成本的供应链设计策略

C. 基于多代理的供应链设计策略 D. 延迟策略

3. 按照供应链设计策略矩阵，根据需求与供给的不确定性程度，可以将供应链设计为（ ）供应链。

A. 效率型 B. 响应型 C. 敏捷型 D. 风险规避型

4. 供应链的设计应遵循（ ）原则。

A. 协调 B. 简约 C. 集优 D. 互补

5. 供应链的构建包括（ ）内容。

A. 供应链合作伙伴的选择 B. 供应链组织机制的建立

C. 供应链物流系统的构筑 D. 供应链信息系统的构建

6. 链状供应链结构的缺陷包括（ ）。

A. 供应链容易中断 B. 不利于产品快速、大幅度覆盖市场

C. 供应链容易出现信息的扭曲和失真 D. 有利于加强对供应链的控制

7. 供应链参与体包括（ ）

A. 制造商 B. 供应商 C. 零售商 D. 物流商

8. 下列关于供应链设计的说法正确的是（ ）

A. 若需求与供给都相对稳定，可以设计为效率型供应链。

B. 若需求与供给的不确定程度都高，可以设计为敏捷型供应链。

C. 若供给稳定而需求的不确定性程度高，可以设计为响应型供应链。

D. 若需求稳定而供给的不确定程度高，可以设计为风险规避型供应链。

9. 企业在设计供应链时需要进行环境分析，一般用到的工具包括（ ）。

A. PEST 模型 B. 波特竞争模型

C. 产品生命周期（PLC）模型 D. 鲁棒模型

10. 关于供应链信息系统构建的说法正确的是（　　）。

A. 应主要解决基于 Internet/Intranet、EDI 的供应链成员企业间的信息组织与集成问题

B. 供应链信息系统应该以供应链管理软件为核心

C. 供应链信息系统应该以 EDI、条形码和 POS 系统等多种信息技术为辅助手段

D. 供应链信息系统应该以企业内联网和 ERP 为核心

四、案例分析题

中国的希音为什么能够打败西班牙的 ZARA

希音（SHEIN）仅仅用了十几年的时间，就从一家名不见经传的中国企业快速成长为全球服装行业的一匹黑马。在时尚服装 App 下载量方面，希音位居全球第一。2022 年，希音的市场份额一举超过 ZARA，成为美国市场最大的服装零售商。希音打败 ZARA，成为全球服装行业的一颗璀璨之星。

一、ZARA 的服装供应链模式

集中生产、极速补货、超低库存，这种把时尚服装当作“会变质的蔬菜”来设计和架构的独特供应链被业界称为“时尚快速反应的极速供应链”。

公司的创始人奥特加于 1975 年在西班牙街头创立这家名为 ZARA 的门店时，其目的并非我们现在对 ZARA“快速时尚”的认知。当年一个德国大客户取消了给奥特加工厂的大订单，大量积压的库存让奥特加面临破产。在垂死挣扎之际，奥特加尝试通过直接做零售，通过促销、打折来使库存快速变现。没想到，此举不仅挽救了处于垂死边缘的工厂，还让奥特加萌发了将生产和零售相结合，通过加快供应链的反应速度，将库存风险降至最低的“极速供应链模式”。

为了能够将销售和生产紧密衔接、加快供应链的反应速度，奥特加想尽了一切办法。他把大部分的采购和生产业务集中在欧洲：在 ZARA 的总部（西班牙拉科鲁尼亚）建立高度自动化的生产基地。为了加速生产基地和周边劳动密集型缝制厂的协作，奥特加在方圆 200 英里的地下架设了传送带网络，这就是闻名于世的 ZARA 的“地下工厂”。不仅如此，奥特加还在全球多地建立了国际物流中心，通过空运的方式将服装运输到全球各地，极大地提高了服装的库存周转率。

ZARA 的服装供应链可以实现服装产品从设计到上架仅仅花 15 天的时间，整个供应链基本没有呆滞库存。这种高度垂直一体化的供应链模式，让 ZARA 与同时代的其他采用全球采购（生产外包）的服装品牌厂商拉开了差距。因为传统服装品牌厂商的产品从设计到上架往往需要三个月到半年的时间。虽然时尚服装的毛利极高，但扣除折价及报废的损失之后，净利润所剩无几。甚至如果企业运作不当，还会造成亏损。

二、希音制胜的关键

这些年，中国许多服装品牌厂商就始终处于上述这个状态。经济好的时候，或者把握住市场商机之时，销售形势一片大好，公司盈利颇丰。一旦市场发生变化，消费者购买意愿下降，服装品牌企业就会出现大量的呆滞库存，业绩陡然下滑。但是也有例外！希音打败 ZARA，成为全球服装行业的成功案例。希音的成功，是创始人很好地把握住了中国在这个时代的两个最大的红利——互联网数字化及中国作为全球最大的制造工厂。希音将 ZARA 的极速供应链模式架构在这两大红利之上，成功地打造出了比 ZARA 更快的“超极速供应链”。

（一）来自中国互联网数字化的能力

希音的创始人许仰天来自互联网行业，他早期从事的是搜索引擎优化工作，其骨子里流淌着互联网原生的思考和行为方式。

ZARA 所构建的极速供应链是在 IT 时代，该供应链的反应速度也是上个时代可以达到的最快速度；而希音所构建的超极速供应链是在当今数字化时代，该供应链的反应速度也是当代可以达到的最快速度。从某种程度上讲，希音和 ZARA 的竞争是不同时代、不同维度的供应链的竞争。

1. 销售方式之比较

ZARA 主要通过线下门店进行销售，而希音主要通过独立网站和 App 进行线上销售。ZARA 可以做到千店千面，而希音可以通过互联网实现颗粒度更细的千人千面。希音不仅可以为不同地区不同消费者推荐风格迥异的商品，还可以基于各地文化和习俗差异开展丰富多彩的线上购物活动，提升用户的黏度。

2. 时尚元素的获取方式之比较

ZARA 另一个引以为傲的能力是它的“酷猎手”(cool hunter) 模式，通过穿梭于巴黎、米兰街头巷尾和时装秀场的那些拿着“大炮筒”相机的“酷猎手”来捕捉当下最为流行的服装时尚元素，然后通过邮件将这些讯息传递给总部的设计师。设计师据此就可以足不出户地掌握全球服装的时尚资讯，接下来便高效地完成时尚服装的设计。

而希音采用的是创始人许仰天最擅长的互联网方式，通过 App 和独立站点获取大数据并进行分析，通过谷歌、Facebook 等网站上的“爬虫”抓取时尚流行元素。

与 ZARA 采用人力获取讯息的方式相比，希音的方式不仅效率更高，而且可以通过数据算法把经验沉淀在数字化的商品规划系统中。

3. 供应链协作系统之比较

ZARA 的系统创建于 20 世纪，采用传统 IT 系统的架构方式。虽然 ZARA 这些年也一直在进行系统的升级和改造，但现阶段制约企业发展的最大限制因素恰恰就是这些传统的 IT 系统：烟囱式架构，数据不统一，很难有效利用最新的算法及仿真等能力，缺少智慧化的基座，迭代难度大。

希音的系统则是根植于数字化时代的云原生架构。从 2014 年起，希音就投入资金进行供应链数字化系统的自主研发。通过构建和打通商品中心、运营中心、生产中心等九个部门的十个数字化模块，希音将全部供应商接入供应链平台进行集中化管理。例如，通过 MES 和 GMP 等系统，从产能分配、订单下达、工厂进度跟踪、物流履约进程等方面，希音全面实现了供应链的数字化、可视化管理。

虽然希音的数字化能力还处在不断迭代中，但数字化时代的柔性系统及其迭代能力是 ZARA 在 IT 时代构建的信息系统所无法企及的。

（二）来自中国制造的能力

数字化只是其一，希音在供应链上的胜出还来源于它们深谙中国制造的能力所在。

ZARA 总部所在的西班牙拉科鲁尼亚是欧洲纺织服装行业的中心。而希音所在的珠三角，尤其是广州，是全球纺织服装行业的中心。

希音和 ZARA 的竞争是两家公司的供应链的竞争，更是中国服装产业供应链和欧洲服装产业供应链的竞争。希音的供应链中心位于番禺，周边众多的中小工厂在三十几年外贸订单的驱动下，逐步形成了独特的服装小订单快速生产的能力。这与希音所要求的小订单快速反应能力完美契合。

供应商是希音成功的重要因素之一。与 ZARA 的垂直一体化不同的是，因为有了数字化协同和中国服装供应商快速反应能力的双重支持，希音放心地将制造外包给了周边的 1 000 多家中小服装供应商。为了更好地与供应商协同，希音在供应商管理上做足了功课。

服装行业的中小制造商大都缺钱，服装行业的平均付款周期更是高达 45 天。然而，作为供应链核心企业的希音，为自己的服装供应商提供了短至半个月的付款周期，优质供应商甚至能够获得 7 天的付款周期。不仅如此，针对制造成本较高的小订单，希音还会对供应商给予补贴，甚至为优质供应商提供贷款和奖励等。

对于供应商最担心的服装库存问题，希音还承诺非质量问题不退货，让供应商在接单生产时无后顾之忧。

这些举措不仅赢得了良好的口碑，还获得了供应商的支持。相应地，希音的采购成本比同行普遍低5元/件。

中国的服装供应商能力参差不齐，有的具备设计能力甚至有自己的独立品牌，但溢价高；有的就是一个夫妻店，只懂得接单制造，但成本也更低。

为了能够充分利用不同供应商的优势，希音与不同类型的供应商实施了不同的合作模式。对于有品牌及设计和制造能力的供应商采用OBM模式，对于有设计和制造能力的供应商采用ODM模式，对于只拥有制造能力的供应商采用OEM模式，对于那些能够进行销售拓展的供应商采用VMI模式。采用不同的合作模式，让具有不同能力的供应商都能够在希音的平台上找到契合点并发挥自己最擅长的能力。

为了确保供应商满足希音的质量和履约要求，希音对供应商进行了分级分类管理。按照采购金额和对供应商的评估指标，希音将供应商分成S、A、B、C、D五个等级，S级供应商可以获得高达8%~12%的利润，而处于D级的供应商则将面临淘汰。竞争和奖惩使得希音的供应商不断努力提升自己的能力，形成了正向循环。

为了能够让供应商专注于制造，希音搭建了全球供应链物流网络。供应商只需要将货物运送至希音的国内仓，剩下的事情都由希音的物流团队完成。为了提高物流速度，希音采用了与ZARA一样的空运模式，并通过在全球各地建立起来的物流中心和转运中心提高运输的时效性。

由于拥有强大的供应链能力，希音在商品丰富度上可以同时销售15万个单品，是ZARA的15倍；新品上市周期最短为7天，是ZARA（15天）的一半；在款式测试效率上，希音每生产3千件服装就可以测试30个款式，而ZARA的线下方式每次最多只能测试6个款式。

未来十年，将是中国供应链借助数字化的翅膀腾飞的黄金十年，我们有机会在这十年里赶超欧美企业通过几十年乃至上百年所构建的商业模式。作为中国人，我们对此充满信心！

希音和ZARA的竞争还在继续，未来还会有很多像希音这样的中国企业，通过结合中国供应链的优势和中国数字化的优势实现“弯道超车”，成为杀出各个传统行业的一匹匹黑马，我们拭目以待！

根据案例提供的信息，请回答以下问题：

1. 希音为什么能够打败ZARA？
2. ZARA的服装供应链有什么特点？
3. 你如何理解ZARA垂直一体化的供应链模式？这里的垂直一体化是指纵向一体化吗？
4. ZARA的服装供应链属于何种类型的供应链？
5. ZARA的服装供应链与传统服装品牌厂商的供应链有什么不同？
6. 为什么说“希音和ZARA的竞争是不同时代、不同维度的供应链的竞争”？
7. 什么是数字化供应链？数字化供应链和传统供应链有何不同？
8. 为什么说“希音和ZARA的竞争是两家公司的供应链的竞争，更是中国服装产业供应链和欧洲服装产业供应链的竞争”？
9. 什么是现代供应链？现代供应链与传统供应链的区别是什么？
10. 为什么企业供应链会发展到产业供应链的新阶段？
11. 希音与合同制造商是如何建立双赢合作关系的？
12. 简述希音与合同制造商合作模式的内涵。
13. 希音为什么要对合同制造商进行分级分类管理？
14. 希音与合同制造商的合作关系的本质是什么？
15. 请简述希音和ZARA的服装供应链的异同。
16. 请你对希音供应链的优化提出建议。
17. 请你结合本案例谈谈对“企业的竞争已经演变为供应链与供应链的竞争”这句话的理解。

任务3

供应链计划管理

【素质目标】

1. 具有家国情怀。
2. 具有协同理念。
3. 具有全局观念。
4. 具备团队精神。
5. 具备合作精神。
6. 具备创新精神。
7. 具备精益求精的工匠精神。
8. 具备耐心细致的品质。
9. 具备与时俱进的品质。
10. 具有专业认同感。

【知识目标】

1. 掌握供应链需求预测的方法。
2. 了解供应链需求预测的步骤。
3. 理解延迟策略。
4. 理解供应链综合计划的内涵。
5. 掌握供应链综合计划的基本策略。
6. 了解供应链综合计划的发展。
7. 掌握供应链控制塔的层次结构。
8. 理解销售与运作计划的内涵。
9. 了解销售与运作计划的实施要点与步骤。
10. 了解供应链综合计划与传统生产计划大纲的区别。

【能力目标】

1. 能进行供应链需求预测。
2. 能运用延迟策略和定价策略对供应链需求进行管理。

【引例】

红番茄工具公司的供应链综合计划

红番茄工具公司是墨西哥一家拥有园艺设备制造设施的小工厂，公司的产品主要通过零售商在美国销售。红番茄公司的生产过程主要是把采购的配件装配成多功能的园艺工具。

因为生产线需要有限的设备和空间，因此其产能主要由员工数量决定。

红番茄公司产品需求的季节性很强。需求旺季是春天，因为很多家庭在花园种花时要使用园艺工具。该公司决定使用供应链综合计划来克服需求随季节性变化的障碍，同时实现公司利润的最大化。红番茄公司应对需求随季节性变化的方法有：在旺季时增加员工数量、签订转包合同、在淡季时设立库存、延期交货。为了通过综合计划找到最好的方法，该公司的供应链总监把需求预测作为第一项任务。尽管红番茄公司可以独立预测需求，但与零售商和供应商合作，能够产生更理想的预测结果。供应链总监的目标就是制订一个最理想的综合计划来满足需求，同时实现公司利润最大化。

引导问题：

1. 什么是供应链综合计划？
2. 如何制订供应链综合计划？
3. 制订供应链综合计划时为什么要进行需求预测？
4. 如何进行供应链计划管理？

3.1 供应链需求预测

【引例】

7-11 公司利用预测的特点来改善经营绩效

7-11 公司是日本零售业巨头①、世界最大的连锁便利店集团，也是拥有最先进物流系统的便利连锁店集团。它的成功在很大程度上是因为公司采用了多频次小批量的补货方式。7-11 公司利用长期预测的准确性比短期预测的准确性低的特点来改善经营绩效，公司的补货制度能在几个小时内对市场需求做出快速反应。例如，零售店经理需要在每日上午 10 点向配送中心下达补货通知，而配送中心能确保在当天晚上 7 点准时交货。这样，零售店经理就只需要预测当天晚上的需求量，预测的提前期只有 9 个小时。由于预测提前期的缩短，零售店经理就可以更加准确地把握有关商品的销售信息，例如：天气状况、竞争者的促销等情况。相应地，零售店经理的需求预测准确率就比提前一周甚至三天预测的准确率高得多。

引导问题：

1. 7-11 公司为什么能取得成功？
2. 供应链需求预测有何特点？
3. 供应链需求预测有哪些方法？
4. 供应链需求预测包括哪些基本步骤？
5. 如何对供应链需求进行预测？
6. 如何对供应链需求进行管理？

供应链需求预测是进行供应链计划管理的首要任务。供应链需求预测是制订供应链需求与供应计划以及进行供应链库存计划与控制的前提。

① 7-11 品牌原属美国南方公司，2005 年后属于日本 Seven&I Holdings 公司。

供应链节点企业之间具有供需关系，而供应链管理的重点是供需的协调。为了匹配供需，就需要对供应链需求进行预测。

一、需求预测的概念

需求的认知（微课）　　需求预测的概念（微课）　　需求预测的原理（微课）

需求预测是针对未来一定时期，企业或用户对产品族或特定产品（或服务）的需求数量和需求金额的估计。需求预测的目的在于通过充分利用现在和过去的历史数据、考虑未来各种影响因素，结合本企业的实际情况，采用恰当的预测方法，提出切实可行的需求目标，为企业制订经营计划、营销计划、生产计划以及采购与供应计划等工作奠定基础。

一般而言，某产品或服务的需求主要取决于该产品或服务的市场容量以及该企业所拥有的市场份额。

二、供应链需求预测的意义

供应链需求预测的意义（微课）

对供应链管理而言，需求预测具有非常重要的意义，它是制订供应链各项计划的基础和前提。当供应链节点企业独立地预测需求时，预测通常比较困难，还会造成需求与供给的脱节；而当供应链成员企业协同预测需求时，通常会提高需求预测的准确性，提高供给与需求匹配的能力，从而提高供应链的运营绩效。

[案例]　　“李宁”公司的供应链需求预测

“李宁”公司在湖北荆门的李宁工业园内有7家核心供应商，分别组建服装集团和鞋业集团，在该工业园内从事服装和鞋类生产。其中，广东顺德永达制衣有限公司、广东顺德勤顺针织有限公司、广东佛山南海KEE拉链公司、台巨纺织（上海）贸易有限公司（面料供应商）四家公司共同组建的湖北动能体育用品有限公司为“李宁”公司提供运动服装。由广东佛山力天鞋业有限公司、厦门厦福立鞋业有限公司、福建泉州怡德公司（生产鞋底）合资成立的湖北福力德鞋业有限公司为“李宁”公司提供慢跑鞋、足球鞋、篮球鞋、休闲鞋等各类运动鞋。而“李宁”公司负责物流基地和研发中心的建设，成为价值链和供应链的真正整合者、管理者和分配者。“李宁”公司将品牌设计中心、原料供应商、制造商、物流中心、配送中心和分销商等参与体有效地整合在一起，以实现成本最小、效率最高。为了能及时捕捉市场需求变化的信息并对需求做出快速响应，这些供应链参与体必须协同预测需求。图3.1为“李宁”公司供应链需求预测的过程。

通过协同预测，“李宁”公司及其供应链成员企业及时把握了需求，提高了供应与需求的匹配能力。在及时满足市场需求的同时，供应链库存周转天数下降到50天左右，比2003年时缩短了2/3，增强了供应链竞争力。

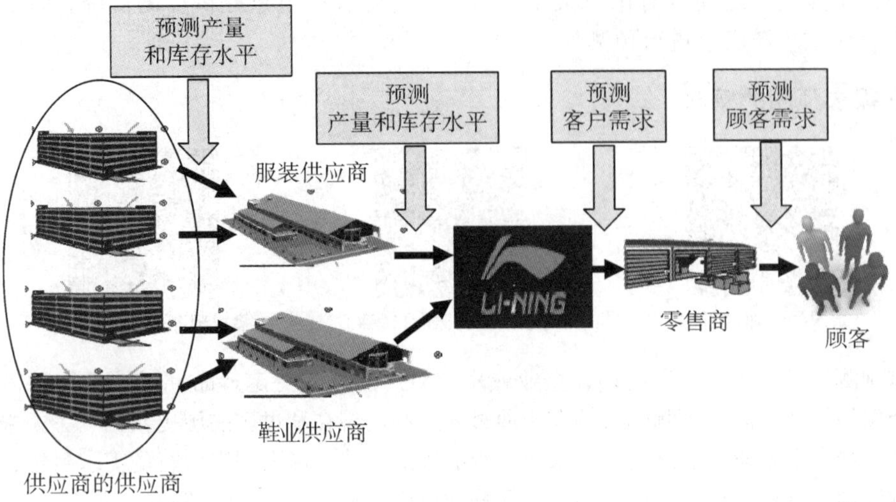

图 3.1 “李宁”公司供应链需求预测的过程

三、供应链需求预测的特点

供应链需求预测具有以下主要特点。

1. 预测通常有误差

即使是在最佳的预测条件下，任何一种预测方法都不可能准确地预测未来需求，因为很多因素会对预测的结果产生不良影响。但企业通常会采用恰当的预测方法来使预测结果尽可能地接近真实值。例如，很多企业会采用时间序列法通过历史数据对未来需求进行预测。假如有两家汽车“4S”店采用这类预测方法进行需求预测，其中一家预计未来 3 个月汽车的销售量是 100~1 900 辆，而另一家预计的销售量是 900~1 100 辆，尽管两家“4S”店对汽车需求量的预测值的平均值都是 1 000 辆，但预测的精确度不同导致两家 4S 店的采购策略也不同。因此，预测误差（需求的不确定性）是影响供应链管理决策的一个关键因素，必须保留预测误差的估算区间。

［**案例**］ **Otto 公司借助 AI 提高需求预测的准确性**

Otto 公司是一家在线零售商，该公司借助人工智能（AI）技术进行需求预测，预测的结果非常可靠。目前，Otto 公司对未来 30 天以内客户需求预测的准确率达到 90%。公司现在可以根据人工智能预测的订单配置库存，从而大幅度缩短了客户下达订单以后产品的交付周期。Otto 公司在需求预测的基础上，每个月通过电子订货系统（EOS）自动从不同厂商订购 20 万件商品用以销售。Otto 公司对人工智能技术充满信心。

2. 提前期长短影响预测的精确度

长期预测的准确性通常会低于短期预测，这是因为长期预测的标准差要大于短期预测。换言之，越是靠近卖季，企业越是拥有更加充分的市场信息，就越能提高预测的准确性。

［**案例**］ **沃尔玛与宝洁公司的合作**

沃尔玛利用需求预测与提前期的关系规律加强了与宝洁公司的合作，提高了协同预测的准确性。图 3.2 反映的是沃尔玛对其经销的宝洁公司的某产品的需求预测的误差与提前期的关系。

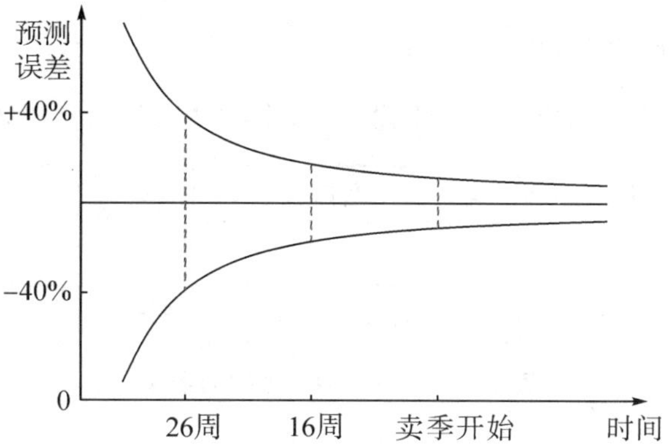

图 3.2 需求预测的误差与提前期的关系

利用需求预测与提前期之间的关系这一规律，沃尔玛加强了与其供应商宝洁公司的合作。沃尔玛在每天晚上将当天销售的宝洁公司产品的 POS 数据通过 EDI 传递给宝洁公司，宝洁公司据此调整其需求预测值，成功地实现了供应商管理库存（VMI）。而在此之前，宝洁公司一般是每月更新一次需求预测值，它所使用的信息至少是过期一周的。

3. 对产品族的预测精确度高于单品

对产品（或服务）组合的预测要比对某种产品（或服务）的预测容易且更准确。因为综合预测相对于均值的标准差较小。例如，要预测全国空调市场的总需求量并不太难，但要预测某个品牌特定型号的空调的需求量就困难得多。虽然品牌偏好对空调的需求会产生明显影响，但对空调的总需求不会产生大的影响。关键在于预测的综合性，综合性越高，预测的精确度也越高。

4. 上游节点的预测精确度通常低于下游节点

在供应链中，下游节点特别是零售商直接与消费者接触，获取用户的需求信息往往比上游节点及时、准确和全面，因而，下游节点对需求预测的精确度更高。特别地，由于传统企业的供应链链条长、环节多，需求信息从下游往上游传递时，容易发生信息的扭曲、失真。过多的供应链节点，导致上游企业看不到终端的真实需求，这些企业往往直接根据下游企业的订单来预测消费者需求，容易引发“牛鞭效应”。由此可见，供应链成员企业加强合作，信息共享，协同预测需求，能够提高预测的精确度，能够避免经营运作的盲目性，具有非常重要的意义。

四、供应链需求预测的分类

需求预测的分类（微课）

按照时间跨度，可以将需求预测划分为长期预测、中期预测和短期预测三种类型。

（1）短期预测。短期预测的时间跨度通常不超过 3 个月，最长不超过 1 年，主要用于补货需求预测、物料需求预测以及满足生产作业计划安排等业务工作需要的预测。

（2）中期预测。中期预测的时间跨度通常是 3 个月到 3 年，主要用于满足企业销售计划制订、生产计划制订以及预算编制等职能工作需要的预测。

（3）长期预测。长期预测的时间跨度通常在 3 年及其以上，主要用于满足企业战略规划、新产品研究开发以及财务预测等工作的需要。

五、供应链需求预测的步骤

供应链需求预测一般包括以下六个步骤，供应链需求预测的步骤如图 3.3 所示。

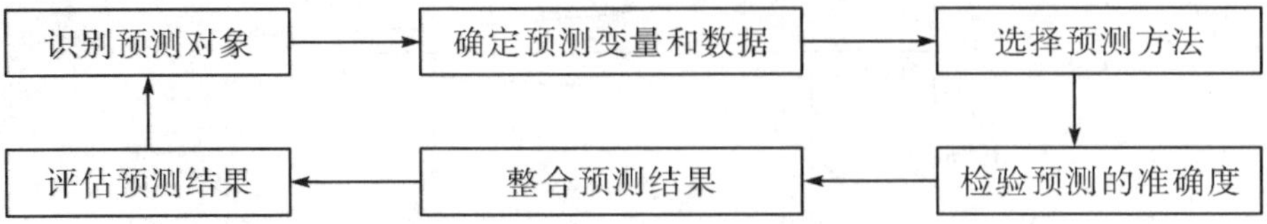

图 3.3　供应链需求预测的步骤

1. 识别预测对象

供应链需求预测通常是利用历史数据去预测未来需求。因此，首先要明确预测对象。在供应链的不同环节或企业的不同管理职能上，预测的对象往往不同。例如，营销部门通常预测市场变化的趋势；销售部门一般预测各细分市场上特定目标客户群体的需求量（销售量）；生产部门一般是为了有效制订并管理生产计划而预测每种产品所需的产量；财务部门通常预测的是销售额，并据此编制预算；物流部门一般预测对产品族的物流需求，并据此编制运输、配送等物流计划，目的是提高物流运作的效率，降低物流运作的成本。

2. 确定预测变量和数据

产品（或服务）的需求与供应是基本的预测变量，但需求量和供应量一般不同。因为如果某种产品缺货，企业将无法满足这部分需求。买方会选择使用替代品或直接从竞争对手处购买所需的商品。因此，实际需求量可能会高于供应量。与预测有关的数据和信息包括：

（1）需求量——对某种产品（或服务）的市场总需求量；

（2）供应量——消费者或用户可获得的产品数量；

（3）产品（或服务）特性——影响需求的产品（或服务）特性；

（4）市场竞争情况——目标企业与主要竞争对手的市场占有率、竞争对手（包括替代竞争者）的降价、促销等信息；

（5）历史销售数据——目标企业的历史销售数据；

（6）促销计划——目标企业的促销计划。

3. 选择预测方法

供应链需求预测的方法主要包括：定性预测法、定量预测法以及计算机仿真（模拟）等几类方法。每一种预测方法都有其优点、缺点和适用范围。例如，如果需求有季节性特征，就应该选择融合了季节性因素的预测方法。同时，还可以采用自上而下或自下而上以及两者相结合的预测方法。自上而下的预测方法是企业首先对产品族的需求进行预测，然后再对单品的需求进行预测；自下而上的预测方法则相反，企业先预测客户对单品的需求，再预测对产品族的需求。一般而言，多种预测方法并用，可以提高预测的准确性。

需求预测的基本方法（微课）

需求预测方法综述（微课）

4. 检验预测的准确度

准确度反映的是预测值与真实值之间的吻合程度。此外，还可以用偏差来衡量预测结果偏离实际需求量的程度。如果偏差过大，抑或偏差持续过高或过低，可能的原因之一是预测方法选择不当。

5. 整合预测结果

供应链的不同环节或企业的不同职能部门预测的对象不同，尽管从理论上讲，这些环节或部门预测的结果应该相同，但事实上，预测主体不同，各预测主体采用的预测方法不同，预测使用的数据不同，多种因素往往会导致预测的结果不一致。为此，可以先按照职能进行预测，再整合预测的结果，以提高预测的准确性。

6. 评估预测结果

预测的结果应由供应链各级管理人员进行评估，以确保预测结果的正确性和合理性。通过评估，发现问题，分析原因，“对症下药”，不断完善预测的过程和所使用的数据。为此，企业应确定需求预测绩效的评估方法，以评价需求预测的准确性与时效性。一般地，可以用“平均预测时间”来衡量需求预测的时效性，以反映需求预测工作的效率；可以用“需求预测偏差率”来衡量需求预测的准确性。

其中，

需求预测偏差率=(需求预测值-实际需求量)/实际需求量×100%=(预测的销售量-实际销售量)/实际销售量×100%

［**案例**］ **A电子商务企业的需求预测绩效评估**

A电子商务企业根据需求预测的结果从供应商那里进货。供应商的供应提前期是两个月。因此，A电子商务企业必须在卖季开始前两个月进行需求预测。在卖季结束后，A电子商务企业的管理人员把实际销售量和预测的销售量进行比较，以判断需求预测的准确程度。接下来，管理人员分析需求预测误差产生的原因，并采取有效措施来减少误差，或对预测值进行修正，使其尽可能与真实的需求量一致。

六、供应链需求预测的方法

供应链需求预测的方法（微课）

供应链需求预测的方法主要包括：定性预测法、定量预测法以及计算机仿真（模拟）等几类方法。其中，定性预测法也称判断预测法，主要包括专家预测法（包括专家会议法和德尔菲法等方法）、主观概率法、部门主管讨论法、市场人员意见汇集法（销售人员估计法）等方法。定量预测法又包括时间序列分析法、因果关系分析法（因果联系法）等几类方法。其中，时间序列分析法包括移动平均法（简单移动平均法、加权移动平均法）和指数平滑法（简单指数平滑法、趋势矫正指数平滑法）等方法；因果关系分析法包括回归分析法（一元回归分析法/多元回归分析法、线性回归分析法/非线性回归分析法）和经济计量法等方法。

在进行供应链需求预测时，企业应该选择什么预测方法，需要结合企业经营的产品类型、需求特性及供应链的类型等因素进行考虑，从需求量和需求特性（需求的不确定性）两个维度去分析，结合企业的实际情况进行选择。供应链需求预测的方法如图3.4所示。

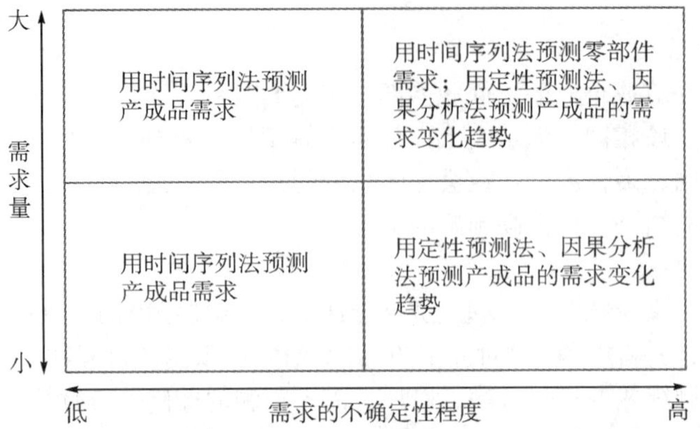

图 3.4 供应链需求预测的方法

在效率型供应链中，由于企业经营功能型产品、面临的市场需求相对稳定，可预测性程度高，适合采用时间序列法来预测产成品需求；在响应型供应链中，由于企业经营创新型产品或个性化较突出的产品，需求的不确定性程度高、可预测性差（预测的误差较大），我们需要预测供应链的系统柔性和产能储备。若需求的不确定性程度高且需求量大（如电脑），可以用时间序列法来预测零部件的需求，用定性预测法和因果分析法来预测产成品的需求变化趋势；若需求的不确定性程度高且个性化较突出（如汽轮机），可以用定性预测法和因果分析法来预测产成品的需求变化趋势。

［小贴士］ **需求预测值的构成**

无论采用什么预测方法，都存在一些不能用过去的需求模式解释的随机因素，因此观察到的需求可以分解成系统和随机两个部分，即

观察到的需求=系统部分+随机部分

系统部分反映的是需求的期望值（EX），它包含三个部分，即需求水平（扣除季节等影响因素后的当前需求）、需求变化趋势（需求在下一个销售期间增减变化的比率）、可预计的季节性需求波动。

随机部分是指偏离均值（EX）的那一部分需求，企业不能也不必预测其偏离方向，而只能预测其大小和可变性，用以衡量预测的误差。一种好的预测方法，其预测误差的大小与随机部分的大小成比例。预测的目标是过滤掉随机部分，进而对系统部分进行估计，同时用预测误差来衡量需求预测值与真实值之间的差异。

（一）定性预测法

定性预测法是指预测者依靠熟悉业务知识、具有丰富经验和综合分析能力的市场人员、业务主管与相关领域的专家，根据已掌握的历史资料和直观材料，运用上述人员的经验和分析判断能力，对未来需求进行预测的方法。这类方法是基于有根据的推测或根据专家的知识、智慧与经验进行预测，简单易行、方便、灵活，可以较快地得出预测结果，常用于预测市场需求的变化趋势。但该方法易受预测者主观因素的影响，易受预测者的知识、经验和主观判断能力的限制，尤其是缺乏对需求变化的精确描述。当企业对预测对象的数据资料掌握不充分或缺乏历史数据（例如新产品研究开发之前的需求预测）、预测影响因素复杂且难于进行定量预测时，这类方法是不错的选择。定性预测法包括专家预测法、主观概率法、部门主管讨论法、市场人员意见汇集法（销售人员估计法）等方法。

1. 专家预测法

专家预测法是指由专家来进行需求预测的一种方法。其突出特点是参加预测的人员必须是与预测问题有关的专家，即具有专业知识、精通业务、在预测领域积累丰富经验、富有创造性和分析判断能力的人。专家预测法包括专家会议法和德尔菲法两种方式。

(1) 专家会议法。

专家会议法是组织有关专家进行调查研究，通过座谈、讨论得出预测结论的一种预测方法。具体而言，要根据预测的目的和要求，向一组经过严格挑选的专家提供相应的背景资料，通过会议的形式对预测对象及其前景进行分析与评估，进而在综合专家分析与判断的基础上，对需求变化趋势做出量的推断。

[**小贴士**] **采用专家会议法进行需求预测的注意事项**

采用专家会议法进行需求预测应注意两个问题：一是选择的专家要合适，即专家要具有代表性、专家要具有丰富的知识和经验、专家的人数要适当；二是预测的组织工作要合理，包括以下具体要求：①专家会议组织者最好是需求预测方面的专家，具有较丰富的会议组织的能力；②会议组织者要提前向与会专家提供有关的资料和调查提纲，讲清所要研究的问题和具体要求，以便使与会者有备而来；③精心挑选会议主持人，使与会专家能够充分发表意见；④要有专人对各位专家的意见进行记录和整理，要注意对专家的意见进行科学的归纳和总结，以便得出科学的结论。

除了采用专家会议法外，还可以采用“头脑风暴法”来组织召开专家会议进行需求预测，即组织各类专家相互交流思想和观点，畅所欲言，在不受约束的情况下充分发表自己的意见，在头脑中进行智力碰撞，产生新的思想火花，使预测观点不断集中和深化，从而提炼出符合实际的预测方案。

采用头脑风暴法进行需求预测，其会议组织的方法与普通专家会议的根本区别在于要遵循4条规则，即不批评别人的意见、提倡自由奔放的思考、提出的方案越多越好、提倡在别人方案的基础上进行改进或与之结合以形成更优的预测方案。

[**小贴士**] **头脑风暴法的类型**

头脑风暴法包括直接头脑风暴法和质疑头脑风暴法两种类型。所谓直接头脑风暴法，就是按照头脑风暴法的规则，通过召开一组专家会议，对所预测的问题进行创造性思维活动，从而得出满意方案的一种方法。而质疑头脑风暴法则是同时召开两组专家会议，其中一组专家会议按照直接头脑风暴法来实施，提出预测方案的设想；另一组专家会议则对第一组专家会议的各种设想进行质疑，从而形成更科学、更可行的预测方案。

(2) 德尔菲法。

[**案例**] **德尔菲法的由来**

美国著名的兰德咨询公司在20世纪50年代接受美国空军委托的课题“如果苏联对美国发动核袭击，其袭击目标会在什么地点及后果如何”（因为是军方的绝密课题，故以古希腊阿波罗圣殿所在地“德尔菲”来命名）时，发现通过建立数学模型进行定量预测，很难准确地预测出结果，遂改为专家估计（背靠背）的方法，依靠其独创的行为集结法成功地综合了众多专家的智慧和直觉判断。从此以后，该方法就被冠以“德尔菲法”而广泛应用于复杂问题的预测与决策中。

德尔菲法属于专家预测法的一种。该方法是按照一定的程序，采用“背靠背”的方式反复征询专家小组成员的意见。经过几轮意见征询与信息反馈，使各种不同的意见渐趋一致。最后经汇总并采用数理统计的方法进行收敛，得出比较合理的预测结果，供决策者参考的预测方法。该方法主要有三个特点：匿名性、反馈性与收敛性。实施德尔菲法一般包括以下五个步骤：①成立预测课题小组，确定预测目标；②选择和邀请专家；③设计征询表；④逐轮咨询和信息反馈；⑤采用统计分析方法对预测结果进行定量评价和表述。

定性预测方法——德尔菲法（微课）

［小贴士］　**运用德尔菲法进行需求预测的程序**

在运用德尔菲法进行需求预测时，由协调者以函件形式，相互不见面的有关专家发出问题表，要求专家对所列问题做出明确回答。收回的答案经协调者归纳、整理和分析后，再将结果以函件形式发送给有关专家。如此反复多轮沟通。在此期间，专家可以根据上轮归纳的结果，修改或坚持自己的意见，并提出坚持或修改的理由。采用该法须运用特制的调查表格，并将结果进行整理、综合和归纳。

2. 主观概率法

主观概率是预测者凭经验或预感估算出来的概率。它与客观概率不同。客观概率是人们根据事件发生的客观性统计出来的概率。在很多情况下，预测者没有办法去准确计算事件发生的客观概率，而只能用主观概率来取代。主观概率法是一种适用性很强的统计预测方法，可以用于供应链需求预测。运用该法进行需求预测主要包括四个步骤：准备相关资料、编制主观概率调查表、汇总整理、判断预测。

3. 部门主管讨论法

该法是将企业中与需求预测有关的各级主管（如市场部经理、营销部经理等）召集起来，让他们对未来需求及其变化趋势或特定目标市场的需求进行预测。在此基础上，将各级主管预测的意见汇总、研究、分析并综合处理，得出最终的预测结果。

4. 销售人员估计法

由于销售人员直接与用户打交道，他们对市场情况比较熟悉，对商品是否畅销比较了解，清楚地知道消费者对商品（或服务）的需求规格、品种与款式，因此，可以由销售人员或市场人员分别对需求进行预测，再将这些预测值汇总、分析并综合处理，得到最终的预测结果。

［案例］　**×公司采用销售人员估计法进行需求预测**

×公司通过听取销售人员的意见来预测市场需求。具体做法是先让每个销售员对下一年度某产品的最高销售量、最可能销售量、最低销售量及其概率分别进行估计，并提出书面意见，再由预测管理部门取其算术平均均值作为需求预测值。×公司的需求预测计算过程如表 3.1 所示。

表 3.1　×公司的需求预测计算过程

销售员	最高销售量/件（P_1）	最可能销售量/件（P_2）	最低销售量/件（P_3）	加权平均值/件 $\sum_{i=1}^{3} X_i P_i$
甲	1 000（0.3）	800（0.5）	500（0.2）	800
乙	1 000（0.2）	700（0.5）	400（0.3）	670
丙	900（0.2）	600（0.6）	400（0.2）	620
算术平均值（件）（$\sum_{i=1}^{3}\sum_{i=1}^{3} X_i P_i$）/3	—	—	—	697

该法简单明了，易于操作。而且由于预测值源自市场人员，可靠性比较大，能较真实地反映公司下个年度的产品需求。实践证明，采用销售人员估计法进行需求预测比较奏效。尽管销售人员的预测值存在偏差，但取其算术平均值后，预测偏差可相互抵消，结果仍然比较理想。另外，有些预测偏差可以预先识别并及时纠正，能进一步提高预测的准确性。

（二）定量预测法

定量预测法是指预测者根据比较完备的历史性销售数据等统计资料，运用一定的数学方法对统计数据进行科学的分析、处理，找出预测目标与有关变量之间的规律性联系，用于预测未来需求的一类预测方法。其主要特点是充分利用统计资料并建立数学模型来进行需求预测。这类预测方法偏重于对未来需求的量化分析、描述与判断，更多地依据历史性统计资料来预测需求，较少受预测者主观因素的影响，因而预测结果比较客观。定量预测法主要包括时间序列分析法和因果关系分析法（因果联系法）两大类预测方法。

从定性预测方法和定量预测方法的优点和不足中我们不难发现，两者并非相互排斥的，而是相互补充的，因而在实务中应该把两者结合起来正确使用。

1. 时间序列分析法

时间序列是指同一经济现象或特征值按照时间先后顺序排列而成的数列。时间序列分析法是人们运用数学方法找出数列（历史数据）的发展趋势或变化规律，并使其向外延伸，预测市场（需求）未来变化趋势的一类预测方法。简言之，时间序列分析法是根据历史数据的特征来预测未来需求。

时间序列分析法的应用范围比较广泛，如对商品销售量的平均增长率的预测、季节性商品的供求预测、产品生命周期预测等。当需求模式不变、市场条件稳定、历史数据真实可靠时，用时间序列分析法预测需求比较奏效。该类方法常用于短期（需求）预测。

（1）简单移动平均法。

当需求模式稳定，即需求既没有季节性变化，也没有趋势性等变化时，可以用简单移动平均法来预测需求。该法是将若干期历史数据作为计算的依据，在每次预测时增加一期最新的数据，同时剔除最早的一期数据，把计算期的历史数据求算术平均值，将其作为当期的需求预测值。该法能有效消除预测中的随机波动。同时，选择最佳的历史数据区间对提高预测结果的准确性也很关键。

计算公式如下：

$$F_t = \left(\sum_{i=1}^{n} A_{t-i}\right)/n = (A_{t-1} + A_{t-2} + \cdots + A_{t-n})/n$$

式中：

F_t—— 当期的需求预测值；

A_{t-i}—— 第 i 期的需求观测值；

n—— 移动平均的时期个数（计算均值所用的时期数）。

例 3-1 某商场经销的某种商品的需求如表 3.2 所示，请用移动平均法对 10 月、11 月、12 月的需求进行预测（$n=4$）。

表 3.2 某商场经销的某种商品的需求

月份	需求观察值/件	需求预测值/件
6	97	
7	112	

表3.2(续)

月份	需求观察值/件	需求预测值/件
8	98	
9	96	
10	102	101
11	94	102
12		98

解：$F_{10}=(A_6+A_7+A_8+A_9)/4=(97+112+98+96)/4\approx101$（件）

$F_{11}=(A_7+A_8+A_9+A_{10})/4=(112+98+96+102)/4\approx102$（件）

$F_{12}=(A_8+A_9+A_{10}+A_{11})/4=(98+96+102+94)/4\approx98$（件）

一般而言，用于预测未来需求的历史数据期数越少，预测就越能准确地反映出近期的需求变化趋势；反之，使用的历史数据期数越多，预测值就越能准确地反映出历史需求均值。

（2）加权移动平均法。

简单移动平均法同等对待历史数据，各数据的权重相同。但事实上，越是近期的数据，对预测的参考价值越高，权重应该更大；而对于那些存在季节性变化的需求来说，在预测时，季节性数据的权重也应该更高。由于加权移动平均法能区别对待历史数据，因而在这方面要优于简单移动平均法。经验法和试算法是选择权重的最简单方法。

计算公式如下：

$$F_t=\sum_{i=1}^{n}\omega_i A_{t-i}=\omega_1 A_{t-1}+\omega_2 A_{t-2}+\cdots+\omega_n A_{t-n},\ \sum\omega_i=1$$

式中：

F_t—— 当期的需求预测值；

A_{t-i}—— 第 i 期的需求观测值；

ω_i—— 第 i 期数据的权重。

例3-2 一家百货店经理发现，在某4个月的期间内，某商品的最佳预测结果由当月该商品实际销售量的40%、倒数第2个月销售量的30%、倒数第3个月销售量的20%和倒数第4个月销售量的10%组成。这4个月（由远到近）的销售量分别是100件、90件、105件、95件。求第五个月的需求预测值。

解：$F_5=\sum_{i=1}^{4}\omega_i A_{t-i}=0.4\times95+0.3\times105+0.2\times90+0.1\times100\approx98$（件）

第5个月该商品的需求预测值是98件。

（3）指数平滑法。

简单移动平均法和加权移动平均法都必须要有大量连续的历史数据才能进行需求预测。有时，仅仅只能根据上一期的历史数据就要预测当期的需求。换言之，当需求没有季节性或趋势性等变化时，可以使用指数平滑法来进行需求预测①。该法无须大量连续历史数据，建立数学模型容易，计算过程简单，预测的准确度较高，但预测的误差有传递性。

定量预测方法——指数平滑法(微课)

① 当需求有趋势性变化但没有季节性变化时，可以用趋势矫正指数平滑法来预测。

特别地，平滑系数（α）越大，预测结果受上一期预测误差的影响就越大。

计算公式如下：

$$F_t = F_{t-1} + \alpha\ (A_{t-1} - F_{t-1}),\ 0 < \alpha < 1$$

F_t——当期的需求预测值；

F_{t-1}——上一期的需求预测值；

A_{t-1}——上一期的需求观测值；

α——平滑系数。

例 3-3 假设某产品的长期需求相对稳定，平滑常数 $\alpha = 0.05$，并假设上个月的预测值为 1 050 件，而上个月的实际需求量是 1 000 件。请预测本月的需求量。

解：$F_t = F_{t-1} + \alpha\ (A_{t-1} - F_{t-1}) = 1\ 050 + 0.05 \times (1\ 000 - 1\ 050) \approx 1\ 048$（件）

即本月该产品的需求预测值是 1 048 件。

2. 因果关系分析法

当某种产品（或服务）的需求量与自变量（如价格、消费偏好等）之间存在因果联系时，可以使用因果关系分析法（因果联系法）来预测需求。这类预测方法是从事物变化的因果关系出发，用统计方法寻求市场变量之间依存关系的一类预测方法。在市场（需求）预测中，常见的因果关系分析法有回归分析法和经济计量法。

（1）回归分析法。

回归分析法是指在掌握大量观察数据的基础上，利用数理统计方法建立因变量与自变量之间的回归关系函数，通过回归方程来描述因变量与自变量之间数量平均变化关系的预测方法。

回归分析法有多种分类方法。若按照自变量的个数，可将其划分为一元回归分析和多元回归分析。当研究的因果关系只涉及因变量和一个自变量时，称为一元回归分析；当研究的因果关系涉及因变量和两个或两个以上自变量时，称为多元回归分析。此外，根据自变量与因变量之间因果关系的函数关系是线性还是非线性，可将其划分为线性回归分析和非线性回归分析。其中，线性回归分析是最基本的回归分析方法，也是一种重要的需求预测方法。

（2）经济计量法。

经济计量法是揭示市场变量之间复杂的因果关系数量变化的方法。该法是以经济理论和事实为依据，在定性分析的基础上，利用数理统计方法建立一组联立方程式，通过经济计量模型来描述预测目标与相关变量之间经济行为结构的动态变化关系的预测方法。

综上所述，每一种预测方法都有其优点、缺点和适用范围。多种预测方法结合使用，得到的综合预测结果比仅仅使用一种预测方法更准确。例如，仿真法是通过计算机模拟消费者来进行需求预测。在做仿真分析时，人们可以结合时间序列法和因果分析法进行预测，以此来提高预测结果的准确性。

3.2 供应链需求管理

［案例］ **Benetton 公司供应链管理的创新**

Benetton 公司是一家服装制造商，该公司过去在生产服装产品的时候，一般是先把纱线染成各种各样的颜色，然后再把染色的纱线编织成最终产品。但该公司对服装产品的颜色需求预测不准确，往往导致季末大减价，给公司造成了巨大损失。后来，公司的总裁创造性地通过调换染色和编织这两个工艺过程改变了供应链。现在，公司先把经漂白的纱线编织成各式各样的服装，等到销售旺季来临时，根据更加充分的市场信息再将这些产品染色，从而得到成品。

想一想：该公司的管理创新体现了何种经营策略？

供应链需求管理的目的是控制客户对产品需求的时间、数量和规格，主动管理需求的不确定，以实现供需匹配。其目的是在提高客户需求满足率的同时，降低需求满足成本。供应链需求管理的主要策略有延迟策略和定价策略。

一、延迟策略[①]

延迟策略的概念与内涵（微课）

延迟策略的实质（微课）

1. 延迟策略的概念

所谓延迟策略（postponement strategy）是指“为了降低供应链的整体风险，有效地满足客户个性化的需求，将最后的生产环节或物流环节推迟到客户提供订单以后进行的一种经营策略”（GB/T 18354-2021）。其实质是通过合理设置“顾客需求延迟缓冲点”（customer order postponement decoupling point，COPDP）[②]，即“延迟顾客需求差别化的决策点”，达到既满足顾客的个性化需求，同时降低供应链系统风险的双重目标。也可以这样讲，实施延迟策略的主要目的是降低需求的不确定性，使供应链在降低运作成本的同时，快速响应用户需求。延迟策略在戴尔、松下、福特、惠普、耐克等公司得到了广泛的应用。

2. 延迟策略的类型

延迟策略的类型（微课）

在供应链中，根据顾客需求延迟缓冲点（COPDP）所在的领域[③]，可以将延迟策略划分为生产延迟、物流延迟、形式延迟和完全延迟等几种类型。

（1）形式延迟策略。也称结构延迟策略，是指在产品设计阶段，采用模块化设计理念，使零部件或工艺流程标准化、通用化和简单化，尽量减少产品设计中的差异化部分，使产品由结构简单、具有通用性的模块构成。

［案例］　**某公司的结构延迟策略**

某公司生产打印机产品，根据打印机中的某关键部件，可将打印机区分为彩色和黑白两种产品。要预测这两种产品的需求难度较大，为此，该公司在产品设计阶段把该部件的相关零件和工艺流程集成实施，将其标准化、通用化，这就从根本上延迟了不同产品的差别化。既方便了生产，又简化了对零部件的库存管理。

（2）生产延迟策略。尽量使产品处于“基型”或“雏形”的状态，由分销中心完成最后的生产或组装。其本质是将生产加工与流通加工从时间或地点上进行合理分离。例如，在

---

① 参见：胡建波. 延迟策略在供应链管理中的应用［J］. 企业管理，2012（2）：100-102；胡建波. 延迟策略的实质与缓冲点决策［J］. 企业管理，2017（2）：97-99.

② COPDP是预测驱动的推式流程与订单驱动的拉式流程的分界点。在供应链中，该点之前的是无差异业务，由预测驱动，该点之后的是差异化业务，由订单驱动。

③ COPDP可以发生在价值链的多个环节，如：流通领域、生产领域、研发领域（产品设计），甚至供应链业务流程的起点。

工厂中将打印机加工成未配备操作手册或用户使用说明书及电源插件的“通用机”，在分销中心根据客户的需求完成最后的流通加工；再如，在工厂中将果汁饮料生产好后先储存在容器中，在接到客户订单后，再按其要求进行罐装或分装，都是实施生产延迟策略的实例。

（3）物流延迟策略。在供应链中，产品的实物配送尽量被延迟，产品仅储存在工厂成品库中，接到订单后，采用直接配送的方式将产成品送到零售商或顾客手中。

（4）完全延迟策略。对于客户的个性化需求，订单直接（或经由零售商）传递给制造商。在得到产成品后，由制造商直接将产品运送给顾客或零售商。顾客的订货点已经移至生产流程阶段，生产和物流活动完全由订单所驱动。

［**案例**］　**阿迪达斯公司的鞋店**

阿迪达斯公司在美国开了一家鞋店，该店不卖成品，仅有鞋底 8 种，鞋面 85 种，鞋带 10 种，顾客可自由选配，十分钟后即可完成成品，该店生意兴隆。

［**案例**］　**戴尔公司的延迟策略**

戴尔公司将生产延迟与物流延迟策略实施有机结合，在完成大规模生产的同时，又实现了个性化定制，在全球范围内使客户对电脑产品的订货提前期缩短到 48 小时以内，堪称延迟策略成功实施的典范。

3. 延迟策略成功实施的条件

实施延迟策略，需要具备以下基本条件。

延迟策略成功实施的条件（微课）

（1）模块化产品设计，即产品可以由一些标准模块组合而成，而这些模块具有不同的功能。通过标准模块的不同组合，可以形成不同的产品，以满足客户的多元化产品需求。

（2）零部件通用化、标准化。通用、标准的零部件，不但有利于企业在零部件的生产加工阶段实现规模经济，降低生产成本，而且有利于企业在接到订单后通过快速装配，得到个性化的产品，以满足客户的差异化需求。

（3）产品规格标准化。对于同种产品，不同用户对其规格、型号的需求仍然不同。如果对所有客户的不同需求都要个性化地满足，必然会增大企业的生产成本。为此，可将产品规格标准化，例如根据目标客户的身高特性将衣服的尺码进行分类，设为大、中、小三种规格、型号，以此来延迟需求的差别化。

（4）业务流程再造（BPR）。即对供应链业务流程进行重组或优化，使能满足客户差异化、个性化需求的业务尽可能延迟到接到客户订单或明确需求以后。例如，将毛衣的加工工艺由传统的先染色后编织变为先编织，等到卖季来临之前，根据更加充分的市场信息再完成染色业务，这样的产品就会更加适销对路。

（5）IT 手段的支撑。充分借助于销售时点系统（POS）、电子数据交换（EDI）等信息技术手段，实现上下游企业的实时信息共享，及时获取准确的需求信息，是延迟策略成功实施的重要条件。特别是在物流延迟策略的实施中，需要采用越库作业①等物流运作方式，而其前提条件就是制造商能充分共享零售商或用户的需求信息。

（6）经济合理。即实施延迟策略的投入产出比要合理。一般而言，对客户个性化需求的满足往往会导致高成本，但另一方面，由于产品适销对路又会增加收益。为此，我们需要

---

① 越库作业（cross docking）/直拨（direct distribution）是指“物品在物流节点内不经过出入库等储存活动，直接从一个运输工具换载至其他运输工具的作业方式”（GB/T 18354-2021）。

权衡利弊得失。只有收益大于成本，这样的延迟才有意义。

二、定价策略

企业实施定价策略的目的是通过更好地匹配供需来提高供应链的利润。定价既影响客户需求又影响企业的销售收入，它是调节客户需求的杠杆。当需求减少时，企业可以通过降价促销来刺激需求；当需求量大于供给量时，企业可以通过提高价格来抑制需求。一般而言，以下情形适合企业采用降价促销策略：①企业为了提高市场占有率；②新产品研发成功后投放市场；③企业为了改变需求时机以减轻经营运作的压力；等。当卖季到来时，企业也可以先定一个高价，等到换季时再降价。正确使用定价策略，有利于企业有效管理需求，取得经营运作的成功。

1. 多样化细分市场的定价策略

企业在多样化细分市场的定价策略是差别定价。当企业服务于多个细分市场时，必须基于每个细分市场顾客所感知的价值进行定价，为每个细分市场制定不同的价格并分别对需求进行预测和管理。例如，在同一个航班中，头等舱座位的价格高，而普通舱座位的价格低。通过差别定价，航空公司获得了最大化的利润。再如，石油公司在不同的目标市场上制定不同的燃油价格，同样获得了最大化的利润。一般地，在企业采用差别定价策略时，低价市场的需求比高价市场的需求率先出现。为了能获得最大化的利润，企业必须限制低价购买者的需求量。为此，管理者就必须进行科学的产能预留决策，而基本的方法就是收益权衡，即把企业接受低价购买者的订单收益和等待将要到来的高价购买者订单的预期收益进行比较，并进行产能的权衡与分配。与此同时，企业必须给愿意支付高价或全价的客户提供更好的服务。

2. 易逝产品的定价策略

企业针对易逝产品的定价策略是动态定价。所谓易逝产品，是指随着时间的推移，价值逐渐贬损的产品。像蔬菜、水果、药品、IT 产品、新潮时装等都属于易逝产品。蔬菜、水果和药品等商品具有一定的保质期，过期以后产品的价值和使用价值就会逐渐衰竭。而 IT 产品和新潮时装等属于创新型产品，这类产品的生命周期短，更新换代快。一旦新产品问世，老产品的价值就势不可挡地衰减。因而，企业对于易逝产品的定价策略是动态定价，即随着时间的推移，动态地改变产品的价格以使预期的收益最大化。

[**案例**]　　**某服装零售商的定价策略**

某服装零售商主要经营成衣制品。其经营的商品主要包括春秋装、夏装和冬装三大类。在卖季到来之前需要进行需求预测、进货和商品定价。一般而言，换季后上个季节商品的需求锐减，老产品需要“下柜”，否则，这些产品不但会占压资金而且会产生不必要的运营成本。比如冬装，该零售商在当年的十月份进货，到了来年的四月份就基本上没有销售量。为此，老板必须进行动态定价。他可以采用的定价策略主要有两种，第一种策略是在刚进入卖季时定高价，销售量较低，在季末时降价出售；第二种策略是采用低价策略，薄利多销，剩下的产品在季末时打折售罄。采用哪一种动态定价策略，决定了该零售商能获取的利润水平。

对于易逝产品，企业经营管理者必须估计产品随时间推移的价值贬损，并且要能够有效预测价格对需求的影响。此外，对于那些愿意支付产品全价的客户，企业还必须提高对这些客户的产品可得性，以便增加企业的利润。

3. 季节性需求的定价策略

在供应链的运营中经常会出现季节性的需求高峰。对于季节性需求，企业应采取的定价策略是通过在非高峰期的价格折扣来引导和管理需求，将需求从高峰期转移至非高峰期，从而使需求均衡。这不但有利于企业合理配置资源，减轻企业在需求高峰时的压力，而且还会增加潜在客户，提高企业的收益。此外，该策略的实施，能使企业给预先购买的客户提供让渡价值，使客户获得消费者剩余，最终实现企业和顾客的双赢。航空公司在旅游淡季进行机票打折就是采用季节性需求定价策略的典型案例。

［**案例**］ **亚马逊公司的季节性需求定价策略**

通常，很多零售商在12月份的销售收入会占据全年销售收入较高的比例，因为12月份的重大节假日比较多。当这些重大节假日来临时，需求呈“井喷式”增长，订单数量是平常的5~8倍。季节性需求高峰的来临，对亚马逊公司的货物拣选、包装、运输、配送等物流服务能力的需求急增。而在此期间，公司外购物流服务的成本也比较高。在需求急增的情况下，公司的物流资源有限，自然会影响公司的订单履行能力。这不但会影响公司的客户服务水平，影响公司的商誉，还会降低亚马逊公司的利润。为此，亚马逊公司采用了季节性需求定价策略。具体做法是，亚马逊公司在11月份为订单客户免费提供送货服务，这实际上是变相的降价促销。在该价格折扣策略的鼓励下，一些客户将订单从12月份转移至11月份，从而减少了亚马逊公司的高峰需求，使需求变得均衡，使公司能更好地配置资源，能更有效地履行订单，从而降低了公司的运营成本，同时增加了潜在客户，提高了公司的收益。

3.3 供应链计划模式的选择与实施

供应链计划主要包括供应链综合计划和销售与运作计划两种典型的模式，其目的是实现供需匹配。

一、供应链综合计划

企业制订供应链综合计划的目的（微课）

企业需求响应策略（微课）

企业制订和实施供应链计划的主要目的是确保供应链的供应与需求相匹配。然而，需求是不断变化的，具有不确定性特征。一般地，企业可以采用以下两种策略来适应需求的变化：其一是增加生产的柔性，根据需求来调节生产；其二是通过改变库存量来满足需求。无论采用哪种策略，都需要相应的人力、物力、财力等资源。为此，企业就需要制订供应链综合计划来平衡各种资源，而制订该计划的主要依据就是客户需求。

（一）供应链综合计划的内涵

产品族与SKU的关系（微课）

供应链综合计划（supply chain aggregate planning，SCAP）是关于供应链全局性、综合性的计划，它是企业根据一定时期的客户需求，综合考虑企业内部以及供应链合作伙伴的资源约束，决定理想的生产能力、生产运作、业务外包、库存水平、缺货水平以及产品定价等而制订的有关产品族的计划，其目标是确保供应链的供应与需求相匹配，旨在满足用户需求的同时实现供应链利润的最大化。借助于供应链综合计划，企业能够有效配置本企业和供应链成员的资源并充分发挥供应链企业群体的能力，确保供应链能低成本地满足客户需求。

供应链综合计划为企业的生产运营提供指导，为企业的短期生产和分销决策提供依据，使供应链能有效配置资源并加强和成员企业之间的柔性合作。通过该计划，能进一步增强供应链成员企业之间计划的协同性，使整个供应链企业群体能协同运作。例如，一家制造企业计划在某个季度增加产量，那么，与之合作的供应商、物流商、分销商等合作伙伴都必须了解该计划并对本企业的计划做出相应调整。在理想的情况下，供应链参与体通过合作共同制订综合计划，在该计划的指导下协同运作，就能确保供应链的运营绩效最优。如果供应链的各个参与体独立地制订本企业的运营计划，彼此间缺乏沟通与协调，就很容易造成计划之间的冲突，从而导致供应链的供给短缺或产品过剩。由此可见，供应链综合计划是供应链管理不可或缺的一个重要内容。为了提高供应链综合计划的有效性，需要共享供应链各个环节的信息。而供应链综合计划实施的结果对供应链的运营绩效也会产生重大影响。

供应链综合计划要解决的关键问题是，根据计划期内每个时期预测的需求量和客户订单，来确定各个时期适当的生产水平、库存水平、产能水平（包括企业内部的产能和通过外包可以获得的产能）以及允许延迟交付的产品数量，目的是实现该计划期内供应链利润的最大化。而要制订供应链综合计划①，企业首先必须确定恰当的计划期。通常，供应链综合计划以月或季度作为计划时间单位。接下来，企业需要确定制订供应链综合计划和做出决策（供应链综合计划将为这些决策提供建议）所需的关键信息。这些信息包括：

（1）计划期内每个时期的需求预测值；

（2）生产成本，包括正常生产的人工成本、加班生产的人工成本、外包（或转包）的生产成本、产能变更成本（增加或减少机器设备等产生的成本）；

（3）生产单位产品所需的劳动力工时和机器设备的工作时间（台时）；

（4）库存持有成本；

（5）缺货成本或延期交货成本；

（6）约束，包括加班的限制、员工解雇的限制、可用资本的限制、缺货与延期交货的限制、供应商的供应约束等。

根据预测的需求和客户订单，供应链综合计划系统通常会对未来一年的生产进行计划，并通过每个月检查、每个季度修订的方式来更新计划以适应需求的变化。供应链综合计划系统可以提供以下信息：

（1）各产品族在每个时期所需的产量；

（2）每个时期所需的库存量；

（3）每个时期维持生产所需的资源，包括原材料、劳动力和其他资源；

（4）每个时期允许的延迟订单水平；

（5）每个时期允许的缺货水平；

（6）允许的业务外包量。

供应链综合计划的质量会对企业的盈利水平产生很大影响。若供应链综合计划失调，可能会导致供需失衡，企业库存和产能不能满足需求，从而丧失销售机会，导致企业损亏。因此，供应链综合计划是实现供应链利润最大化必不可少的工具。

① 供应链综合计划可以通过线性规划来制订，也可利用 Excel 表格进行规划求解。

(二) 通过供应链综合计划转换需求

制订供应链综合计划的意义(微课)　　供应链综合计划的约束与对策(微课)　　供应链综合计划的逻辑结构(微课)　　供应链综合计划与生产计划大纲的区别(微课)

如图 3.5 所示，预测的需求是供应链综合计划系统的主要输入，为了提高供应链综合计划的有效性，需要供应链成员企业在信息共享的基础上协同预测需求。而事实上，供应链综合计划的约束往往来自供应链参与体，这是传统企业单打独斗的经营思想留下的后遗症。供应链综合计划的输出对上下游都有价值，它既决定了对上游供应商的需求，同时也形成对下游客户的供应约束。供应链综合计划结合各项具体计划构成了一个多层次的需求转换流程，需求转换流程如图 3.5 所示。

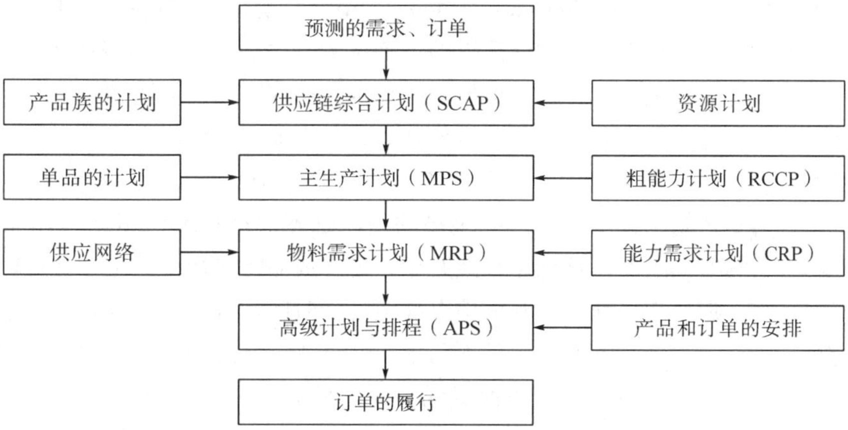

图 3.5　需求转换流程

1. 主生产计划

主生产计划（master production schedule，MPS）是根据存储单元（SKU）制订的，它由供应链综合计划分解得到。例如，某企业根据供应链综合计划要求在 8 月份生产 400 幅窗帘，可以将其分解为第一周生产 100 幅绿色的窗帘，第二周生产 100 幅蓝色的窗帘，第三周生产 100 幅黄色的窗帘，第四周生产 100 幅白色的窗帘。这种分解最终产品生产任务的过程被称为分解综合计划（disaggregation）。

主生产计划是确定每种最终产品在每一具体时间段内生产数量的计划。它是独立需求计划。主生产计划基于实际的客户订单和需求预测，详细规定了企业生产什么、生产多少、何时生产。主生产计划的时段通常以周为单位，有时也可以日、旬、月为单位。它是制订物料需求计划的主要依据，在企业的计划体系中起到了从供应链综合计划向具体计划过渡的承上启下的作用。

主生产计划必须是可行的，因为接下来企业投入的原材料和产能都要以此为依据来确定。在主生产计划的制订阶段，可以用粗能力计划（rough cut capacity planning，RCCP）来评估主生产计划的可行性。即通过将关键工作中心（work center，WC）的生产能力和计划产量进行对比，以判断主生产计划是否可行。如果关键工作中心的产能能够满足计划产量的需要，则说明主生产计划是可行的；反之，就要修改主生产计划，或者增加产能，或者进行生产外包，或者延迟供货。该过程通常被称作粗能力分析。粗能力计划是一种中期能力计划，根据行业和企业情况的不同，其时间跨度通常从一周到一个季度不等。

2. 物料需求计划

ERP 的发展历程（微课）　　时段式 MRP 的逻辑结构（微课）　　闭环式 MRP 的逻辑结构（微课）　　MRPII 的逻辑结构（微课）

物料需求计划（material requirements planning，MRP）是指“利用一系列产品物料清单数据、库存数据和主生产计划计算物料需求的一套技术方法”（GB/T 18354-2021）。MRP 是制造企业内的物料计划管理模式，它是根据产品结构各层次物品的从属和数量关系，以每个物品为计划对象，以完工日期为时间基准倒排计划，按提前期长短区别各个物品下达计划时间先后顺序的管理方法。MRP 既是一种管理模式，又是一个基于计算机的信息系统，是一种解决既不出现物料短缺，又不出现库存过多的物料管理信息系统。MRP 可用于安排非独立需求库存的订货与时间进度。从预定日期开始，把产成品特定数量的生产计划转换成组合零件与原材料需求，用生产提前期及其他信息决定订货时间及订货量。因此，对最终产品的需求产生对被计划期分解开来的底层组件的需求，使订货、制造与装配过程都以确定的时间安排，及时完成最终产品的生产，并使存货保持在合理的水平上。MRP 按照其发展阶段又可分为时段式 MRP 和闭环式 MRP，时段式 MRP 的结构原理和闭环式 MRP 的结构原理如图 3.6 和图 3.7 所示。

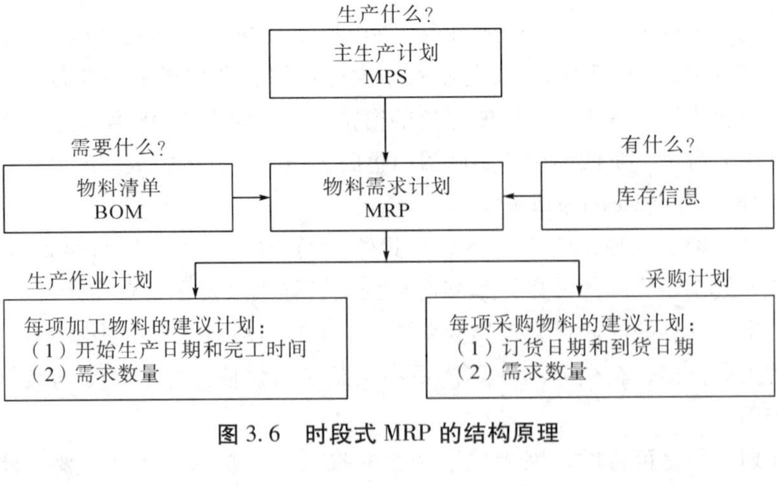

图 3.6　时段式 MRP 的结构原理

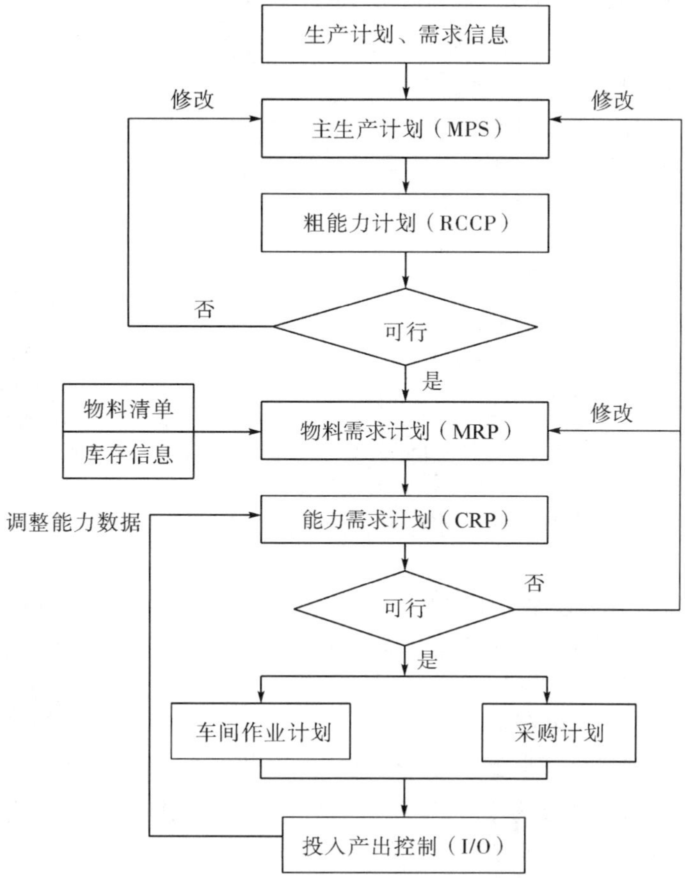

图 3.7　闭环式 MRP 的结构原理

MRP 系统通常包括运算逻辑和决策规则的程序、物料清单（bill of materials，BOM）和库存状态文件（inventory status file，ISF），通过输入主生产计划的结果进行系统运算，便可输出应该订购物料的批量和时间，以及需要生产的零部件（组件或加工件）数量与时间安排。此外，还会报告物料需求计划的状态，以便每天对其进行检查和调整。

在 MRP 的制订阶段，还需要进行细能力分析，目的是确保关键作业流程有足够的产能保证。为此，就要用到能力需求计划（capacity requirements planning，CRP）。能力需求计划也称细能力计划，是指在闭环 MRP 通过运算得出对各种物料的需求量以后，计算在各时段分配给工作中心的工作量，以判断工作量是否超出工作中心的最大工作负荷。具体而言，细能力计划是计算所有生产任务在各相关工作中心加工所需的能力，并将所需的加工能力与实际可供能力进行对比，以判断当前能力能否满足生产的需要。若能满足，说明生产计划可行；反之，说明生产计划不可行，需要调整生产任务或工作时间，直至能力能满足所有生产任务的需要为止。具体如图 3.7 所示。

[小贴士] 粗能力计划（RCCP）与细能力计划（CRP）的区别

粗能力计划（RCCP）和细能力计划（CRP）的区别主要体现在以下三个方面：①参与闭环 MRP 计算的时间不同。粗能力计划在主生产计划确定后即参与计算，而细能力计划则是在物料需求计划运算完毕后才参与计算；②粗能力计划只计算关键工作中心的负荷，而细能力计划需要计算所有工作中心的负荷；③粗能力计划计算的时间比较短，而细能力计划计算的时间比较长。

粗能力计划(RCCP)与细能力计划(CRP)的区别(微课)

3. 高级计划与排程

高级计划与排程（advanced planning and scheduling，APS）是一种基于供应链管理和约束理论（TOC）① 的先进计划与排产工具，包含了大量的数学模型、优化及模拟技术，为复杂的生产和供应问题提供最优化的解决方案。高级计划与排程是需求转换的最后实现阶段。在这一阶段，企业根据客户的订单，把完成订单所需的物料和产能准备好，并着手生产，随后将客户订购的产成品运送给客户，完成客户订单的履行。

高级计划与排程(APS)(微课)

（三）供应链综合计划的基本策略

制订供应链综合计划需要在产能成本、库存成本和延迟交货成本之间进行权衡。因为其中一项成本增加，通常会导致其他两项成本减少。例如，如果要降低库存成本，就可能导致产能成本和延迟交货成本增加。需求随时间不断变化，三种成本的相对水平导致其中一项成本成为企业实现利润最大化的关键杠杆。如果改变产能的成本较低，企业就不需要设立库存或延期交货；如果改变产能的成本较高，则企业可以设立库存，或者将旺季的订单延迟到淡季交货。为了更好地满足需求，企业需要在上述三项成本之间进行权衡。企业通常可以采用均衡策略、追赶策略和时间弹性策略这三种供应链综合计划策略，这些策略涉及资本投资、员工数量、工作时间、库存水平以及延期交货成本（或缺货成本）之间的权衡。

供应链综合计划的基本策略(微课)

1. 均衡策略（level strategy）

该策略是保持生产均衡，将库存作为杠杆。实施均衡策略，企业保持稳定的设备产能和劳动力数量，以使产出均衡。在这种情况下，企业根据需求预测来设置库存，往往导致生产与需求不一致。当需求旺盛时，可能出现供不应求的局面，企业将延迟供货。该策略的优点是产能利用率高，生产成本低，员工享有稳定的工作环境。缺点是需求预测可能不准，从而造成库存积压。均衡策略适用于库存成本和延迟交货成本较低的情况。

2. 追赶策略（chase strategy）

该策略以产能为杠杆，通过调整设备产能或者雇佣或解雇劳动力，使生产水平与需求保持同步。事实上，企业在短期内改变产能和劳动力是有难度的，因此，要实现生产与需求保

---

① 约束理论（theory of constraints，TOC）是以色列物理学家、企业管理顾问戈德拉特博士在他开创的最优生产技术（optimized production technology，OPT）的基础上发展起来的管理哲理，是关于进行改进和如何最好地实施这些改进的一套管理理念和管理原则，可以帮助企业识别出在实现目标的过程中存在着哪些制约因素——“约束”，并进一步指出如何实施必要的改进来一一消除这些约束，实现持续改善，从而更有效地实现企业目标。

持同步并不容易。若调整设备产能和劳动力的代价比较高，采用该策略的成本会比较高，而且还会导致士气低落。追赶策略的优点是供应链库存水平较低，设备产能和员工数量的变动水平较高，适用于库存成本高而改变产能容易的情形。

3. 时间弹性策略（time flexibility strategy）

该策略以设备产能和劳动力的利用率为杠杆，适用于产能过剩、库存成本较高、设备产能占用成本较低、劳动力安排比较灵活性的情形。实施时间弹性策略，员工的数量固定不变，而员工的工作时间根据生产的需要而改变，目的是使生产与需求保持同步。在制订生产计划时，可以利用不同的班次、灵活调整工作时间来使生产与需求保持一致，而无须员工数量具有弹性，从而避免了追赶策略带来的士气低落等问题。

在实务中，上述三种供应链综合计划策略应综合、灵活地加以利用，即采用所谓的混合策略（mix strategy）。

二、销售与运作计划

销售与运作计划
(S&OP)(微课)

（一）销售与运作计划产生的背景

传统意义上，企业通常连续、独立地编制财务计划，销售计划以及采购、生产、物流等供应链运作计划。为了实现利润最大化的经营目标，企业首先要进行财务预测，并在此基础上编制财务计划。财务预算的目的主要有两个，一是为供、产、销、物流等职能运作提供资源保障，二是进行成本控制。其次，为了实现营利目标，企业需要编制营销计划及其派生的销售计划。最后，由相关部门制订采购与供应计划、生产计划、物流计划等供应链运作计划。但由于缺乏协调一致的计划体系以及部门业绩导向的传统绩效考核体制，很多企业滋生出以部门本位主义为主要特征的“大企业病”。

例如，销售部门和采购、生产、物流等供应链运作部门之间经常发生目标和计划的冲突。销售部门为了提高产品销量，希望企业的产品种类齐全，以便能给客户提供更多的选择；希望存货能够调运到目标市场、库存服务水平高、供应提前期短、能够对客户订单做出快速响应，但很少顾及企业的运作成本。但运作部门则倾向于更少的产品种类和运作变更，希望更长的提前期，以便实现采购、生产、物流等职能运作的规模经济性。为了解决上述职能目标以及计划之间的冲突，销售与运作计划应运而生。

（二）销售与运作计划的内涵

销售与运作计划是企业用以解决职能冲突、确保运作与经营方向一致的计划。它介于企业经营计划和销售、采购、生产、物流等职能计划之间，其任务是把企业经营计划具体化，使销售计划和采购、生产、物流等供应链运作部门的计划协调一致，实现职能间的协同运作，共同支撑企业经营目标的实现。销售与运作计划自20世纪80年代末提出至今，已逐步发展成为重要的供应链计划模式。

销售与运作计划（sales & operations planning，S&OP）是跨部门、跨职能协同的供应链计划，它是针对产品族的计划，其目的是实现供需匹配。销售与运作计划包括需求预测、产品导入（用以满足需求）、销售目标的确定和运作（采购、生产、物流）计划的制订四个关键内容。它借助IT形成应用系统，使企业经营计划、不受约束的营销计划和有约束的资源计划一体化同步运作，能够在企业资源约束的条件下实现供需匹配，实现企业的财务目标。销售与运作计划的框架见图3.8。

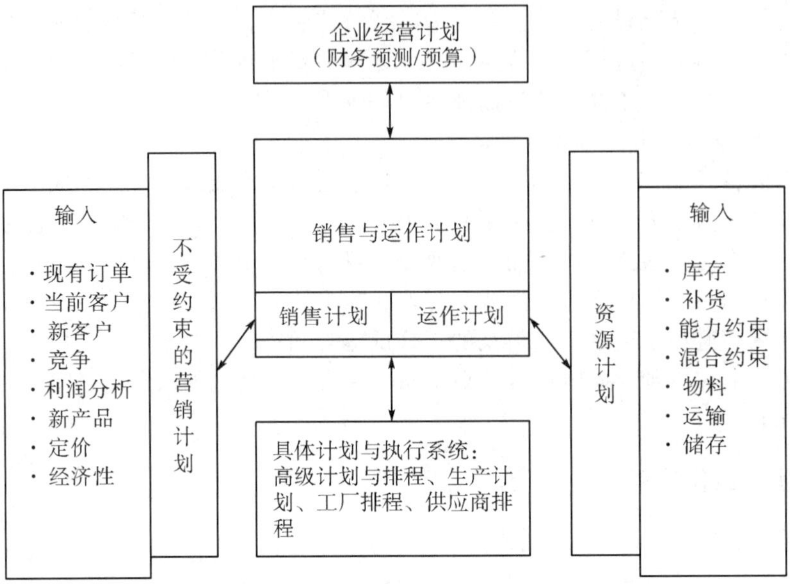

图 3.8　销售与运作计划的框架

如图 3.8 所示，销售与运作计划的制订依据是建立在财务预测和相关预算基础上的企业经营计划。该计划用于指导企业的经营活动，并决定企业的总产量和所需要的资源。销售与运作计划的第一个组成部分是根据不受约束的营销计划制订的销售计划。所谓不受约束的营销计划，是指在没有供应链约束时，企业能够达到的理想销售数量和盈利水平的营销计划。第二个组成部分是供应链运作计划，它是根据企业内部以及供应链合作伙伴的资源和能力的约束而制订的运作计划。它综合了所需的资源和资源约束，并在评估、权衡和确定两者之间潜在损益的基础上制订。销售与运作计划的核心是运营系统，反映出来就是流程和数据。

销售与运作计划使用技术方法来识别、评估约束，同时采用管理方法来确定哪些约束可以用优先客户订单发货、变更销售计划、加班作业或生产外包等方式加以消除。一旦制订出当前或未来时间段内的销售与运作计划，它就成为企业内部相关部门和职能共同遵循的供应链计划。它是开发具体计划与执行系统的基础。

销售与运作计划给出单位时间（如每月）内产品族的产量，便于指导生产和均衡地利用资源。它可以均衡产量与可用的资源，保持企业供应链运作的稳定。它是编制主生产计划的依据。

销售与运作计划和供应链综合计划都是典型的供应链计划模式，它们在企业经营管理体系中处于相同的层级（见图 3.5）。销售与运作计划位于企业经营计划和主生产计划（MPS）之间，将企业经营计划的要求转化为具体的生产运作活动，并将经营计划规定的营业额、销售收入和利润等财务指标转化为企业产品族的品种和产量计划。因此，销售与运作计划在企业战略层计划和战术运作计划之间起着承上启下的作用，它是联系企业战略层计划和供应链运作活动的桥梁和纽带。其目的是在企业经营计划的指导下，根据市场需求建立统一的、协调一致的运作计划，确保企业在资源和能力约束的条件下，最大限度地满足客户需求，实现企业的盈利目标。

销售与运作计划以其市场导向和动态平衡原理，在帮助企业应对多变的供应链环境中卓有成效，可以显著改善并提高预测的准确性和配送的准时性，提高生产率，降低库存量，正被越来越多的企业推行。

（三）销售与运作计划的实施

销售与运作计划作为企业的核心计划，它的执行是一个双向的过程，向下可以推进销售和采购、生产、物流等供应链运作活动的顺利开展，向上可以使公司的财务报表能够恰当地反映企业当前的状况和未来的经营计划。

销售与运作计划在实施时，首先要建立有效的运作框架，需要可得信息的协同分析、制订共同的运作指标以及卓越的高层领导。

销售与运作计划的实施要点如下。

1. 每月执行一次流程

尽管销售与运作计划的流程执行起来比较麻烦，但除了那些在市场、渠道、供应品种、产品供应等方面变动较小的业务可以降低计划执行的频率外，原则上每月召开一次管理层会议来执行流程。

销售与运作计划的月度实施步骤如图 3.9 所示。

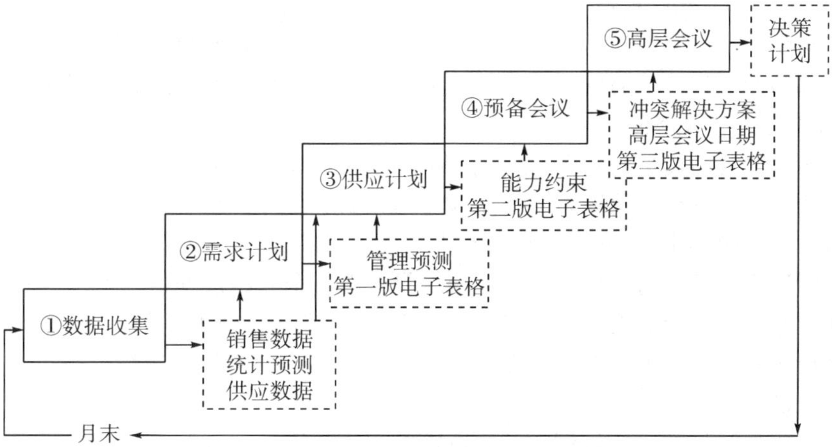

图 3.9 销售与运作计划的月度实施步骤

第一步是供求数据的收集、统计、分析与预测。首先是整理月末报表，收集相关数据，包括实际销售数量、销售额以及产品供应数量。在此基础上进行数据的统计与分析，分析供应与需求是否平衡，并进行需求与供应的预测。

第二步是明确需求计划。即在客户订单、销售合同和需求预测的基础上制订销售计划，要求以电子报表的形式呈现，并附上最新的需求预测信息。

第三步是确认产品供应计划。即在分析产能约束、供应约束、物流约束等能力约束的基础上制订产品供应计划，要求以电子报表的形式呈现，并附上最新的产品计划。

第四步是召开 S&OP 的预备会议。预备会议主要包括销售计划与采购、生产、物流等供应链运作计划的冲突解决方案以及 S&OP 高层会议举行的日程安排等内容。其中，达成共识的冲突解决方案要包含经过供需平衡的需求计划和供应计划，这两个计划文件均要求以电子报表的形式呈现。

第五步是召开 S&OP 的高层会议。该会议的主要任务是进行经营决策，并审议公司的运营计划。

2. 明确领导者及职责分工

销售与运作计划的实施需要一个领导者来推动，以便与相关部门的管理者进行沟通与协调，指导部门运作，确保其不背离企业经营计划指明的方向。理想的管理者既是整个流程的推进者，又是企业的战略决策者。

3. 确保需求预测的准确性

明确需求是整个供应链运作的起点。为此，企业要综合运用前述各种供应链需求预测方法，加强对需求预测人员的考核和激励，提高需求预测的准确性，为供应链管理决策提供服务支持。

4. 确定适当的计划周期

销售与运作计划的时间跨度一般为一至三年，而理想的计划周期是一年半。计划周期过短，不利于把握需求变化的趋势。适宜的计划期可以确保销售与运作计划更加可靠，实施性更强。

5. 形成整合各部门行动的一体化计划

销售与运作计划系统的基本目的是审核供、产、销、物流等职能运作与企业经营计划的偏差，必须确保销售与运作计划流程的每一步都按照企业战略规划和经营计划来执行。

6. 由高层管理者做出决策

销售与运作计划流程的最后一个环节是决策制订。因此，S&OP 的管理层会议不应该仅仅是听取各部门的汇报，该会议更是高层管理者做出决策和布置任务的重要环节。

7. 进行供应链绩效评估

供应链绩效改善是衡量销售与运作计划的制订与实施取得成功的关键指标。评估结果可以反映企业供应链的运行状况，并指明改进的方向。

8. 正确处理销售与运作计划的实施结果

在多数情况下，销售与运作计划的实施结果可能与企业的预算不一致，这无须进行人为调整。因为销售与运作计划的实施结果是制订其他供应链决策的依据，人为调整既费时费力，又对达成预算目标于事无补。只有分析结果与预算之间差异的原因，并努力缩小差距，才能获得最大的收益。

在销售与运作计划的实施过程中，企业常常会遇到组织定位的问题。销售与运作计划是跨部门的流程，因此其实施需要相关部门的通力合作。为此，需要成立专门的部门来管理后续的计划。高效的销售与运作计划系统是企业在实施供应链管理过程中，不同组织责任共担、共同行使权力的最佳体现。

[小贴士]　　　　销售与运作计划的实施效果

根据国内外有关企业的实践经验，实施销售与运作计划后，企业的生产效率提高 5%~20%，采购成本降低 4%~13%，库存水平降低 8%~30%，客户服务水平提高 8%~26%。此外，还有一些潜在效益，包括为高层决策提供科学的决策依据，增进部门沟通，促进企业文化建设，有利于流程型组织的构建，等等。

（四）销售与运作计划的发展

[案例]　　供应链计划管理系统的优势

先进的供应链计划管理系统提升了供应链的敏捷性和响应性。例如，一家高科技公司 95%的订单实现了发货流程（从接收订单到发货运输再到出口）自动化，将供应链端到端的业务处理周期缩短了 60%。

销售与运作计划及其发展（微课）

1. 从 S&OP 到 IBP 的转变

传统的 S&OP 流程和工具严重依赖人工的数据汇总和清理，以及基于人工的分析和判断。但是越来越多的突发情况给计划人员带来了巨大挑战。在未来的数字化环境下，S&OP 的规划周期能够以更加持续、无缝的方式形成闭环，提高公司供应链的准确性和效率。供应链计划团队的能力将转化为如何有效地利用先进的数字化系统，并且让上下游形成有效的数据与运营的协同。为此，自动化系统需要能像人一样制定决策并发布任务，计划人员的工作更多转化为监控系统的执行。在需要人工干预时，需要有准确的行为记录，以便追溯。在修改计划时，采取“对冲”的方法取代直接修改，以可追踪的方式修正系统错误。

S&OP 的主要目标是实现供需匹配。当环境发生变化时，我们需要综合考虑更多的职能部门的情况，由此诞生了整合业务计划（integrated business planning，IBP），它把销售、市场、研发、运营、物流、财务、HR 和 IT 全部整合在同一个流程中。这是对 S&OP 的升级，计划的范围扩展到整个供应链，包括财务规划、商品和客户组合、需求和战略规划，提供了一个无缝衔接的管理流程。

数字化技术推动供应链全程可视化，互联网、物联网将消除企业内外的信息壁垒，及时传递准确的信息，使供应链在流程、数据等多个层面实现联动，确保计划有效执行，及时反馈。各种供应链分析工具提供了绩效测量和预警机制，保证了供应链运营的稳定性和可控性。通过高效的系统集成、流程协同、数据共享与物流对接，我们可以构建起完整的以消费者为核心的商业生态系统，供应链贯穿了整个系统。

从传统的 S&OP 到集成的 IBP，协同的范围从传统供需双方扩展到商品企划、财务规划等职能，同时更加强调供应链计划的财务指标评估。在整个计划中，IBP 把财务部门放在更为重要的位置，业务决策的影响反映在财务报表上，财务计划与业务计划紧密结合，以确保企业在计划阶段就能够实现盈利目标。

IBP 衔接战略性财务规划年度目标、季度的财务分析预测和月度的财务回顾。IBP 包含全面的产品价格、成本信息，可以根据客户的需求灵活定义财务指标，从财务视角审视多种场景，模拟方案的优劣。业务人员可以根据财务模拟情况做出最佳决策。

2. 从 S&OP 到 IBP 的升级途径

（1）观念升级。

供应链管理人员需要转变原来的思考方式，从传统的保持企业内部供需平衡到更高层面的供应链生态系统内外部协同。在 S&OP 阶段，供应链管理者期望在供应端和需求端之间维持平衡，以企业有限的产能及交付能力来实现销售和利润最大化。在 IBP 时代，企业应该实现采购、生产等业务与前端业务的深度融合，进一步缩短采购提前期和生产提前期，增强供应链的柔性，提升供应链跨渠道运营能力。供应链的视野不再局限于企业内部，而是放眼于整个供应链生态系统。

（2）技术赋能。

传统的 S&OP 只需要 ERP 系统就可以完成供应、需求、财务和生产信息的收集与分析。如果要模拟不同商业场景下的财务指标，需要大量的人工计算，效率低下，反应速度慢，难以满足新型商业形态的需要。IBP 在移动互联网和物联网的支持下，在 S&OP 原有流程基础之上，借助统计预测与机器学习技术提升需求预测准确率，优化全供应链网络库存设定，提高订单响应能力。端到端的库存可视性、优化的供应网络布局和跨渠道的整合库存管理共同实现高度响应的供应链，以及成本和服务水平的最优组合。

(3) 业务模块整合。

①需求感知。在这一阶段企业需要使用更加合理的需求管理流程，制订更加准确的与统计预测结果协同一致的需求计划，包含短期、中期、长期多种计划区间；需要提高细化到天的预测准确率，提升后续的供应计划和库存优化的效率；需要与商业促销信息集成，并对促销进行分析，提升整体的需求计划准确性。

②供应网络库存优化。企业应协调供应链全网络各节点的库存，进行多级库存优化与控制，最大化满足消费者的交付要求；同时实现利润目标，优化对周转资金的要求。

③响应与供应。企业应同时提供战术层和运营层的响应与供应计划，针对实际或假设出现的供需变化，提供不同场景的模拟分析。

④供应链控制塔。这是对于物流控制塔的升级，能够实现供应链全网络端到端的可视化，支持快速决策。针对全网络出现的供应异常，提供智能预警，帮助用户识别异常的根源，促进部门协同，使问题得以尽快解决。供应链控制塔的层次结构如图 3.10 所示。

供应链控制塔（微课）

强生公司的供应链控制塔（微课）

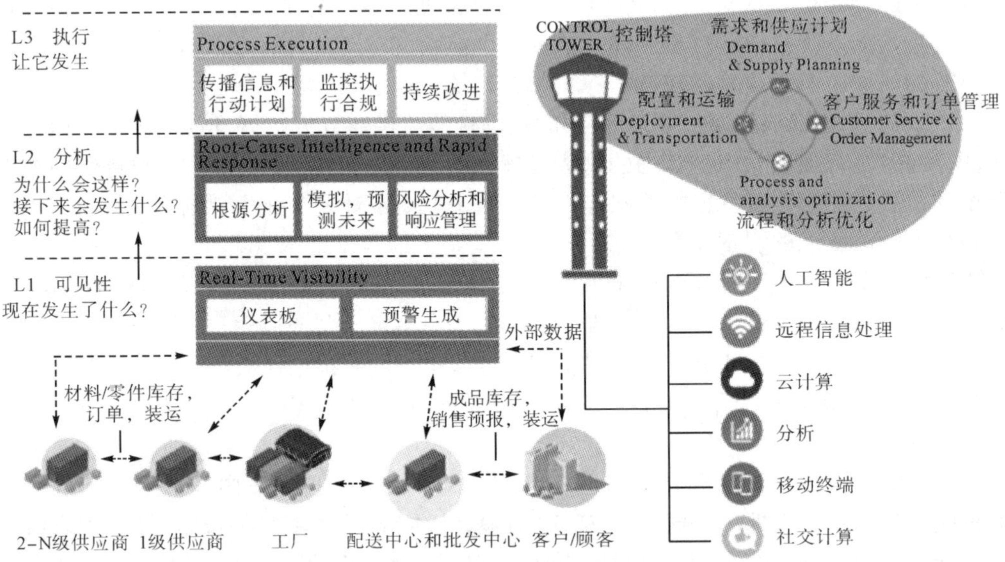

图 3.10 供应链控制塔的层次结构

[小贴士] 供应链控制塔的层次结构

供应链控制塔包括数据可视层、智能分析层和实施层 3 个层次。

(1) 数据可视层。它包括边缘的数据层，与供应链内部与外部各种系统的数据源（内部包括来自供应商、制造商、分销商、零售商和直接客户的数据，外部包括政治、社交、气候、灾害等数据）和从物联网的实时数据源（如车联网、库联网、港口、机场网络等）连接，并获取实时数据，经过加工后显示于仪表屏幕，并对外部风险数据生成供应链预警，告诉供应链管理者现在发生了什么，以提供实时的可见性。

供应链控制塔的层次结构（微课）

（2）智能分析层。它是供应链控制塔的核心部分，基于从可视层获取的实时数据集对现在发生的事件进行分析，包括异常事件根源分析，用供应链优化模型进行模拟，并通过当前和历史数据预测未来需求，以及进行风险分析和响应管理。从而告诉供应链管理者为什么当前状态会这样，接下来会发生什么，并提供如何提高当前供应链计划及运营的决策性意见。

（3）实施层。它是供应链控制塔的执行层，根据智能分析层提供的决策意见，启动和优化相应流程并执行，包括传播信息和行动计划，监测执行情况，以及持续改进供应链计划和优化运营。

在智慧供应链时代，供应链控制方式发生了翻天覆地的变化，在信息技术赋能的背景下，供应链控制塔更多地呈现出数字化、智能化等特征。智能供应链控制塔与传统供应链控制模式的比较见图 3. 11。

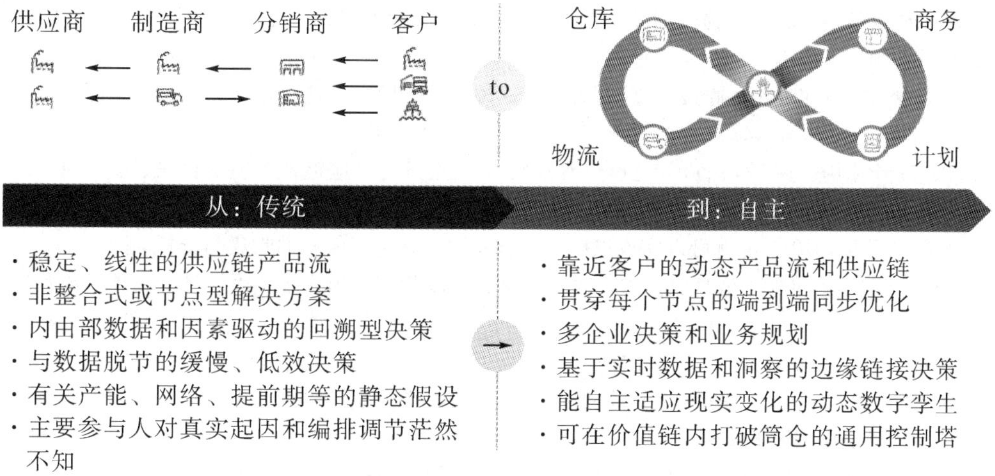

图 3. 11　智能供应链控制塔与传统供应链控制模式的比较

小结

供应链需求预测是供应链计划管理的首要任务。需求预测具有误差性、提前期影响预测的精确度、对产品族的预测精确度高于单品、上游节点的预测精确度低于下游节点等特点。需求预测通常按照时间跨度分类，包括六个步骤。供应链需求预测主要包括定性预测法、定量预测法及计算机仿真（模拟）等几类方法。其中定性预测法包括专家预测法、主观概率法、部门主管讨论法、市场人员意见汇集法等方法；定量预测法主要包括时间序列分析法和因果关系分析法（因果联系法）两类预测方法。时间序列分析法包括简单移动平均法、加权移动平均法、简单指数平滑法和趋势矫正指数平滑法等方法；因果关系分析法包括回归分析法和经济计量法等方法。在数字化供应链时代，人们更多地借助机器学习等人工智能技术进行需求预测。延迟策略和定价策略是供应链需求管理的主要策略，前者主要对需求的不确定性进行管理，包括生产延迟、物流延迟、形式延迟和完全延迟等策略，而后者主要对需求量进行调节和管理。供应链综合计划和销售与运作计划都是典型的供应链计划模式，它们都是针对产品族的计划，其目的都是为了实现供需匹配。其中供应链综合计划的基本策略有均衡策略、追赶策略和时间弹性策略。目前销售与运作计划已经升级为整合业务计划。其升级途径包括观念升级、技术赋能和业务模块整合。整合业务计划包括需求感知、供应网络库存优化、响应与供应及供应链控制塔。供应链控制塔是一个具备供应链全局视野，并且能够与供应链各个模块实现互联互通，对供应链运营进行实时在线控制和风险预警监控的控制中枢，包括数据可视层、智能分析层和实施层三个层次，具有数字化、智能化等特征。

同步测试

一、判断题

1. S&OP 在移动互联网和物联网的支持下，在 IBP 原有流程基础之上，借助统计预测与机器学习技术提升需求预测准确率，优化全供应链网络库存设定，提高订单响应能力。（　　）

2. 顾客需求切入点之前是产品有差异的部分，顾客需求切入点之后是产品无差异的部分。（　　）

3. 供应链控制塔是一个具备供应链全局视野，并且能够与供应链各个模块实现互联互通，对供应链运营进行实时在线控制和风险预警监控的控制中枢。（　　）

4. IBP 只需要 ERP 系统就可以完成供应、需求、财务和生产信息的收集与分析。（　　）

5. 对于需求不确定性程度高、需求量少的产品，可以用定性预测法和因果分析法预测成品的需求趋势。（　　）

6. 目前 IBP 已经发展到了 S&OP 阶段。（　　）

7. S&OP 包含全面的产品价格、成本信息，可以根据客户的需求灵活定义财务指标，从财务视角审视多种场景，模拟方案的优劣。（　　）

8. 销售与运作计划把销售、市场、研发、运营、物流、财务、HR 和 IT 全部整合在同一个流程中。（　　）

9. 数字化技术推动供应链全程可视化，互联网、物联网消除企业内外的信息壁垒，及时传递准确的信息，使供应链在流程和数据等多个层面实现联动，确保计划被有效执行，并及时反馈。（　　）

10. 从传统的 IBP 到集成的 S&OP，协同的范围从传统供需双方扩展到商品企划、财务规划等职能，同时更加强调供应链计划的财务指标评估。（　　）

二、单选题

1. 在（　　）时代，企业应该实现采购、生产等业务与前端业务的深度融合，进一步缩短采购提前期和生产提前期，增强供应链的柔性，提升供应链跨渠道运营能力。

A. BIM　　B. S&OP　　C. IBP　　D. IBM

2.（　　）包括回归分析法和经济计量法等方法。

A. 时间序列分析法　　B. 因果关系分析法

C. 需求预测法　　D. 战略决策分析法

3. 企业对需求的不确定性进行管理的策略是（　　）。

A. QR 策略　　B. ECR 策略　　C. 定价策略　　D. 延迟策略

4. 企业对需求量进行调节和管理的策略是（　　）。

A. 延迟策略　　B. 定价策略　　C. QR 策略　　D. ECR 策略

5.（　　）是供应链控制塔的核心部分。

A. 数据可视层　　B. 智能分析层　　C. 实施层　　D. 操作层

6. 企业制订供应链计划的目的是（　　）。

A. 实现供需平衡　　B. 实现供需匹配

C. 更好地管理需求　　D. 更好地管理供给

7. 供应链综合计划与生产计划大纲的区别是（　　）。

A. 生产计划大纲的制订必须考虑供应链合作伙伴的资源和能力

B. 供应链综合计划的制订必须考虑供应链合作伙伴的资源和能力

C. 两者在企业的计划体系中位于相同的层级

D. 在企业的计划体系中，供应链综合计划位于生产计划大纲的上面

8. 零售商在门店根据顾客的需求进行电脑的组配，企业实施了典型的（　　）延迟策略。

A. 形式　　B. 结构　　C. 生产　　D. 物流

9. 企业将成品储存在工厂成品库中，在接到客户在线下达的订单后，采用越库配送的方式将成品直接送到顾客手中。企业实施了典型的（　　）延迟策略。

A. 形式　　B. 结构　　C. 生产　　D. 物流

10.（　　）是指预测者依靠熟悉业务知识、具有丰富经验和综合分析能力的市场人员、业务主管与相关领域的专家，根据已掌握的历史资料和直观材料，运用上述人员的经验和分析判断能力，对未来需求进行预测的方法。

A. 定量预测法　　B. 定性预测法　　C. 专家预测法　　D. 主观概率法

三、多选题

1. 通过（　　）可以构建起完整的以消费者为核心的商业生态系统，供应链贯穿了整个系统。

A. 高效的系统集成　　B. 流程协同　　C. 数据共享　　D. 物流对接

2. IBP 衔接（　　）。

A. 战略性财务规划年度目标　　B. 季度的财务分析预测

C. 月度的财务回顾　　D. 年度的财务回顾

3. S&OP 到 IBP 的升级途径包括（　　）。

A. 观念升级　　B. 技术赋能　　C. 业务模块整合　　D. 人员素质提升

4. 供应链计划模式包括（　　）。

A. 供应链综合计划　　B. 销售与运作计划

C. 战略计划　　D. 战术计划

5. 制造企业的需求响应策略包括（　　）。

A. MTS　　B. MTO　　C. ATO　　D. ETO

6. 供应链控制塔包括（　　）几个层次。

A. 数据可视层　　B. 智能分析层　　C. 实施层　　D. 操作层

7. 供应链综合计划的基本策略包括（　　）。

A. 平稳策略　　B. 追逐策略　　C. 时间弹性策略　　D. 延迟策略

8. 供应链需求管理的策略包括（　　）

A. 追逐策略　　B. 定价策略　　C. 平稳策略　　D. 延迟策略

9. 延迟策略包括（　　）等策略。

A. 生产延迟　　B. 物流延迟　　C. 形式延迟　　D. 完全延迟

10. 生产延迟策略的实施条件包括（　　）

A. 模块化产品设计　　B. 标准化组件　　C. 部件通用化　　D. 经济合理

四、情境问答题

1. A 企业采用指数平滑法进行需求预测，预测的准确度令人满意。B 企业的计划员一直为需求预测不准而头疼，听说 A 企业的情况后，专程拜访 A 企业的计划人员，学习了指数平滑法的使用方法，回到本企业后开始使用。经过几个月的比较，发现预测精度没有改善，B 企业的计划员怀疑是计算出错，但反复检查后并没有发现出错。你认为 B 企业预测不准的原因可能是什么？请说明理由。

2. 过去，日本某打印机制造商生产的打印机产品，其主机有两种类型的电源和保险丝装置，相应的打印机产品分别销往北美市场和欧洲市场。其中，电压为 110 伏的打印机销往北美市场，电压为 220 伏的打印机销往欧洲市场。当时，客户的订货提前期很长，并且公司很难能准确地预测北美和欧洲市场打印机产品的需求量，这经常导致一个洲的打印机产品大量积压，而另一个洲的打印机产品供不应求。后来，公司重新设计了打印机的主机，使之具有通用的电源和保险丝装置，这样产品在送达最终用户之前就无须再对其进行差异化设计与加工。而且，使用通用的电源和保险丝装置还有一个好处，即无论在什么时候，只要产品供求出现不平衡，公司就可以将产品顺畅地由一个洲转运到另一个洲。这样，在日本生产的主机产量就是全球所需打印机数量的总和，就可避免预测失误给公司造成损失。

请问：该打印机制造商是否实施了延迟策略？如果实施了，实施的是哪一种延迟策略？

3. 由于客户对汽车车身的颜色存在不同需求，上海通用汽车公司把喷漆工序延迟到接到客户订单后才进行（立即进行)，满足了客户的个性化需求。如果客户对车内音响、座位等设施有具体要求，公司也可以采用类似的策略来满足。

请问：上海通用汽车公司是否实施了延迟策略？如果实施了，实施的是哪一种延迟策略？

4. 请结合本任务引例“红番茄工具公司的供应链综合计划”回答以下问题：

（1）红番茄工具公司面临的市场需求有什么特点？

（2）红番茄工具公司是如何应对多变的市场需求的？

（3）为什么红番茄工具公司的供应链总监把需求预测作为供应链综合计划制订的首要任务？

（4）为什么红番茄工具公司要与零售商和供应商协同预测需求？

（5）红番茄工具公司的供应链综合计划采用了什么策略？

五、案例分析题

销售与运作计划在上海庄臣公司的应用

一、公司简介

美国庄臣父子公司创建于 1886 年，是一家有着 100 多年历史的家族企业。庄臣公司主要经营家庭清洁用品、个人护理品和杀虫产品。庄臣公司在全球 50 多个国家和地区设立了分公司，雇员超过 10 000 人。

上海庄臣有限公司成立于 1987 年，是美国庄臣父子公司与上海日用化学工业开发公司共同投资组建的合资企业。公司拥有一流的办公楼和生产设施，在北京、广州设有分公司，并在全国许多大城市设有办事处。公司的知名品牌包括美国庄臣公司的国际品牌——雷达、碧丽珠、威猛先生、佳丽、密保诺以及红鸟。公司的产品销往全国各地，近年来销量持续增长。

庄臣公司的产品种类繁多，包括六大品牌 160 多个单品。其中雷达品牌是杀虫系列产品，佳丽品牌是空气清新系列产品，威猛先生是清洁剂系列产品，碧丽珠品牌是家具和皮革光亮剂系列产品，密保诺品牌是家庭储藏系列产品，红鸟品牌是鞋油系列产品。每个产品系列下又设分产品系列。庄臣公司的所有产品都属于日用化学品、快速消费品，一般通过大卖场或杂货店进行销售，直接面对消费者。市场瞬息万变，竞争激烈，需求难以把握。其主打品牌雷达系列产品包括液体蚊香、盘香、气雾罐等杀虫剂主要是在夏季销售，具有很强的季节性特征，对生产的柔性要求高。

二、销售与运作计划的实施情况

（一）导入

根据经营的产品特点，上海庄臣公司采用了销售与运作计划进行供应与需求的平衡管理。同时，公司引入了ERP系统，该系统覆盖了分销、制造和财务管理等领域。销售与运作计划与ERP系统结合得非常完美。ERP系统为销售与运作计划的实施提供强大的报表与数据支持，而销售与运作计划为ERP系统的运行提供正确的指导与输入，确保公司的业务顺利开展。

（二）成长

导入销售与运作计划容易，困难的是保持其良好的运作。为此，公司一直在努力，将其持续改进，并一步一步迈向成熟。功夫不负有心人，经过七年的探索与持续改善，上海庄臣公司的该项目在总部专家组的审核中获得银奖（B级）。两年后，在复审中获得金奖（A级）。与亚洲各国的庄臣子（分）公司相比，这已经是骄人的业绩。当然专家组也提出了一些富有建设性的意见，这些意见有利于对销售与运作计划的进一步完善。

（三）实施过程

销售与运作计划在导入的初期，其运作分为五个阶段：管理新行动、需求回顾、供应回顾、财务评估以及销售与运作计划（S&OP）会议。在该项目实施的第七年，由于公司的组织结构调整，销售与运作计划的流程也进行了整合，将前两步合二为一（需求回顾及新产品/新行动回顾），但其功能并未改变。整合后的四个流程分别由一个小组管理。第一个流程的工作一般始于月初，在第二个周的周末完成，其输出以会议纪要的形式传递给第二个小组。公司要求第二步和第三步工作在每月的第三周完成，以便第四周的S&OP会议能够如期举行。第四周的S&OP会议是一个高层决策会议，公司每月的业务决策便在S&OP会议上形成。所有决议的依据是前三个流程的内容。而庄臣公司的业务运作与管理建立在销售与运作计划的基础之上。

1. 需求回顾及新产品/新行动回顾

（1）第一阶段会议前的准备工作。①销售信息的收集。由于庄臣公司已经运行完整的ERP系统，覆盖制造、物流、财务与销售等领域，因此该项工作可以在一至两天之内形成报告。②以品牌为小组进行产品的销售和市场分析，并建议进一步的行动。

（2）第一阶段会议。①各品牌小组对行动进行回顾。②新销售目标的确认。这是会议的主要产出之一，将作为下一步工作的重要依据。会议就S&OP数字进行反复磋商，并最后确认。以碧丽珠除尘宝为例，品牌小组展示了最新的计分卡，同时分析了其走向，最终与销售、预测一致，同意调高全年的S&OP数字。该会议是第一阶段工作的高潮。前期各品牌小组的工作都将通过该会议转化为下一步行动，并最后形成会议纪要，传入销售与运作计划的下一个流程。

2. 供应回顾

本阶段的工作主要围绕两点展开，一是对第一阶段传递过来的S&OP数字（新销售目标）进行讨论，二是对上个月第二阶段的绩效指标（KPI）进行回顾。

（1）供需平衡。这包括短期供需平衡和长期供需平衡。

①短期物料供应。物料需求部门按照第一阶段传递过来的最新销售预测，在ERP系统中更新数据。主计划员根据新的预测数据调整生产计划。接下来，在新的生产计划的基础上进行MRP运算，以产生新的物料需求计划。接着，各物料计划员调取最新的物料需求计划，并开展协调工作，落实物料计划。最后，将整理好的采购订单和三个月的物料需求信息发给供应商。

②长期物料供应。这部分主要是根据更新的销售预测数据对长期的供应能力进行分析和调整。在这一阶段，必须进行产能分析，并制定相应的措施。以雷达盘香为例，根据预测，某年度的盘香需求为将近150万箱，相对于上一年度有20%的增长，公司希望供应商能够保有30%的空余产能。为此，

公司进行了盘香的产能分析，并制订了相应的措施。

（2）第二阶段会议。会议讨论的核心内容如下。

①产能预测分析。以HD产品为例。公司加强了促销，导致八月份HD产品的销量激增，将当月的安全库存量全部消耗完，并导致九月初出现缺货。同时，由于原先的磨具配套能力是按照七月份的产能预测值来设计的，因此，公司无法在短期内大规模增加产能。经过讨论，会议形成两点决议：首先是迅速增加一副模具，以解决产能的瓶颈问题，同时将HD作为重点产品，对供应的原物料进行审核，增加15万的安全库存量；其次，以此为鉴，审查重要产品的模具能力，必须确保产能与需求之比为1.5∶1，同时重点产品的产能规划要充分考虑是否有电视广告和店内促销等因素。

②库存分析。这包括对周转库存、安全库存、平均库存、最大库存等的分析。同时，还要重点关注滞销品。公司对滞销品的衡量标准为在仓库滞留大于三个月的成品。

③长期生产计划审核。该阶段的主要工作之一是对公司主要产品的年度生产计划进行审核，进而为主生产计划、车间作业计划以及采购与供应计划的制订奠定基础。

3. 财务评估

财务评估对于销售与运作计划的制订与实施显得非常重要。在这一阶段，财务人员将前面各阶段的S&OP数字进行财务核算，并将核算结果与KPI进行比较，以评判业务运行是否良好。评估显示的报告包括销售报告、GP/DP分析报告和P/L报告。以碧丽珠为例，在第一阶段，因家具护理产品的销量在八月份的增长势头有所下降，因此市场部提出通过促销来增加产品销量。为此，市场部提出了具体的促销方案，这包括促销费用以及预测对销量的影响。在财务评估阶段，该方案由财务部人员从财务管理的角度进行审核，需要考虑公司的总体预算，并从促销给公司带来的收益等角度进行分析与评价。该阶段的另一重要任务是为高层决策提供提议。

4. 销售与运作计划会议

这是销售与运作计划的高层会议，通常在一个月的最后一周举行，会议形成的决议将作为庄臣公司的高层指令得以不折不扣地贯彻执行。由于庄臣公司运行销售与运作计划的时间较长，各环节衔接得比较好，因此，S&OP会议的决定基本上是水到渠成。

三、销售与运作计划的实施结果

销售与运作计划在上海庄臣有限公司实施了九年，运行相当成功，为公司业务的快速发展起到了极大的促进作用。这主要表现在生产效率显著提高（每小时人工产出率翻了近1倍）、客户服务水平显著提高（S&OP实施的第九年订单满足率达到了97.5%）、库存始终保持在较低的水平（库存周转天数低于44天，全亚洲庄臣公司中成绩最好）等方面。销售与运作计划的成功实施，极大地提升了上海庄臣有限公司的核心竞争力。

根据案例提供的信息，请回答以下问题：

1. 为什么上海庄臣有限公司要实施销售与运作计划？

2. 上海庄臣有限公司销售与运作计划的实施主要包括哪几个流程？各流程分别包括哪些主要内容？

3. 上海庄臣有限公司销售与运作计划的实施取得了哪些成效？

4. 你认为销售与运作计划的核心是什么？为什么？

任务4

供应链库存管理

【素质目标】

1. 树立系统观念。
2. 树立全局观念。
3. 具有协同理念。
4. 具有成本意识。
5. 具有服务意识。
6. 具备合作精神。
7. 具备创新精神。
8. 具有专业认同感。

【知识目标】

1. 理解供应链库存计划与控制的关键。
2. 理解周转库存和安全库存在供应链中的作用。
3. 掌握供应链周转库存和安全库存的确定方法。
4. 掌握缓冲存货点的递变规律。
5. 了解传统库存控制方法的局限性。
6. 掌握供应商管理库存（VMI）。
7. 掌握联合库存管理（JMI）。
8. 了解多级库存优化与控制策略。
9. 理解牛鞭效应的内涵、危害与成因。

【能力目标】

1. 能合理设置缓冲存货点。
2. 能对供应链库存进行控制与优化。
3. 能正确选择协同库存管理策略（方式）。
4. 能减弱牛鞭效应。

【引例】

摩托罗拉公司的库存管理模式

摩托罗拉公司位于天津港保税区的原料库采用全球先进的供应商HUB系统管理模式，大约有30家零部件供应商在摩托罗拉公司天津工厂周边地区设有工厂或仓库。摩托罗拉公司每天将原材料、零部件的需求计划提供给这些供应商，供应商根据摩托罗拉公司的需求计划管理库存，并且每天安排4次送货，使摩托罗拉公司真正实现了JIT生产。

摩托罗拉公司的库存管理模式（微课）

引导问题：

1. 摩托罗拉公司采用了何种库存管理模式？
2. 这种库存管理模式有何优点？
3. 这种库存管理模式可能存在哪些风险？
4. 摩托罗拉公司采用该库存管理模式成功的原因是什么？
5. 供应链库存管理策略与传统库存管理策略有什么区别？有什么优势？

库存管理是供应链管理的重要内容之一。由于企业组织与管理模式的变化，传统库存管理方法的弊端日益显现。在供应链管理环境下，企业迫切需要采取一系列新的库存管理策略与方法。

4.1 库存与库存管理认知

无论是对为生产服务的制造业库存进行管理，还是对为商业服务的商业库存进行管理，其主要目的都是在有效降低库存持有成本的同时，防范“缺货成本”的发生。库存管理的目标就是要在库存成本与库存服务水平之间寻求平衡。

一、库存

（一）库存的概念

库存的定义（微课）

库存（inventory）是指“储存作为今后按预定的目的使用而处于备用或非生产状态的物品”（GB/T 18354-2021）①。在一般情况下，人们设置库存的目的是防止短缺，就像水库里储存的水一样。另外，它还具有保持生产过程连续性、分摊订货费用、快速满足用户订货需求的作用。但是，库存也是一种无奈的结果。它是由于人们无法准确预测未来的需求变化，才不得已采用的应付外界变化的手段，也是因为人们无法使所有的工作都做得尽善尽美，才产生一些人们并不想要的冗余与囤积——不和谐的工作沉淀。

① 注意：广义的库存还包括处于制造加工状态和运输状态的物品。

（二）库存成本

企业持有库存，就必然要占用资金。一般而言，企业年度库存总成本包含购入成本、订货成本、储存成本和缺货成本四项。

库存的作用与弊端（微课）

采购成本、库存成本、储存成本三者的关系（微课）

1. 购入成本

购入成本也称购置成本或购买成本，是企业为获得采购物品的全部支出，包括买方支付给供应商的货款、运输费用（含装卸搬运①费用及运输保险费用）以及在物流过程中发生的货物损耗等。

2. 订货成本

订货成本是指订购一次货物所发生的费用，主要包括差旅费、通信费及订单跟踪费用。企业年度库存成本核算中的订货成本指全年的订货费用。在年度总需求量一定的情况下，企业的订货次数越多，总的订货成本越高。

3. 储存成本

储存成本是指企业为存储保管货物所发生的费用，包括库存资金占用成本②、仓储设施设备的资金占用成本（或仓库的租赁费）、仓库的运营成本（如货物保管费、管理费、商品养护费、保险费、设施设备的维护费及损耗等）。储存成本随着库存量的增加而增大。

4. 缺货成本

缺货成本是指企业因缺货而产生的损失，包括停工待料的损失（如缺少原材料时，生产线机器设备的折旧费用依然存在）、紧急采购产生的额外费用、不能履行客户订单而导致的违约金、减少的预期销售收益、商誉损失等。虽然我国现行会计体系没有缺货成本一说，但该项成本是客观存在的。企业可以按照不缺货的收益去衡量缺货成本。

（三）库存的分类

库存是一项代价很高的投资，无论是对生产企业还是流通企业，正确认识和建立一个有效的库存类型管理计划都是很有必要的。按照不同的划分标准，有不同的库存类型，以下主要以库存的作用、生产过程、用户对库存的需求特性作为分类标志来划分库存类型。

库存常见的分类方法（微课）

1. 按库存的作用分类

（1）周转库存。周转库存也称循环库存，是为满足日常生产经营需要而保有的库存，其合理存在的前提是企业能够正确地预测需求和补货时间。周转库存的大小与采购批量的大小直接相关。

（2）安全库存。安全库存（safety stock）是指“用于应对不确定性因素③而准备的缓冲库存”（GB/T 18354-2021）。安全库存的大小与库存安全系数及与库存服务水平等因素有关。

---

① 装卸（loading and unloading）是指“在运输工具间或运输工具与存放场地（仓库）间，以人力或机械方式对物品进行载上载入或卸下卸出的作业过程”（GB/T 18354-2021）。搬运（handling）是指“在同一场所内，以人力或机械方式对物品进行空间移动的作业过程”（GB/T 18354-2021）。

② 包括融资成本（利息费用）和机会成本（因存货占用资金而减少的投资收益）。

③ 例如，供货时间延迟，库存消耗速度突然加快，等等。

周转库存产生的原因（微课）　企业持有周转库存的原因（微课）　企业持有安全库存的原因（微课）

（3）调节库存。调节库存用于调节需求与供应的不均衡、生产与供应的不均衡以及各个生产阶段产出的不均衡而设置的库存。

（4）在途库存。在途库存是指处于运输状态以及停放在相邻两个工作地之间或相邻两个组织之间的库存。在途库存量取决于运输时间以及该期间的平均需求。

（5）投资库存。持有投资库存不是为了满足目前的需求，而是出于其他原因，例如价格上涨、物料短缺等而囤积的库存。

（6）季节性库存。季节性库存是投资库存的一种形式，是企业为满足可预知的需求而持有的库存。例如，重大节假日来临时，需求急增，零售商提前备货以应对这期间需求的变化，这种库存即为季节性库存。

2. 按生产过程分类

（1）原材料库存。它是指企业已经购买的，但还未投入生产的存货。

（2）在制品库存。它是指经过部分加工，但尚未完成的半成品存货。

（3）产成品库存。它是指已经制造完成并正等待装运发出的存货。

3. 按用户对库存的需求特性分类

（1）独立需求库存。它是指用户对某种库存物品的需求与其他种类的库存无关，表现出对这种库存需求的独立性。这种需求是由市场决定的，一般不可控。例如，像对家用洗衣机或家用冰箱这种产成品的需求，这类需求什么时候发生？每次需要多少？事先是不知道的，但这种需求也不是完全无规律可循，它的需求平均值、方差（波动范围）、长期变化趋势以及季节性变化特征，还是可以根据历史数据和其他相关因素进行预测的。

（2）相关需求库存。它是指企业对某种库存物品的需求与其他种类的库存有关。根据这种相关性，企业可以精确地计算出对库存物品的需求量和需求时间，因而这种需求是一种确定型需求。例如，对一定数量的洗衣机来说，洗衣桶、电动机等零部件和原材料的需求数量，完全可以根据产品物料清单（BOM）来决定。

一般来说，来自市场和企业外部的需求是独立需求，又称为顾客需求；由企业内部生产需要而产生的需求是相关需求，又称为生产需求。

二、库存管理

（一）库存管理的概念与内涵

库存管理（inventory management）是指为了满足企业生产经营的需要而对计划存储、流通的有关物料进行管理的活动。其主要内容包括库存信息管理及在此基础上所进行的决策与分析工作。库存管理是物流管理的重要内容之一，其核心问题是如何保证在满足用户或企业对库存物品需要的前提下，保持合理的库存水平。即在防止缺货的前提下，控制合理的库存总成本。

企业设置库存的主要目的是降低缺货成本及风险。一般而言，企业在降低缺货成本的同时，储存成本会增加。因此，这里就有一个悖论，当库存增加时，虽然缺货成本降低，但库存持有成本会增加；当库存减少时，虽然库存持有成本下降，但是缺货成本会增大。库存管理就是要解决这个悖论问题。

（二）库存管理的目标

库存好比一把“双刃剑”，库存水平过高会增加企业的库存持有成本，库存水平过低又会使缺货成本上升。因此，库存管理的目的是，在保证满足顾客需求的前提下，通过对企业的库存水平进行合理控制，达到降低库存总成本，提高服务水平，增强企业竞争力的目的。

库存管理的目标（微课）

库存管理的总目标是通过适量的库存达到合理的供应，使得总成本最低。具体包括以下分目标。

（1）合理控制库存，有效运用资金；

（2）以最低的库存量保证企业生产经营活动的正常进行；

（3）及时把握库存状况，维持适当的库存水平；

（4）减少不良库存，节约库存费用。

总之，通过有效的库存管理，应使物流均衡顺畅，既能保障生产经营活动的正常进行，又能合理压缩库存资金，取得良好的经济效益。

（三）库存管理绩效的评价指标

库存管理绩效的评价指标主要有平均库存值、可供应时间、库存周转率及库存周转天数等。

库存管理的评价指标（微课）

1. 平均库存值

平均库存值是指某时段范围内全部库存物品价值之和的平均价值。一般以期初和期末库存物品价值之和的算术平均值来表示。通过该指标，企业管理者能了解企业资产的库存资金占用状况。计算公式如下：

$$平均库存值=(期初库存金额+期末库存金额)/2$$

2. 可供应时间

可供应时间是指现有库存可维持供给的时间范围（天数），即反映现有库存能够满足多长时间的需求。计算公式如下：

$$可供应时间=平均库存值/需求率$$

其中，需求率指单位时间内的需求量。

3. 库存周转率/库存周转天数

库存周转率（turnover rate of inventory/inventory turnover，ITO）是指单位时间内的库存周转次数。该指标反映库存周转的快慢。计算公式如下：

库存周转率=一定期间的出库总金额÷该期间的平均库存金额=一定期间的出库总金额×2÷（期初库存金额+期末库存金额）

库存周转率没有绝对的评价标准，通常是通过与行业内其他企业的比较，或者是通过与企业内部其他期间的比较来反映库存周转的快慢。

与库存周转率相对应的另外一个指标是库存周转天数。它是指存货从入库起至出库止所经历的时间（天数）。库存周转天数越少，说明库存周转越快，相应地，存货变现的速度也越快。其计算公式如下：

库存周转天数=库存保管天数/库存周转次数

例如，年库存周转天数=360/年库存周转次数，月库存周转天数=30/月库存周转次数。

提高库存周转率对于加快资金周转，提高资金利用率和存货的变现能力具有积极的作用。企业可以通过重点控制耗用金额高的物品、及时处理过剩物料、合理确定进货批量和削减滞销存货等方式来提高库存周转率。但是库存周转率过高将可能发生缺货现象，并且采购次数增加会使采购费用上升。

三、库存控制

库存控制，即存货控制（inventory control），是指“使库存物品的种类、数量、时间、地点等合理化所进行的管理活动”（GB/T 18354-2021）。

（一）独立需求库存控制

独立需求是来自企业外部市场的需求。人们对独立需求物品的需求量之间没有直接的联系，也就是说没有量的传递关系。对于这类库存物品的控制，主要是确定订货点、订货量及订货周期等参数。常见的订货方式有定量订货制①和定期订货制②。一般采用订货点法确定何时订货，采用经济订货批量法确定每次订货的最佳批量，然后向供应商发出订货单。独立需求库存控制模型一般分定量库存控制模型和定期库存控制模型两种。

1. 定量库存控制模型

库存控制模型（微课）

定量订货法的要旨（微课）

定量库存控制也称订货点控制，该法也称定量订货法。该模型主要建立在以下条件的基础上：订货批量固定、订货提前期固定、采购物品的价格稳定、需求稳定。定量库存控制方法具有两个基本特点，一是“双定”，即订货点和订货批量都是固定的，二是“定量不定期”，即由于存货的消耗不均衡，若每次订购的货物批量都相同，则订货间隔期往往不同。按照该模型进行库存控制，就需要连续不断地检查库存量，当库存下降到订货点时，按照固定的订货数量向供应商订货。故该模型也称连续检查库存控制模型。按照该模型进行库存控制需确定订货点和订货批量两个参数。

（1）订货点的确定。

订货点即订购点，也称再订货点或再订购点，是指当库存量下降到必须再次订货的时点时，仓库所拥有的库存量。计算公式如下：

订货点=日平均消耗量×订货提前期+安全库存量

订货点的计算方法（微课）

---

① 定量订货制（fixed-quantity system，FQS）是指“当库存量下降到预定的库存数量（订货点）时，立即按一定的订货批量进行订货的一种方式”（GB/T 18354-2021）。

② 定期订货制（fixed-interval system，FIS）是指“按预先确定的订货间隔期进行订货的一种方式”（GB/T 18354-2021）。

即

$$ROP = \frac{D}{365} \times L_t + SS$$

式中：ROP ——（再）订货点；

D ——库存物品的年需求量或年需求率（件/年）；

L_t ——订货提前期（天）；

SS ——安全库存量（件）。

其中，安全库存量的设定，需考虑库存物品的需求特性以及订货提前期等因素。一般可根据客户的重要度、产品特性手工设置安全系数（安全系数与库存服务水平有关）。安全库存量可以根据需求量变化、提前期固定，提前期变化、需求量固定，或者需求量和提前期同时随机变化且相互独立三种情况，分别通过计算来确定①。

安全库存的设置应考虑的因素（微课）

（2）订货批量的确定。

定量库存控制模型中的订货批量是指经济订货批量（economic order quantity，EOQ），它是指“通过平衡采购进货成本和保管仓储成本核算，以实现总库存成本最低的最佳订货量”（GB/T 18354-2021）。经济批量订货模型如图 4.1 所示。

定量库存控制法中订货量的确定方法（微课）

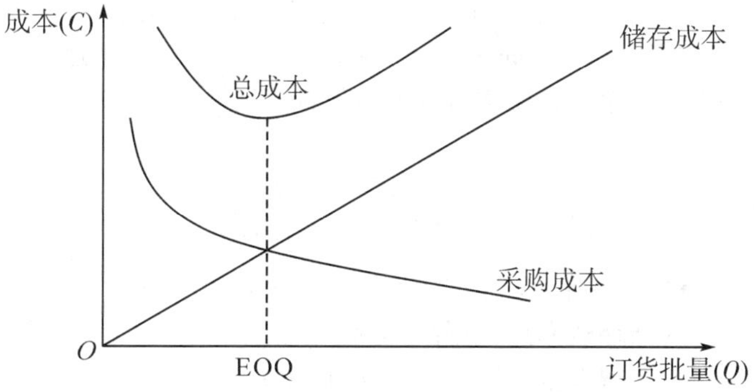

图 4.1　经济批量订货模型

理想的经济订货批量是指不考虑缺货，也不考虑数量折扣及其他问题的经济订货批量。计算公式如下：

$$EOQ = Q^* = \sqrt{\frac{2DC_r}{H}}$$

式中：D ——库存物品的年需求量或年需求率（件/年）；

C_r ——一次订购费用（元/次）；

H ——存储单元（一个 SKU②）的储存费率［元/(件·年)］。

在应用 EOQ 公式处理实际问题时，除了要考虑缺货成本外，我们一般还要考虑采购数量折扣以及批量运输的费用节省等因素对总成本的影响。

---

① 胡建波. 现代物流概论［M］. 北京：清华大学出版社，2018：260-263.

② 存储单元（stock keeping unit，SKU）是指“依据物品特点确定，便于对物品进行存放、保护、管理的相对独立的规格化单位”（GB/T 18354-2021）。例如，同一款服装有不同的颜色和尺码，款、色、码的特定组合即一个 SKU。

（3）定量订货法的适用范围。

订货点法主要适用于需求量大、需求波动性大、缺货损失较大的库存物品的控制。具体而言，主要适于以下物品。

①消费金额高、需要实施严格管理的重要物品；

②根据市场的状况和经营方针，需要经常调整生产或采购数量的物品；

③需求预测困难的物品等。

定量库存控制法的适用范围（微课）

2. 定期库存控制模型

定期库存控制也称固定订货周期控制，以这种方式进行订货的方法称定期订货法。采用该法控制库存也具有两个基本特点：一是“双定”，即预先确定订货周期和最大库存水平；二是“定期不定量”。由于存货的消耗不均衡，若订货间隔期相同，则每次订货的数量往往不同。按照该模型进行库存控制，就需要周期性地检查库存水平，将库存补充到最大。因此，该模型也称周期性检查库存控制模型。采用该模型进行库存控制，不存在固定的订货点，但也要设立安全库存量。

周期性检查库存控制方法（定期订货法）（微课）

采用定期订货法进行库存控制需确定三个参数：订货周期、最大库存量及订货量。

（1）订货周期的确定。

这里的订货周期指订货间隔期①，它是相邻两次订货的时间间隔。一般按照经济订货周期求解。所谓经济订货周期（economic order interval，EOI），是指通过平衡采购进货成本和保管仓储成本核算，以实现总库存成本最低的最佳订货周期。

计算公式如下：

$$\mathrm{EOI} = T^* = \sqrt{\frac{2C_r}{HD}}$$

式中：C_r——一次订货费用（元/次）；

H——存储单元的储存费率（元/件·年）；

D——库存物品的年需求量或年需求率（件/年）。

（2）最大库存量的确定。

最大库存量一般是通过对库存物品需求的预测来确定的，应该满足订货周期（订货间隔期）、订货提前期和安全库存三方面的要求，计算公式如下：

$$Q_{\max} = \bar{R}_d(T + \bar{L}_t) + \mathrm{SS}$$

式中：$Q_{\max}$——最大库存量（件）；

$\bar{R}_d$——（$T + \bar{L}_t$）期间对库存物品的平均日需求量（件/天）；

T——订货间隔期（天）；

$\bar{L}_t$——平均订货提前期（天）；

SS——安全库存量（件）。

对于定期订货法，安全库存量的设定及计算方法与定量订货法类似，但要注意，该法与定量订货法的区别是，需要在订货周期（订货间隔期）内备有一定的安全库存。

① 订货间隔期、订货提前期与库存周期（inventory cycle time）不同，后者是指“库存物品从入库到出库的平均时间”（GB/T 18354-2021）。

（3）订货量的确定。

订货量即库存补充量，计算公式如下：

$$Q_i = Q_{\max} - Q_{Ni} - Q_{Ki} + Q_{Mi}$$

式中：Q_i ——第 i 次订货的订货量（件）；

$Q_{\max}$ ——最大库存量（件）；

Q_{Ni} ——第 i 次订货时的在途库存量（件）；

Q_{Ki} ——第 i 次订货时的实际库存量（件）；

Q_{Mi} ——第 i 次订货时已售待出库的货物数量（件）。

（4）定期库存控制方法的适用范围。

定期库存控制方法可以简化库存控制的工作量，但由于库存消耗的不均衡，缺货风险高于定量库存控制方法，因此该法主要适用于需求较稳定或需求量不大、缺货损失较小的库存物品的控制。

3. 库存补给策略

综合库存控制策略（微课）

在定量订货和定期订货库存控制模型的基础上，产生了一系列库存补给策略，最基本的有如下四种。

（1）（Q，R）策略，即连续检查、固定订货点（R）和订货量（Q）的库存补给策略。该策略适用于需求量大、缺货成本较高、需求波动性很大的库存物品的补给。

（2）（R，S）策略，即连续检查、固定订货点（R）和最大库存量（S）的库存补给策略。该策略和（Q，R）策略的不同之处在于其订货量是根据实际库存水平而定，因而是可变的。（R，S）策略的适用条件与（Q，R）策略相似。

（3）（T，S）策略，即周期性检查（固定检查周期 T）、固定最大库存量（S）的库存补给策略。该策略适用于一些不是很重要或使用量不大的库存物品的补给。

（4）（T，R，S）策略。该策略是（T，S）策略和（R，S）策略的综合。其特点是 T、R、S 三个参数都是固定的。在实施该策略时，每隔一段时间（T）检查一次库存，若库存量低于或等于订货点（R），则发出补货通知单，补货量（Q）等于最大库存量（S）与检查时的库存量（I）之差；若库存量还未下降到订货点（R），则无须补货。

以上策略适用于独立需求环境下的库存控制系统，它以经常性地补充库存并维持一定的库存水平为特征。连续检查和定期检查就是这种系统的两种基本控制策略。

（二）相关需求库存控制

相关需求库存的控制方法（微课）

相关需求库存控制系统主要有 MRP 系统和 JIT 系统①。前者见“3.3 供应链的计划模式的选择与实施”，后者见“5.5 准时采购的实施与管理”和“7.1 供应链物流管理认知”。

① 参见：胡建波. 现代物流基础［M］. 4 版. 北京：清华大学出版社，2019：119-122.

4.2 辨识传统库存控制方法的局限性

某零售企业的库存管理模式（微课）

传统库存控制方法的局限性（微课）

传统企业管理是相对于供应链管理而言的，其核心思想是企业本位，即以单个企业为对象的企业运营管理。库存控制的主要目的是针对单个企业的库存进行管理，确定订货点及订货量，确保单个企业的库存总成本最低。

一、传统库存控制方法

传统库存控制方法主要包括：对单一品种实施库存控制的定量订货法、定期订货法、双堆订货法等，对多品种实施库存控制的 ABC 分类法[1]、多品种联合采购法等。这些方法一般是利用经济订货批量来决定库存量，而经济订货批量是利用数学方法求得在一定时期内库存总成本最低时的订货批量，它的运用受到许多与现实不相符的假设条件的约束。另外，传统管理模式下的库存控制方法主要针对单一企业而设定，企业间的协作程度普遍偏低，对市场的反应速度不快，方法的实施需要依靠大量的历史数据，并结合经验进行预测分析，获取信息的时间长，信息的准确度不够高，一旦需求预测不准或市场发生突变，对企业经营运作将产生难以估量的影响。

二、传统管理模式下库存控制的局限性

传统库存控制方法与供应链管理环境下的库存管理方法相比，存在许多不同之处。在传统管理模式下，企业库存控制侧重于优化单一企业的库存成本，主要从储存成本和订货成本出发，确定经济订货批量和订货点。从库存管理的角度看，这种库存控制方法有一定的适用性，但从供应链管理的角度分析，该方法只能实现供应链局部库存的优化，不能避免节点企业间库存的重复设置，不能实现供应链系统库存的全局最优。其局限性主要体现在以下几方面：

（一）基于传统模型的假设条件的真实性较差

假设条件之一，对物料的需求是连续的。现代企业面向市场，面向客户，产品的生产数量是变化的，对物料的需求是不均衡、不稳定的，对库存的需求是非连续的。

假设条件之二，库存消耗以后，立即补货。在传统库存管理中，库存量一旦低于订货点或库存被消耗，就会立即发出订单，补充库存。这种不依需求而定的做法没有必要，也很不合理，在需求非连续的条件下，必然造成大量的库存积压。

---

① ABC 分类法（ABC classification）是指“将库存物品按照设定的分类标准和要求分为特别重要的库存（A 类）、一般重要的库存（B 类）和不重要的库存（C 类）三个等级，然后针对不同等级分别进行控制的管理方法”（GB/T 18354-2021）。

（二）没有整体观念，缺乏合作性与协调性

在传统管理环境下，企业都是独立的单元，企业间缺乏合作与协调，缺乏全局观念。例如，制造商的生产计划一般根据自己的产能制订，一味追求规模经济效益。零售商也往往以自己为中心，总是希望供应商的产品能够“随叫随到”，有时为了能采购到紧缺商品，甚至不惜夸大订货量。企业这种“画地为牢、各自为政”的意识普遍存在，不信任、竞争和敌对的态度导致的组织障碍，更是影响到企业库存控制的成效。

（三）库存绩效指标的设置不合理

传统管理环境下的库存控制，其考核指标是基于单个企业或单个部门的，没有考虑到供应链的整体绩效，如很多企业仅使用库存周转率等指标对库存控制的优劣进行评定，没有考虑到对用户需求的反应时间和服务水平，而类似于缺货率、订单满足率①、准时交货率或延迟交货率（误点交货率）、客户订货周期等服务指标也常常被忽略。比如某些企业经常用仓储费用考核物流成本和库存控制水平，却忽略了运输费用的存在，由于这两项费用具有“二律背反”的特征，仅考核其中的某一项指标，并不能说明企业物流②总成本的控制情况，这种“短视”现象在单一企业的库存控制中普遍存在。

（四）库存控制策略过于简单化

许多公司对所有的货物采用统一的库存控制策略，货物的分类没有反映供应与需求中的不确定性。在传统的库存控制策略中，多数是面向单一企业的，采用的信息基本上来自企业内部，其库存控制没有体现供应链管理的思想。

事实上，无论是生产企业还是物流企业，库存控制的目的都是为了保证供应链运作的稳定性与连续性，供应链系统能以最低的成本满足市场需求，特别是不稳定的需求。而了解和跟踪不确定因素是第一步，接下来要利用跟踪到的信息去制定相应的库存控制策略。这是一个动态的过程，因为不确定因素在不断地变化。此外，有的供应商在交货与质量方面的可靠性高，而有的供应商差；对货品需求的可预测性有的强，有的弱。库存控制策略应能反映这些情况。

（五）库存信息的共享度低

供应链各节点企业的需求预测、库存状态、生产计划等都是供应链管理的重要基础数据，而在传统的管理模式下，这些数据分布在不同的节点企业。为了快速响应用户需求，必须实现数据同步传输，实时信息共享，为此，需要将各节点企业的信息系统有效集成。然而，在传统的管理环境下，许多企业的信息系统未有效集成，节点企业提供的信息往往是延迟和不准确的。由于信息延迟或误差影响到库存量的精确度，短期生产计划的实施也会遇到困难。例如企业制订生产计划需要获得关于需求预测、当前库存量、采购运输能力、生产能力等信息，这些信息需要从不同节点企业的数据库中获得，数据调用的工作量很大。数据整理完后制订主生产计划，再根据物料需求计划（MRP）制订采购计划和车间作业计划，整个过程一般需要很长时间。时间越长，制造商对市场需求的反应能力也就越弱，生产出过时的产品和造成过高的库存也就不足为奇了。

---

① 订单满足率（fulfillment rate）是指“衡量订货实现程度及其影响的指标，用实际交货数量与订单需求数量的比率表示”（GB/T 18354-2006）。

② 企业物流（enterprise logistics）是指“生产和流通企业围绕其经营活动所发生的物流活动”（GB/T 18354-2021）。

4.3 辨识供应链库存计划与控制的关键

供应链库存计划与控制的关键主要有两点：一是确定供应链系统成本最小的周转库存水平；二是在不降低产品可得性的前提下，降低供应链系统的安全库存水平。

供应链库存计划与控制的关键（微课）

一、确定供应链系统成本最小的周转库存水平

1. 周转库存在供应链中的作用

周转库存是供应链各环节因采购的物料（或产品）以及生产的产品的数量大于实际需求量而在供应链上积累起来的库存。周转库存产生的原因在于，供应链各参与体都希望通过批量采购或生产获得规模经济性收益。批量是指供应链某一环节在一定的时段内所采购或生产的产品数量，如果不考虑需求变化的因素，该时段内的平均周转库存水平是批量的一半。

在供应链中持有周转库存，是为了利用规模经济性来降低供应链各环节的成本。因此，应该通过供应链各环节的损益权衡，合理确定订货批量和生产批量。

2. 周转库存水平的确定

在采购中，就是要确定适宜的订货批量。需要指出，在经济订货批量（EOQ）附近，供应链成本相对稳定，但订购一个接近 EOQ 的便于处理的合适的批量，可能比精确的 EOQ 更加合理。这一方面是因为供应商可能有批量折扣，另一方面是因为在 EOQ 曲线（见图 4.1）中，EOQ 右边的曲线更加平缓，这意味着略高于 EOQ 的订货批量导致库存总成本的增加幅度并非与订货量的增加保持同步。换言之，这部分曲线随着订货量的增加，库存总成本对订货量变化的响应程度并不敏感。此外，从企业间合作的角度看，采用供应商管理库存（VMI），以信息代替库存，以更小的订货与供应批量满足买方的需求，将导致更低的供应链总成本。

因此，从供应链管理的角度来看，通过供应链总成本最优的原则来确定供应链各环节的订货量时，还应该考虑供应链各环节的相互协调对周转库存的影响，其目的是实现供应链系统成本最小化。比如商业促销，通常总量折扣比批量折扣更有利于供应链的协调与优化。一般而言，商业促销可以刺激销售，带动整个供应链产品的销量增长，同时将供应商的产品库存转移至下游，使下游企业的订货量和周转库存水平明显增加，但不一定能导致顾客需求的显著增长。除非商业促销能够减小需求波动，否则一般会降低整个供应链企业群体的利润水平。

而在生产中，就是要确定适宜的生产批量，即经济生产量（EPQ/EPL），其原理与 EOQ 类似。

二、在不降低产品可得性的前提下降低供应链系统的安全库存水平

1. 安全库存在供应链中的作用与设置

从需求侧来看，安全库存是在给定的时期，企业为满足客户需求而持有的超过预测数量的库存。企业持有安全库存的目的是应对供应链中需求和供给的不确定性。而供应链的平均库存量是周转库存量和安全库存量之和。

在设置安全库存时，企业应综合考虑库存物品的需求特性（需求的不确定性）及产品的可得性等因素。通常用周期服务水平（cycle service level，CSL）来衡量产品的可得性，即在所有的补货周期中，能够满足客户所有需求的补货周期所占的比重，相当于在一次补货周期内不出现缺货的概率。一般可以根据客户的重要度、产品特性设置安全系数（安全系数与库存服务水平有关）。在明确了需求的不确定性分布以及设定了产品的可得性水平之后，就可以根据所采取的补货策略通过数理统计的方法计算出安全库存水平①。

在设置安全库存时还需权衡利弊：一方面，增加安全库存量可以提高库存服务水平，提高产品的可得性，使企业从产品销量的提高中获益；另一方面，提高安全库存水平会导致供应链库存成本上升。这一悖论在产品生命周期很短或产品需求极不稳定的行业尤为突出。增加库存可以帮助企业应付需求波动，但是如果新产品上市，原有的库存就会大大贬值。因此，供应链库存计划与控制的另一个关键点，是在不降低产品可得性的前提下，降低安全库存水平。

2. 降低安全库存水平的途径

（1）降低需求的不确定性。一是加强需求预测与管理，二是采用集聚策略。后者如将库存集中储存在物流中心或配送中心，在提高库存共享度的同时，降低供应链系统的库存量，而又能够保证货物需求的满足，这实质是实施物流延迟策略。亦可采用虚拟集聚策略，即通过信息共享来实现货物的虚拟集聚，使绝大多数订单由距离客户最近的仓库配送满足，从而确保产品的可得性。还可以结合 ABC 分类法，根据产品的需求特征实施库存的差别化管理，如畅销品分散储存，滞销品集中储存。也可采用替代品来满足需求，保证产品的可得性。此外，采用通用零部件来满足产品的生产需要，也不失为一种有效的策略，其实质是实施生产延迟策略。

（2）降低供应的不确定性。缩短供应提前期，降低供应的不确定性，可以有效降低安全库存量。这需要供需双方加强沟通与协调，需求一方合理组织订货，供应商合理安排生产。

（3）优化产品可得性水平。产品可得性是供应链客户服务水平的重要体现。提高产品可得性，可以吸引客户，扩大销量，但同时也会增加安全库存量，导致供应链系统成本上升。因此，需要在库存持有成本和缺货成本之间进行权衡，寻求最优的产品可得性水平。可以通过寻找后备货源或者从竞争对手那里采购产品来降低缺货损失，这样，在降低安全库存水平的同时，又能维持产品的可得性水平。

4.4 合理设置缓冲存货点

企业要实现利润最大化的经营目标，关键是要在客户服务水平与经营成本之间寻求平衡。为此，一方面要合理设定客户服务水平，另一方面要有效控制经营成本。通常，物流成本在企业经营成本中所占的比例较高，而物流服务又在很大程度上影响着企业的客户服务水平，两者之间是一种此消彼长的二律背反关系。特别地，缓冲存货点的设置合理与否，直接影响到企业物流服务水平的高低，又影响到企业库存成本的高低，最终影响到企业竞争力的强弱。

---

① 胡建波. 现代物流概论［M］. 北京：清华大学出版社，2018：260-263.

一、缓冲存货点的类型及特点

缓冲存货点（DP）的概念与内涵（微课）

COPDP、DP、流程推拉边界三者的关系（微课）

缓冲存货点（DP）的类型（微课）

在供应链中，预测驱动的推式流程与订单驱动的拉式流程的边界上，企业为满足客户的个性化需求同时规避供应链风险而设置的库存称为缓冲存货，其对应的库存点称为缓冲存货点（decoupling points，DP）。按照制造企业采用的需求响应策略（生产策略）、缓冲存货的形态及其在供应链中的位置，我们可以把 DP 点划分为以下五种类型。

DP 点的基本表现形式有以下五种。

（1）DP1。按备货方式生产（存货型生产，make-to-stock，MTS），并将产品运送至分销中心（DC）。在接到客户订单后，从分销中心提货配送。DP1 最靠近客户。企业根据需求预测，以备货生产的方式补充库存。

（2）DP2。按备货方式生产（MTS），但成品集中存放于工厂成品库内，在接到客户订单后，从成品库直接将产品运送给客户。

（3）DP3。按订单组装（assemble-to-oder，ATO），存货以在制品或半成品的形态出现，没有成品库存。在接到客户订单后开始组装产品，然后运送给客户。

（4）DP4。按订单生产（make-to-order，MTO），只有原材料和零部件库存，不设成品库存。一旦接到客户订单，立即投入生产，然后将成品运送给客户。

（5）DP5。按订单设计（engineering-to-oder，ETO），不设置原材料及产成品库存。在接到客户订单后开始设计产品，并根据客户订单的需要采购原材料和零部件，生产完成后直接将产品运送给客户。

从企业需求响应策略或生产策略的角度，可将上述五种形式的 DP 点归纳为三类：备货生产（DP1、DP2），订单生产（DP3、DP4），定制生产（DP5）。DP 点的表现形式如图 4.2 所示。

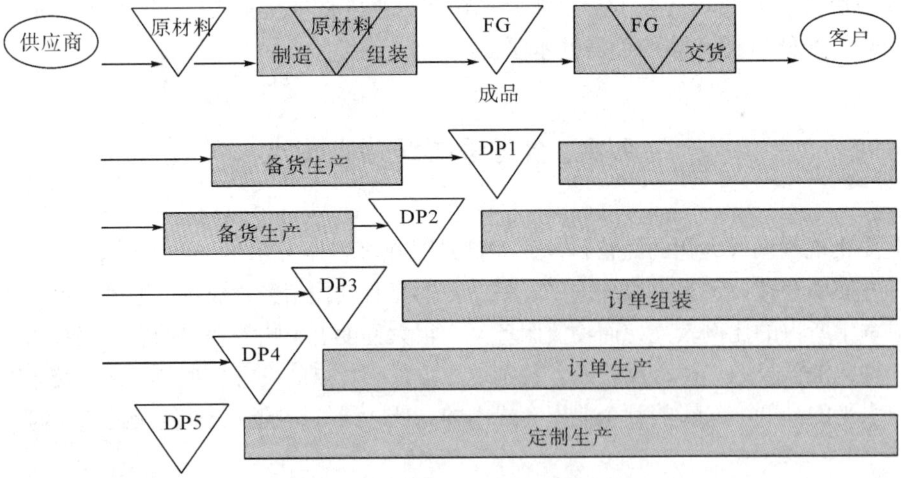

图 4.2 DP 点的表现形式

二、缓冲存货点的递变规律

缓冲存货点（DP）的递变规律（微课）

由图 4. 2 不难发现，DP 点呈现出以下递变规律。

从 DP5 到 DP1，缓冲存货点逐渐从上游往下游移动。成品存货离用户越来越近，产品的附加价值越来越高，客户订单响应的前置期（LT）越来越短，库存服务水平逐渐提高，但库存投资与库存风险也逐渐上升。相应地，缺货成本下降，但供应链的柔性减弱，逆向物流成本及在不同目标市场或客户之间调货的成本增加。

（1）DP1。DP1 最靠近客户，因而库存服务水平较高，缺货成本较低。但库存投资与库存风险较高。一般而言，由于产品的多样性有限，按 DP1 设置缓冲存货，很难满足不同客户的多元化、个性化需求，因而，弹性不足，柔性较弱。特别地，在需求信息不明朗或需求预测不准确的情况下，盲目地将存货置于下游，靠近目标市场，一旦市场需求发生变化（或与预期存在较大差异），存货或成为呆滞库存，将使企业蒙受巨大损失。而事实上，各目标市场上的需求往往不均衡（与客户购买力、市场供给和竞争等因素有关），这样就会出现一些地区供不应求，而另一些地区供过于求的局面，这无疑会增大企业的调货成本。按 DP1 设置缓冲存货，在增大企业的储存成本，以及库存资金的机会成本的同时，还可能会使企业的缺货成本上升。

（2）DP2。按该方式设置缓冲存货，成品库存离客户的距离比 DP1 远，从理论上讲，库存服务水平有所下降，但库存的盲目性得到了有效避免。特别地，由于库存集中存放，在接到客户订单后，直接从成品库将产品运送给客户，极大地提高了库存的共享性，相应地，企业在降低库存总投资的同时，有效地加快了库存周转，提高了库存周转率，缩短了库存周转期，库存管理的有效性明显增强。按该方式设置库存，其实质是“物流延迟”策略的具体体现。

（3）DP3。按 DP3 设置缓冲存货，是订单驱动的库存控制策略的一种表现形式。该方式不设成品库存，只设置在制品或半成品库存，在接到客户订单后才开始组装产品，配送给客户。与前两种方式相比，客户订单响应的提前期有所增长，但能较好地满足客户的多元化、个性化需求，供应链的柔性增强。同时，库存总投资减少，库存风险降低。

（4）DP4。按 DP4 设置缓冲存货，也是订单驱动的库存控制策略的一种表现形式。该方式同样不设置成品库存，只保有原材料和零部件库存，在接到客户订单后，根据订单进行生产，按订单进行配送。与 DP3 相比，库存总投资进一步减少，库存风险进一步降低，但订单响应的提前期更长。

（5）DP5。该方式不设置库存，企业经营运作完全按订单驱动，包括产品设计、采购、生产、配送等。从理论上讲，企业可实现零库存、零风险，客户的个性化需求也得到了满足，但订单响应的周期更长。

DP3～DP5，企业的经营运作（包括产品的生产与配送）是在客户订单的驱动下进行的，生产与库存的盲目性得到了有效避免，其实质是“完全延迟”策略的具体体现。

综上所述，可得出以下结论。

第一，DP1～DP2 体现了预测驱动，DP3～DP5 则体现了需求驱动；

第二，DP 点好比一把“双刃剑”，将风险分割为两部分：DP 点向下游移动意味着库存投资风险增大，DP 点向上游移动意味着失去订单的风险增高；

第三，按 DP2～DP5 方式设置缓冲存货，均是实施供应链管理延迟策略的具体体现，其好处是既可以延迟不同客户对产品需求的差别化，满足买方的个性化需求，又可以降低企业的库存投资。即在提高客户服务水平的同时，又降低了库存量，减少了投资，最终提高了投资周转率和投资收益率，提升了企业的竞争力。

三、缓冲存货点的影响因素

缓冲存货点(DP)的影响因素（微课）

通常，DP 点与企业经营的产品类型及其特点、客户的需求特性、企业需求响应策略、企业是否实施延迟策略等因素有关。

（1）产品类型及其特点。一般而言，可以根据产品生命周期（PLC）、产品边际利润、需求的稳定性以及需求预测的准确性等指标，将企业经营的产品划分为功能型和创新型两类，前者如日用百货，后者如时装、IT 产品等。功能型产品的通用性、替代性较强，市场竞争比较激烈，客户对送货前置期的要求较高，甚至有时就是因为受到营销刺激而临时决定购买（如饮料等冲动购买品），因此，DP 点应尽量靠近下游，可设置为 DP1 或 DP2；创新型产品的生命周期较短，产品更新换代较快，需求多变，客户对这类产品的个性化需求突出，因此，DP 点应尽量靠近上游，设置为 DP3 或 DP4，否则，库存风险非常高，供应链的柔性会大大减弱；而对于一些价值很高，且客户的个性化需求比较突出的产品（如汽轮机），则应将 DP 点设置为 DP5。

（2）客户需求特性。主要指客户对产品及物流服务（如存货的易得性、配送时效性等）的个性化需求是否明显。如果均质、标准化产品能满足客户的需求，且客户对配送的时效性要求较高（要求配送前置期较短），则 DP 点应尽量靠近下游，设置为 DP1 或 DP2，否则，应设置为 DP3～DP5。

（3）企业需求响应策略。显然，对于功能型产品，由于产品生命周期较长，需求较稳定，需求预测的准确性相对较高（与创新型产品相比），因此，企业应采取“备货生产”（MTS）的需求响应策略，将 DP 点设置为 DP1 或 DP2，预测驱动企业的经营运作，并尽量提高预测的准确度（可通过设置“销售预测偏差率”等 KPI 来衡量）；而对于创新型产品，由于技术进步快，产品更新换代快，产品生命周期短，需求不稳定，需求预测的准确性较低，因此，企业应采取订单驱动的需求响应策略（如 MTO、ATO、ETO），将 DP 点设置为 DP3 或 DP4 或 DP5。

（4）延迟策略的使用。一般而言，预测准确度的高低是相对的，提前预测总是有风险的，为此，企业应尽量考虑采取延迟策略，包括生产延迟、物流延迟、形式延迟和完全延迟等策略。相应地，应将 DP 点设置为 DP2 或 DP3 或 DP4 或 DP5。

DP 点的影响因素如表 4.1 所示。

表 4.1　DP 点的影响因素

影响因素		DP 点类型				
		DP1	DP2	DP3	DP4	DP5
产品类型		功能型（如日用百货）	功能型（如日用百货）	创新型（如 PC）	创新型（如时装）	价值高且个性化突出的产品（如汽轮机）
企业需求响应策略		MTS	MTS	ATO	MTO	ETO
延迟策略		无	物流延迟	完全延迟或生产延迟	完全延迟或生产延迟	完全延迟
物流服务特性	存货易得性	易	较易	较易	较难	难
	LT 长短	短	较短	较短	较长	长

总的说来，企业为满足客户高水平的物流服务需求（如供货的可靠性、JIT 供应等），将使 DP 点向下游移动；企业对客户个性化产品需求的满足，将使 DP 点向上游移动；企业生产或供应过程的约束，将使 DP 点向下游移动；企业为降低库存成本及风险，将使 DP 点向上游移动。

缓冲存货点（DP）的移动规律（微课）

［案例］ IBM 公司和戴尔公司 DP 点的设置

关于 DP 点的设置，就是一些知名企业也是有前车之鉴的，当年 PC 的鼻祖——开发个人计算机成功的 IBM 公司就是没有认识清楚计算机的产品类型，错误地将计算机当成功能型产品来对待，将缓冲存货点设置成 DP2（大量存于地区仓库中），结果导致许多库存成为呆滞库存，损失惨重。而 DELL 公司则采用 ATO 需求响应策略，将缓冲存货点设置成 DP3（只保有零部件库存），实施生产延迟策略，在降低库存的同时，增强了对市场的适应性，在经营中取得极大成功，成为众多竞争者的标杆。

四、缓冲存货点的设置与企业竞争力的关系

在供应链中，DP 点的设置合理性，关系企业的服务水平与经营成本，关系企业的竞争力。

从 SRM 的角度出发，如果企业加强与上游供应商的合作（如实施 VMI），可缩短供货准备的提前期，可使 DP 点向上游移动，其实质是将存货风险转移给供应商或让供应商分担存货风险；

DP 点的设置与企业竞争力的关系（微课）

从制造商的角度出发，优化供应过程，实施生产延迟或物流延迟策略（前者如采用模块化设计、标准化组件，按订单装配；后者如将成品存放于成品库中，接到客户订单后直接运送），均可使 DP 点将朝上游移动，降低企业的存货风险；

从 CRM 的角度出发，通过加强与客户的合作（如实施 VMI），抑或通过谈判让客户接受更长的交货时间，也可使 DP 点将朝上游移动，对供方有利；

从整个供应链的角度出发，核心企业在加强与上下游企业战略性合作的同时，建立健全供应链信息系统，共享客户的需求信息与供应商的供应信息，通过 POS 系统、RFID、EDI 等 IT 手段，打造透明的供应链，实施 CPFR，提高供应链战略联盟的协同性，尽量降低供应链系统的总库存量，减少缓冲库存，合理设置 DP 点，必将提升供应链竞争力。

4.5 协同库存管理

传统意义上，供应链各节点企业不可避免地持有库存，其主要目的是应对供需的不确定性，但这往往导致库存的重复设置。在供应链管理环境下，加强上下游企业的合作，实时信息共享，降低供需的不确定性，以信息代替库存，从根本上解决供应链系统库存量居高不下的问题，从而减少资金占用，降低库存成本，提升供应链系统的竞争力。

供应链库存管理（协同库存管理）策略、方法及方式主要包括：供应商管理库存（VMI），联合库存管理（JMI），多级库存优化与控制，以及协同计划、预测与补货（CPFR）等。

一、供应商管理库存

（一）VMI 的概念与内涵

国外有学者认为：“供应商管理库存是一种在用户和供应商之间的合作性策略，其目的是以最低的成本优化产品的可获得性，在一个相互同意的目标框架下由供应商管理用户的库存，这样的目标框架被经常性地监督和修正，以产生一种连续改进的环境。”

供应商管理库存（VMI）（微课）

VMI 的概念与内涵（微课）

我国国家标准《物流术语》（GB/T 18354-2021）对供应商管理库存（vendor managed inventory，VMI）的定义是，“按照双方达成的协议，由供应链的上游企业根据下游企业的需求计划、销售信息和库存量，主动对下游企业的库存进行管理和控制的库存管理方式”。“以信息代替库存”，用户和供应商的库存水平都可以得到有效控制。

（二）VMI 的运作模式

在供应链中，制造商和供应商之间、制造商和零售商之间都可以实施 VMI。一般而言，实施 VMI 的主导企业是制造商，制造商可以分别与上游供应商和下游零售商协同实施 VMI。

VMI 的运作模式（微课）

1.“供应商—制造商”VMI 运作模式

该模式以汽车行业和 IT 行业最为典型。制造商和供应商的相关业务运作具有以下特点：①制造商的生产规模较大且生产较稳定，由此产生的对原材料、零部件每天的需求量比较稳定。②制造商要求供应商多频次、小批量供货。制造商通常要求供应商一天供货 2~3 次，以满足其几个小时或一天的物料需求。③为了确保制造商生产的连续、稳定，一般不允许缺货。制造商要求供应商的供货服务水平达到 99%以上。

在“供应商—制造商”VMI 运作模式中，通常有几十家乃至几百家供应商为制造商供应原材料或零部件（汽车制造商的供应商一般达到 700 家左右）。如果每家供应商都在制造商的生产基地旁边设立仓库，这既不经济也不现实。为此，该模式的实施通常需要引入第三方物流服务商（TPLs），由其在制造商的生产基地附近（一般不超过 5 千米）建立 VMI 中心仓库，并配置 VMI 软件系统。制造商藉此整合供应商资源，并由第三方物流服务商集中管理库存，同时配合制造商的生产活动达成物料的整体补给。“供应商—制造商”VMI 运作模式如图 4.3 所示。

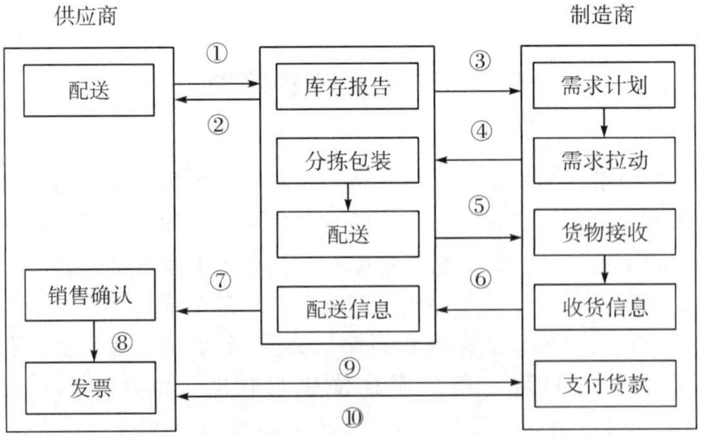

图 4.3 “供应商—制造商”VMI 运作模式

图4.3中VMI运作的基本业务流程为：①供应商向VMI中心仓库补货；②VMI中心仓库向供应商报告库存状态；③ VMI中心仓库向制造商报告供应商的库存状态；④制造商向VMI中心仓库发出供货需求；⑤VMI中心仓库向制造商配送物料；⑥制造商向VMI中心仓库发出收货信息；⑦VMI中心仓库向供应商发出销售信息；⑧供应商确认销售信息；⑨供应商向制造商开具发票；⑩制造商向供应商支付货款。

建立VMI中心仓库具有以下作用。

一是集成/整合作用。由于一家制造商通常拥有多家供应商，若制造商对供应商的供货频次要求比较高，在多家供应商同时将货物送达的情况下，货物的验收工作会比较复杂。若制造商事先未制订好收货计划或未做好验货收货的精心安排，货物验收现场可能会比较混乱，这极有可能严重影响生产秩序。在设立了VMI中心仓库以后，制造商可以将多供应商背景下的供应物流进行一体化整合，并结合其生产进度将物料排序上线，由此实现供应物流和生产物流的无缝衔接。

二是提供增值服务的作用。在未设立VMI中心仓库时，每家供应商的物料供应是独立运作的，送达的货物也是未集成/整合的。在设立VMI中心仓库以后，第三方物流服务商可以在物料上线配送之前为制造商提供拣货、排序、预装配等增值服务，即第三方物流服务商根据制造商生产的要求把零配件按照成品组装的比例进行组配，或者将零件预先装配为部件，再排序上线，这样就大大提高了制造商的生产效率。

2.“供应商—零售商”VMI运作模式

该模式以快速消费品行业最为典型。作为主导VMI运作的大型制造商一般位于供应链的上游，其作为供应商为大型零售商实施供货。“供应商—零售商”VMI的运作框架如图4.4所示。

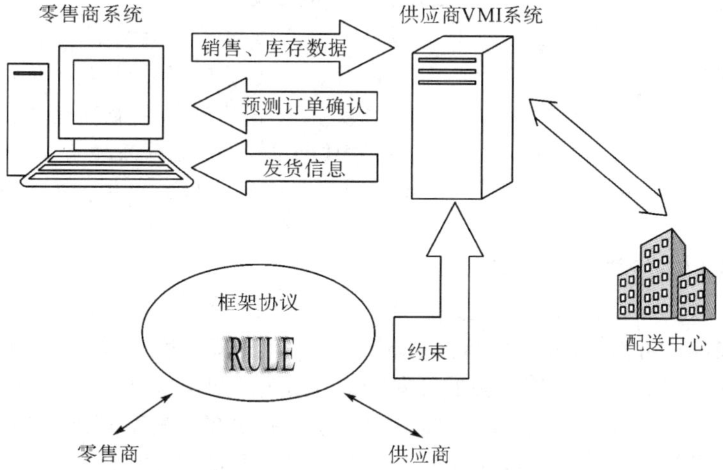

图4.4 “供应商—零售商”VMI的运作框架

在该模式下，供需双方首先应签订合作框架协议，以明确双方的责任、权利和义务，以及VMI的运作范式和流程（“供应商—零售商”VMI的典型运作模式见图4.5）。接下来，零售商应让供应商共享其库存数据和需求信息（如POS数据），供应商随之预测用户的补货需求，并制订建议订单和补货单，待零售商确认后实施补货。

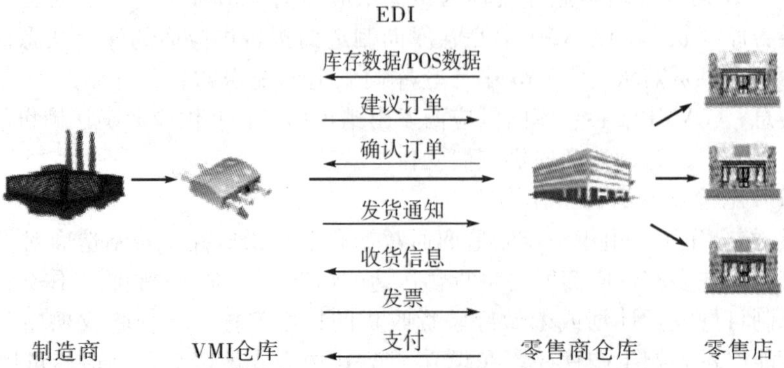

图 4.5 “供应商—零售商”VMI 的典型运作模式

具体而言，零售商把产品的销售数据（POS 数据）和库存数据实时传输到制造商的 VMI 仓库，再由制造商的 VMI 系统做出决策。如果制造商的现有库存能够满足零售商的需求，即由制造商的仓储与配送系统将产品配送给零售商；否则，制造商必须通知生产系统生产出产品后才能进行配送。其中，在生成正式订单之前，制造商还应该将其交由零售商审核，经其调整确认后再形成订单。

从 VMI 的典型运作模式中我们不难发现，VMI 的核心思想是供应商在共享用户的 POS 数据或 MRP 信息及库存信息的前提下，主动预测需求，制订建议订单和补货计划，在得到用户确认的基础上实施补货。

（三）VMI 的优势

[**案例**] **企业实施 VMI 的益处**

北京富士通系统工程有限公司在对我国汽车整车和零部件行业进行深入细致的调查之后，结合富士通多年为日本汽车行业的服务经验，推出了应用于汽车行业基于 VMI（供应商管理库存）模式的富华恒通综合物流管理系统。采用 VMI 库存管理模式，可以使企业降低库存成本、加快反应速度。据测算，实施 VMI 可以实现在提高顾客满意度的同时降低 50%的库存成本，库存降低近 30%，平均库存周转率提高一倍，缺货损失降低 20%，库存积压减少 23%。

实施 VMI 有以下优势。

对于用户来说，可以省去订货业务，节省订货费用；可以优化采购流程，提高流程效率，降低供应成本；可以加快库存周转，减少资金占用，降低库存成本；可以降低供应风险（有稳定的货源保障）；可以实现资源的外向配置，提升企业竞争力。

对供应商而言，可以加强供应商与客户的合作，强化客户关系管理（CRM），确保有稳定的需求，在市场转型，竞争激烈的今天，这具有非常重要的战略意义；其次，通过共享客户的 POS 数据或 MRP 信息以及库存信息，有利于供应商准确地预测需求，科学地制订生产计划和补货计划，防止盲目生产产生库存或货品的非正常调拨增大运输成本，抑或备货不足出现脱销；有利于供应商合理设置库存，减少库存资金投入，提高资金的运营能力；可最大限度地降低供应商经营运作的不确定性。

对供应链系统而言，实施 VMI，可以实现上下游企业的战略联盟，加强企业间的合作；可以实现供需双方的实时信息共享，提高供应链的系统性、集成性、敏感性和响应性；可以有效降低供应链系统的库存量，降低系统成本；可以有效提升供应链系统的竞争力。

综上所述，实施 VMI，供需双方都改变了传统的独立预测需求的模式，最大限度地降低了需求预测的风险与不确定性，降低了交易费用，降低了供应链系统成本。

（四）VMI 的实施

1. VMI 实施的关键

VMI 成功实施的条件（微课）

实施 VMI 的关键之一：供应商共享用户的 POS 数据或 MRP 信息。为此，需要改变传统的订货及订单处理方式，将供应商的信息系统与客户的 POS 系统或 ERP 系统集成，实现需求信息的共享。

实施 VMI 的关键之二：库存状态透明。供应商要能实时跟踪用户的库存状态、共享库存数据，并结合 POS 数据或 MRP 信息预测需求，制订建议订单计划。为此，需要将供应商的信息系统与客户的 WMS（仓库管理系统）或 IMS（库存管理系统）集成，实现库存数据、信息的共享。

实施 VMI 的关键之三：供应商准确预测需求。为此，供应商应建立需求预测偏差率等 KPI 指标，动态分析零售商的 POS 数据或制造商的 MRP 信息，实时把握用户的库存周转率、库存周转期等反映市场“晴雨”状态的数据，采用科学的预测方法，借助专业的预测软件，建立科学的预测模型，参考历史销量，准确预测需求。

2. VMI 的实施步骤

（1）资源准备。

供需双方需要做好实施 VMI 所必需的信息和物流等资源的准备工作。其中，信息资源主要包括销售时点系统（POS）、条码系统和电子数据交换（EDI）等 IT 系统。POS 系统和 EDI 是企业实施 VMI、实现实时信息共享必不可少的条件。其中，EDI 是合作企业彼此间传输 POS 数据和库存信息等的重要渠道。例如，通用汽车公司通过实施 EDI，每年大约节省了 12.5 亿美元的成本。而条码技术的应用，不仅为企业提供了一套可靠的代码标识系统，而且为供应链成员企业提供了通用语言，解决了数据录入和数据采集经常出现的“瓶颈”问题，为 VMI 的实施提供了有力的技术支持。

（2）沟通并签订合作框架协议。

供应商和用户充分沟通，将合作概念化并签订框架协议。双方要在协议中建立 VMI 运作规程，建立对双方都有利的库存控制系统，确定处理订单①的业务流程、库存控制参数（如补货点、补货提前期、最低库存水平、最高库存水平等）、最低到货率及库存信息的传递方式（如 EDI 或 internet）；要明确库存所有权及其转移的时间以及订货责任等事宜。具体而言，VMI 实施的框架协议应包含以下内容，供需双方在实施 VMI 的过程中需要对其进行经常地监督和修正。

第一，存货所有权问题。包括所有权转移时间及双方责任范围的界定。

第二，资金流问题。主要是付款条款的拟订，包括付款方式、付款期限及有关文件准备等。

第三，绩效评估标准的制定。合理的评估指标是全面评价 VMI 的实施和供应链运营绩效的基础，管理会计为此提供了可行思路，例如作业成本法（ABC）② 和平衡计分卡（BSC）③ 等。

---

① 不是由用户向供应商下订单，而是由供应商根据用户的 POS 数据或 MRP 信息产生建议订单由其确认。

② 参见“10.5 供应链策略成本管理”。

③ 参见“10.3 运用平衡计分卡法进行供应链绩效管理”。

第四，保密问题。供需双方在多大程度上共享信息并明确相应的责任。需要签订保密协议或制订保密条款。

第五，技术支持问题。双方需就现有的信息技术手段进行改造还是投资引进先进的信息系统进行协商。

第六，供应商的运输方式选择和仓库建立。供应商将如何满足所有参与实施 VMI 的客户门店在送货时间与送货地点等方面的要求；仓库的位置和面积，要考虑不断增长的产品需求。

第七，存货安全保证。结合存货所有权的转移时间明确划分双方的责任，从而有效保证存货的安全。

第八，退货条款的制定。包括退货提前期，退货的运费支付等。

第九，例外条款的拟订。包括意外事件的防范措施、报告及处理制度等。一旦出现例外事件，当事一方应该及时履行告知义务。合同应该约定通告的渠道和方式。

第十，违约处罚条款的拟订。其目的是明确双方在一些具体情况下的责任范围。如果供应商装重了货或者装了空箱，他将承担哪些额外的费用；如果用户传递了错误的销售信息或库存信息，我们应该如何对其进行处罚；如果用户取消订单，但信息沟通不及时或者其他问题导致供应商已经送货，谁将承担责任。

第十一，参与 VMI 的供应商资格认定标准、潜在的供应商选择、供应商培训和退出计划。

第十二，代表供应商管理库存的机构其能力、声誉、财务状况等需要达到的标准。

第十三，货品的种类与补充计划。即在实施 VMI 的期初应包含哪些产品（品种），何时增加新产品。

第十四，组织结构调整。供应商和用户组建多功能小组来辅助 VMI 的实施。全体员工必须理解并接受 VMI，才能保证其得到顺利实施。具体而言，双方应该根据 VMI 的业务流程进行组织变革，共同设立实施 VMI 的协调与评估部门，其作用在于：一是作为合作双方的桥梁和纽带，由其制订一系列工作标准来协调和解决双方在合作中产生利益冲突的有关问题；二是实施 VMI 以后，需方的库存及仓储运作与管理有关人员的工作岗位面临合并和调整，需要对其工作进行适当安排；三是需要对 VMI 的实施过程进行监控和评估，以确保达到预期目标，同时为企业高层提供可靠的决策信息支持。

第十五，其他问题。例如，实施 VMI 所产生的额外投资成本应该由合作各方按照比例共同承担；实施 VMI 所带来的收益应该由合作双方共享，特别是在实施 VMI 的初期，大部分利润可能会被用户（需方）获取，因此在短期内需方应该让渡部分利润给供应商，以调动其参与实施 VMI 的积极性并增强其信心和决心。

（3）试验性实施。

该阶段是合作双方的磨合期。通过“试合作”，可以进一步发现问题并修改、确认协议中的相关内容。

（4）全面实施。

全面实施 VMI 需要 IT 手段的支持，销售时点信息要及时传送给供应商；库存、产品控制和计划系统都必须在线，使供应商完成日常补货业务。

过去许多企业自行开发和扩展管理信息系统（MIS）作为解决办法，直接将双方的 MIS 系统连接，也有企业将 MRP Ⅱ或 ERP 的功能扩展后直接互联。随着科技发展，更多专业化软件相继出现。国外常用的基于 Internet 的方案包括 i2、Manugistics 和 mySAP 技术。高露洁公司从 1999 年开始采用 mySAP R3 来实施 VMI，联想集团公司在 1998 年采用了 mySAP R3/ERP 系统，在 2002 年采用了 i2/SCM 系统。

3. 实施 VMI 的注意事项

第一，相互信任。合作需建立在相互信任的基础上，否则就会失败。用户要信任供应商，不要干预供应商对发货的监控，供应商也要多做工作，使用户相信他们不仅能管好自己的库存，也能管好用户的库存。只有相互信任，通过交流和合作才能解决存在的问题。

第二，IT 支持。只有采用先进的信息技术手段，才能保证数据传递的及时性和准确性。例如，利用条码技术和自动识别与数据采集（AIDC）技术来确保数据的准确性，利用 EDI 或 Internet 将销售时点信息和库存信息传输给供应商，并且库存与产品的控制和计划系统都必须是在线的，准确的。

第三，库存权属。与传统买卖关系相比，库存物品的所有权权属有所不同。在过去，买方在收到货物时，所有权也同时转移了，而实施 VMI，供应商拥有库存直到物料被消耗或产品被售出。同时，由于供应商具有管理库存的责任，VMI 库存管理系统就能够突破传统的条块分割的库存管理模式，以系统的、集成的管理思想进行库存管理，使供应链系统能够实现同步化的运作。

4. 实施 VMI 应遵循的原则

第一，合作性原则。在实施 VMI 时，相互信任与信息透明是很重要的，供应商和用户都要有良好的合作精神，才能确保合作取得成功。

第二，互惠原则。VMI 不是关于成本如何被分配或由谁来支付，而是致力于使合作双方的成本都得到节省，实现“双赢”。

第三，目标一致性原则。合作双方都明白各自的责任，并在观念上达成一致。双方的权利、义务和责任在框架协议中都有具体的约定。

第四，连续改进原则。实施 VMI，应及时发现在运作中存在的问题并加以改进，使供需双方能共享利益并消除浪费。

（五）VMI 的支持技术

VMI 的支持技术主要包括 EDI/Internet、ID 代码、条码、条码应用标识符、连续补货计划等。其中，连续补货计划（continuous replenishment program，CRP）是指“利用及时准确的销售信息、生产时点信息确定已销售的商品或已消耗的库存数量，根据下游客户的库存信息和预先规定的库存补充程序确定发货补充数量和配送时间的计划方法”（GB/T 18354-2021）。CRP 将零售商或批发商向供应商发出订单的传统订货方式，变为供应商根据用户库存和销售信息决定商品的补给数量。这是一种实现 VMI 管理策略的有力工具和手段。为了快速响应用户“降低库存”的要求，供应商通过与用户（分销商、批发商或零售商）建立合作伙伴关系，主动提高向用户交货的频率，使供应商从过去单纯地执行用户的采购订单变为主动地为用户分担补充库存的责任，在实现供应商快速响应用户需求的同时，也使用户减少了库存。

二、联合库存管理

VMI 是一种供应链集成化运作的决策代理模式，它把用户的库存决策权委托给供应商，由供应商代理用户行使库存决策的权力。该策略在大幅度减少用户库存的同时，将库存责任和风险转嫁给了供应商。而联合库存管理则是一种供应链成员企业风险共担的库存管理模式。

联合库存管理（JMI）
（微课）

（一）JMI 的概念与内涵

联合库存管理(JMI)的概念与内涵(微课)

联合库存管理（joint managed inventory，JMI），是一种在 VMI 的基础上发展起来的上下游企业权利责任平衡和风险共担的库存管理模式。它是“供应链成员企业共同制订库存计划，并实施库存控制的供应链库存管理方式”（GB/T 18354-2021）。JMI 强调供应链节点企业同时参与，共同制订库存计划并实施库存控制，使各成员企业都从相互之间的协调性考虑，使各节点的库存管理者对需求的预期保持一致，从而有效遏止了“牛鞭效应”。JMI 体现了供应链战略联盟的新型企业合作关系，强调了供应链成员企业之间的互利与合作。

联合库存管理的思想可以从分销中心的联合库存功能谈起。地区分销中心体现了一种简单的联合库存管理思想。传统的分销模式是分销商根据市场需求直接向厂商订货，比如汽车分销商（或批发商），根据用户对车型、款式、颜色、价格等的不同需求，向汽车制造商订货，商品一般要经过较长的一段时间才能到达。但顾客通常不想等待这么久，因此经销商不得不进行备货，大量的库存使经销商难以承受，以至破产。据估计，在美国，通用汽车公司销售 500 万辆轿车和卡车，平均价格是 18 500 美元，经销商维持 60 天的库存，库存持有成本是车价值的 22%，一年的总库存成本达到 3.4 亿美元。而采用地区分销中心，就大大改变了库存居高不下的现象。现在，借助现代信息技术手段，通过建立经销商一体化的战略联盟，把各个经销商的库存信息集成在一起，实现信息共享，就可以很好地解决这一问题。借助信息系统，每个经销商可以查询其他经销商的库存信息，寻找配件并进行交换，同时，经销商们在制造商的协调下达成协议，承诺在一定条件下交换配件并支付一定的报酬，这样，就可以使每个经销商的库存降低，服务水平提高。

JMI 管理模式如图 4.6 所示。

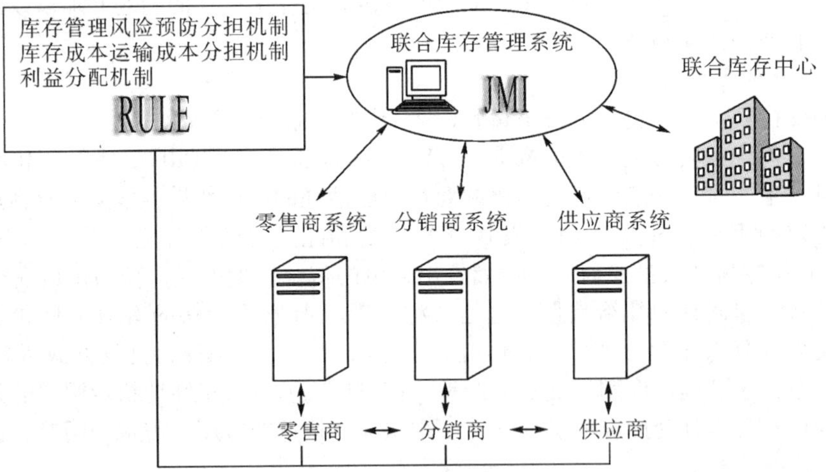

图 4.6　JMI 管理模式

实施 JMI，需要在供应链中建立合理的风险、成本与效益平衡机制，建立合理的库存管理风险的预防与分担机制，建立合理的库存成本与运输成本分担机制，建立与风险成本相对应的利益分配机制，在对供应链成员企业进行有效激励的同时，最大限度地避免供需双方的短缺行为以及供应链“局部最优而整体不优”现象的出现。

（二）JMI的优势

实施联合库存管理有如下优势。

第一，优化供应链库存运作与管理。由于JMI将传统的“多级”“多点”库存管理模式转化为核心企业对供应链库存的管理，即“单点”库存管理，核心企业通过对各种原材料、零部件和产成品库存实施有效控制，就能实现对整个供应链库存的优化。

联合库存管理(JMI)的优势(微课)

第二，提高供应链运作的稳定性。实施JMI，可以把供应链管理系统进一步集成为上游和下游两个协调管理中心（见图4.7），库存连接的供需双方从供应链全局出发，共同参与供应链库存计划的制订与实施，实现同步化运作，从而在一定程度上消除了供应链环节之间的不确定性和需求信息扭曲所导致的供应链库存波动。通过库存协调管理中心，供需双方共享需求信息，从而起到了提高供应链运作稳定性的作用。

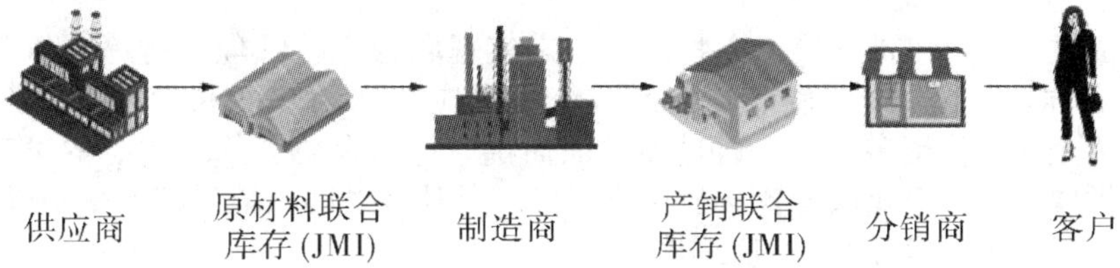

图4.7　JMI的运作模式

第三，减少物流环节，降低物流成本，提高供应链的运营效率。在传统的库存管理模式下，供应链各节点都设置了库存，随着供应链物流节点数量的增加，货物的运输路线错综复杂，迂回交叉，导致不合理运输。实施JMI，可以简化供应链库存层次结构，降低供应链系统的库存数量及库存成本，减少仓储设施的数量及相应的储存保管费用，优化运输路线，降低物流运作成本，提高供应链的运营效率。

第四，对制造商而言，供应商的库存可以直接存放到核心企业的仓库中，这不但保证核心企业对原材料、零部件的供应和取用的方便，而且核心企业可以对库存进行统一调度、统一管理和控制，为核心企业快速高效的生产运作提供强有力的保障。

第五，对经销商而言，可以建立覆盖整个经销网络的库存池、一体化的物流系统，这不但能使经销商的库存量下降、使整个供应链系统的库存水平降低，而且能提高库存服务水平，快速响应用户需求，降低经销商的缺货成本。

第六，实施JMI为实现零库存管理、JIT采购与供应及精益供应链管理创造了条件。同时，也为其他科学的供应链物流管理（如连续补货等）创造了条件。

第七，JMI体现了供应链管理的基本原则，使供应链成员企业能够实现信息共享、风险共担、共同获利。

（三）JMI的实施策略

1. 建立供应链协调管理机制

为了发挥联合库存管理的作用，供应链成员企业应从合作的精神出发，建立供应链协调管理机制，建立合作与沟通的渠道，明确各自的目标和责任，为联合库存管理提供有效的机制。没有一个协调的管理机制，就不可能进行有效的联合库存管理。建立供应链协调管理机制，要从以下几个方面着手。

联合库存管理(JMI)的实施策略(微课)

第一，建立供应链共同愿景。要建立联合库存管理模式，供应链成员企业首先必须本着互惠互利的原则，建立共同的合作目标。为此，供应链参与体要理解供需双方在市场目标中的共同之处和冲突点，通过协商形成共同的共赢愿景。

第二，确定联合库存的协调控制方法。联合库存管理中心担负着协调供应链各方利益的角色，起着协调整个供应链的作用。联合库存管理中心需要确定优化库存的方法，包括库存如何在多个需求商之间进行调节和分配，以及确定供应链周转库存和安全库存水平等。

第三，建立利益分配与激励机制。要有效运行基于协调中心的库存管理，必须建立一种公平的利益分配机制，并对供应链各参与体进行有效激励，防止机会主义行为，增强供应链成员企业之间的协作性和协调性。

2. 建立供应链管理信息系统

为了提高供应链需求信息的一致性和稳定性，减少多重预测导致的需求信息扭曲，应增强需求信息的透明性，并使各成员企业能实时共享这些信息。通过构筑供应链管理信息系统，使供应链成员企业能够共享包括库存信息在内的相关信息，为联合库存管理决策、协同补货计划的制订与实施等提供服务支持。

3. 发挥第三方物流系统的作用

供应链成员企业可以借助第三方物流系统来实现联合库存管理（把库存管理的部分功能委托给第三方物流公司）。第三方物流系统是供应商和用户之间的桥梁和纽带（见图4.8），能够为企业提供诸多好处。通过建立面向供应链库存协调管理中心的第三方物流系统，可以使供应链成员企业取消各自独立的库存，同时增强供应链系统的敏捷性和协调性，大大改善供应链的用户服务水平和运作效率。

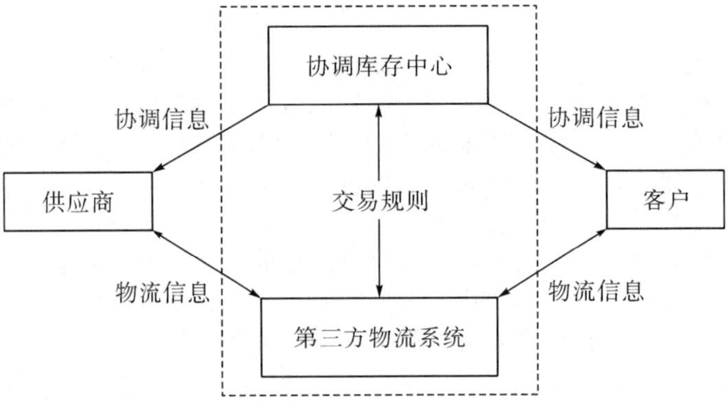

图4.8　第三方物流系统在供应链中的作用

4. 选择合适的联合库存管理模式

供应链联合库存管理有如下两种模式。

（1）集中库存模式，即将各个供应商的零部件等物料直接存入核心企业的原材料仓库中，把各个供应商的分散库存变为核心企业的集中库存。集中库存模式要求供应商采取如下方式进行运作：供应商按照核心企业的订单或订货看板组织生产，一旦物料被消耗，立即采取多频次、小批量的供应方式将原材料、零部件等物料补充到核心企业的仓库。在这种模式下，库存管理的重点在于核心企业根据生产的需要保持合理的库存量，达到既能满足生产的需要，同时使库存总成本最低的目标。

（2）无库存模式，即供应商和核心企业都不设立库存，核心企业实行无库存生产方式。在这种模式下，供应商直接向核心企业的生产线进行多频次、小批量的供应配送，并与之实行同步生产、同步供货，从而实现“在需要的时间把所需要的品种和数量的物料送到需要的地点”。这种准时化供应模式，由于完全取消了库存，效率最高、成本最低。但对供应商和核心企业运作标准化、协作精神与配合程度的要求高，对运作过程的要求严格，而且要求双方的空间距离不能太远。

三、多级库存优化与控制

基于协调中心的联合库存管理是一种战略同盟式的供应链库存管理方式，是对供应链库存进行局部（供应链上游或下游）优化与控制的方略，而要对供应链库存进行全局性优化与控制，则必须采用多级库存优化与控制策略。

多级库存控制策略（微课）

多级库存的优化与控制是在单级库存控制的基础上形成的。一般至少包括供应—生产—分销三个层次。多级库存优化与控制的策略主要有两种：一种是非中心化（分布式）策略，另一种是中心化（集中式）策略。非中心化策略是各个库存点独立地采取各自的库存控制策略。如把供应链成本中心划分为制造商成本中心、分销商成本中心、零售商成本中心，然后由各个成本中心分别制定库存优化控制策略。该策略实施起来比较简单，但不能保证供应链库存的全局优化。如果信息的共享度低，多数情况下产生的是次优结果。因此，非中心化策略需要实现信息共享。

而集中式策略是将库存控制中心放在核心企业，由核心企业对供应链库存进行控制，协调上下游企业的经营运作活动。例如，围绕大规模生产组装型企业建立多级库存优化系统，就是采用集中式策略将核心企业作为供应链库存管理的控制中心、信息中心和协调中心。采用中心化策略，所有库存点的控制参数是同时设置的，库存控制中心充分考虑到了各个库存点的相互关系，通过协调进而实现供应链库存的优化。但该策略实施起来的协调管理难度大，特别是当供应链的层次较多（供应链的长度较长）时，协调与控制的难度会进一步加大。

实施多级库存优化与控制策略的首要任务是明确库存控制目标，即使供应链系统的库存成本最低。在数字化供应链时代，企业的竞争更加强调基于敏捷制造和基于时间的竞争。但是，无论是基于成本的控制，还是基于时间的控制，都要体现集成的、多级库存控制的思想。

4.6 牛鞭效应的成因与控制

牛鞭效应是供应链中普遍存在的现象，其典型表现为从需求源到供应源，需求信息的波动、扭曲越来越明显。牛鞭效应的存在，会对供应链企业群体产生不良影响，尤其是远离需求源的上游企业，影响更加显著。因此，分析牛鞭效应的成因，采取有效的对策与举措，减弱乃至消除牛鞭效应，是供应链企业群体必须解决的共同难题。

牛鞭效应（微课）

如何评价供应商的批量折扣促销策略（微课）

牛鞭效应的概念与内涵（微课）

一、牛鞭效应的概念与内涵

牛鞭效应（bullwhip effect）是指“由供应链下游需求的小变动引发的供应链上游需求变动逐级放大的现象”（GB/T 18354-2021）。牛鞭效应是从供应链的下游到上游，订货量的方差逐级放大的现象。一般地，在未构筑集成化供应链的企业群体中，如果上下游企业未加强合作，没有充分实现信息共享，节点企业主要依据下游客户的订单进行需求预测，并在此基础上制订企业经营计划、销售计划、生产计划和采购与供应计划，进一步向供应商下订单，就不可避免地会引发牛鞭效应。牛鞭效应示意图如图 4.9 所示。

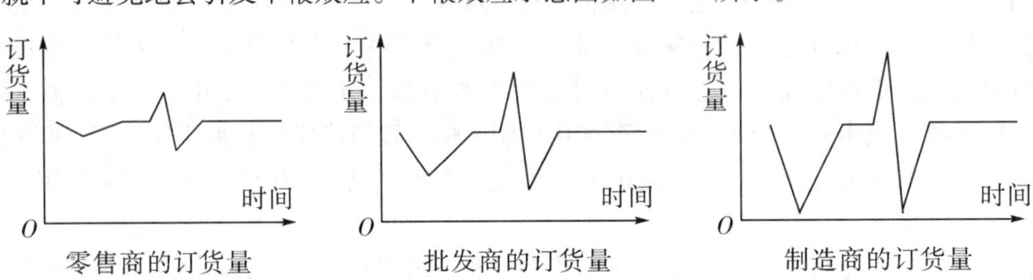

图 4.9　牛鞭效应示意图

二、牛鞭效应对供应链绩效的影响

牛鞭效应对供应链绩效的影响（微课）

牛鞭效应的存在，对供应链绩效会产生不良影响，主要表现在供应链系统成本上升，供应链缺乏成本竞争力；供应链对市场需求的响应周期延长，响应能力减弱。具体表现在以下几个方面。

（1）过度生产，制造成本增加。从供应链的下游到上游，订货量逐级放大，必然导致制造商及零部件供应商过度生产，原材料成本、人工费用、能源水电费以及机器设备等固定资产的折旧加速，最终导致企业的生产成本上升。

（2）物流成本上升。由于制造商的产能扩大，在制造成本上升的同时，供应链系统的物流成本也会大幅度增加。首先是成品库存增加，相应地，制造商及下游各节点企业的库存成本就会上升，包括购置（购买）成本、订购成本、储存成本和缺货成本（由于订货虚增，供应链柔性减弱，不能满足用户的真实需求而产生的缺货损失）。其次，运输成本增加，包括从上游到下游货物正向运输的成本，退货、换货等逆向物流成本，以及因销售不均衡而在目标市场之间发生的调货成本。

（3）补货的提前期增长。由于供应链各节点均持有较多的库存，因此，库存补充的提前期增长。相应地，供应链的柔性减弱，敏感性下降，市场需要的产品可能无法满足，而市场不需要的产品则可能供过于求，最终导致季末打折，过期库存、呆滞库存增加。

总之，牛鞭效应的存在，导致过度生产，物流成本上升，补货提前期增长，浪费了大量的人力、物力和财力，供应链绩效大大降低。

三、牛鞭效应的成因

牛鞭效应产生的原因是多方面的，有供应链系统与结构的原因，也有运作层面的原因。

牛鞭效应的成因（微课）

（一）供应链系统与结构的原因

一般地，供应链由多个节点企业构成。若核心企业的供应链管理能力不够强，集成化供应链系统未构筑，则供应链的层次一般较多（例如供应链上游多层次的供应商网络，下游的多级分销渠道），这必然会导致上游企业（如制造商、零部件供应商）离末端用户的距离较远。如果供应链信息系统（SCIS）未构筑，则上游企业就无法实时共享末端用户的需求信息。于是，用户的需求信息从供应链末端自下而上传递，经过层层过滤，必然会扭曲、失真。特别地，当供应链“双赢”机制未有效建立时，各节点企业为了追求自身利益的最大化，往往不会把所掌握的全部需求信息真实地与供应商共享。因此，多层次的供应链网络、未集成的供应链系统、节点企业独立地进行库存及订货决策是导致牛鞭效应产生的根本原因，而信息不共享则是牛鞭效应产生的直接原因。

（二）运作层面的原因

导致牛鞭效应产生的运作层面的原因主要包括以下几点。

1. 非联合预测需求及需求预测修正

通常，节点企业会基于下游客户的订单、历史性销售数据以及市场调查结果，独立地预测需求。由于预测主体多元化，且下游客户的订单是各级预测主体的重要参考依据，为“保险起见”（比如设置安全库存以降低供需不确定的风险、考虑到客户的漏订以及运输与搬运等物流过程中的毁损等），各节点企业通常会有意识地加大订货量，这必然会导致需求信息（订货量）逐级放大。此外，预测方法的不正确选择与运用，以及多个预测主体对预测值的连续修正也是产生牛鞭效应的原因。例如，移动平均法不太适合季节性及趋势性需求的预测；指数平滑法在需求波动明显时预测的误差较大，以及当平滑系数取值较小时预测结果受先前预测值的影响较大等。而当各节点持有较多的库存时，由于补货提前期拉长，预测的准确度也会下降。

2. 价格波动

多种因素会引起价格波动，例如通货膨胀、恶性竞争、批量优惠、降价促销、自然灾害、社会动荡等。对买方而言，当其权衡采购支出与储存成本后，若低价对其有利，一般会提前大量采购。而当市场价格恢复正常时，由于客户还保有较多的库存，通常会少订购甚至不订货。这样，下游企业的购买模式并不能反映末端用户的需求（消费）模式。中间商较大的订货量波动，必然会诱发甚至加剧牛鞭效应。

3. 批量采购

通常，企业会批量采购货品。这主要是为了降低订货成本和运输成本。一般而言，订货成本主要与订货次数有关，而与订货批量无关。但若企业对某种货品的年需求量（或需求率）一定时，如果订货批量大则订货次数少，最终订货成本低。另一方面，批量采购可实现货物运输的规模经济性，从而降低运输成本。但由于订货成本和运输成本与储存成本及缺货成本之间呈二律背反关系，因此，多数企业会在综合考虑这些背反因素后以经济订货批量（EOQ）的方式向供应商发出订单。此外，由于订单处理会产生成本，供应商从自身利益出发，往往也会要求客户有一个最小的订货量。若供应商对客户订货时间（下单时间）未做明确规定，则客户订单可能随机分布，但往往服从一定的统计规律。如果订货周期高度重叠（需求集中），就会导致“牛鞭”效应高峰的出现。批量采购是引发牛鞭效应的又一原因。

4. 商品短缺时客户的博弈行为

当产品供不应求时，制造商往往会限量供应，经销商为得到足额的供货量，必然会故意夸大订货量。而当需求缓解时，许多客户会大幅度减少订单量。这种短缺博弈导致的需求信息的扭曲，最终必然会引发牛鞭效应。基于限量供应的潜在博弈，导致制造商无法区分增长的需求中哪些是真实的，哪些是虚假的，这在一定程度上会误导制造商的需求预测与生产计划的制定，最终导致供应链库存成本居高不下。

5. 库存责任失衡

随着市场的转型，买方在交易中越来越拥有优势，对供应链而言，即是“势力下移”。于是，供方垫资铺货的现象越来越普遍，无疑，这是供应商对买方的一笔无息信贷。相应地，库存资金的压力与风险自然转移到了供方。特别地，为了获得客户的订单，一些供应商还承诺无偿退货与换货，以此来激励客户多订货。在无约束退货政策的鼓励下，经销商自然愿意多订购。因为拥有存货，可以与贸易伙伴易货；可以低价出售以加速资金的回笼，从而缓解企业资金紧张的压力，促进现金流量的平衡；甚至可以成为与供应商博弈的筹码。在这样的背景下，经销商常常会加大订货量，自然会导致牛鞭效应的出现。

6. 应对环境变化

政治法律、社会文化、经济、技术、自然等环境要素的变化，都会增大市场的不确定性。例如，突其如来的大地震，使人们对救灾物资、生活必需品以及建材等物质的需求激增；突发的疫情，使人们对预防瘟疫的药品产生旺盛的需求。中间商（包括批发商、零售商）为成功地应对这些不确定性，理性的选择是持有较大的安全库存量。因此，下游企业在向供应商订货时，不可避免地会加大订单量，这也是引发牛鞭效应的原因之一。

四、牛鞭效应的减弱对策

牛鞭效应的成因与对策（微课）

牛鞭效应的减弱对策（微课）

基于上述原因，本书从供应链系统与结构及运作两方面入手，提出以下对策与举措。

1. 实现供应链的简约化和集成化

要减弱牛鞭效应，首先应从供应链系统与结构入手，减少供应链环节，构筑集成化供应链系统。例如，在供应链下游，制造商可实施“前向一体化”战略，越过批发商和零售商等中间环节，直接与用户（或消费者）建立联系；抑或采取直营模式，通过配送中心向零售商供货，再由零售商向用户销售产品，以此来优化分销渠道；而在供应链上游，制造商应尽可能直接与供应源建立联系，避免从中间商处采购原物料，同时，精简供应商队伍，减少同类供应商数量，加强与关键供应商的合作，建立高效的供应商网络。在此基础上，核心企业应加强对上下游企业的管理，借助于EDI、因特网等信息技术手段，同步协调运作，最终提高供应链的系统性和集成性，提升供应链的敏感性和响应性，从根本上消除牛鞭效应。

2. 实现信息共享

构筑供应链信息系统（SCIS），让上游企业共享零售商的POS数据与信息，从而避免需求信息的扭曲、失真。

［案例］　**松下电器（中国）有限公司通过信息共享遏制牛鞭效应**

松下电器（中国）有限公司将零售商的POS系统、地区仓库的WMS与公司总部的信息系统实施集成，借助于高效的信息网络，公司总部的库存经理动态、实时地掌握销售物流系统中的库存量及其变化的信息，在此基础上预测需求并补货，有效遏制了牛鞭效应。

3. 稳定价格

制造商可以制定稳定的价格策略，通过减少对批发商或零售商折扣的频率和幅度的方式，来减少对经销商提前采购商品的激励。抑或在促销期间，限制经销商的采购数量，也是可行的选择。在第一利润源泉和第二利润源泉逐渐枯竭的今天，制造商可以通过加强对物流活动的科学管理，借助先进的物流技术和手段，采用作业成本（ABC）等方法，对物流成本进行科学的核算与控制，从而实现“天天低价”。在保持价格不变的前提下，可根据经销商已经实现的销售业绩来对其进行让利和返点。通过减少价格波动来减弱“牛鞭效应”。

4. 实现小批量订货

借助计算机辅助订货（CAO）、电子订货系统①等先进的信息技术手段，实现多频次小批量订货，从而减弱“牛鞭效应”。但JIT采购会增大供应物流成本，因此，可实施物流业务外包，借助第三方物流公司来实现多频次小批量的货物配送，以此来降低物流成本。或者对客户实施基于混合订购的总量（总采购金额）打折，而非基于单一品种的批量优惠，这样既可以实现单一品种货物的小批量采购，又可提高车辆的实载率，降低客户的运输成本。

5. 减弱商品短缺时客户的博弈行为

［案例］　3M公司通过订货分级管理来减弱短缺博弈

对客户订货实施分级管理是企业减弱牛鞭效应的一条有效措施。对于一般的客户，企业可以对其订货实施满足管理；对于重要的客户，企业可以对其订货实施充分管理；对于关键的客户，企业可以对其订货实施完美管理。企业通过重点管控关键客户的需求变异概率，就能有效减弱牛鞭效应。

案例：3M公司为关键客户提供完美订货服务（微课）

3M公司在货品短缺时，优先保证关键客户的订单满足率不降低。为了提高对关键客户的服务质量，3M公司推出了一种称为“白金俱乐部”的服务项目。3M公司对“白金俱乐部”的成员提供各种意外保障措施，以便当公司的主要供货地点缺货时，公司也能够获得客户所需的存货来满足“白金”客户的订货需要。这些保障措施包括从次要的储存点进行货物调拨，以及在全球范围内搜寻3M公司其他物流中心（包括配送中心）的存货。一旦这些措施就绪，公司立即采用溢价运输方式进行货物直送。在特殊情况下，3M公司还会借用已出售的货物来供给“白金”客户。公司这样做，目的是保证在任何情况下都能够为关键客户提供完善的订货服务。一方面，这可以强化客户关系管理，维持公司的市场份额；另一方面，公司通过管住关键客户，降低其需求变异的概率，减弱其短缺博弈行为，就能有效遏制牛鞭效应。

当产品供不应求时，可根据经销商的历史性销售业绩来限量供应，而非基于客户订货量进行一定比例的限额供应，这样可有效避免经销商为获得足额的供货量而故意夸大其订单量。其次，与客户充分沟通，让其了解企业的生产计划与供应计划及相关信息，事前规避，减弱或消除客户参与博弈。再次，加强与客户的合作，参与到客户采购计划的制订中去，把握主动权，既可防止订货虚增，又可据此制订或调整生产计划，以便充分满足客户的需求。最后，采取有约束的退货政策，促使客户在下订单时更加“谨慎”“稳健”。这些策略与举措，都有利于减弱商品短缺时客户的博弈行为，从而减弱牛鞭效应。

---

①　电子订货系统（electronic ordering system，EOS）是指“不同组织间利用通信网络和终端设备进行订货作业与订货信息交换的系统”（GB/T 18354-2021）。

6. 实施供应商管理库存

供应商管理库存（VMI）是消除牛鞭效应的一个有效方法。根据供需双方达成的协议，由下游企业向上游企业提供销售信息（或物料需求计划）和库存信息，上游企业主动对下游企业的库存进行管理和控制（包括补货）。这就规避了供需双方在非合作情况下的博弈行为，避免了需方有意识地将需求信息放大，从而减弱牛鞭效应。

7. 实施联合库存管理

从风险管理的角度来看，实施 VMI，企业将库存风险转嫁给了供应商，而实施联合库存管理（JMI），则实现了上下游企业权利责任平衡和库存风险共担。具体而言，上下游企业在信息共享的基础上共同制订库存计划，并实施库存控制，从而有效避免了需求信息的扭曲、失真，遏制了牛鞭效应。

8. 实施协同计划、预测与补货

协同计划、预测与补货（CPFR）是一种全新的供应链库存管理策略。借助销售时点系统（POS）、电子数据交换（EDI）、连续补货计划（CRP）等 IT 手段，上下游企业加强合作，实时共享信息，联合预测需求，共同制订供应链计划，同步协调运作，最终提高供应链效率，降低供应链系统的库存量，提高客户满意度。成功实施该策略，必将有效减弱乃至消除牛鞭效应。

9. 采用中心化的多级库存控制策略

采用多级库存控制策略也是减弱牛鞭效应的有效方法。相较而言，中心化库存控制策略比分布式（非中心化）库存控制策略更容易实施且更有效。分布式库存控制策略要求各节点企业在信息共享的前提下独立地对库存进行控制，但由于各节点企业之间存在利益冲突（供应链节点企业之间本质上是“竞合”关系），因此很难从根本上消除牛鞭效应。而采用中心化库存控制策略，可由核心企业在集成上下游企业信息系统的基础上，对供应链系统的库存进行集中控制。特别地，在优化供应链，减少物流环节，建立上游供应配送中心及下游销售配送中心的前提下，只需将供应商、配送中心和零售商（或用户）的信息系统进行集成，就可实现核心企业对库存的集中控制。

需要说明，随着消费渠道去中介化（电子商务平台化）以及人工智能（AI）技术对客户需求数据的挖掘、分析和提炼，供应链的牛鞭效应将会得到大幅度改善。一方面，企业通过 AI 可以精准预测客户需求；另一方面，当企业与供应商的系统集成以后，企业借助 AI 技术可以分析供应商的产能利用率和瓶颈环节，可以平衡供应链供需关系并实时优化库存，从而有效遏制牛鞭效应。

实训项目 3：啤酒游戏

实训项目描述

学生分组模拟供应链上各节点企业（供应商、制造商、批发商、零售商等）的角色，通过“啤酒游戏”（假定供应链上各节点企业均只经营啤酒一种产品）感悟职业角色内涵，熟悉供应链业务流程，体会企业间不合作带来的恶果。

实训目标

通过实训，各小组应达到以下目标：

1. 能正确理解牛鞭效应的内涵；
2. 能分析牛鞭效应对供应链绩效的不良影响；
3. 能分析牛鞭效应的成因；
4. 能提出减弱牛鞭效应的对策与举措；
5. 感悟职业角色内涵，建立职业认同感。

实训内容

学生分组模拟供应链上各节点企业（供应商、制造商、批发商、零售商等）的角色，分组进行“啤酒游戏”（假定供应链上各节点企业均只经营啤酒一种产品）。通过角色分配、游戏规则说明、小组示范、全班参与等步骤，在改变消费者的订货数量、改变供应提前期、信息共享等条件下进行多轮游戏，并将各节点企业的订货数量输入计算机进行统计，绘制需求变异放大效应图像，分析在不同情况下的需求波动，找出牛鞭效应的成因，并合理提出减弱对策。

建议实训时间

4 h。

实训过程

一、任务准备

引导问题1：什么是“牛鞭效应”？

引导问题2：在供应链中“牛鞭效应”是如何产生的？

引导问题3：“牛鞭效应”对供应链绩效有什么不良影响？

引导问题4：啤酒游戏实训需要准备哪些道具和设备？

二、实训步骤

1. 角色分配

假设只经营啤酒一种产品。啤酒先由制造商生产出来后销售给批发商，再由批发商销售给零售商，最后由零售商卖给消费者。现实的情况当然要复杂得多，但这里只是做游戏，假定只有零售商、批发商、制造商和游戏记账员四个角色，由这四个人共同组成游戏的一个小组。

2. 游戏规则说明

第一，每次游戏都要分轮进行，一轮代表一个工作日，一次游戏共进行15轮。

第二，每轮都会有顾客到零售商那里去买啤酒。每轮老师会从扑克牌中抽出一张牌，牌的点数为5~10，这就是最终消费者购买的啤酒罐数。老师只把这张牌给零售商看，批发商和制造商是看不到的。要求零售商保守秘密，不能告诉其他人。如果违规，则取消其做游戏的资格，并将影响全组的成绩。零售商从自己的柜台里拿出啤酒来给顾客，然后再向批发商订货，每轮有一次向批发商订货的机会。零售商以每罐3元的价格卖给顾客，进价则是每罐2元。如果柜台里的啤酒不够的话，就会缺货，需要做延迟订单处理。亦即，若零售商的库存不足以满足客户的需求，那么零售商可以延迟发货，不过对不足的部分，零售商要对客户做出赔偿，赔偿费率为每罐一毛钱。如果下一轮还是不能满足客户的需求，继续顺延，等货到以后再发。零售商向批发商下的订单当天不会到货，要过两天才能到货。换言之，零售商第一轮下的订单，要到第三轮才会进入零售商的柜台。此外，零售商每次向批发商订货时要交手续费和运费，共折合人民币 2 元/次。

第三，批发商的职责是把啤酒销售给零售商，价格为每罐 2 元。批发商有一个仓库，每轮都可以其库存尽量满足零售商的订单。同时，每轮均有一次向制造商订货的机会，订货价是每罐 1.5 元。不过，所订的货也要过两轮才会到达批发商的仓库。同时，批发商也需要负担订货成本，每笔订单的运费和手续费共计 3 元。缺货时需要对零售商进行赔偿，费用是每罐一毛钱。

第四，啤酒制造商也要遵循上述规则，唯一不同的是，制造商不是订货，而是自己生产啤酒。当然，由于生产啤酒需要很多生产资源例如车间和原材料等，所以，批发商每轮向制造商下的订单，其产品要等两轮才能加工完毕进入成品仓库。而且，制造商每次启动生产线都有一个启动成本 3 元，但产量没有限制，换言之，无论批发商下多大的订单，工厂都能如期把产品生产出来。制造商以每罐 1.5 元的价格把啤酒销售给批发商，而制造商自己的生产成本是每罐 1.1 元。缺货时需要对批发商做出每罐一毛钱的赔偿。

第五，仓库里储存啤酒也是有成本的，包括：资金占用成本、仓库租赁费、管理费、雇员的工资等。零售商的仓储成本按每天每罐啤酒平均一毛钱计算；批发商的仓库比较大，有规模效益，按每天每罐啤酒两分钱计算；制造商的厂房在乡下，面积大，而且资金的机会成本相对较低，按每天每罐啤酒一分钱计算。还有在途的货物，就是那些已经下了订单，但是还没有来得及送到的货物——有两天的反应时间，也要作为订货者的存货（在途库存）计算储存成本。当然，其数量不一定就是订货量，因供应商有可能缺货，不能全部满足订单，可能只发了部分货。

第六，游戏开始时每个角色有 30 罐啤酒的库存量，而游戏结束时每个角色也会有结余的库存，记账员要把结余的库存作价 50%清算掉，然后把亏损记录到毛利中。游戏参与者必须记录每轮自己的销售和库存情况，记账员据此来计算每个角色各自的利润。

3. 游戏进程

（1）小组示范。

先选择一个小组上台演示整个游戏过程。

消费者的消费量由老师在一副扑克中把所有的 5、6、7、8、9、10 拿出来用于产生消费数据，即随机抽取其中的一张扑克，并仅给零售商看。进行 15 轮后，游戏结束。

（2）总结。

①讨论：游戏中采取了哪些订货策略？（提示：如定期订货、定量订货等）

（A）____；

（B）____；

（C）____。

②如何撰写游戏报告？

提示：游戏报告的内容包括填写以下零售商、批发商、制造商的表格，游戏进程、游戏中的策略、每一次游戏的收获和最后的总结。

（A）零售商的表格。

第　组　　　　第　次　　　　零售商（　　）

轮次	客户需求	延迟销售	现有库存	途一	途二	订货量	供应商延迟供货
初始值	0	30	0	0	0	0	0
1							
2							
3							
4							
5							

（B）批发商的表格。

第　组　　　　第　次　　　　零售商（　　）

轮次	客户需求	延迟销售	现有库存	途一	途二	订货量	供应商延迟供货
初始值	0	30	0	0	0	0	0
1							
2							
3							
4							
5							

（C）制造商的表格。

第　组　　　　第　次　　　　制造商（　　）

轮次	客户需求	延迟销售	现有库存	途一	途二	生产量
初始值	0	30	0	0	0	0
1						
2						
3						
4						
5						

（D）游戏成绩计算表格。

个人成绩（第　组　第　次）　　　　记账员（姓名：　　　）

姓名	延迟销售	延迟销售赔偿金额	订单次数	订单成本	总计库存	总计库存成本	总订货量	销售总成本	销售总量	销售额	毛利润	净利润

（a）____；
（b）____；
（c）____；
（d）____；
（e）____。

（3）全班参与。

每个参与者在不公开自己决策的前提下，全班同学完成一次游戏。

（4）分析与讨论。

讨论：①游戏中采取的订货策略有什么特点？（提示：如安全库存、EOQ 模型等）

（A）____；
（B）____；
（C）____。

②改变消费者订货随机数产生的情况（之前的是等概率事件），则更加接近于实际生活中的正态分布。还是 5、6、7、8、9、10，但 7、8 出现的机会最大，6、9 次之，5、10 出现的可能性最小。均值为 7.5，方差为 1，游戏的轮次还是 15。客户需求数据为 7、9、7、7、8、8、8、7、8、8、8、7、7、8、8。

引导问题 5：在改进策略后为什么还不能有效改进绩效？

（A）零售商的表格。

第　组　　　　　　　　　　第　次　　　　　　　　零售商（　　）

轮次	客户需求	延迟销售	现有库存	途一	途二	订货量	供应商延迟供货
初始值	0	30	0	0	0	0	0
1							
2							
3							
4							
5							

（B）批发商的表格。

第　组　　　　　　　　　　第　次　　　　　　　　零售商（　　）

轮次	客户需求	延迟销售	现有库存	途一	途二	订货量	供应商延迟供货
初始值	0	30	0	0	0	0	0
1							
2							
3							
4							
5							

（C）制造商的表格。

第　组　　　　　　第　次　　　　　　制造商（　　）

轮次	客户需求	延迟销售	现有库存	途一	途二	生产量
初始值	0	30	0	0	0	0
1						
2						
3						
4						
5						

（D）游戏成绩计算表格。

个人成绩（第　组　第　次）　　　　记账员（姓名：　　　）

姓名	延迟销售	延迟销售赔偿金额	订单次数	订单成本	总计库存	总计库存成本	总订货量	销售总成本	销售总量	销售额	毛利润	净利润

（a）________________________________；

（b）________________________________；

（c）________________________________。

（5）完成以上三组游戏后，将所得数据输入计算机，按表格进行整理，绘制曲线图，分析牛鞭效应产生的原因。

①________________________________；

②________________________________；

③________________________________。

引导问题6：根据以上分析和总结，请提出消除或减弱“牛鞭效应”的对策。

（6）将零售商所下订单的到货提前期由两天改为一天（在途期为1天），仍然使用第一次游戏的数据。请按要求填写以下表格：

①零售商的表格。

第　组　　　　　　第　次　　　　　　零售商（　　）

轮次	客户需求	延迟销售	现有库存	途一	途二	订货量	供应商延迟供货
初始值	0	30	0	0	0	0	0
1							
2							
3							
4							
5							

②批发商的表格。

第　组　　　　第　次　　　　零售商（　　）

轮次	客户需求	延迟销售	现有库存	途一	途二	订货量	供应商延迟供货
初始值	0	30	0	0	0	0	0
1							
2							
3							
4							
5							

③制造商的表格。

第　组　　　　第　次　　　　制造商（　　）

轮次	客户需求	延迟销售	现有库存	途一	途二	生产量
初始值	0	30	0	0	0	0
1						
2						
3						
4						
5						

④游戏成绩计算表格。

个人成绩（第　组　第　次）　　　　记账员（姓名：　　　）

姓名	延迟销售	延迟销售赔偿金额	订单次数	订单成本	总计库存	总计库存成本	总订货量	销售总成本	销售总量	销售额	毛利润	净利润

引导问题 7：信息共享在啤酒游戏中对“牛鞭效应”有什么影响？

（A）____；

（B）____；

（C）____。

引导问题 8：将本次数据处理的结果与前三组数据处理的结果进行对比，有什么差异？请分析原因。

（A）____；

（B）____；

（C）____。

（7）实现信息共享后，使用以下符合正态分布的数据：7、9、7、7、8、8、8、7、8、8、8、7、7、8、8，再重新做一次游戏。

引导问题9：将本次游戏结果与前四次游戏结果进行对比，有什么差异？请分析原因。

（A）____；

（B）____；

（C）____。

三、实训总结

对“牛鞭效应”进行总结：

（A）____；

（B）____；

（C）____；

（D）____；

（E）____。

评价与反馈

1. 小组成果展示

（1）小组的收获与体会（见表4.2）。

表4.2　小组的收获与体会

活动总结	内容描述
活动收获	
活动体会	

（2）对其他小组的建议（见表4.3）。

表4.3　对其他小组的建议

反馈建议	内容描述
改进建议	
备注：①请从专业知识及用语准确、方法及应用正确和方案严谨可行等方面对其他小组提出建议。②建议的内容应分条列出，应清楚准确，注意保持和谐的氛围	

2. 评分

采用加权平均法对学生的实训成绩进行评定，包括学生自评（25%）、小组互评（25%）、教师评价（50%）三部分，学生实训成绩评定见表 4. 4。

表 4. 4　学生实训成绩评定

考核项目	评分标准	分数	学生自评（25%）	小组互评（25%）	教师评价（50%）	小计
团队合作	是否默契（在实训活动中是否相互交流、发扬团队精神、共同提高）	5				
活动参与	是否积极（是否人人参与实训活动，是否都贡献了智慧和力量）	5				
任务方案	是否正确、合理（任务方案中涉及的操作方法是否符合要求、方案是否可行）	5				
实训过程	（1）改变消费者订货数量条件下的实训操作	10				
	（2）改变供应提前期条件下的实训操作	10				
	（3）信息共享条件下的实训操作	10				
	（4）订货数量的统计与需求变异放大效应图像的绘制	20				
	（5）牛鞭效应的成因分析、减弱对策及措施的合理性	20				
任务完成情况	是否圆满完成	5				
方法使用	是否规范、标准	5				
实训纪律	是否能严格遵守	5				
总分		100				
教师签名：			年　月　日		得分	

注意：没有按照实训要求操作，出现人身伤害或设备严重事故时，本任务考核记 0 分。

小结

传统库存控制方法主要针对单个企业的库存进行管理，体现企业本位主义思想。而协同库存管理则体现了供应链集成管理思想，它是上下游企业在信息共享的前提下，共同参与对供应链库存的管理和控制的策略与方法（方式）。它能够避免库存的重复设置、减弱乃至消除“牛鞭效应”、有效降低供应链库存成本，主要包括 VMI、JMI、CPFR 以及多级库存优化与控制等策略（方式、方法）。供应链库存计划与控制的关键：一是确定供应链系统成本最小的周转库存水平；二是在不降低产品可得性的前提下，降低供应链系统的安全库存水平。在供应链中，预测驱动的推式流程与订单驱动的拉式流程边界上的库存点称为缓冲存货点

(DP)。DP1~DP2 体现了预测驱动，DP3~DP5 体现了需求驱动。DP 点好比一把“双刃剑”，将风险分割为两部分：DP 点向下游移动意味着库存投资风险增大，DP 点向上游移动意味着失去订单的风险增高。DP 点与企业经营的产品类型及其特点、客户的需求特性、企业需求响应策略、企业是否实施延迟策略等因素有关。“牛鞭效应”是指由供应链下游需求的小变动引发的供应链上游需求变动逐级放大的现象。多层次的供应链网络、未集成的供应链系统、节点企业独立地进行库存及订货决策是导致牛鞭效应产生的根本原因，而信息不共享则是牛鞭效应产生的直接原因。实现供应链的简约化和集成化，信息共享，减弱短缺博弈，小批量订货，实施协同库存管理等策略与举措能够有效减弱“牛鞭效应”。特别地，随着消费渠道去中介化（电子商务平台化）以及人工智能（AI）技术对客户需求数据的挖掘、分析和提炼，供应链的牛鞭效应将会得到大幅度改善。一方面，企业可以通过 AI 精准预测客户需求；另一方面，当企业与供应商的系统集成以后，企业可以借助 AI 技术分析供应商的产能利用率和瓶颈环节，可以平衡供应链供需关系并实时优化库存，从而有效遏制牛鞭效应。

库存控制策略与方法（式）的基本框架如图 4.10 所示。

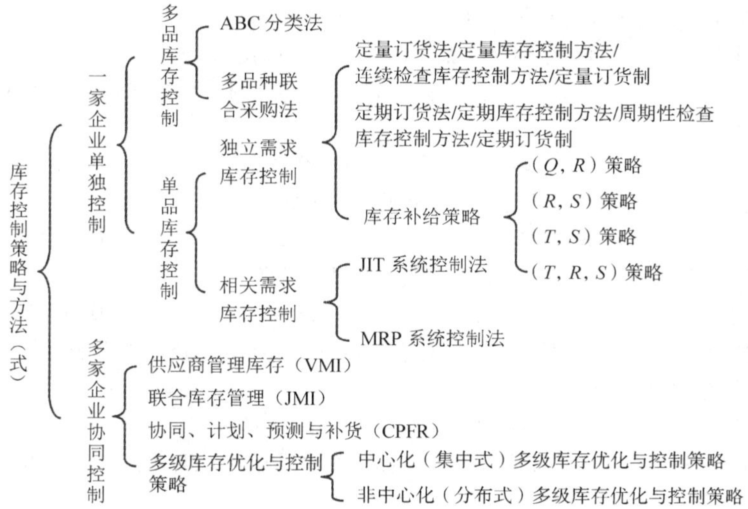

图 4.10 库存控制策略与方法（式）的基本框架

同步测试

一、判断题

1. 随着消费渠道去中介化（电子商务平台化）以及人工智能（AI）技术对客户需求数据的挖掘、分析和提炼，供应链的牛鞭效应将会得到大幅度改善。（ ）

2. 供应链周转库存的主要作用是通过供应链各环节的损益权衡，合理进行批量订货。（ ）

3. 从 DP5 到 DP1，供应链的柔性逐渐增强。（ ）

4. 从 DP5 到 DP1，库存投资与库存风险逐渐降低。（ ）

5. 一方面，企业通过 AI 可以精准预测客户需求；另一方面，当企业与供应商的系统集成以后，企业借助 AI 技术可以分析供应商的产能利用率和瓶颈环节，可以平衡供应链供需关系并实时优化库存，从而有效遏制牛鞭效应。（ ）

6. DP点好比一把“双刃剑”，将风险分割为两部分：DP点向上游移动意味着库存投资风险增大，DP点向下游移动意味着失去订单的风险增高。（　　）

7. 出现牛鞭效应的根本原因是需求信息的扭曲、失真。（　　）

8. 加强供应链成员企业间的合作，实现信息共享，以信息代替库存，就可以消灭库存，实现零库存。（　　）

9. 安全库存是用来应对可预知的需求变化而设置的库存。（　　）

10. 储存成本包含库存的资金占用成本。（　　）

二、单选题

1. 在供应链中，企业持有周转库存的目的是利用（　　）来降低供应链各环节的成本。
A. 规模经济　B. 范围经济　C. 经验曲线效应　D. 牛鞭效应

2. 供应链成员之间失真的信息经常产生固有的不经济性，这即所谓的（　　）。
A. 牛鞭效应　B. 信息遗失　C. 信息爆炸　D. 信息技术

3. 在供应链中，预测驱动的推式流程与订单驱动的拉式流程边界上企业为满足客户的个性化需求同时规避供应链风险而设置的库存点称为（　　）。
A. 被动库存点　B. 缓冲存货点　C. 安全库存点　D. 安全存货点

4. 企业降低（　　）水平的途径包括：降低需求的不确定性、降低供应的不确定性以及优化产品的可得性水平等。
A. 周转库存　B. 循环库存　C. 经常库存　D. 安全库存

5. 企业按照（　　）设置缓冲库存，供应链的柔性最好。
A. DP1　B. DP2　C. DP3　D. DP5

6. 企业按照（　　）设置缓冲库存，库存成本及风险最高。
A. DP1　B. DP2　C. DP4　D. DP5

7.（　　）的设置需要考虑产品类型及其特点、客户需求特性、企业需求响应策略、企业是否实施延迟策略及其类型等影响因素。
A. 安全库存　B. 缓冲存货点　C. 周转库存　D. 最大库存

8. 企业为满足客户高水平的物流服务需求（如供货的可靠性、JIT供应等），DP点将向（　　）移动。
A. 供应链上游　B. 供应链中游　C. 供应链下游　D. 门店

9. 客户对产品个性化需求的约束将使DP点向（　　）移动。
A. 供应链上游　B. 供应链中游　C. 供应链下游　D. 门店

10. 企业生产或供应过程的约束，将使DP点向（　　）移动。
A. 供应链上游　B. 供应链中游　C. 供应链下游　D. 工厂

三、多选题

1. 设置安全库存应考虑的因素包括（　　）。
A. 库存物品的需求特性　B. 需求的不确定性
C. 产品的可得性　D. 客户的重要度

2. 牛鞭效应产生的供应链系统与结构的原因包括（　　）。
A. 供应链未有效集成　B. 供应链层次过多
C. 节点企业独立进行库存及订货决策　D. 短缺博弈

3. 供应链库存管理的策略、方法或方式包括（　　）。
A. VMI　B. JMI

C. CPFR
D. 多级库存优化与控制策略

4. 库存成本包括（　　）。
A. 购入成本　B. 订货成本　C. 储存成本　D. 缺货成本

5. 以下说法正确的是（　　）。
A. 采购成本包含库存成本
B. 库存成本包含采购成本
C. 库存成本包含储存成本
D. 我国现行会计体系未计算缺货成本

6. 供应链库存计划与控制的关键因素包括（　　）。
A. 确定供应链系统成本最小的周转库存水平
B. 在不降低产品可得性的前提下，降低供应链系统的安全库存水平
C. 降低循环库存水平
D. 降低安全库存水平

7. 降低安全库存水平的途径包括（　　）。
A. 降低需求的不确定性
B. 降低供应的不确定性
C. 优化产品的可得性水平
D. 采用集聚策略

8. 以下说法正确的是（　　）。
A. 通常用周期服务水平来衡量产品的可得性
B. 周期服务水平即在所有的补货周期中，能够满足客户所有需求的补货周期所占的比重
C. 周期服务水平相当于在一次补货周期内不出现缺货的概率
D. 以上说法都不对

9. 牛鞭效应对供应链绩效的影响包括（　　）。
A. 导致过度生产　B. 物流成本上升　C. 补货提前期增长　D. 以上都不对

10. 导致牛鞭效应产生的运作层面的原因包括（　　）。
A. 非联合预测需求及需求预测修正
B. 价格波动
C. 短缺博弈
D. 库存责任失衡

四、情境问答题

1. 王经理是一家工程机械厂的物流经理。该厂在生产过程中严格控制库存并尽量降低库存，原材料和零配件库存量一直很低。然而自2007年年底到2008年上半年，国际和国内钢材等原材料的价格大涨，一方面导致该厂原材料和零配件采购成本大幅上升，遭受很大损失；另一方面又造成供应紧张，生产大受影响。因此，王经理认为，专家和教科书上有关降低库存量、甚至零库存的观点是一种误导，是错误的。对于王经理的观点，你的看法是什么？请阐述理由。

2. Y公司为海南省一家果蔬批发企业，其主要客户为北京、天津、上海等地的大型连锁超市。企业在年终进行本年度成本核算时，库存成本一栏包含了库存持有成本、订货成本和缺货成本三项。你认为该企业的库存成本核算是否合理？为什么？

3. 某零售企业为了降低成本，每次订货都严格采用EOQ模型计算经济订货批量，一段时间后发现总成本并无明显下降。你认为问题可能出在哪里？

五、计算题

1. 远大公司对A物品的年需求量为1 200单位，单价为10元/单位，单位物品年平均储存成本为单位物品单价的20%，每次订购成本为300元。求经济订货批量和库存总成本。

2. 某商业企业的X型彩电年销售量为10 000台，订货费用为100元/次，每台彩电年平均储存成本为10元/台，订货提前期为7天，订货间隔期为15天，期间，平均每天的销售量为25台，安全库存量为100台。求经济订货周期和最大库存量。

六、综合分析题

1. 自从二十世纪六七十年代日本丰田公司实行准时制（JIT）生产方式以来，消除无效劳动和浪费，实现零库存，成为制造企业生产管理的重要目标。但也有管理者认为，零库存是一把“双刃剑”，虽然可以减少浪费、使物流活动合理化，但不能保障供应，难以应对意外变化。你认为这种观点正确吗？为什么？

2. 制造业和物流业联动是提升制造业和物流业发展水平的重要途径。供应商库存管理（VMI）是实现两业联动的有效切入点。请分析如何实现供应商库存管理及其对两业联动的重要意义。

七、案例分析题

SP 公司的供应链管理

SP 公司是一家经营休闲类服装及专业体育用品的知名公司，其产品具有很强的时尚性和流行性。根据国内权威的市场调研机构的调研结果，SP 公司的产品在国内同行中品牌声誉和品牌价值都名列前茅。

SP 公司的销售渠道采用两级模式，一级为全资子公司，二级是加盟经销商。SP 公司每年制订总的销售计划，据此召开春夏和冬季两次订货会。所有子公司和加盟经销商在订货会上以期货方式下达合同，所订购的货物在四个月后可以到达店铺进行销售。

订货后，SP 公司的销售部门首先汇总期货订货合同，与年初制订的销售计划相核对，以确保订货的合同金额可以完成年度销售任务。再由销售部门与生产部门进行协商，形成总的生产和供应计划来组织原材料采购和生产。

服装类产品的完整价值链包括：产品研发、采购、制造、物流、销售等环节。在这一领域中有两类企业：一类专注于产品研发和品牌经营，将产品生产业务外包给 OEM① 工厂；另一类自身拥有工厂，加工并经营自己的品牌。

SP 公司属于前者，专注于产品研发、品牌经营和销售渠道建设，将之作为自己的核心竞争力；将自己不擅长的生产制造业务外包给 OEM 工厂。目前 SP 公司仍自营物流。

SP 公司所在行业的各品牌公司所使用的供应商资源经常是相同的，有时甚至是直接竞争的品牌公司共用同样的 OEM 工厂和原材料供应商。

SP 公司近期为了提高销售额与市场占有率，采取了很多措施。其主要策略是，加大了对经销商的让利和返点，促使经销商大量购进货物，并且扩展产品品牌。

但令人担忧的是：公司采取这些策略后，库存效率有很明显的下降，并且产生了其他的库存问题。

根据案例提供的信息，请回答以下问题：

1. 企业通常使用哪些 KPI 来考核库存管理的绩效？请写出计算公式。
2. SP 公司持有库存可能会给公司造成哪些不良影响？
3. 请写出 SP 公司 DP 点的类型。按照这种方式设置缓冲存货点，SP 公司面临什么困难？
4. SP 公司与竞争对手共用同样的 OEM 工厂和原材料供应商，可能会给 SP 公司带来哪些麻烦？

---

① OEM，即原始设备制造商（original equipment manufacturer），是指擅长产品生产，但不具备产品研发设计及品牌经营能力的公司。ODM，即原始设计制造商（original design manufacturer），是擅长产品设计研发、品牌经营，也直接进行生产的制造商。

任务5

供应链采购管理

【素质目标】

1. 具有职业道德。
2. 具有协同理念。
3. 具有成本意识。
4. 具有服务意识。
5. 具备合作精神。
6. 具备创新精神。
7. 具备团队精神。
8. 具有绿色环保理念。
9. 具备与时俱进的品质。
10. 具有专业认同感。

【知识目标】

1. 理解采购与供应管理的概念。
2. 理解采购管理与供应管理的关系。
3. 理解采购与供应管理的目标。
4. 掌握采购与供应管理的策略。
5. 掌握供应细分分析方法。
6. 理解集中采购、分散采购、混合采购的优缺点及适用条件。
7. 掌握供应商的评估、选择及淘汰流程。
8. 理解采购流程变革的动因及方向。
9. 理解供应链采购的特征。
10. 树立供应链采购观念。
11. 理解供应商伙伴关系的内涵及意义。
12. 理解供需双方早期介入的重要意义。
13. 了解供应链采购合同的类型。
14. 掌握准时采购的含义、特点、实施条件及要点。

【能力目标】

1. 能正确选择采购方式。
2. 能进行单源供应与多头采购的决策。
3. 能正确运用采购管理策略进行采购管理。
4. 能正确进行采购决策。
5. 能对供应商进行评估、选择及管理。

【引例】

德国大众汽车公司的采购模式

德国大众汽车公司把所需采购的零配件按使用频率分为高、中、低三个部分，把所需采购的零配件按其价值高低分为高、中、低三个部分，使用频率和价值都高的为需要即时供应的零配件，这些零配件所占的比例目前为20%。某种需要即时供应的配件在12个月前，由供应商通过联网的计算机得到大众公司的需求量，这个需求量的准确性较差，误差为正负30%；在三个月前，供应商又从联网的计算机得到较准确的需求量，误差为正负10%；在一个月前，供应商得到更近似的需求量，误差为正负1%；在需要前一周，供应商得到精确的需求信息。这批配件在供货的头两天开始生产，成品直接运到大众汽车公司的生产线上。借助于高效的计算机信息网络以及高质量的生产，供应商不仅为用户即时供应所需的配件，而且供应商也得到了经营运作所需的相关信息。通过有效的即时供应，使大众汽车公司的库存下降了4%，运输费用降低了15%。

引导问题：

1. 德国大众汽车公司对零配件采取了何种管理方法？
2. 德国大众汽车公司采取了何种计划管理方法？
3. 德国大众汽车公司采取了何种采购模式？
4. 德国大众汽车公司怎样才能实现“有效的即时供应”？
5. 与传统的采购流程相比，德国大众汽车公司的采购业务流程发生了什么变化？有何好处？

采购与供应管理是供应链管理的重要内容之一。在供应链管理环境下，企业的采购与供应活动和传统采购相比有了许多不同的特征。传统的采购管理正在向供应管理或者说外部资源管理方向变革。

5.1　采购与供应管理认知

传统的采购管理是以交易为导向的“战术职能”，而现代的供应管理则是以流程为导向的“战略职能”。企业通过加强与供应商的合作，促进了采购供应流程与生产流程的无缝衔接，使供应链企业群体能快速响应用户需求的变化，从而有效提升供应链系统的竞争力。

采购与供应的关系（微课）

一、采购与供应

1. 采购与供应的内涵

采购是指在市场经济条件下，在商品流通过程中，企业或个人为获得商品，对获取商品的渠道、方式、质量、价格和时间等进行预测、抉择，把货币资金转化为商品的交易过程。采购有明显的商业性，它包括购买、储存、运输、接收、检验及废料处理等活动。采购涉及商流活动，在有形采购中也涉及物流活动。

狭义的采购指购买物品，即通过商品交换和物流手段从资源市场获取资源的过程。对企业而言，即是根据需求提出采购计划，审核计划，选择供应商，通过谈判商定价格以及交货的时间、地点、方式等条件，双方签约并按合同条款收货付款的过程。广义的采购是指除了以购买方式占有物品之外，还可以通过租赁、借贷、交换等途径取得物品的使用权，以达到满足需求之目的。采购不仅是采购员或采购部门的工作，而且是企业供应链管理的重要组成部分。

供应是指供应商向买方提供产品或服务的全过程。供应链中的企业一般具有双重身份，一方面它要向其供应商采购物料，另一方面，它又要向其客户供应产品。

2. 采购的分类

采购有多种分类方法。企业可以根据每种采购方式的特点及本企业的需要合理选择。

（1）按照采购的地域范围，可将其划分为国内采购和国外采购（也称国际采购或全球采购）两种类型；

［案例］ **华为的供应商网络**

华为的成功在很大程度上取决于来自世界各地的优秀供应商组成的上游供应商网络。华为最畅销的mate30手机，屏幕由京东方提供，三星提供少量系列产品以保证足够的产能，大部分相机由索尼定制，大部分芯片代工由台积电提供，少部分的芯片代工则由中芯国际等公司承担。

（2）按照采购的时限，可将其划分为长期合同采购和短期合同采购两种类型；

（3）按照采购主体，可将其划分为个人采购、企业采购（包括生产企业采购和流通企业采购）和政府采购三种类型；

（4）按照采购输出的结果（采购内容），可将其划分为有形采购和无形采购两种类型；

（5）按照采购对象与企业生产活动是否直接相关，可将其划分为生产性采购（如原材料、零部件等的采购）和非生产性采购（如办公用品、研发用品、MRO① 等的采购）两种类型；

（6）按照采购制度，可将其划分为集中采购、分散采购和混合采购三种类型。

［案例］ **统一企业集团的采购模式**

我国台湾地区统一企业集团是以食品制造、销售为核心主业的企业集团，集团公司总部考虑到下辖的次集团、子公司所需要的原材料中有许多是相同的，为提高采购的议价能力，降低采购成本，获取优质的原材料，特在台湾地区进行了两岸共购尝试，并获得成功。具体而言，像香精、香料、调味粉、脱水蔬菜、食品添加剂、塑料包材（塑料包装物）等，总部将各分公司的需求集中起来在全球范围内统一采购。像香精、香料等，仅从全球最有名的三家公司——国际香精、芬美意、奇华顿采购。除了集团统购的原材料以外，其余的原材料需根据各公司的具体情况自行采购。对成都统一企业而言，一些具有地方特色的原料或调味品，像面粉、棕榈油、酱油、醋、黄油等必须尽量满足当地消费者的口味需求，因此，由公司管理部就近进行采购以降低成本。

想一想：统一企业集团的采购类型是哪一种？为什么？

需要指出，按照采购制度分类（本质上是按照采购决策的集分权程度分类）极为重要，而采购管理者正确把握集中采购与分散采购的度更为重要。

① MRO是maintainence，repair and operations的缩写，如机器设备的备件、备品和润滑油等物品。

集中采购能够使采购企业获得以下好处：①有利于增强采购企业对供应商的议价能力、获得折扣；②有利于实现采购及物流运作的规模经济性、降低订货成本及物流成本；③有利于获得供应商的优质服务；④有利于将采购业务归口统一管理，制订协调一致的方针政策；⑤有利于精简机构、降低人力成本；⑥有利于采购组织结构扁平化（减少管理层级），促进采购流程与供应商相关业务流程及企业生产流程的无缝衔接，实现流程一体化。集中采购主要存在以下不足：①采购决策权力高度集中，导致采购的灵活性差；②采购流程长、环节多，导致采购的时效性差；③采购部门与需求部门分离，导致采购部门难以准确了解需求，在一定程度上可能会降低采购绩效。集中采购适合共用物料多、采购支出高的企业。

分散采购与集中采购的优点及缺点恰好相反。其优点是：①采购的灵活性好；②采购的时效性强；③有利于调动基层采购部门及人员的工作积极性。其缺点是：①采购成本高；②采购职能重复；③采购物料的质量及服务未必能够得到保证。分散采购适合采购需求各异、存在地域性采购或紧急采购需要的企业。

［**案例**］　**惠普公司的采购流程再造**

惠普公司在采购方面一贯是放权给下面的，50 多个制造单位在采购上完全自主，因为他们最清楚自己需要什么，这种安排具有较强的能动性，对于变化着的市场需求有较快的反应速度。但是对于总公司来说，这样可能损失采购时的数量折扣与优惠。现在惠普公司借助信息技术手段再造其采购流程，总公司与各制造单位使用一个共同的采购软件系统，各部门虽然是订自己的货，但必须使用标准采购系统。总部据此掌握全公司的需求状况，并派出采购部与供应商谈判，签订总合同。在执行合同时，各单位根据数据库，向供应商发出各自的订单。这一流程再造的结果是惊人的，公司的发货及时率提高 150%，交货期缩短 50%，潜在顾客丢失率降低 75%；并且由于折扣，所购产品的成本也大为降低。

想一想：惠普公司的采购管理取得成功的关键是什么？对你有什么启示？

采购管理者要正确把握集中采购与分散采购的度，关键是要对采购流程进行分解，把控其中的关键环节，以便实现“集中采购、分散供应”。具体而言，采购总监（CPO）等高级采购经理只需重点管控供应商的资质（如建立经过认证的供应商名录）、采购与供应成本、采购与供应合同的签订等关键环节，其他采购与供应决策可授权低层采购管理者或采购人员。此外，结合二八原则，价值高、供应风险大、共用的物料可以实施集中采购；价值低、供应风险小、非共用的物料可以实施分散采购。而对于那些采购频率低或存在紧急采购需要的物品，采购管理者也可以考虑在一定的采购金额范围内实施分散采购。

二、采购与供应管理

供应管理（拓展资源）　　如何有效把握采购集分权的度（微课）　　案例：IBM 公司的采购流程再造（微课）

1. 采购与供应管理的内涵

采购管理是指为了实现生产或销售计划，从适当的供应商那里，在确保质量的前提下，在适当的时间，以适当的价格，购入适当数量的商品所采取的一系列管理活动。

供应管理是指为了保质、保量、经济、及时地供应生产经营所需要的各种物品，对采购、储存、供料等一系列供应过程进行计划、组织、协调和控制，以保证企业经营目标实现的管理活动和过程。

采购管理是以交易为导向的“战术职能”，而供应管理则是以流程为导向的“战略职能”。随着供应管理的发展，企业对其战略职能越来越认同，事实上，许多企业正在用供应管理或采购与供应管理一词来替代采购管理的传统称谓，这充分反映了采购职能的变迁。

2. 采购与供应管理的目标

采购与供应管理的总目标是以最低的总成本为企业提供满足其生产经营所需的物料和服务。为此，就要按照适时、适量、适质、适价、适地的原则做好采购与供应工作，协调好这些相互冲突的分目标之间的关系，以实现采购与供应绩效的最大化。

采购与供应管理的具体目标包括：保证供应的连续性，确保企业正常运转；发展有竞争力的供应商；建立供应商伙伴关系；等等。通过加强供应商关系管理，企业促使供应商不断降低成本，提高产品质量。

3. 采购与供应管理策略

要实现采购与供应管理的上述目标，就需要正确地运用以下策略。

（1）通过选择可靠的供应商来确保供应质量；

（2）实施 AB 角制[①]，使采购企业与供应商保持适度的竞争与合作关系；

（3）科学确定订货批量与订购时间，降低采购成本；

（4）灵活运用 ABC 分类法，加强重点管理。

通常，采购与供应管理部门需要根据采购物品的价值及供应风险，对采购对象进行分类，并采取不同的采购策略。供应细分图（卡拉杰克模型）如图 5.1 所示。

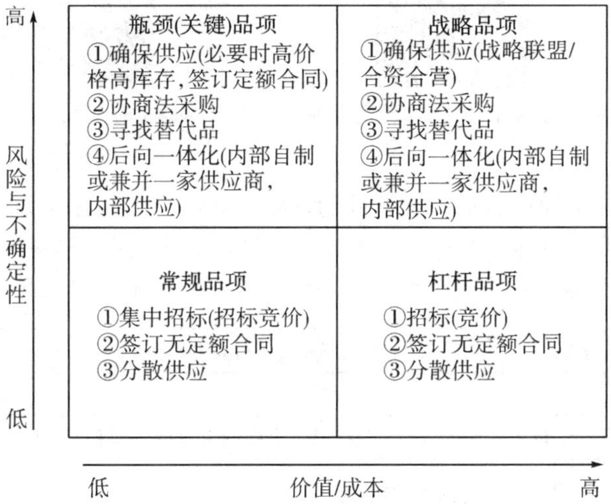

图 5.1　供应细分图（卡拉杰克模型）

卡拉杰克模型（微课）

企业应该针对不同类型供应商采取分类管理策略。企业应加强与关键供应商的合作，建立供应商伙伴关系；对于普通供应商，企业宜与之保持一般的合作关系。对于制造企业而

① AB 角制是指企业的供应任务由 AB 两家供应商承担，A 供应商的产品质量高、价格低，多采购一些，B 供应商的产品则相应少采购一些，但要让 B 供应商体会到企业这样做的理由及相应的评价标准。

言，由于原材料和零部件的采购比较频繁，买方要加强对这类供应商的日常管理；对于设备类物质的采购，由于买方一次性投资大，在设备的维护保养、维修、技术升级等售后服务方面需要与供应商保持良好的沟通与合作，所以选择能提供优质服务的供应商十分重要；对于办公用品的采购，买方应尽可能选择数量较少的供应商，并与之保持长期的合作关系，以获得批量优惠。

三、采购流程及其变革

1. 传统采购流程

采购流程的重要性（微课）　　基本采购流程（微课）　　传统采购流程（微课）

采购业务流程与采购管理流程的关系（微课）　　采购订单的跟踪与跟催（微课）　　对采购货物验收结果的处理（微课）

采购人员与仓储人员职责的划分与配合（微课）　　采购相关单据的共性要素（微课）　　采购中的货损由谁来承担（微课）

传统采购包括以下基本流程：①确认需求，制订采购计划；②供应源搜寻与分析；③供应商的评估与选择；④谈判、议价与签约；⑤拟订并发出订单；⑥订单的跟踪与跟催；⑦验货与收货；⑧核票与付款；⑨记录与信息维护；⑩绩效评估。传统采购流程如图 5.2 所示。

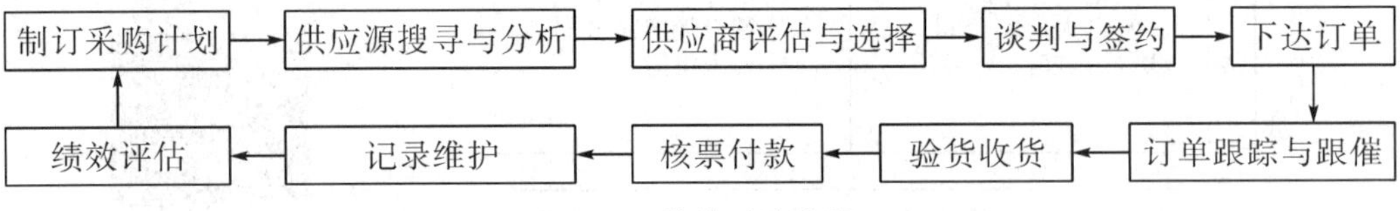

图 5.2　传统采购流程

在目前电子采购、准时采购（JIT 采购）、全球采购等新的采购方式不断出现，新型供应商伙伴关系初见端倪的情况下，企业的采购流程已悄然变革，流程环节减少、流程效率不断提高。

2. 采购流程的变革

（1）采购流程变革的驱动因素。经济发展的三大趋势影响和推动着采购流程的变革。第一，全球经济一体化趋势日益明显，跨国公司的全球战略正逐步推行，全球采购已成为跨国公司全球战略的重要组成部分；第二，随着电子商务的发展，电子采购应运而生，B2B 和

B2C 正成为众多公司延伸其采购和营销业务的重要手段；第三，合作与竞争的思想促使大量的采购行为向供应链方向延伸、扩展。

采购流程变革的动因和方向（微课）

（2）采购流程变革的方向。与传统的采购流程相比，现在许多企业已经采取供应链管理策略来改进其与供应商之间的关系，基于信息技术的协同采购正成为现代企业采购流程的核心，也称为基于供应链环境下的电子化协同采购流程（见图 5.3）。它包括企业内部协同、外部协同，强调协同采购的理念。其目标是要实现从“库存采购”向“订单采购”转变，从采购管理向外部资源管理转变，从一般买卖关系向战略伙伴关系转变。通过实施最佳的供应商组合，建立稳定的供应商伙伴关系，力求实现供应链价值的最大化。这一策略有助于供需双方加强合作，消除非增值环节，提高业务流程效率，降低运作成本；有助于缩短产品研发周期，从源头上改进产品质量，改善产品交付性能；有助于企业为客户提供更多的增值服务。

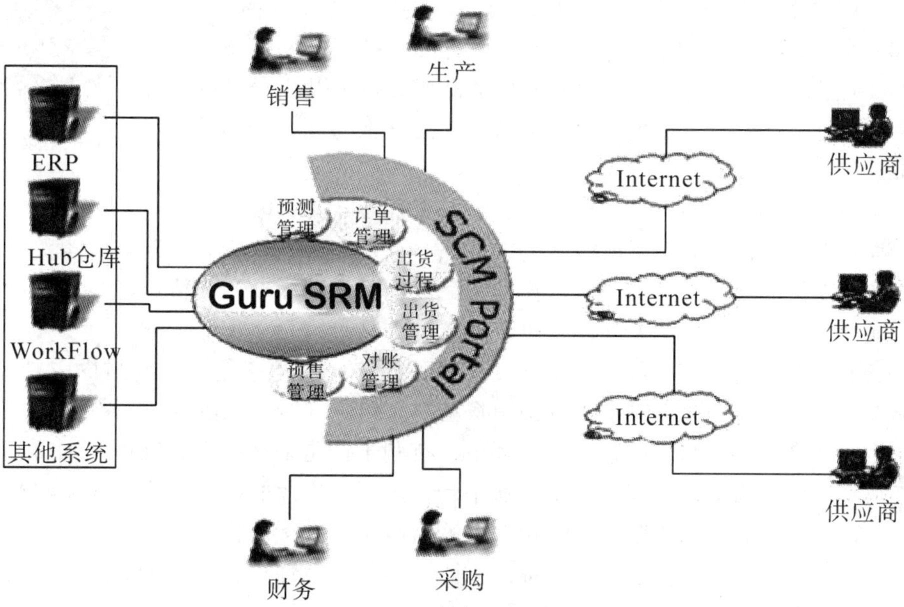

图 5.3 基于供应链管理环境下的电子化协同采购流程

[小贴士] **新兴技术在采购与采购管理中的应用**

企业利用人工智能（AI）技术可以优化采购管理决策，简化/优化采购流程，进行基于知识图谱的智能寻源，优化采购谈判方案，对谈判对手进行预期管理（通过 AI 摸清谈判对手的底线和谈判逻辑），实现采购合同签订与管理及采购支出任务线上化/流程化/自动化，优化供应商关系管理（SRM）及识别新的供应商。

新兴技术在采购与采购管理中的应用(微课)

企业借助机器学习（ML）技术可以进行采购需求预测及采购货物的运输延迟预测，可以将供应商数据连接到供应商层次结构中以实现供应商匹配，以及进行采购支出分析等。

企业借助机器人流程自动化（RPA）技术可以实现以下流程：当库存量下降到订货点时，系统自动向供应商下达采购订单；当采购货物的货损值达到某个标准值时，系统自动将信息传递给有关人员；采购货物在系统入库后自动进入付款流程；等等。

区块链（BC）技术被称作第四次工业革命的发动机，其在政府采购中最重要的价值是提供海量数据共享的技术支撑手段，能够促进“互联网+政府采购”的发展，在大数据共享保障方面具有技术优势。此外，该技术还被应用于供应链协同采购及战略采购风险管理等领域。

四、典型的采购模式

目前企业流行的采购模式主要有：电子采购（包括买方模式、卖方模式、第三方模式）、准时采购（JIT 采购）、全球采购、绿色采购、招标采购（包括公开招标采购、邀请招标采购、两段式招标采购等方式）、询价采购、竞争性谈判采购以及单一来源采购等。

1. 电子采购

电子采购（E-procurement）是指“利用计算机技术和网络技术与供应商建立联系，并完成获得某种特定产品或服务的商务活动”（GB/T 18354-2006）。换言之，电子采购是以计算机技术、网络技术为基础，以电子商务软件为依托，以互联网为纽带，以 EDI 电子商务支付工具以及电子商务安全系统为保障的即时信息交换与在线交易的采购活动。

电子采购的特点及发展趋势（微课）

电子采购也称网上采购，是一种很有前途的采购模式。其基本原理是，采购人员通过在网上搜寻所需采购的商品、在网上寻找供应商、网上洽谈贸易、网上订货甚至网上支付货款，最终实现进货作业，完成全部采购活动。其特点可归纳为：网上寻源、网上议价、网上订货、网上支付、电子物流。

与传统采购方式相比，电子采购主要具有以下优势：①能够优化采购与供应管理工作，通过电子采购，有利于企业实时了解资源市场信息，科学地制订采购计划；有利于加强供应商管理，优化供应网络；②通过减少业务环节，有利于优化采购与供应流程；③通过无纸化作业，有利于减少出错率；④借助电子采购平台，选择供应商的范围更广；⑤能跟踪了解采购业务是否符合公司的采购政策；⑥使招标采购流程简化并标准化；⑦为采购投标创建竞争环境，有利于获得价格优势；⑧有利于提高采购工作的规范性；⑨有利于提高采购效率，降低采购成本；⑩有利于改善客户服务水平，提高客户满意度。

2. 全球采购

全球采购也称国际采购或国外采购，主要是指国内企业直接向国外供应商采购所需要物资的购买行为。

[**案例**] **沃尔玛的全球采购**

沃尔玛的全球采购是指某个国家的沃尔玛店铺通过全球采购网络从其他国家的供应商进口商品，而从该国供应商进货则由沃尔玛公司的采购部门负责采购。在这个全球采购总部里，除了四个直接领导采购业务的区域副总裁向总裁汇报以外，总裁还领导着支持性和参谋性的总部职能部门。全球采购总部是沃尔玛全球采购网络的核心，也是沃尔玛全球采购的最高机构。沃尔玛在深圳设立全球采购总部，不仅能在这里采购到质量、包装、价格等方面均具有竞争力的优质产品，更重要的是，深圳顺畅、便捷的物流系统及发达的海陆空立体运输网络，特别是华南地区连接全球市场的枢纽港地位，将为沃尔玛的全球采购赢得更多的时间，带来更多的便捷。

全球采购有如下一些优点：首先，对采购产品的质量有较高要求的企业，特别是一些大型跨国公司，通过国外采购可扩大供应商的选择范围，买方有可能获得高质量的产品。其次，买方都希望能降低采购成本，国外一些大公司往往能提供更具价格竞争力的产品。再次，全球采购能增强企业参与全球化国际竞争的能力，有利于企业的长远发展。最后，通过国际采购还可以获得在国内无法得到的商品，尤其是一些高科技产品，如电脑的芯片等。因此，虽然全球采购具有流程长、环节多、风险高等不足，但仍然不失为一种重要的采购途径。

3. 绿色采购

绿色采购（green procurement）是指政府和企业利用庞大的采购力量，优先购买对环境负面影响小的环保产品，以促进政府和企业环境行为的改善。绿色采购有利于减轻对环境和人体的危害，有利于扶持绿色产业、促进国民经济的可持续发展，有利于引导消费、促进绿色市场的形成。

［**案例**］ **宜家的绿色采购管理**

宜家公司要求所有的供应商到2015年年底必须遵守IWAY规则（规范供应商绿色行为准则的运行制度），要求公司的新供应商在与之建立合作关系后一年内必须通过IWAY审核，并要求所有的次级供应商到2017年年底必须实施IWAY规则。宜家公司要求供应商每年进行一次IWAY内部审核，每季度接受宜家公司派员进行一次IWAY外部审核。宜家通过IWAY体系对供应商进行评估，用以帮助采购部门判断供应商的综合信誉度是否达标，以便确定供应商次年或第三年的采购意愿和采购数量。通过IWAY评估系统，推动供应商向绿色、环保方向发展，并不断改善环境绩效。通过IWAY规则的实施，使宜家公司的供应商始终保持较高的社会责任感，以便符合利益相关者的诉求。

5.2 树立供应链采购观念

［**案例**］ **通用汽车公司与供应商和第三方物流商的合作**

一般来说，生产企业除了向供应商采购原材料和普通的零部件外，还需要采购具有高附加价值的复杂部件。为此，通用汽车公司加强与供应商和第三方物流公司的合作，利用一级供应商网络完成组件的装配，然后根据采购企业的需要借助第三方物流服务商将组件直接配送到最终装配线，实现了JIT供应。

在供应链管理环境下，采购企业需要花费比以往更多的精力来有效管理供应商。采购企业不仅要获得采购的物品还要获得供应商的能力。

一、供应链采购的基本观念

采购是企业从供应商处获取原材料、零部件、产品、服务或其他资源的过程。传统采购被视为一种事务性的活动（战术性采购），其职责仅仅是执行和处理企业的采购订单；其作用仅仅是以尽可能低的价格从供应商处获取所需的资源。供应链采购管理思想使传统的战术性采购演变为战略性采购，成为供应链战略决策的重要内容。

供应链采购管理把供应商看成是企业后向延伸的一部分（扩展企业的观念），强调采购企业通过与供应商建立战略伙伴关系（供应商伙伴关系）来确保供应的连续性，保障供应质量；通过与供应商联合开发产品来缩短产品研究开发周期，加快新产品上市的速度，抢占市场先机，获取占先优势；通过加强与供应商和物流商的合作，建立三方战略联盟，实施准时采购与供应；通过帮助供应商降低成本来实现采购企业与供应商的双赢。

二、获取供应商的能力

在供应链管理环境下，采购的重点已经从买卖双方之间的竞争转向合作。企业要确保在供应商的支持下实施生产和营销战略。

（1）确保供应的连续性。供应链采购的核心目标之一是确保原材料、零部件及相关物料的持续供应，以满足特定的生产运作要求。为此，采购企业就必须加强与供应商的合作，调动供应商的积极性，获得供应商的持续供应能力。

（2）库存投入最小化。供应链采购的核心目标之一是以尽可能少的库存投入来维持供应的可持续性。为此，采购企业就必须加强与供应商的合作，获得供应商的能力外援，确保采购的物料能够准时供应，最大限度地规避供应中断的风险。

（3）产品质量的持续改善。质量专家克罗斯比有一句名言，企业50%的产品质量问题可以追溯到有缺陷的采购物料。因此，采购企业与供应商共同努力，实现产品质量的持续改善尤为重要。采购企业通过加强与供应商的合作和加强对供应商的监管，甚至通过向供应商颁发免检证书来激励供应商、确保供应质量，也不失为一种对供应商有效管理的策略。

（4）供应商开发。供应链采购的核心目标之一是不断开发更优秀的供应商。为此，采购企业一方面要寻找更优质的供应商，另一方面要帮助现有供应商发展，为供应商提供技术、管理等的支持，实现供应商能力的提升。

（5）降低总体拥有成本①（TCO）。供应链采购不仅关注价格，更关注总的采购支出。因为采购的总支出节省越多，采购的利润杠杆效应和提高资产收益率的作用就越大，采购的竞争力也就越强。而当企业与供应商加强合作时，可以采取多种策略来降低双方的成本，从而使整个供应链更具效率，并能更有效地满足供应链下游伙伴的需求。

5.3 辨识供应链采购的基本特征

在供应链管理环境下，企业的采购模式与传统采购模式相比有了许多不同的特点。本部分主要是通过与传统采购模式的比较来认识供应链采购的基本特征。

一、传统采购的特点

传统采购的特点（微课）

（一）传统采购是典型的信息非对称博弈过程

在传统采购模式下，买卖双方都不进行有效的信息沟通，传统采购是典型的信息非对称博弈过程。在传统采购模式下，选择供应商是采购的一项重要任务。采购企业为了能够从多个竞争性的供应商中选择一个最佳的供应商，往往会保留私有信息。因为采购企业给供应商提供的信息越多，供应商的竞争砝码也就越大，这样对采购企业不利。因此采购企业尽量保留私有信息，而供应商也同样会在竞争中隐瞒自己的信息。这样，买卖双方都不进行有效的信息沟通，供应链上的

① 总体拥有成本包括获取成本、运行成本、维护成本和处置成本。

各级企业都无法共享需求及库存信息，各节点企业都独立地进行库存及订货决策，不可避免地产生需求信息的扭曲及失真现象，导致供应链企业群体以持有大量库存告终。

（二）传统采购的质量控制难度大

在传统采购模式下，由于采购企业没有给供应商提供产品质量保证方面的技术支持和必要的信息反馈，采购物品的质量控制只能靠事后把关，检查验收成为采购企业的一项重要事后把关工作。因此传统采购的质量控制难度极大。采购人员通常要考虑的两个重要因素是质量与交货期，但在传统采购模式下，采购企业要有效控制质量和交货期只能通过事后把关来解决。因为采购企业很难参与供应商的生产组织过程、有关的产品质量控制和供应物流活动，彼此的工作是不透明的。因此，采购企业的仓储部门需要依据购销合同中约定的质量条款对采购物品进行检查验收。若采购的物品延迟交付或多数物品不符合质量要求，必然给采购企业带来损失。采购企业或面临停工待料，或面临产品脱销。为规避这样的风险，采购企业往往会加大安全库存量，这必然会增大采购企业的库存持有成本及风险。

（三）传统采购与供应双方竞争大于合作

传统购销关系是一种买卖关系，而买卖关系的本质是"你输我赢"的竞争关系。采购企业与供应商之间以竞争为主、合作为辅，买卖双方最多是一种临时的或短期的合作关系，而且竞争多于合作。由于缺乏有效的合作与协商，采购过程中的冲突比较多，采购人员的精力主要用于解决采购过程中的日常事务性问题，采购管理者也没有更多的时间用于长期的采购预测与相关计划工作。传统采购的供需双方缺乏合作，增大了采购与供应运作的不确定性。

（四）不能快速响应市场需求的变化

在传统采购模式下，供应商对采购企业的需求不能实时响应，采购与供应双方不能快速响应市场需求的变化。在传统采购过程中，供应商对采购企业的生产计划及相关信息不了解，也无须关心制造商的生产活动（对零售商而言，供应商通常不了解零售商的 POS 数据与库存信息）。由于供需双方没有充分进行信息沟通，缺乏及时的信息反馈，当市场需求发生变化时，采购企业无法改变与供应商已签订的订货合同，这往往会导致采购企业在市场需求减少时库存增加，而在市场需求增加时又出现供不应求的局面。若重新与供应商订立合同，又会增加谈判交易等费用。因此，在传统采购环境下供需双方缺乏对市场需求变化的响应能力。

二、供应链采购的特征

在供应链管理环境下，企业的采购模式与传统采购模式有所不同。这些差异主要体现在以下几个方面。

供应链采购管理的特点（微课）

（一）从为库存采购向为订单采购转变

传统采购的目的是补充库存，即为库存而采购。采购部门并不关心企业的生产过程，不了解生产进度和产品需求的变化，采购计划与生产计划（或营销计划）脱节，导致采购活动很难能适应需求的变化。供应链采购是订单驱动式采购，即由客户订单驱动企业的生产计划，由生产计划驱动采购订单，再由采购订单驱动供应商。这种准时化的订单驱动模式，使供应链系统得以准时响应用户的需求，从而降低了库存水平，提高了库存周转率。订单驱动的采购模式有如下特点。

（1）由于制造商与供应商建立了战略伙伴关系，签订供应合同的手续大大简化，不再需要双方询盘和报盘的反复协商，交易费用也随之降低。

(2) 在同步化供应链计划的协调与指导下，生产计划、采购计划、供应计划能够同步实施，实现了供应链的同步化运作，缩短了客户订单响应周期。采购与供应管理的重点在于协调各种计划的执行。

(3) 采购的原材料、零部件及相关物料直接上生产线，减少了非增值活动，促进了流程再造，实现了供应链的精细化运作。

(4) 信息传递方式发生了变化。在传统采购模式下，供应商对制造商的生产计划和生产进度等信息不了解，也无须关心制造商的生产活动。但在供应链管理环境下，供应商能够共享制造商的生产计划和生产进度等信息，减少了信息的扭曲和失真，提高了供应商的应变能力。同时，双方在订货过程中不断进行信息沟通，修正订货计划，使订货与需求保持同步。

(5) 实现了面向生产过程的采购管理模式的转变。订单驱动的采购模式简化了采购流程，采购部门的作用主要是沟通供应商与企业制造部门之间的桥梁，协调供应与制造的关系，为实现精益采购奠定了基础。

(二) 从采购管理向供应管理转变

前已述及，采购管理是以交易为导向的战术职能，而供应管理则是以流程为导向的战略职能。传统采购的目的是以尽可能低的价格从供应商处获取所需的资源，但由于供需双方未建立战略伙伴关系，未建立双赢合作机制和有效的沟通协调机制，在采购企业与供应商签订了供货协议后，不能保证供应商能够严格履约。在供应链管理环境下，采购企业把供应商看成本企业向后延伸的一部分，把供应商当成宝贵的外部资源来加以利用，无偿对供应商进行技术与管理的培训和帮辅，实时与供应商进行信息的沟通和协调，促进了采购与供应流程和企业生产流程的无缝衔接，真正实现了供应链的精益化运作。

(三) 从普通贸易关系向战略伙伴关系转变

传统购销关系是普通贸易关系，强调单笔交易盈利最大化。这必然导致信息不畅、短期合作、产品质量及服务质量低下，无法以变应变，不能快速响应市场需求的变化。在供应链管理环境下，供需双方加强合作，建立战略联盟，共同将“馅饼”做大，实现双赢。比如，采购企业与关键供应商建立战略伙伴关系，让其共享生产计划信息，以便更好地满足供货需求。

［案例］ **沃尔玛与宝洁公司的战略联盟**

沃尔玛是全球最大的零售巨头，而宝洁公司则是其主要供应商之一。沃尔玛公司曾经要求宝洁公司向其提供所供产品的成本数据，但宝洁公司以商业秘密为由拒绝。后来，沃尔玛公司又要求宝洁公司在其门店附近设立仓库，以方便随时供货，宝洁公司无奈只有遵从。但这样做的结果是使沃尔玛的进货成本增加，出现两败俱伤的局面。最后，两家公司决定建立战略联盟。宝洁公司向沃尔玛提供所供产品的成本数据，沃尔玛向宝洁公司提供 POS 数据、库存信息和促销计划，以便宝洁公司能够实时满足沃尔玛门店的配送需求。通过建立战略伙伴关系，沃尔玛与宝洁公司实现了双赢。

综上所述，供应链采购模式与传统采购模式有很大的不同，供应链采购模式与传统采购模式的比较见表 5.1。

表 5.1 供应链采购模式与传统采购模式的比较

比较项目	采购模式	
	供应链采购模式	传统采购模式
供需双方的关系	合作关系	买卖/贸易/竞争关系
供应商数目	少	多
供应商分布范围	尽可能紧密	广
业务合同时限	长	短
订单批量	小	大
物流策略	准时制配送①	单一产品的大量运输，少频次
质量保证	前馈控制+过程控制	检查验收，事后把关
沟通	充分，实时信息共享	不良或缺乏
买卖双方的早期介入（EPI/EBI/ESI）	有	无

5.4 供应链采购运作与管理

在供应链采购运作中，企业需要对以下关键环节的活动进行有效管理。

一、单源供应与多头采购的决策

在选择供应商之前，企业必须在单源供应与多头采购之间进行正确的决策。单源供应意味着企业与供应商建立紧密的合作关系，而多头采购则意味着供需双方存在更多的博弈关系。单源供应与多头采购仅仅代表两种极端的情形，在采购实务中，需要将两者有机结合。

1. 多头采购的优势

第一，多头采购可以使企业以更低的成本获得更优质的产品和服务。长期以来，标准的采购运作模式是多头采购。采购企业从多家供应商处采购物品，可以引发供应商之间的竞争，从而坐收渔翁之利。换言之，企业可以更低的成本采购到更优质的产品和服务。这样的理念使得在线竞标（反向拍卖）非常流行。所谓在线竞标，即供应商通过在线的方式实时地竞标某一采购项目。因为供应商可以看到彼此的竞标价格和剩余时间，激烈的竞争使交易价格降低。通过在线竞标，采购企业一般可以节省10%~30%的成本。

第二，多头采购可以降低企业因依赖单一供应商所产生的风险。

［案例］ **丰田公司单源供应引发风险**

丰田汽车公司的刹车片是从单一的供应商 Aisin 公司那里采购的。但是，意外发生的一场大火烧毁了 Aisin 公司生产刹车片的关键设备。而丰田汽车公司采用的是准时生产方式，刹车片的库存只能满足四个小时的生产需要。Aisin 公司的这一意外事件使丰田汽车公司的生产线很快处于停滞状态，每分钟的损失高达上万美元。

第三，多头采购能够降低企业的缺货风险。毕竟，东方不亮西方亮。企业从多家供应商

① 准时制配送（just-in-time distribution）是指“将所需的货物在客户所指定的时间以指定的数量送达指定地点的配送方式”（GB/T 18354-2021）。而即时配送（on-demand delivery）是指“立即响应用户提出的即刻服务要求并且短时间内送达的配送方式”（GB/T 18354-2021）。

处采购同一种物品，如果某家供应商的供货中断，采购企业只需调整另外几家供应商的供货配额，就能够保证满足本企业的采购需求。相应地，多头采购能够有效规避单源供应所引发的缺货风险。特别地，地震、台风等自然灾害会严重影响供应物料的可得性，因此企业必须考虑从不同地区的多家供应商处采购同一种关键物料。

第四，多头采购能够规避技术研发的风险。当某项技术正处于快速发展阶段或正在竞争市场主导权时，利用多家供应商的技术研发资源，能够帮助企业规避技术研发风险。

[案例] **惠普公司利用多头采购策略规避技术研发风险**

惠普公司是IT领域的巨头之一。该公司利用多头采购策略规避技术研发的风险。惠普公司在与英特尔公司共同投资64位芯片开发的同时，购买了AMD公司可兼顾处理32位和64位应用程序的芯片。毕竟某项正处于研究开发阶段的技术最终能否取得研发成功，或者能否占据市场、取得市场主导权，在技术研发阶段还是一个未知数。多头采购策略在很大程度上规避了企业的研发风险。

第五，多头采购能够支持企业的全球化运作。对于跨国公司来说，需要为不同国家和不同地区的客户提供产品或服务。由于存在个性化的需求，跨国公司采购的物料也有所不同。多头采购不但能够满足跨国公司不同生产基地的需要，还可能因为供应商的本地化而节约物流费用。

2. 单源供应的优势

单源供应有利于加强企业与供应商之间的合作。通过供应商的简约化，企业能够与供应商建立长期、紧密的合作关系。通过建立供应商伙伴关系，能够给供需双方带来诸多好处。具体而言，单源供应有利于企业加强供应商管理，降低管理成本；有利于供需双方加强沟通、实时信息共享，提高供应商对订单的快速响应能力；有利于供应商下定决心对采购企业特定的设施、设备和技术进行投资；有利于供应商参与采购企业的新产品开发、改进产品设计，加快新产品上市的速度；有利于提高供应商的供应质量；有利于企业通过集中采购和降低交易费用等途径来降低供应成本。

企业在使用单源供应策略时，需要做好后备供应商的准备工作。

[案例] **本田公司的采购策略**

本田汽车公司是世界知名的汽车制造商。本田的发动机技术在全球享有盛誉。该公司把单源供应与多头采购策略有机结合，使其在获得单源供应策略好处的同时，又有效规避了该策略的潜在风险。例如，本田公司从一家供应商那里采购汽车的左前灯，从另外一家供应商那里采购汽车的右前灯。一旦某车灯供应商出现供应质量问题或供应中短，其供应的车灯可由另一家供应商及时替代。这一做法使本田公司能够获得单源供应策略的好处，同时又规避了本田公司对该供应商的依赖风险。

3. 单源供应与多头采购的决策影响因素

很多因素对单源供应与多头采购的决策有影响，这些因素包括：

（1）产品的复杂性与独特性。如果采购物品的复杂性与独特性程度高（如汽车发动机），企业一般倾向于从少数供应商处采购；反之，对于简单、标准化的产品（如纸箱），企业可以考虑多头采购。

（2）合格供应商的数量。如果采购物料为少数供应商所垄断（如英特尔和AMD是芯片仅有的几家供应商），采购企业选择供应商的余地就小；反之，如果潜在供应商的数量多，采购企业选择供应商的余地就大，可以考虑多头采购。

（3）对技术和产品质量等的要求。如果企业对供应商的技术和产品质量等有特殊要求，则符合企业要求的供应商数量就少，企业对供应商的选择余地也小；反之，如果企业对供应商的技术和产品质量等无特殊要求，则符合企业要求的供应商数量就多，企业对供应商的选择余地就大，企业就可以考虑多头采购。

（4）企业的采购理念。采购理念也会在一定程度上左右企业对单源供应与多头采购的决策。比如丰田和本田等汽车制造商总是相信与少数供应商建立战略伙伴关系对本企业有利，而通用和福特等汽车制造商只是近期才有这样的观念转变。

二、供应商的评估、选择与管理

（一）供应商的评估

1. 供应商的评估要素

结合近年来供应链管理理论的发展和一些跨国公司的实践经验，一个好的供应商应该具备以下条件，或者说企业在评估供应商时应着重考虑以下因素。

（1）技术水平。技术水平指供应商提供产品的技术参数应达到采购企业的要求，并且供应商应该具备产品开发能力和项目改进的能力。

（2）产品质量。供应商必须具备良好的质量保证体系，所提供的产品要能够满足采购企业在生产、装配和实际使用过程中的质量要求。

（3）供应能力。供应商的生产设施设备必须在数量上达到一定的规模，必须具备相当的生产能力和发展潜力，必须能满足采购企业的需求。

（4）价格。供应商提供的产品必须具有价格竞争力，该价格不一定是最低的，但供应商应该具备降低成本的能力，即供应商能满足采购企业在时间、数量、质量和服务等方面的需求后，供应商还应该具备持续降低成本的能力及向制造商提供改进产品成本方案的能力。

（5）地理位置。一般而言，就近选择供应商有利于采购企业及时与供应商进行沟通、便于管理供应商及降低采购与供应成本。此外，还可以更好地满足采购企业紧急供货的要求。但在全球化采购的今天，地理位置这一制约因素可以通过实施第三方物流等途径加以解决。

（6）可靠性。采购企业应该选择财务实力雄厚、经营状况良好、信誉等级较高的供应商。此外，供需双方应能建立良好的合作关系，应相互信任，共享信息，以确保并进一步提高采购与供应的可靠性。

（7）售后服务。许多产品及服务具有经验属性，因此，供应商提供良好的售后服务非常重要。这是确保供应质量的必要环节。这有利于供需双方对产品质量等相关信息及时进行沟通、交流。同时，这也是供需双方建立并维持战略伙伴关系的关键。

（8）提前期。在供应链管理环境下，由于竞争越来越激烈，顾客越来越挑剔，供应链响应顾客订单的周期在缩短，相应地，要求供应商的供应提前期也要缩短。企业在选择供应商时应该充分考虑到这一点。

（9）交货准确率。在供应链管理环境下，上下游企业间的业务活动是一环扣一环连续进行的，要求各成员企业的业务流程能实现无缝衔接，以实现供应链运营的精益化。显然，这一目标的达成，要求供应商具有较高的交货准确率。供应商要能够及时、准确、无误地供应原料或成品。

（10）快速响应能力。在买方市场的今天，市场需求变化莫测。为了增强供应链的敏感性和响应性，供应商必须具有较强的快速响应能力。这要求供应商具有完善的信息系统，且生产、供应要有柔性。

总的来说，采购企业应综合考虑以上各要素，制订完善的供应商评估指标体系，对供应商进行评估。而供应商的评估贯穿采购企业与供应商合作前、合作中和合作后整个流程，是一项长期而又重要的工作。

2. 供应商的评估流程

结合企业的采购管理实务，采购企业对供应商的评估一般遵循如图 5.4 所示的流程。

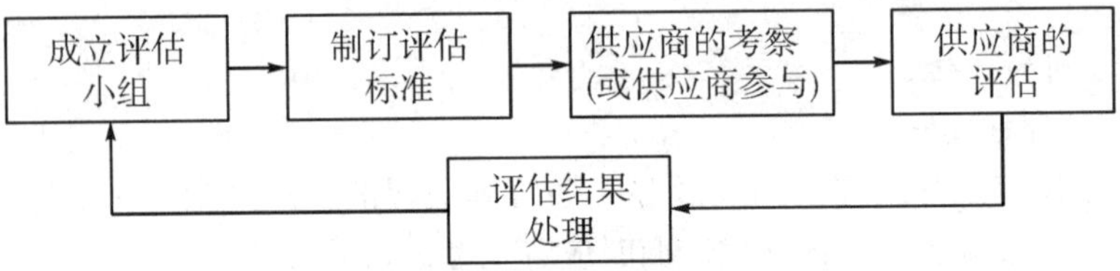

图 5.4 供应商的评估流程

（1）成立评估小组。该小组通常由企业的采购部门、生产部门、技术部门和财务部门等相关部门的主管构成，必要时还会邀请企业外部有关的技术经济专家参与。

（2）制订评估标准。评估标准的制订一般是将供应商的评估要素进行分解，得到一系列可量化、可操作的评估指标。同时，赋予每个指标一定的权重和分值度量范围（如满分是 100 分，达到多少分为合格等），形成评估指标体系。

（3）供应商考察或供应商参与。如果是供应商选择之前的评估，采购企业需要对供应商进行考察。特别地，对于拟发展为合作伙伴关系的供应商和关键物料的供应商，采购企业需要对其进行深入调查。而在评估供应商之前，如果采购企业认为有必要，会让供应商进行初次供货试合作，经过试合作后再对其进行评估。有的企业为了规避供应商选择的风险，会让供应商供应货物 2~3 个月，以便能对供应商的供应能力进行全面把握。同时，在这几个月的试合作中，供需双方有一个磨合的过程（双方相互适应）。经过磨合期的适应、调整，采购企业再次对供应商的供应能力进行评估。经过评估，若供应商合格或达标，采购企业才会与其签订合作协议。在选定供应商以后，采购企业还会对供应商进行跟踪评估（如动态评估、定期与不定期相结合的评估等）。

（4）供应商的评估。供应商的评估方法有很多，其中加权平均法应用比较广泛。采用该法评估供应商，需要将前述评估要素开发成一系列可量化、可操作的评估指标，形成评估指标体系。在评估指标体系中，需要确定每个指标的权重①。一般而言，重要的指标其权重不超过 0.4，而权数之和为一。同时，还需要确定每个评估指标的标准（如满分为 100 分）。在具体评估时，采购企业的评估小组成员会就每个指标对供应商进行评分，评价分值与其权数相乘再相加，和数越高说明供应商越符合采购企业的需要。

（5）评估结果处理。采购企业会及时将评估的结果反馈给供应商。对于优秀的供应商，采购企业会通过加大订单量或向供应商颁发免检证书等方式对其进行激励；对于不合格的供应

① 经验法和试算法是确定权重最简单的方法。

商，采购企业会要求其限期整改，或对其进行帮辅，以提升其能力、确保供应。对于那些经过帮辅仍达不到要求的供应商进行淘汰处理。供应商的淘汰流程见图 5.5。

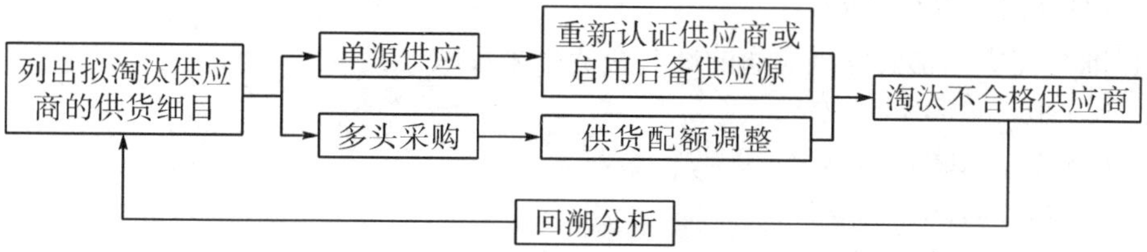

图 5.5　供应商的淘汰流程

如图 5.5 所示，采购企业在确定要淘汰某不合格的供应商时，首先应列出拟淘汰供应商的供货细目，以判定这些货品是通过单源供应还是多头采购获取的。如果供应商只有一家，就需要重新认证供应商，直到新认证的供应商完全能够胜任货物供应时，才能将不合格的供应商淘汰（如果采购企业之前有后备供应商，也可将不合格的供应商由后备供应商替代，然后将其直接淘汰）；如果同一货品的供应商不止一家，只需进行供货配额调整，即将拟淘汰供应商的采购订单分配给其他合格的供应商，然后将其直接淘汰。

例 5-1　某公司决定采用加权平均法来评估某种物料的供应商，拟将供应商分为 A、B、C、D 四个等级：A 为优秀，B 为合格，C 为基本合格，D 为不合格。公司拟从产品质量、价格、合同完成、准时交货四个指标来对供应商进行评估。这四个指标的权重依次为 0.3、0.3、0.2、0.2。已知该物料供应商目前有四家，供应商供货情况如表 5.2 所示。请通过计算对这四家供应商进行评级分类，并确定相应的供应商管理策略。

表 5.2　供应商供货情况

供应商	供应次数	履行合同次数	准时交货次数	收到物料数量/件	验收合格数量/件	单价/元
甲	5	3	3	4 500	4 100	85
乙	4	3	1	3 800	3 650	80
丙	4	3	3	3 000	2 900	75
丁	3	3	2	2 500	2 450	82

解：

（1）物料质量：主要由供应商的产品质量合格率来反映。

甲：4 100/4 500×0.3×100%＝27.33%

乙：3 650/3 800×0.3×100%＝28.82%

丙：2 900/3 000×0.3×100%＝29%

丁：2 450/2 500×0.3×100%＝29.4%

（2）价格：主要由各供应商的供应价格与最低供应价格比较来反映。

甲：75/85×0.3×100%＝26.47%

乙：75/80×0.3×100%＝28.13%

丙：75/75×0.3×100%＝30%

丁：75/82×0.3×100%＝27.44%

（3）合同完成：主要由供应商的合同完成率来反映。

甲：3/5×0.2×100%＝12%

乙：3/4×0. 2×100% = 15%

丙：3/4×0. 2×100% = 15%

丁：3/3×0. 2×100% = 20%

（4）准时交货：主要由供应商的准时交货率来反映。

甲：3/3×0. 2×100% = 20%

乙：1/3×0. 2×100% = 6. 67%

丙：3/3×0. 2×100% = 20%

丁：2/3×0. 2×100% = 13. 33%

（5）根据加权分值求算总分，各供应商的加权分值见表 5. 3。

表 5. 3　各供应商的加权分值

供应商	质量/%	价格/%	合同完成/%	准时交货/%	总分/%
甲	27. 33	26. 47	12	20	85. 8
乙	28. 82	28. 13	15	6. 67	78. 62
丙	29	30	15	20	94
丁	29. 4	27. 44	20	13. 33	90. 17

（6）结论：丙为优质（优等）供应商，丁为辅助（良好）供应商，甲乙淘汰。

（二）供应商的选择

供应商的选择见“9. 3 供应链合作伙伴的选择”。

（三）供应商关系管理

采购企业与供应商除了存在交易关系外，还涉及产品和服务的相互适应、运作衔接以及共同的战略意图等。所有这些构成了采购企业与供应商相互关系的本质。在供应链管理环境下，需要将这种关系保持稳定并不断发展。

1. 供应商分类

企业要加强供应商关系管理，首先需要对供应商进行分类。根据供应商对采购企业的重要度以及采购企业对供应商的重要度可以将供应商划分为普通商业型供应商、重点商业型供应商、优先型供应商和伙伴型供应商四种类型。供应商的分类矩阵如图 5. 6 所示。

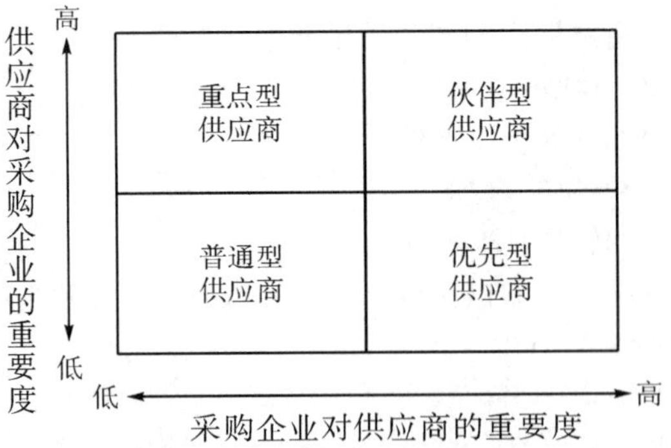

图 5. 6　供应商的分类矩阵

由供应商的分类矩阵图可知，若采购企业和供应商都认为对方对自己很重要，并且供应商具有很强的产品研发能力和生产能力，则这类供应商就是采购企业的“伙伴型供应商”；

若采购企业对供应商很重要，但供应商对采购企业不太重要，这样的供应商无疑有利于采购企业，是采购企业的“优先型供应商”；若采购企业对供应商不太重要，但供应商对采购企业很重要，则这类供应商就是需要采购企业倍加关注并不断促进其改善、提高的“重点商业型供应商”；若采购企业和供应商都认为对方对自己不太重要，则这样的供应商可以很方便地通过市场进行选择、更换，它们就是采购企业的“普通商业型供应商”。显然，采购企业应与不同类型的供应商建立不同程度的合作关系。特别的，采购企业应加强与伙伴型供应商的合作，双方建立战略联盟。

2. 供应商关系分类

在供应链管理中，通常将企业与供应商之间的关系大致分为五种类型，即短期目标型、长期目标型、渗透型、联盟型和纵向集成型。

（1）短期目标型。短期目标型企业关系最主要的特征是，供需双方是传统的贸易关系，或者说买卖关系。买方希望获得稳定的物品供应，卖方希望获得稳定的订单，双方都希望能保持长期的贸易关系，但双方所做的努力通常只停留在具体的某一笔交易上。双方主要关注的问题是谈判、交易，即如何进行谈判，如何提高谈判的技巧，以便在交易中获得更大的利益。当某一笔买卖业务成交后，双方的合作关系也就终止了。他们从来不会考虑通过改善自己的工作，共同降低成本，使双方都获利。通常，买卖双方只有供销人员之间有联系，其他部门的员工一般不参与彼此的业务活动，他们之间也很少有业务往来。此外，供应商提供的仅是标准化的产品或服务，很难满足买方的个性化需求。

（2）长期目标型。长期目标型企业关系的显著特征是供需双方建立一种长期的合作关系，双方从长远利益出发，相互协作、配合，不断改进产品质量和服务质量，共同降低采购与供应成本，提升供应链竞争力。通常，供需双方合作的范围不仅仅是供销部门。例如，企业新产品开发对供应商提出了新的技术要求，在供应商还没有这种技术能力的情况下，采购企业可以对供应商提供技术支持。而供应商的技术能力提高后将会促进采购企业的产品改进，同时缩短产品开发周期。但对供应商在技术、资金等方面进行投资需要花费采购企业的成本，为了获得投资回报，这种合作必须是长期的。显然，长期合作有利于供需双方的长期繁荣。

（3）渗透型。渗透型企业关系是在长期目标型企业关系的基础上发展起来的。其基本思想是把合作伙伴看成本企业前向或后向延伸的一部分，因此，彼此的关心程度会进一步提高。为了能够参与对方企业的活动，采购企业或供应商有时会在产权关系上做适当调整，如共同投资、互相参股等，以保证双方利益的一致性。在生产组织上也会采取相应措施，例如双方派员参与对方企业的相关业务活动。这样做的优点是双方都可以更好地了解合作伙伴的生产经营情况。供应商将更加清楚本企业的产品（如原材料、零部件等）在采购企业的生产经营活动中是如何发挥作用的，有利于供应商及时发现问题并及时改进，甚至可以前瞻性地采取预防性措施，提高供应质量。而采购企业则可以对供应商的生产过程进行控制，保证其能满足本企业的生产经营需要。

（4）联盟型。联盟型企业关系是从供应链管理的角度而言的。其特点是从更长的纵向链条（供应链）上管理成员企业间的关系，涉及供应商的供应商和客户的客户，在具有供求关系的多个企业间建立战略联盟。核心企业要很好地协调成员企业间的关系，难度很大，要求也更高。当然，这样的供应链战略联盟其竞争力也更强，各成员企业从合作中获得的利益自然也更多。

（5）纵向集成型。这是一种更复杂的企业关系类型。即把供应链上的成员企业整合起来像一个企业一样运作，但各成员是完全独立的企业，决策权属于自己。在这种关系中，要求每个成员企业在充分了解供应链的目标、要求，以及在实时信息共享的前提下，自觉地做出有利于供应链整体利益的决策。

3. 供应商合作伙伴关系

供应商合作伙伴关系是目前比较受企业关注，并且被证明对供需双方都有较大好处的一种供应商关系。

（1）供应商合作伙伴关系的内涵。供应商合作伙伴关系是采购企业与供应商之间达成的最高层次的合作关系。它是指供需双方在相互信任的基础上，为了实现共同的目标而建立的信息共享、风险共担、共同获利的长期合作关系。它包含以下几方面的含义：①供需双方发展长期的、相互依赖的合作关系。这种合作关系由明确或口头的合约确定，双方共同确认并且在各个层次上都有相应的沟通；②供需双方有共同的目标，并且为了实现共同的目标有挑战性的改进计划，共同开发、共同创造；③供需双方相互信任，信息共享，风险共担，共同获利；④有严格的评估标准来评估合作表现，并不断改善、提高。

供应商合作伙伴关系最初的表现形式是采购企业的注意力由关心成本转移到不仅关心成本，更注重供应商的产品质量与交货的准时性。供应商合作关系进入战略伙伴关系阶段的标志是采购企业主动帮助、敦促供应商改进产品设计，促使供应商主动为自己的产品开发提供设计支持。

需要指出的是，在发展供应商合作伙伴关系时，“供应商的早期参与和采购企业的早期介入”（early purchasing involvement, EPI）非常重要。因为在采购早期，影响价值创造的机会比后期大得多。供应商与采购企业的早期共同介入，将促使采购企业将供应商纳入其交叉职能团队，大大改善产品研究开发、设计与再设计、生产工艺改进以及价值分析等活动，缩短新产品研发周期，降低采购与供应成本，提升联盟的竞争力。此外，供应商会主动参与拯救采购企业的活动，自愿成为继续发展的战略联盟的一部分。

[案例]　　洛克维尔公司参与克莱斯勒公司的产品设计

美国克莱斯勒公司与洛克维尔公司达成一项协议，两家公司在汽车的设计阶段进行紧密合作。计算机控制是汽车设计与制造过程中的重要组成部分。如果计算机控制与汽车的设计不匹配，就会影响到汽车的质量和汽车进入市场的时间。根据协议，洛克维尔公司成为克莱斯勒公司的总装、冲压、焊接和电力设备等部门计算机控制设计的独家供应商。洛克维尔公司负责总装厂与零部件厂的计算机控制部分的设计。洛克维尔公司的工程师设计、开发相关计算机控制软件，以便能与克莱斯勒公司的工程师同时设计控制系统和整个汽车。双方通过紧密合作，实现了降低产品开发和制造成本、缩短产品开发和制造周期等目标，加快了新款汽车上市的速度。克莱斯勒公司在与洛克维尔公司合作之前，其产品开发和生产周期是26~28周；通过合作，已经缩短到24周。

（2）建立供应商合作伙伴关系的意义。日本企业的经验表明，采购企业发展与供应商的长期合作伙伴关系具有十分重要的意义。通过合作，可以缩短供应周期，提高供应的灵活性；可以降低原材料、零部件的库存水平，加快资金周转；可以提高原材料、零部件的质量；可以加强与供应商的沟通，使供应商能准确理解采购需求；可以共享供应商的技术与创新成果，加快产品开发速度，缩短产品开发周期；可以与供应商共享管理经验，推动企业整体管理水平的提高；等等。

（3）供应商合作伙伴关系与传统关系的区别。供需双方之间的贸易关系历史悠久，从企业成立之初便已存在。但这种关系是随着供应市场的变化而不断演变的。传统企业与供应商的关系是简单的买卖关系，采购企业的目标是以最低的成本买到最好的商品，而供应商的目标是通过交易获得最大化的利润。因而，这种买卖关系的典型特征是供需双方讨价还价，关注的焦点是价格，彼此视对方为竞争对手。然而，随着科技进步和社会发展，在过去的几十年里供应市场发生了深刻的变化。面对日益激烈的市场竞争，许多企业管理者逐渐意识到建立良好的供应商关系的重要性。日本企业的成功使人们重新认识了采购与供应双方之间的关系。为了控制企业上游资源，采购企业不断审视自己与供应商之间的关系，大多数企业顺应潮流，将采购活动由单纯的“做生意”转向了与供应商进行长期合作。在供应链管理环境下，供需双方为了共同的目标而结盟，供应商正在从单纯的货物和服务的提供者转变为采购企业的战略同盟。在共同利益的驱使下，游戏规则从“单赢”变为“双赢”，相应地，供应商成本的各项构成也就成了买方进行供应商管理的内容。

4. 供应商关系的持续改善

供需双方可以通过以下几种方式加强合作，以促进供应商关系的持续改善。

（1）供需双方定期召开合作策略回顾和发展战略会议。理想的情况是，这类会议应在采购企业和供应商所在地轮流举行，会议应重点就如何改进合作的目标和识别未来发展机会等问题进行深入探讨。

（2）举行高层主管参与的供应商会议。双方共同探讨在合作期间遇到的问题，努力寻求解决方案，分享技术发展趋势和未来产品计划。

（3）建立持续改善小组，促进供应商的持续改善。

（4）建立跨企业边界的流程团队，管理和改善供应商关系。

三、供应链采购合同的选择

采购合同明确了供需双方的关系，并对供应链各阶段的运作和绩效都会产生重大影响。理想的情况是，采购合同能够提高供应链各参与体的利润，避免信息扭曲，并激励供应商提高绩效。

（一）提高产品可得性和供应链利润的合同

供应链参与体各自采取行动获得的企业利润通常低于在供应链利润最大化目标下协调供应链各方的行动所产生的利润。比如，供应商希望零售商持有大量库存来应对需求的不确定性，但是零售商更愿意持有较少的库存来减少资金占用、降低储存成本、规避库存风险。供需双方的博弈导致供应链达不到最优的结果。如果供应商设计的合同鼓励零售商多品种联合采购，可以在提高零售商产品可得性的同时增加供应链的总利润。

提高产品可得性和供应链利润的合同主要有以下几种类型。

（1）回购或退货合同。按照供需双方签订的回购或退货合同，供应商允许采购企业以协议价格退回一定数量未销售完或未使用完的货物。

（2）收入共享合同。按照收入共享合同，供应商允许采购企业以批发价购进货物，但按照协议条款的约定，供应商可以分享采购企业的一部分销售收入。

（3）弹性数量合同。按照弹性数量合同，采购企业可以根据市场需求的变化或企业经营运作的需要改变订货量。

（二）协调供应链成本的合同

供需双方的成本差异会导致供应链总成本最优决策的产生。比如，下游企业按照经济订货批量（EOQ）订货，会导致供应链周转库存量加大。而当供应商的订货成本较高时（如日用品的采购），采购企业按照 EOQ 订货也会增加供应商的成本。两种情况都会增大供应链总成本。若供应商采用协调供应链成本的合同，如累计数量折扣合同（如会员制、VIP 等）而非批量折扣合同，鼓励下游企业减小订货批量，就能减弱“牛鞭效应”，同时降低供应链总成本。

（三）促进绩效改善的合同

在多数情况下，采购企业希望供应商参与供应链绩效改善的活动，但是供应商没有积极性。比如采购企业希望供应商缩短供应提前期，以便能更好地预测需求和匹配供需。但是大部分缩短供应提前期的工作需要供应商来做，而采购企业却获取了大部分利益。因为供应提前期缩短以后，需求预测的精度会提高，采购企业的库存量会下降，而供应商的产品销量会减少。为了鼓励供应商缩短供应提前期，采购企业可以使用利益分享合同，让供应商获得一部分缩短供应提前期带来的利益。只要供应商的获益大于其成本，这种激励就会与采购企业的目标一致，带来双赢的结果。

四、制造商与供应商在产品设计阶段的合作

（一）制造商与供应商在产品设计阶段合作的好处

制造商与供应商在产品设计阶段进行合作，可以获得以下好处。

（1）降低产品成本。目前制造商的采购成本占其经营总成本 50%～70%的比重（过去只有 20%），制造商的采购成本占其销售收入 40%～60%的比重，而一般认为零部件 80%的采购成本在产品设计阶段就已经确定。因此，要获得产品的成本竞争力，制造商与供应商在产品设计阶段就必须进行合作。通过合作，可以有效降低产品成本（包括物料的采购成本、物流成本和制造成本）。特别是对于那些提供多样化产品和定制化产品的企业，如果制造商在产品设计阶段不加强与供应商的合作，会极大地增加其产品多样化的成本。

（2）缩短产品开发周期。在产品生命周期缩短、基于时间的竞争（TBC）时代，企业追求的是速度经济效应，缩短产品开发周期非常关键。

（3）让制造商专注于系统集成，以更低的成本制造出更高质量的产品。比如，越来越多的汽车制造商、手机制造商、电脑制造商扮演着系统集成商而非零部件设计者的角色，它们通过整合行业资源，创造了强大的竞争优势。

（二）制造商与供应商在产品设计阶段合作的要求

制造商与供应商在产品设计阶段进行合作，有以下基本要求。

1. 制造商应成为供应链产品设计的协调者

当供应商承担更多的设计角色时，制造商应成为供应链产品设计的协调者。制造商应该为参与产品设计的各方提供共同的零件说明书，并确保当任何一方的零部件设计发生变动时都能够及时与相关各方进行沟通。为此，制造商导入零件与设计数据库非常有必要，这既可以实现参与设计各方的实时信息共享，还能节省大量的时间和成本。

2. 制造商应与供应商充分沟通，确保其为物流和可制造性而设计

当供应商承担更大的设计责任时，制造商应与其充分沟通，确保其为物流和可制造性而设计。

（1）为物流设计。为物流设计是指供应商通过科学的设计来降低物流成本。如供应商通过包装的合理设计来提高运输设备的实载率、减少装卸搬运次数，从而提高物流活动的效率、降低物流活动的成本。再如，制造商和供应商通过实施延迟策略，可降低成品、半成品、零部件的库存水平。具体而言，制造商和供应商通过实施生产延迟策略，可实现大规模定制（包括模块化定制、可调整定制、尺寸定制），这既能满足客户的个性化需求，又可规避供应链的系统风险，还能有效降低产品库存和零部件库存水平。后者主要是通过实施集聚策略，将零部件库存集中储存在物流中心和配送中心等物流设施中，在提高物流节点中零部件库存共享度、保证零部件库存服务水平的同时，大幅度降低零部件的库存水平。

（2）为可制造性设计。为可制造性设计是指供应商设计的零件应便于制造商产品的制造，包括设计通用、标准的零件，设计对称零件及组合零件，使用目录中的零件而非新零件，以及设计容易与其他零件和工具配合的零件等。

［**案例**］　　**福特汽车公司与供应商联合开发新产品**

制造商与供应商在产品设计阶段进行合作的做法在汽车行业比较流行。汽车制造商都要求供应商参与汽车产品从概念设计到完成制造的产品开发各阶段工作。其中，福特公司比较有代表性。福特公司通过与供应商在产品设计阶段的合作，可以在项目获得批准36个月内将新车型推向市场。为了保证有效的沟通与交流，福特公司要求所有的供应商使用相同的设计软件平台。福特公司向供应商公开所有内部数据，并与供应商联合办公。福特公司的工程师与供应商保持经常性的沟通，以协调汽车产品的整体设计过程。这样做的结果是，新产品开发的成本、时间和质量都得到了显著改善。

五、采购执行

采购企业与供应商的交易始于采购企业向供应商下达订单，终于供应商向采购企业交付货品、采购企业验货收货并向供应商支付货款。

1. 正确区分并区别对待直接物料与间接物料

采购企业在设计采购执行流程时，应正确区分并区别对待直接物料与间接物料。直接物料是用于最终产品生产的原材料和零部件等物料（如汽车轮胎），而间接物料是用来支持企业运作的物品（如机器设备的备件、备品和润滑油等）。直接物料与间接物料的比较如表5.4所示。

表5.4　直接物料与间接物料的比较

比较项目	比较对象	
	直接物料	间接物料
用途	生产	维护、维修和支持运作（MRO）
会计科目	产品成本	销售、管理与行政费用
对生产的影响	直接（任何延误都会响应生产）	间接（较少的直接影响）
相对于交易价值的处理成本	低	高
交易数量	大	小

直接物料的采购执行应把握好以下两个关键点：一是采购执行流程应当遵循5R原则，即采购企业应该确保供应商在适当的时间（适时），以适当的成本（适价），将适当数量（适量）和适当质量（适质）的零部件交付到适当的地点（适地）；二是直接物料的采购执行需要从供应链的角度出发以确保供需平衡。为此，采购企业应与供应商实时信息共享、同

步协调运作，实现采购及供应流程与生产流程的无缝衔接，最大限度地降低库存量。

间接物料采购执行流程的关键是降低交易费用，即降低采购企业搜寻货源、与供应商讨价还价、达成协议、订立合同、执行交易、监督履约以及违约处理整个过程的费用。为此，采购企业可将电子采购和招标采购等采购方式有机结合，最大限度地降低间接物料采购执行的交易费用。

需要说明，无论是采购直接物料还是采购间接物料，集中采购都有利于集中企业的采购订单，增强采购企业对供应商的议价能力，并提高供应商生产运作和物流运作的规模经济性，实现双赢。

2. 基于价值/成本和关键程度对采购物料进行分类

结合卡拉杰克模型（见图 5.1），从供应链管理的角度思考，采购物品也可以基于它们的价值/成本和关键程度进行分类。大部分间接物料包含于普通品项中，其采购目标是降低采购成本（包括获取成本和交易成本）。直接物料可进一步划分为大宗采购、关键和战略品项。对于多数大宗采购品项（如包装材料），供应商通常制订相同的销售价格，因此，基于供应商的服务水平以及影响采购企业总体拥有成本（TCO）的绩效指标对供应商进行区分，并对供应商进行分类管理极为重要。招标采购（包括在线竞标/反向拍卖）对降低采购成本比较奏效。关键品项（如供应提前期较长或不稳定的采购物料）的采购目标是确保供应而非降低成本，因此，采购企业应努力提高与供应商供应计划的协调性。对于关键品项，存在一个即使成本高但是响应性好的后备供应源也是有价值的。对于战略品项（如汽车的发动机、变速箱），供需双方应建立长期合作关系，应基于长期的价值/成本对供应商进行评估，应寻找能够进行设计协作并能与供应链其他成员企业协调设计与生产活动的供应商进行合作。

六、采购分析与改善

企业应定期分析采购支出和供应商绩效，并将其作为未来采购决策的依据。企业应分析采购总体拥有成本（TCO）以及对 TCO 有影响的供应商绩效指标（KPI），通过这些 KPI 去评估供应商，从而促进供应商改善其供应绩效。此外，通过供需双方的合作，可以获得很多采购与供应的改善机会。

为了确保供应商提高供应质量、实现持续改善，同时降低采购企业对供应商的监督履约成本（特别是到货的检查、验收成本），采购企业应建立供应商质量认证制度。供应商质量认证是指采购企业通过与供应商合作来评估和改进供应商质量的过程。通过认证的供应商可以享受产品免检的待遇，同时有机会获得更多的订单。此外，采购企业也可以增强依赖少数优质供应商的信心，并通过简化货物验收流程节省时间和成本。供应商质量认证过程如图 5.7 所示。

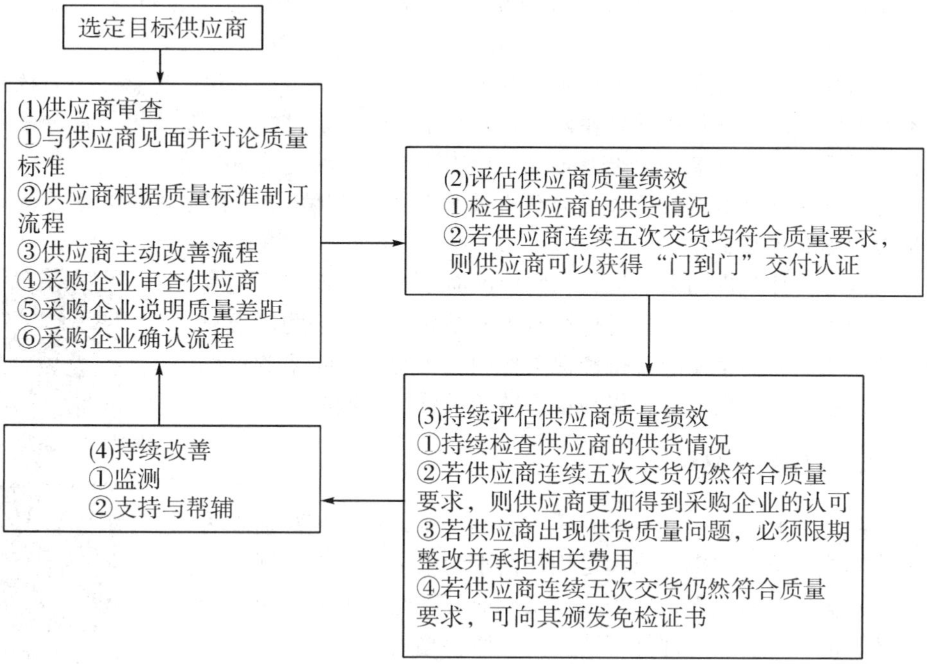

图5.7 供应商质量认证过程

5.5 准时采购的实施与管理

［**案例**］ **中联重科第二制造公司的准时采购**

中联重科第二制造公司主要承担压路机、泵车臂架、摊铺机、铣刨机、水平定向钻、加热机、旋挖钻机等产品的生产和试制任务。由于产品种类多，且多数产品的生产批量不大，中联重科第二制造公司的领导经过分析、研究后，将采购室与计划室调整在一个办公室办公，为中联重科第二制造公司实施准时采购奠定了基础。

一、准时采购的关键之一是采购计划制订的准时化

中联重科第二制造公司将采购室和计划室合署办公，为采购人员获取准时化的生产计划创造了条件。采购人员与计划人员零距离的交流，使其能在第一时间获取生产计划及其变更的信息。接下来，他们主动与技术人员交流，及时了解产品零配件的变更情况；经常深入装配班组和仓库，准确了解零配件的库存情况。在获取上述信息后，采购人员再回过头来与计划人员协调，真正实现了采购计划制订的准时化。

二、准时采购的关键之二是供应商物料供应的准时化

要实现物料供应的准时化，采购企业需要与供应商进行大量的沟通与协调工作。为了实现零配件的小批量采购，采购室对外购件的库存、资金、生产周期和供应周期进行了深入分析，对零配件及供应商进行了分类管理，通过与供应商即时、有效的信息沟通，准确制订小批量的采购计划。尽可能做到需要的零配件一定按时到，暂不用的零配件坚决不让到，有些零配件甚至直接送货上生产线。为了提高外购零配件的质量合格率，公司的质检部和技术部做了大量工作。公司将供应质量不高的供应商直接淘汰，并转由产品质量较好的供应商供应。

准时采购提高了外购零配件的质量，减少了公司流动资金的占用，降低了公司的库存成本。据不完全统计，仅钢材和进口件两项就减少了300万元的资金占用成本。准时采购的成功实施，增强了中联重科第二制造公司对市场需求变化的快速响应能力。

想一想：中联重科第二制造公司为什么要实施JIT采购？JIT采购成功实施的关键是什么？本案例对你有何启示？

准时采购是一种先进的采购模式，它由准时生产发展而来，是为了消除库存和不必要的浪费而进行持续改进的结果。准时采购对准时生产的顺利实施能起到重要的支持和保障作用。成功的准时采购可以增强供应链的系统性和集成性，提高供应链的敏感性和响应性。

准时(JIT)采购（微课）

一、准时采购的含义

准时（JIT）采购的概念与内涵（微课）

准时采购也称JIT（just in time）采购，是一种以满足用户需求为目的的采购模式。该采购模式以满足用户需求为根本出发点，通过变革采购方法并优化采购流程，使采购与供应业务既能灵敏地响应生产的变化，又能使原材料、零部件等物料向零库存趋近。

准时采购的基本思想是：采购企业在适当的时间和适当的地点，以适当的方式和适当的成本从上游供应商处采购并使之向企业提供适当数量和适当质量的物料。

二、准时采购的特点

准时（JIT）采购的特点（微课）

准时采购和传统的采购模式在质量控制、供需双方的关系、供应商的数量、交货期的管理等方面有诸多不同。其中关于供应商的选择和质量控制是核心和关键。

相对于传统的采购模式，准时采购具有以下主要特点。

（一）供应商的数量更少

传统的采购模式一般是多头采购，供应商的数量较多。减少供应商的数量对采购企业更有利。一方面，这有利于采购企业管理供应商，有利于降低采购成本；另一方面，有利于供需双方建立长期稳定的合作关系，供应质量更能得到保证。但是，采用单一供应源（单一来源采购）往往有风险，比如供应商缺乏竞争意识、采购企业面临供应商的连带经营风险等，前已述及，不再赘述。

［案例］　**供应商的数量优化**

减少供应商的数量，企业保持同少数实力雄厚的供应商的合作，有利于提高供应质量。英国某大型企业原来经过认证的供应商有23 000家，在过去几年中供应商的数量优化为7 500家。在每年数以亿计的采购支出中，81%的采购支出仅集中在87家优质供应商身上。减少了同类供应商的数量，采购企业就可以将主要的精力和资源投放到少数重要供应商身上，这有利于供需双方商讨合作与变革，实现双赢。

想一想：案例中企业的做法体现了何种管理方法？为什么？

（二）对供应商的选择标准更严

在传统的采购模式中，采购企业在选择供应商时主要关注价格，供需双方一般是临时或短期的合作关系。当需方发现供应商不能满足其需求时，可以通过市场机制对供应商进行重新选择。但在准时采购模式中，由于供需双方是长期的合作关系，供应商的合作意愿与能力、物料供应的可靠性、供需双方计划的协调性、运作的协同性等诸多因素高度影响准时采购的成功实施。因此，准时采购对供应商的选择标准更严、要求更高。

（三）对交货准时性的要求更高

准时采购的一个重要特点是供应商能够准时、准点将物料送达采购企业指定的交货地点（可能是生产线，也可能是生产基地旁边的 VMI 仓库[①]），以便对准时生产提供有效支撑。能否实现准时交货取决于供需双方计划的协同性、供应商的生产规模与生产能力以及高效的物流运作与组织。必要时，采购企业还需要对供应商进行准时采购与供应的培训。

（四）供需双方实时信息共享

准时采购的实施要求供需双方实时信息共享。为此，需要将采购企业和供应商的信息系统进行集成。采购企业授权供应商在一定的权限范围内访问其信息系统以获取必要的信息，如采购企业的生产计划与生产进度的信息、物料需求计划等信息，以便供应商在需求信息的驱动下制订或调整其生产计划及物料供应计划，实现供应流程与生产流程的无缝衔接。

（五）多频次小批量采购与供应

多频次小批量采购是准时采购的一个基本特征。准时采购与传统采购模式的一个主要区别是，准时采购服务于准时生产，而准时生产需要减少生产批量（多频次小批量生产），相应地，需要采用多频次、小批量的采购与供应方式对其提供有效支撑。

三、准时采购的实施

准时（JIT）采购成功实施的条件（微课）

（一）准时采购的实施条件

为了保证准时采购的成功实施，采购企业应做好以下几方面的工作。

1. 与供应商建立战略联盟

采购企业与供应商应建立一种长期合作、互惠互利的战略伙伴关系。基于双赢的战略伙伴关系能规避任何一方的“短视”行为，并有利于调动供需双方参与解决共同问题的积极性。

2. 建立完善的供应商网络

采购企业应建立由不同层次的供应商参与的供应网络，并逐步减少同类供应商的数量，同时加强与关键供应商的合作。一般而言，供应商数量越少越有利于供需双方加强合作。但采购企业对原材料、零部件的需求是多元化的，因此，采购企业应根据需要选择适当数量的供应商，建立并逐步完善供应商网络。

3. 采购与供应过程须严格需求拉动

供应链采购是订单驱动式采购。供需双方在订单的驱动下开展工作，其目的是实现准时化、同步化运作。为此，供需双方须建立有机联动机制（类似于实施“并行工程”）。首

① 根据汽车行业和其他典型行业的情况，VMI 仓库离整机组装厂的距离一般不超过 5 千米，以方便物料的排序上线（JIS）。

先，供需双方应在协同预测需求的基础上制订供应链计划。接下来，当采购企业对原材料、零部件及其他外购件产生需求时，供应商就必须着手准备供应工作。与此同时，企业的采购部门根据生产部门的需要编制详细的采购计划，当采购部门把详细的采购订单发送给供应商时，供应商就能在较短的时间内将企业所需的物料交付。当顾客需求发生变化时，客户订单又拉动采购订单发生变化。在这样一种“以变应变”的变化过程中，如果企业不实施 JIT 采购，供应链就很难能够适应不断变化的市场需求。因此，准时采购必须严格需求拉动。

4. 与供应商进行沟通并向其提供培训服务支持

准时采购的成功实施，要求供应商了解准时采购的运作模式与运作要求，包括供需双方就 JIT 采购项目相关组织结构的建立、准时采购与供应计划的制订、准时采购运作中供需双方的协同以及其他对供应商的具体要求。为此，采购企业需要与供应商进行沟通，必要时还应该对供应商进行培训。

5. 参与供应商的产品设计和产品质量控制过程

为了确保准时采购的成功实施，采购企业应该参与供应商的产品设计和产品质量控制过程。供需双方应共同制定有关产品的质量标准与作业标准，使需求信息能更好地在供应商的业务活动中体现出来。

6. 协调供应商的供应计划

从中联重科第二制造公司准时采购的案例中我们不难发现，实施准时采购，企业不但要做到采购计划制订的准时化，还要做到供应商物料供应的准时化。为此，采购企业就必须协调供应商的供应计划。这是准时采购成功实施的一个关键条件。

7. 高效率、低成本的物流运输

多频次、小批量的 JIT 采购，必然会增加运输、配送的次数和成本。若是全球采购，物流运作实施的难度就更大。为此，需要实现整合运输，采用“循环取货”（milk-run）方式，将多个供应商的小批量货物集中起来作为一个运输单位进行运送，以保证按时交货，并降低物流成本。此外，引入第三方物流，寻找货运代理公司，或就近选择供应商等也是较好的途径。

8. 决策层的支持

准时采购的实施需要得到企业决策层的支持。JIT 管理思想认为，库存使企业负债，因而库存是一种浪费。JIT 采购是企业 JIT 运作管理体系的一部分。实施 JIT 管理要求对企业整个体系进行变革，需要大量投资并花费管理者很多精力和时间，同时也存在较大的风险。如果没有企业决策层的支持，或者资源投入不足，抑或部门之间缺乏协调，准时采购难以取得成功，更难以发挥优势。

（二）准时采购的实施要点

企业在实施准时采购时应该把握好以下要点。

准时（JIT）采购
实施的要点（微课）

1. 创建 JIT 采购团队

世界一流企业的专业采购人员有三项职责：寻找货源、商定价格、发展与供应商的合作关系并不断改善。因此，专业化、高素质的采购团队对 JIT 采购的成功实施至关重要。为此，采购企业首先应成立两个小组，一个是专门处理供应商事务的小组，该小组的任务主要有四点：一是评估和认定供应商的信誉与能力，二是与供应商谈判并签订准时供应合同，三是向供应商颁发免检证书，四是对供应商进行培训。另一个小组专门从事消除采购过程中浪费的事务。这些人员对准时采购应有充分的认识和了解，必要时要接受专业培训。同时，供应商也应该成立参与 JIT 供应的团队，应明确该团队的职责，包括如何与采购企业的相关部门和人员对接，从而实现高效、一体化的采购与供应运作，实现供应流程与生产流程的无缝衔接。

2. 制订 JIT 采购计划

古人云，预则立，不预则废。可见计划工作的重要性。JIT 采购要成功实施，采购企业首先要制订 JIT 采购计划。该计划包括以下主要内容：哪些人员参与采购，人员如何分工，各有何职责；何时采购，采购多少；采购部门如何与供应商衔接、实现运作协同；采购企业如何与供应商实现信息共享等。有了 JIT 采购计划，才能确保准时采购的顺利实施，才能达成 JIT 采购的预期目标。

3. 精选少数供应商，建立战略伙伴关系

JIT 采购的成功实施，离不开少数优质供应商的支持与配合，为此，采购企业应精选少数供应商，并与之建立战略伙伴关系。在选择供应商时，应充分考虑供应商的合作意愿、供应的可靠性、供应的灵活性、研发能力、技术水平、地理位置等因素。

4. 先试点，再推广

采购企业可以先进行某种产品生产物料的 JIT 采购试点。在试点过程中，取得企业相关部门以及供应商、物流商的支持很重要。通过试点，总结经验，为全面实施准时采购奠定基础。

5. 做好供应商的培训，确定共同目标

一般而言，采购企业应该对供应商进行 JIT 采购与供应的培训。培训的内容包括 JIT 采购的理念、内涵、目标、运作模式与要求、计划的制订与实施以及运作协同机制、信息共享机制（供需双方的信息系统如何集成，在何种程度上实现信息共享）、合作双赢机制、绩效评估体系和奖惩机制等的建立。通过培训，双方达成一致的目标，彼此才能更好地协调，共同做好 JIT 采购与供应工作。

6. 向供应商颁发物料免检合格证书

JIT 采购和传统采购方式的不同之处在于，采购企业无需对采购的物料进行较多的检验（以事前控制和事中控制取代传统的事后控制）。要做到这一点，需要供应商提供 100%合格的物料。当供应商达到这一要求时，采购企业即可向其颁发免检证书。这是对供应商的一种激励。

7. 实现配合 JIT 生产的交货方式

JIT 采购服务于 JIT 生产，为此采购企业要和供应商协同实现从预测的交货方式向准时化适时交货方式转变。因此，采购企业应在适当的时间让供应商共享其生产计划与生产进度的信息，必要时可在供应商处驻员，甚至引入第四方物流服务商对多供应商条件下的多家第三方物流服务商进行管理，以实现供应物流的一体化，进而实现供应物流与生产物流、采购流程与生产流程的无缝衔接。

8. 持续改善，扩大成果

JIT 采购是一个不断完善和改进的过程，需要采购企业在实施中不断总结经验，提高物料的质量和交货的准时性，提高准时采购与供应的运作绩效。

需要说明，采购企业和供应商应该把 JIT 采购与供应当成项目来对待和管理，包括目标设置、人员配备、计划安排、监督评估、奖惩与激励机制等诸多内容。只有从上述各方面入手，把工作做实，才会获得预期的成效。

小结

采购与供应管理的总目标是以最低的总成本为企业供应生产经营所需的物料和服务，应满足5R（适时、适量、适质、适价、适地）的原则。采购与供应管理的策略包括确保供应、AB角制、ABC分类等。供应细分分析方法（卡拉杰克模型）是采购与供应战略决策的基本方法。企业应在单源供应与多头采购之间进行正确的决策。供应商的评估、选择和淘汰都有其基本流程。企业对供应商的评估贯穿与之合作的整个过程。采购企业应正确区分并区别对待直接物料与间接物料，可以基于价值/成本和关键程度对采购物料进行分类。企业应定期分析采购支出和供应商绩效，并将其作为未来采购决策的依据。传统采购管理是以交易为导向的战术职能，现代供应管理则是以流程为导向的战略职能。基于信息技术的协同采购正成为现代企业采购流程的核心，也称为基于供应链管理环境下的电子化协同采购。企业应树立供应链采购观念，即企业不仅要获得采购的物品，关键是要获得供应商的能力。供应链采购是为订单而采购，供需双方应建立战略伙伴关系。供应商伙伴关系是供需双方在相互信任的基础上，为实现共同的目标而建立的信息共享、风险共担、共同获利的协议关系。供应商关系包括短期目标型、长期目标型、渗透型、联盟型和纵向集成型。供需双方的早期介入（EPI）非常重要。供应链采购合同包括提高产品可得性和供应链利润的合同、协调供应链成本的合同、促进供应链绩效改善的合同。JIT采购是指在适当的时间、适当的地点，以适当的方式和适当的成本从上游供应商处采购并使之向企业提供适当数量和适当质量的物料。成功的JIT采购可增强供应链的系统性和集成性，提高供应链的敏感性和响应性。企业应将JIT采购当成项目来对待和管理。

同步测试

一、判断题

1. 采购与供应管理的总目标是以最低的总成本为企业供应生产经营所需的物料和服务。（　　）
2. 采购与供应管理的具体目标是适时、适量、适质、适价、适地。（　　）
3. 供应细分分析方法是采购与供应战略决策的基本方法。（　　）
4. ABC分类法是采购与供应战略决策的基本方法。（　　）
5. 企业应在单源供应与多头采购之间进行正确的决策。（　　）
6. 企业在选择供应商时应该对其进行评估，在与供应商合作后就无须对其进行再评估。（　　）
7. 采购企业应该正确区分并区别对待直接物料与间接物料，可以基于价值/成本和关键程度对采购物料进行分类。（　　）
8. 企业应定期分析采购支出和供应商绩效，并将其作为未来采购决策的依据。（　　）
9. 传统采购管理是以流程为导向的战术职能，现代供应管理则是以交易为导向的战略职能。（　　）
10. 基于信息技术的协同采购正成为现代企业采购流程的核心，也称为基于供应链环境下的电子化协同采购。（　　）

二、单选题

1. AB 角制也称（　　）。

A. ABC 分类法　　B. 重点管理法
C. 供应细分分析方法　　D. 以上都不是

2. 供应链采购观念是指（　　）。

A. 企业不仅要获得采购的物品，关键是要获得供应商的能力
B. 企业需要获得采购的物品，不可能也不需要获得供应商的能力
C. 企业无须获得采购的物品，关键是要获得供应商的能力
D. 企业无须获得采购的物品，也无须获得供应商的能力

3. 供应链采购是（　　）。

A. 为库存而采购　　B. 为订单而采购
C. 为补充库存而采购　　D. 为了把握有利的采购时机而采购

4. 下列不属于供需双方早期介入的是（　　）。

A. EPI　　B. EBI　　C. EDI　　D. ESI

5. 在线竞标也称（　　）。

A. 反向拍卖　　B. 正向拍卖　　C. 在线招标　　D. 网络招投标

6. 下列不属于制造商与供应商在产品设计阶段合作的好处的是（　　）。

A. 降低产品成本　　B. 缩短产品开发周期
C. 使制造商专注于系统集成　　D. 让制造代替流通加工

7. 下列关于 VMI 和 EOQ 的说法正确的是（　　）。

A. EOQ 优于 VMI　　B. VMI 优于 EOQ
C. 两者各有千秋　　D. VMI 和 EOQ 都不好

8. 下列不属于提高产品可得性和供应链利润合同的是（　　）。

A. 回购或退货合同　　B. 收入共享合同
C. 弹性数量合同　　D. 通过在线竞标签订的合同

9. 一般而言，采购企业在选择供应商时应该重点关注（　　）。

A. 成本　　B. 价格　　C. 交货期　　D. 质量

10. 下列不能反映交付性能的指标的是（　　）。

A. 供应提前期　　B. 交货准时性　　C. 供应灵活性　　D. 货品可得性

三、多选题

1. 采购与供应管理策略包括（　　）。

A. 选择可靠的供应商以确保供应　　B. AB 角制
C. ABC 分类　　D. 供应细分

2. 卡拉杰克模型即（　　）。

A. 供应细分分析方法　　B. 供应细分图
C. 供应象限图　　D. 四象限矩阵

3. 供应商的评估要素包括（　　）。

A. 质量　　B. 成本　　C. 交付　　D. 服务

4. 供应商的评估流程包括（　　）。

A. 成立评估小组　　B. 制订评估标准

C. 供应商评估　　D. 供应商淘汰

5. 供应商的选择方法包括（　　）。

A. 经验评价法　　B. 直观判断法　　C. 招标法　　D. 采购成本比较法

6. 供应商的淘汰流程包括（　　）。

A. 列出供货明细

B. 判断是单源供应还是多头采购

C. 多头采购需重新认证供应商或启用后备供应源，单源供应需进行供货配额调整

D. 供应商淘汰

7. 供应商伙伴关系是供需双方在相互信任的基础上，为实现共同的目标而建立的（　　）关系。

A. 信息共享　　B. 风险共担　　C. 共同获利　　D. 协议

8. 供应商关系包括（　　）类型。

A. 短期目标型　　B. 长期目标型　　C. 渗透型　　D. 联盟型

9. 供应链采购合同包括（　　）。

A. 提高产品可得性的合同　　B. 提高供应链利润的合同

C. 协调供应链成本的合同　　D. 促进供应链绩效改善的合同

10. JIT 采购的特点包括（　　）。

A. 供应商的数量更少　　B. 对供应商的选择标准更严

C. 对交货准时性的要求更高　　D. 多频次小批量采购

四、情境问答题

1. 近年来飞机制造业增长变缓，行业出现了并购风潮，F 公司就是这样一家公司。它是由生产机翼、机身、尾翼等部件的多家公司合并而成。合并前，生产这些部件的公司单独向飞机制造商供货。合并以后，原来这些公司就变成了 F 公司下属的制造事业部，但还是相互独立运作。

新公司经过一段时间运作后发现，各事业部的原材料库存量很大，许多事业部存储的原料是相同的，但彼此并不知道。F 公司决定调整采购权限，但许多事业部抵制，如机翼制造部就反映说他们正在试用新型材料，一旦出现问题供应商就到现场处理。他们不同意公司实行集中采购的决定。

根据以上信息，请回答以下问题：

（1）请结合案例分析，F 公司出现大量原料库存的原因有哪些？

（2）多家公司合并为一家，请分析原因。

（3）请分析，为什么 F 公司的制造事业部要抵制公司集中采购的决定？

（4）从采购的角度分析，你认为 F 公司可以采取哪些措施来解决各事业部对集中采购的抵制问题？

2. X 集团公司根据采购物料金额的大小，对所购物品进行了 ABC 分类。A 类是指那些品类较少，但采购金额较大的物品；C 类是指那些品类很多但采购金额很少的物品；B 类介于其间。根据分类，他们对 A 类物品实施了集中采购，对 C 类物品实施了分散采购，对 B 类物品实施了混合采购（公司主管领导认为，混合采购即下属企业可以从集团公司的物资超市采购，也可以自行采购）。

根据以上信息，请回答以下问题：

（1）X 集团公司采用 ABC 分类法对所购物品进行采购的做法是否合理？为什么？

（2）请评价 X 集团公司对所购物品进行的 ABC 分类。

3. K 公司为日本某大型连锁超市，年销售额达 2 000 亿日元，经营品种约 1.5 万种。公司总部的商品部负责采购业务。在商品部的采购业务中，集中采购约占总采购额的 67%，其余为分散采购。你认为商品部在决定一种商品是采用集中采购方式还是分散采购方式时应主要考虑哪些因素？

4. 王经理是高德集团公司总部的采购经理。高德集团的采购方式是由各个子公司分散采购。王经理经过对以往采购方式的分析、总结，向公司高层提出，集团内部包括各子公司的重要零部件应由集团总部集中采购，其他零部件仍由各子公司分散采购，并且为了保证集团各分公司的生产能按照生产计划顺利进行，要对原有的供应商进行评估、淘汰。集团高层经过研究，同意了王经理的建议。

（1）你认为高德集团公司的采购方式发生变化的理由是什么？

（2）请为王经理制定一个供应商的评估流程。

（3）请为王经理制定一个供应商的淘汰流程。

5. 请结合“5.5 准时采购的实施与管理”中关于“中联重科第二制造公司的准时采购”案例回答以下问题：

（1）中联重科第二制造公司为什么要实施 JIT 采购？

（2）为了能够顺利实施准时化采购，中联重科第二制造公司在组织结构设计上采取了何种措施？有何好处？

（3）采购部门是如何制订 JIT 采购计划的？

（4）中联重科第二制造公司对零配件采取了何种管理方法？有何好处？

（5）中联重科第二制造公司对供应商采取了何种管理方法？有何好处？

（6）“尽可能做到需要的零配件一定按时到，暂不用的零配件坚决不让到，有些零配件甚至做到由供应商直接送货上生产线。”请分析中联重科第二制造公司这样做的好处。并请分析如何才能实现这一目标？

（7）中联重科第二制造公司的 JIT 采购取得了哪些成效？

（8）中联重科第二制造公司在实施准时化采购中有哪些成功经验？

（9）你认为准时化采购实施成功的关键是什么？

五、计算题

C 公司主要从事工程建筑。公司采购部负责施工物资的采购。公司对采购部 2005 年上半年的工作进行了一次绩效考核。公司上半年完成产值 3 700 万元。采购部门获取的施工物资采购预算额度为产值的 65%。预算包括所需物资成本和物资保管费。所需物资成本即合同金额，物资保管费按合同金额 1.5%计。根据 2005 年上半年报表显示，采购部共收到需求计划 73 份，所需物资品类共 1 026 种。采购部根据需求计划和供应商签订了 57 份合同，包括物资品类 1 015 种。合同总金额为 2 323 万元。上半年，实际到货 107 批次，物资品类 964 种。公司共对所到物资抽检 362 种，其中 355 种合格，7 种不合格。不合格的物资品类已经从供应商得到及时补货，没有影响生产。

根据上述信息，请通过计算对 C 公司采购部的绩效进行评价：

1. 该公司采购部是否完成了公司施工物资采购预算额度？

2. 根据采购物资抽检数据，采购物资合格率为多少？

3. 按采购物资品类计算，采购部门采购计划完成率为多少？（注：计算结果四舍五入取整数）

六、案例分析题

成都统一企业与供应商的合作

成都统一企业食品有限公司是一家综合性的食品企业，主要生产和经营方便面、饮料和肉品。公司现有 5 条方便面生产线，2 条无菌宝特瓶（PET）生产线，1 条制瓶生产线以及一个肉品生产厂，均采用国际先进生产设备，并于 2001 年 10 月通过了 ISO9001—2000 质量认证体系认证。

成都统一企业实施品牌经营战略，视产品质量为生命线，对原材料质量的把关极为严格。非常重视与供应商的合作，对供应商的选择极为慎重，一旦选定了供应商，双方便建立长期的合作关系。

在选择供应商时，一般遵循就近原则。公司先请供应商送样品进行测试，测试合格后再请供应商初步报价，并专门成立了由公司的研发、生产、管理等部门课长以上人员组成的评估小组，对供应商的生产作业环境、生产制造程序、物流环境条件（仓储环境、运输条件）等进行实地考察，并进行综合评估。在评估供应商时，公司充分考虑供应商的合法性与供应品质。如果评估结果符合公司的要求，接下来就进入小批量供货试合作。如果批量供货试合作的效果较好，双方将经历 3~5 个月的磨合期。这段时间结束后，公司会再次对供应商进行评估，并将结果反馈给供应商。如果在此期间合作默契，双方将签约以长期合作。

在双方的合作中，成都统一企业从不拖欠供应商货款，并催供应商前来收款，在供应商急需资金时，甚至可以提前预付货款。成都统一企业不但对供应商提供资金支持，还无偿地提供教育、培训支持，涉及技术与管理领域，包括作业指导、操作标准、品管制度、分析检验等方方面面，并派员亲临供应商企业现场进行指导。通过这种方式，对原材料及其供应品质进行掌控（品质厂商控管）。此外，公司还帮助供应商进行采购价格谈判。

成都统一企业探索出了“滚动预估法”（滚动计划法），积极实施了准时化（JIT）采购。具体而言，公司每月于某固定时日将未来 2~3 个月的需求计划告知供应商，让其做好供应准备；在具体需要原料之前再给供应商下达交货通知单，滚动向前。这样运作，既降低了原材料的库存，降低了采购成本，又满足了公司对原材料多频次、小批量生产的需要，极大地提高了供应链对市场需求的响应能力，提高了经营运作的柔性。

成都统一企业非常重视对供应商的评估与管理，在双方的合作中，充分起到了供应链核心企业的作用。该公司目前有供应商 200 多家，数量多、分布广。为了提高效率，公司实行电子采购，包括网上订购、网上议价等。公司每月对供应商的供应能力、交货品质及信用等进行评估，并评出甲、乙、丙、丁四个等级。每季度出一份评估报告，年终再出一份年度评估报告。对不符合要求的供应商限期整改，经整改仍不符合要求者取消其供应商资格。

根据案例提供的信息，请回答以下问题：

1. 成都统一企业对供应商的选择为什么很严？
2. 成都统一企业为什么多次对供应商进行评估？其用意何在？
3. 成都统一企业在评估供应商时为什么关注其合法性与供应品质？
4. 请描述成都统一企业选择供应商的程序。
5. 成都统一企业为什么就近选择供应商？
6. 成都统一企业为什么要帮助供应商进行采购价格谈判？为什么要向供应商提供无偿的帮助？
7. 成都统一企业为什么要亲临供应商企业现场进行指导？这对双方各有什么好处？
8. 请阐述滚动计划法在 JIT 采购中的好处。

任务6

供应链生产管理

【素质目标】

1. 树立系统观念。
2. 具有协同理念。
3. 具有绿色环保理念。
4. 具有成本意识。
5. 具备创新精神。
6. 具备合作精神。
7. 具备精益求精的工匠精神。
8. 具备耐心细致的品质。
9. 具备与时俱进的品质。
10. 具有社会责任感。
11. 具备良好职业道德。
12. 具有专业认同感。

【知识目标】

1. 了解供应链生产系统。
2. 树立供应链生产观念。
3. 掌握典型的生产方式。
4. 理解典型的生产策略。
5. 掌握大规模定制。
6. 掌握供应链生产计划的制订方法。
7. 掌握供应链生产控制与协调的机制与方法。

【能力目标】

1. 能正确选择供应链生产方式。
2. 能正确选择供应链生产策略。
3. 能制订供应链生产计划。
4. 能进行供应链生产控制与协调。

【引例】

R公司的"插单"生产策略

案例：R公司的"插单"生产方式（微课）

R公司是一家化工产品制造商，主要产品为多种加工添加剂，这些添加剂是橡胶、塑料、润滑油和皮革制品等所需的高质量特殊助剂。

R公司采用按订单生产和按库存生产两种策略。首先根据市场预测制订生产计划，在生产过程中也会有客户下订单，即插单。对于插单，公司先是检查成品库存，如果成品库存不能满足客户的订单，或是客户要求新配方的产品，公司参照订单的时间要求马上重新制订生产计划，安排生产。R公司共有四条生产线，每条生产线生产一大类产品，可以切换不同的产品，每次切换要对生产线进行清洗，防止前批次生产的残留物影响后批次产品的质量，每次清洗需要1~2个小时。

公司发现成品库存和原料库存都维持在较高的水平上，为此，公司一直在努力降低库存，但收效甚微。计划部门准备增加生产的批次，同时降低每一批次的产量，这引起了生产部门的不满，生产部门与计划部门为此事经常发生争执。

引导问题：

1. R公司的生产线能切换不同产品，这种能力对R公司有什么益处？
2. R公司的插单生产策略要求R公司具备哪些能力？
3. R公司为什么要采用多批次小批量的生产方式，生产部门为什么对此不满？
4. 可能是哪些因素导致R公司的成品与原料库存水平较高？这些因素中，哪些是R公司无法控制或改进的？为什么？
5. 采用什么方法可以较快地解决R公司的成品和原料库存水平较高的问题？
6. 怎样才能从根本上降低R公司的成品和原料库存水平？

在供应链管理环境下，生产运作系统、生产计划的制订和控制与传统生产管理有了较大的区别。认识供应链管理环境下生产运作管理的特点，正确运用供应链管理环境下生产计划与控制的基本方法，对提升供应链竞争力具有非常重要的意义。

6.1 供应链生产系统认知

［**案例**］ **供应链管理全球顶尖企业的生产过程**

想象一下你站在一座现代化工厂里的情景。机器人有条不紊地组装着最新的产品，自动导引车（AGV）穿梭其中，将物料精准地送到生产线上。远程操控室里，工程师们正通过数字孪生技术实时监控整个生产过程。这不是科幻电影的场景，而是供应链管理全球顶尖企业当前生产过程的真实写照。

生产活动是人类最基本的活动，是创造社会财富的主要来源。生产是供应链的一个关键环节的活动，企业通过生产活动创造产品的价值和使用价值，以此来满足消费者的需求，进而获取利润。供应链生产管理的主要目标是控制产品质量、生产成本、投入与产出的时间（出产循环期或出产节拍）及生产运作的柔性。

［小贴士］　　　　　　　**中国拥有全球最完整的工业体系**

中国具有世界规模最大、门类最全、配套最完备的制造业体系，建立起了涵盖41个大类、207个中类、666个小类的完整工业体系，成为全世界唯一拥有联合国产业分类中所列全部工业门类的国家。2010年中国制造业增加值首次超过美国。2021年中国制造业增加值规模达31.4万亿元，占GDP的比重为27.4%。我国制造业增加值已连续12年居世界第一。220多种工业产品产量居世界首位。

一、供应链生产系统的概念与内涵

供应链生产运作系统的概念与内涵（微课）

（一）生产系统

生产系统是由人和机器构成的，能够将一定的输入资源转化为特定输出（期望产出）的有机整体。生产系统是生产运作与管理的有机结合体。企业通过生产运作活动将物料等资源转换为产品或服务，而管理系统则为生产运作活动设置目标，制订计划，组织实施，并对生产过程进行控制、纠偏与绩效评估，使之适应不断变化的内外部环境条件。生产运作系统如图6.1所示。

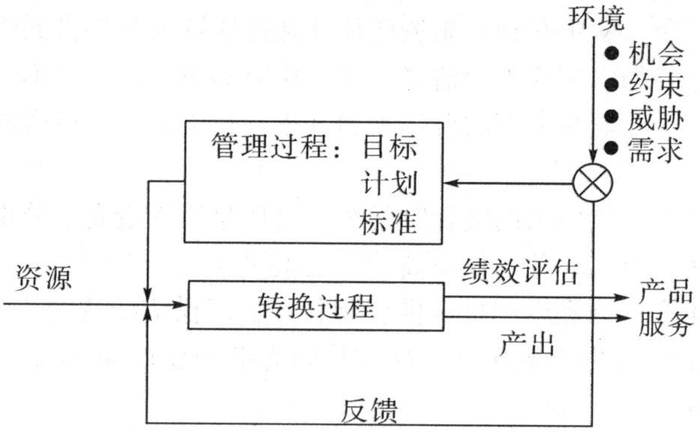

图6.1　生产运作系统

由图6.1可知，在生产系统中，首先由企业分解年度经营目标得到生产目标，生产计划部门据此制订生产计划，接着企业组织生产要素的投入，生产管理部门通过对生产过程的控制，将投入的生产要素转换为产品或服务。生产系统根据控制标准衡量实际生产绩效，发现偏差并纠偏，确保生产过程能够满足企业经营的需要。

在生产系统中存在两个关键的流程：物流和信息流。生产要素的投入、转换和产品的产出反映了物料的流动轨迹，它们从供应商开始，在工厂中按照工艺流程顺序流经各个工作地，最后向需方流动。信息流包括生产计划、生产任务、生产指令、控制标准（如期量标准）及生产物流等信息。生产管理系统通过信息流来控制物流，而生产物流则对生产过程提供有效支撑。因此，企业生产系统信息化水平的高低在很大程度上决定了生产系统的管理效率。

（二）供应链生产系统

随着供应链管理时代的来临，企业生产系统的范围扩大了，供应商和用户也被纳入该系统，成为其中的关键构成要素。我们称之为供应链生产系统（见图6.2）。

由图6.2可知，该系统由六个部分组成，即供应商、用户、资源投入、生产转换、产品（或服务）产出和管理系统。下面主要就供应商和用户在供应链生产系统中的作用分别加以说明。

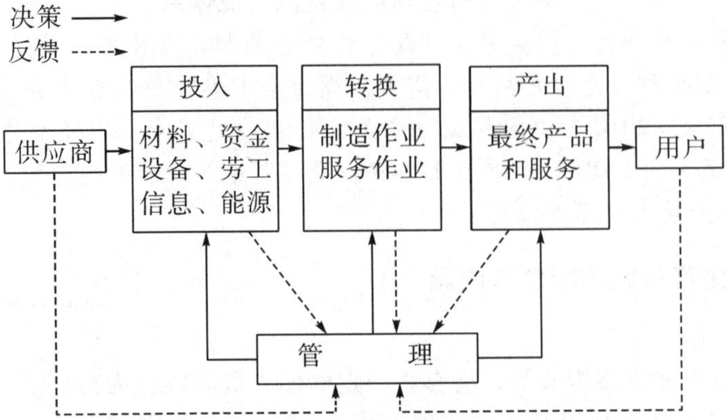

图 6.2　供应链生产系统

1. 供应商的作用

供应商是生产要素的生产者和供应者。传统意义上，制造商与供应商之间是以价格或合同为基础的委托—代理关系。制造商与供应商之间以竞争为主、合作为辅。制造商甚至挑起众多供应商之间展开竞争，从中获利。制造商往往选择能够为其提供低价格、高质量的资源及服务的供应商。被选择的供应商十分清楚，这一次能够被选择，并不意味着下一次也能够被选择。因此，他们不会在与制造商的合作中为其进行投资，而制造商的物料供应也未必能够得到保障。

在供应链管理环境下，供应商的交货时间和交货质量对制造商十分重要。因而，制造商应该把供应商纳入其生产系统，并与供应商建立互利共赢的合作伙伴关系。理想的情况是，供应商按照制造商的生产计划和生产进度供应物料，实现供应流程与生产流程的无缝衔接。供应商甚至应该参与制造商的产品开发，双方共同为缩短新产品上市的周期及缩短生产周期而通力合作。

2. 用户的作用

用户在供应链生产系统中的作用是为制造商和供应商等上游企业提供产品需求信息。过去，制造商按照自己的想法来开发产品，往往因产品不符合用户的需求而招致失败。今天，制造商认识到，用户的信息反馈对其新产品的开发与设计至关重要。把用户纳入供应链生产系统，使其参与新产品的开发，制造商根据客户订单开展供应链运作活动，不但能够有效规避供应链运作风险，还能够提高客户满意度。这是用户在供应链生产系统中的价值所在。

二、供应链生产系统的目标

企业经营环境和用户对产品的要求体现在产品品种、产品款式、产品质量、产品数量、产品价格、相关服务、交货期和环境保护等方面。通过产品（或服务）这种供应链生产系统和环境联系的纽带，我们可以把环境的要求转化为环境和产品对供应链生产系统的要求。相应地，供应链生产系统具有以下八个目标。

（1）创新目标。这是指供应链生产系统应该具有不断开发新产品的能力，这是用户对产品的品种及款式等要求不断发生变化的必然结果。供应链生产系统的创新目标不仅体现在适应产品品种变化这一要求上，同时还表现在对采用新技术及新工艺的要求上。

（2）质量目标。产品的质量是通过供应链生产系统的质量来保证并在生产过程中获得的。供应链生产系统的质量目标包括对生产系统构造的质量要求和对生产系统运行的质量要求两个方面的目标。

（3）柔性目标。环境是动态、复杂与多变的，用户对产品品种及数量的要求经常会发生变化。因而，供应链生产系统必须适应这种变化才能够赢得市场。这就要求供应链生产系统具有环境适应性这一柔性目标。

（4）成本目标。在市场竞争日益激烈的今天，在产品同质化竞争的前提下，企业之间的竞争主要表现为产品价格①的竞争。因此，供应链生产系统必须具有控制生产成本的能力。

（5）继承性目标。用户在进行产品购买决策时，通常会考虑到产品购买之后的安装调试、维修保养及技术升级后的配套服务等支持与保证，这就要求供应链生产系统具有继承性、可扩展性与兼容性。而且，从生产技术和生产工艺的角度来说，继承性也是非常重要的。

（6）提前期目标。随着市场竞争的加剧，用户对缩短供应提前期（LT）的要求越来越高。而缩短供应提前期必然要求供应链生产系统缩短出产循环期或出产节拍。为此，供应商及合同制造商等供应链合作伙伴在供应链生产系统中的协同显得越来越重要。

（7）环境保护目标。供应链生产系统应该能够生产出符合环境保护要求的产品并使生产系统的运行符合环境保护的要求。为此，绿色制造、绿色采购、绿色物流②、绿色供应链应运而生，成为历史的必然选择。

（8）自我完善目标。供应链生产系统应该具备根据系统自身内部结构的特点，不断协调各构成要素之间关系的能力，从而保证供应链生产系统在不断发展变化的过程中，始终能够保持系统内部的协调。

在供应链生产系统的上述八个目标中，创新目标、质量目标、柔性目标、继承性目标、环境保护目标和自我完善目标属于功能性目标，而成本目标和提前期目标属于效率性目标。功能性目标代表对供应链生产系统未来所应具备功能的规划和期望，决定供应链生产系统的基本构成和未来的运行方向；而效率性目标则表示对供应链生产系统功能发挥程度的要求，保证功能目标具体内容的合理性。

三、供应链生产系统的结构

供应链生产系统的功能取决于供应链生产系统的结构形式。而供应链生产系统的结构是供应链生产系统的构成要素及其组合关系的表现形式。供应链生产系统的构成要素很多，一般包括结构化要素和非结构化要素两类。

1. 生产系统的结构化要素

结构化要素是指供应链生产系统中的硬件及其组合关系。它是构成供应链生产系统主体框架的要素，主要包含生产技术、生产设施、生产能力和生产系统的集成等“技术”要素。其中，生产技术包括生产工艺特征、生产设备构成、生产技术水平等要素，生产设施包括生产设施的规模与布局、工作地的装备与布置等要素，生产能力包括生产能力的特性、大小、柔性等要素，生产系统的集成包括生产系统的集成范围与方向、系统与外部的协作关系

---

① 准确地说，是买方总体拥有成本（TCO）。

② 绿色物流（green logistics）是指“通过充分利用物流资源、采用先进的物流技术，合理规划和实施运输、储存、装卸、搬运、包装、流通加工、配送、信息处理等物流活动，降低物流活动对环境影响的过程”（GB/T 18354-2021）。

等要素。

2. 生产系统的非结构化要素

生产系统的非结构化要素是指在生产系统中支持和控制生产系统运行的软件要素。它主要包含人员组织、生产计划、库存和质量管理等“管理”要素。其中，人员组织包括人员的素质特点、人员的管理政策、组织机构等要素，生产计划包括生产计划的类型、生产计划的编制方法和关键技术等要素，生产库存包括库存类型、库存量、库存控制方式等要素，质量管理包括质量检验、质量控制、质量保证体系等要素。

需要说明，具有某种结构形式的生产系统要求一定的运行机制与之相匹配才能顺利运转，充分发挥其功能。结构化要素的内容及其组合形式决定供应链生产系统的结构形式，非结构化要素的内容及其组合形式决定供应链生产系统的运行机制。因此，我们在设计供应链生产系统时，首先应根据系统所需的功能选择结构化要素及其组合形式，形成一定的系统结构，进而根据系统对运行机制的要求选择非结构化要素及其组合形式，即管理模式。

四、供应链生产系统的特征

供应链生产系统具有以下主要特征。

（1）供应链生产系统是供应链生产计划的制订、实施与控制的综合系统。制订供应链生产计划使供应链生产活动有了依据。供应链生产计划是供应链生产活动的纲领，而实施和控制是实现供应链生产计划及生产目标的保证。制订计划、实施计划和控制计划三者之间相互协调，共同促进供应链生产过程均衡、有节奏地进行。

（2）供应链生产系统是人与机器复合的系统。供应链生产系统是包括人和机器在内的组织管理系统，人与机器间的合理分工将从整体上促进供应链生产系统的进一步优化。

（3）供应链生产系统是一个多层次、多目标的系统。我们可以按照供应链生产系统的不同功能将其划分成若干个子系统，如生产组织系统、质量控制系统、设备管理系统等，其目的是实现对供应链生产系统的递阶控制与分散控制。

（4）供应链生产系统是一个具有信息收集、处理和传递功能的信息系统。供应链生产系统能够正确、及时地提供、传递生产过程必需的信息，以促进对人力、物力和财力等资源的合理利用，进而提高劳动生产率。

（5）供应链生产系统是根据企业内外部环境条件不断发展变化的系统。随着现代科技的进步，企业内外部环境条件变化迅速，相应地，供应链生产系统的更新速度也在加快。这要求企业必须保持供应链生产系统的先进性，同时要将其不断创新，否则将使系统失去市场竞争能力。

需要指出的是，供应链生产系统在运行一段时间以后需要改进和完善，这包括产品的改进、生产加工方法的改进、操作方法的改进及生产组织方式的改进等。

6.2 树立供应链生产观念

在供应链中，生产环节不可或缺。制造商将原材料等生产资料加工转换成具有价值和使用价值的产品，提供给下游的供应链伙伴乃至终端用户。如果没有制造商的生产活动，终端用户将无法买到他们所需要的产品。

一、生产竞争力的概念与内涵

生产竞争力的
概念与内涵（微课）

一般而言，制造商根据其技术能力和营销战略来确定其产品线，并根据市场机会和承受技术创新风险的意愿来构建其生产竞争力。所谓生产竞争力是指制造商作为供应链的主体企业，通过其品牌影响力、生产的规模经济性或范围经济性抑或经验曲线效应等成就的低成本或差异化竞争力。

从供应链参与的角度来看，企业提供的产品及服务、生产能力和生产竞争力的结合体现了一个企业的价值主张，并反映出其参与供应链机会的大小。供应链生产观念是提升企业的生产竞争力，以便企业有更多的机会向供应链的下游客户提供增值的产品和服务。

二、生产竞争力的影响因素

生产竞争力的
影响因素（微课）

生产竞争力的影响因素主要包括品牌影响力、生产规模、产品多样性、约束条件与提前期等。

1. 品牌影响力

品牌影响力是指企业借助品牌开拓市场、占领市场并获取利润的能力。从更深层次上看，品牌影响力是客户对企业的声誉、产品或服务质量及供应链竞争力的综合评价。品牌影响力是企业的核心影响力和外延影响力的综合反映，是影响力在更高层次上的提升和集中体现。品牌影响力已成为左右顾客选择商品的重要因素。

品牌影响力的评价指标来源于消费者对品牌的直接评价与认可，其中的核心指标是品牌忠诚度。品牌忠诚度决定顾客对品牌的选择偏好，决定顾客对品牌的关注程度。

从供应链管理的角度来看，核心企业的品牌影响力越强，其参与供应链活动的机会就越多，在供应链企业群体中的影响力也就越强，甚至在决定供应链的结构与战略方面就越有发言权。一般而言，知名的大型制造企业往往成为供应链的主体企业甚至核心企业，而中小型制造企业只能参与以大型制造商或零售商为核心企业的供应链。

品牌知名度高、影响力强的企业可以开展品牌经营和营销，可以将生产或物流等业务外包，而不影响其成为特定供应链的核心企业。例如，苹果公司不生产智能手机及 iPad 平板电脑，耐克公司从来没有生产过一件衣服或一双鞋，利丰公司从来没有生产过一件以该公司名义出售的商品，但丝毫不影响它们成为优秀的供应链管理者。

［**案例**］　　**苹果公司与富士康的合作**

苹果公司与富士康
的合作（微课）

自 2006 年以来，苹果公司已连续多年荣获全球供应链大师的桂冠，彰显了苹果公司过去 20 余年在供应链管理领域的持续卓越表现。然而苹果公司是生产外包的典范，它与富士康的合作创造了 IT 领域的奇迹。

苹果公司从 1997 年将主板生产等制造业务外包，并逐步将整机生产业务外包。在此过程中，公司通过自制与外包的比较，发现生产外包效率更高且风险可控，于是逐步关闭了自己的工厂。

2003 年，苹果公司在生产 Power Macintosh G5 电脑时，其美国工厂与富士康的工厂同时开工，但其生产效率相形见绌。其美国工厂投入的人力更多，但生产效率只有富士康的 80%，而产品不良率则比富士康高出 1 倍还多。富士康对该项目给予了大量资源支持，其在 3 个月内新建 3 栋厂房并完成交付，生产工人由 1 600 人迅速增加至 6 500 人，2 个月内顺利完成整机组装24万台。在进行对比分析之后，苹果公司逐步将自己的工厂关闭，同时将整机组装的生产业务全部外包给富士康。从Power Macintosh台式电脑到后来的iPhone智能手机、iPad平板电脑，富士康都成为苹果公司的首选战略合作伙伴。

想一想： 生产外包与供应链管理是什么关系？

2. 生产规模

生产规模对生产竞争力有显著影响。一般而言，制造企业应该有一个最佳的生产规模。它是企业的长期平均成本（LAC）曲线和短期平均成本（SAC）曲线的切点所对应的生产规模（见图6.3）。在这一最佳的生产规模范围内，随着企业生产规模的扩大，生产成本逐渐降低，我们称之为规模报酬递增或规模经济效应。从长期来看，规模经济来源于分摊固定成本所导致的单位产品生产成本的降低；从短期来看，规模经济来源于分摊生产作业交换成本（生产线或机器设备的准备成本，简称备机成本）所导致的单位产品生产成本的降低。从更深的层次上看，规模经济来源于专业化分工所导致的劳动生产率的提高、生产规模扩大所导致的固定资产利用率的提高及流程转换成本降低所产生的高效率。当企业的生产规模超过经济规模后，企业管理水平等因素不可能随着生产规模的扩大而同步提升，多方面的问题导致规模不经济或规模报酬递减。规模经济是企业生产竞争力的重要体现。

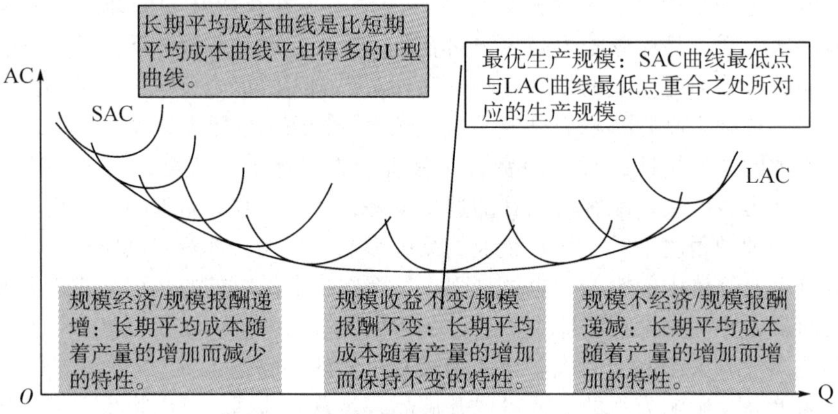

图6.3 规模经济曲线

想一想： 规模经济与哪一种企业竞争战略相匹配？

3. 产品多样性

与规模经济相反，范围经济不但能够导致企业的生产成本降低，同时还能够满足客户的多元化需求。当企业联合生产（或提供）两种或两种以上的产品（或服务）时，联合生产（或提供）产品（或服务）的总成本低于单独生产（或提供）这些产品（或服务）的总成本之和时就存在范围经济性。例如，石油开采企业在获得原油这种主产品的同时，还能够获得天然气等副产品，并不需要石油开采企业花费额外的成本。再如，如果把一家第三方物流公司向客户提供的仓储、运输、配送等服务看作不同的物流商品，这家物流公司向客户提供多种物流服务也不会增加其额外的成本。之所以存在范围经济性，是因为企业在向客户联合提供这些产品或服务的时候，可以共享其品牌资源、生产设施设备等生产资源及其他企业本身就拥有的资源。范围经济也是企业提高其资源利用率的结果。企业要实现产品多样性就要求其生产系统具有柔性，具有多品种、小批量生产的特征。而以多样性为特征的生产流程在快速切换产品生产的同时仍然能够保持较高的效率。能够有效满足供应链产品的多样性需求，也是企业生产竞争力的重要体现。

想一想：范围经济与哪一种企业竞争战略相匹配？

4. 约束条件

所有生产流程都是在特定生产条件的约束下，在规模经济与范围经济之间平衡的结果。一方面，企业经营管理者希望生产的产品单一，能够实现生产的规模经济性（追求生产的高效率，达到降本增效的目的）；另一方面，客户需求具有多样化的特征，单一的产品很难能够满足买方的个性化需求。为此，企业必须在规模经济低成本与范围经济多样化产品之间进行权衡。

一般而言，影响生产运作的三个约束条件是生产能力、生产设备、生产加工转换的快慢与难易。而供应链生产竞争力的衡量指标之一，是当供应链企业群体面临计划外的需求时，供应链生产系统要具有快速制订或调整生产计划、快速配置专项资源、快速整合及调动供应链企业群体的资源与能力、快速生产出市场所需产品的能力。在此过程中，合理界定约束条件，积极消除瓶颈环节，缩短生产加工的转换时间显得尤为重要。

5. 提前期

供应链产品出产（或投产）循环期一般指节点企业混流生产线上同种产品的出产间隔期。若供应链节点企业生产的产品是单一品种时，供应链产品出产循环期即指产品的出产节拍。一般而言，核心企业的产品出产循环期决定着各节点企业的产品出产循环期。而要缩短产品的出产循环期，一方面供应链各节点企业的产品出产循环期与核心企业的产品出产循环期要合拍，核心企业的产品出产循环期要与用户的需求合拍；另一方面，可以采用优化产品投产计划或优化生产运作管理的办法，缩短核心企业的产品出产循环期，提高供应链整体管理水平和供应链运营管理效益。特别是采用优化产品投产顺序和计划来缩短核心企业或节点企业的产品出产循环期，既不需要增加投资又不需要增加人力和物力，而且见效快，是一种值得推广的好办法。

而在具体的生产运作中，生产提前期是指从生产任务下达车间到产品处于待发运状态的时间间隔，包括实际生产时间和因意外延误而导致的非生产时间。其中，实际生产时间占生产提前期的比重越高，说明生产转化过程的效率越高。但生产运作效率必须在生产规模与产品多样化之间进行权衡。如果在生产过程中出现意外延误，说明生产过程存在瓶颈环节。如果生产流程、生产线、生产设备及加工件等由于排队、等候、故障或物流支持不到位而处于闲置状态，生产效率就会受到影响。据统计，75%～95%的生产延误来源于生产过程中的计划外排队。因此，缩短生产提前期，控制意外变动事件的发生，必将提升供应链生产竞争力。

6.3　供应链生产方式与策略的选择

[案例]　　**钢铁行业生产方式与策略的变迁**

传统的钢铁行业一直高度依赖生产的规模经济性。但近年来钢铁行业企业的生产方式与生产策略在悄然发生变迁。由于客户对钢材品种的多样性及增值服务的需求不断增加，钢铁制造商不得不改变传统的生产方式，采用新的生产技术，将钢材切割与成形延迟到配送阶段，以便更好地响应客户的个性化需求。

想一想：钢铁制造商采用了何种经营策略？

为了提升生产竞争力，企业必须根据市场与技术条件的变化来选择相应的生产方式与生产策略。

生产方式与生产策略（微课）

一、生产方式

（一）生产方式的演变历程

在不同的历史时期，企业流行的生产方式不同。在农业经济时代，由于社会生产力水平低下，企业盛行的生产方式是单件生产。进入工业经济时代，由于社会生产力水平显著提升，企业流行的生产方式是成批生产（批量生产），生产的专业化程度大幅度提高。进入知识经济时代，企业经营环境变得复杂、动态与多变，市场竞争加剧，客户需求呈现出个性化、多元化的特征，企业的生产方式逐渐向精益生产和敏捷制造方向发展。生产方式的演变历程如图 6.4 所示。

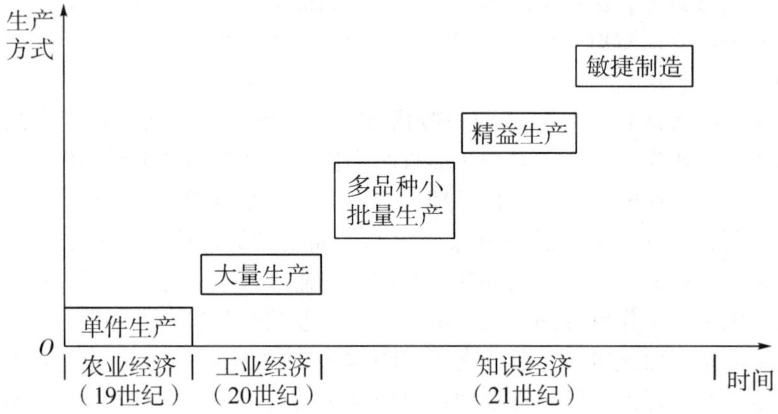

图 6.4　生产方式的演变历程

（二）生产方式的典型分类

通常，我们可以按照生产的专业化程度和生产工艺特征等标准对生产方式进行分类。

1. 按照生产的专业化程度分类

生产的专业化程度主要由企业生产的品种数、生产批量、生产的重复性程度等因素来衡量。品种少、批量大、生产的重复性程度高，则企业生产的专业化程度就高；反之，品种多、批量小、生产的重复性程度低，则企业生产的专业化程度就低。

按照生产的专业化程度，我们可以将生产方式划分为单件生产、成批生产和大量生产三种类型。其中，按照生产批量大小，我们又可以将成批生产划分为小批生产、中批生产和大批生产三种类型。

单件生产的品种繁多，每种只生产一件（或台），生产的重复性程度低，如手工业产品的生产方式及东方汽轮机厂关于汽轮机产品的生产方式。大量生产的品种单一，产量大，生产的重复性程度高，如美国福特公司曾经长达 19 年只生产一种车型——T 型车。成批生产介于单件生产和大量生产之间，生产的品种不单一，每种产品都有一定的批量，生产有一定的重复性。

由于大批生产与大量生产的特点比较相似，人们习惯上将其合称“大量大批生产”。同样，由于小批生产与单件生产的特点比较相似，人们习惯上将其合称“单件小批生产”。若企业生产的产品品种比较多，生产批量大小的差别也比较大，人们习惯上称其为“多品种中小批量生产”。大量大批生产、单件小批生产、多品种中小批量生产的提法比较符合企业的实际情况。

综上，按照生产的专业化程度，我们可以将生产方式划分为单件生产、小批生产、中批生产、大批生产和大量生产等类型。

2. 按照生产工艺特征分类

按照生产的工艺特征，我们可以将生产方式划分为流程式生产、离散型生产和项目型生产三种类型。

流程式生产也称流水线生产，是指生产对象按照一定的工艺路线顺序地通过各个工作地①，并按照统一的生产速率完成生产作业的生产方式。流程式生产的基础是由生产设备、工作地及传送装置构成的生产设施系统（流水生产线）。典型的流水生产线是汽车装配生产线。

离散型生产是指产品由多个零件经过一系列并不连续的工序加工装配而成的生产方式。离散型生产一般包括零部件加工、零部件装配等生产作业。其中，偏重于零部件加工的企业，我们称之为离散型加工企业；偏重于零部件装配的企业，我们称之为装配型企业；零部件加工和装配都重要的为典型的离散型生产企业。离散型生产过程通常被分解成很多加工任务，其中的每项任务往往只使用到企业的一小部分生产资源。

项目型生产是指在一定的时间和其他资源的约束条件下，围绕特定项目目标的完成所进行的生产方式，如飞机、轮船、汽轮机等价值高而个性化突出的产品的生产方式就属于项目型生产，再如建筑物及其他工程项目的生产也属于典型的项目型生产方式。

制造商应该根据其需要完成的任务来设计和选择生产方式。由于不同的生产方式形成不同的生产能力，企业的生产方式必须与其产品的生产规模和多样化特征相适应。

（三）竞争因素、竞争方式与生产方式的关系

1. 竞争因素与消费水平的关系

在卖方市场环境下，由于产品供不应求，消费者没有更多的选择。相应地，企业的经营体制是围绕卖方来构筑的，卖方生产什么就销售什么，买方没有话语权。企业为了获取最大化的利润，不断扩大生产规模，不断投入研究开发，结果导致品种及其数量飞速膨胀，最终引起供求关系发生变化，从原来的产品供不应求发展到产品供过于求，促进市场转型。在买方市场环境下，消费者有了更多的选择。他们从最初关注产品价格到后来关注产品质量，再发展到关注品种的多样性，个性化需求越发凸显。

一方面，由于市场转型，买方在交易中处于有利地位；另一方面，随着人们收入水平及受教育程度的普遍提高，顾客需求层次及消费特征发生了巨大的变化。在消费观念上，他们不但注重产品的质量、功能和价格，而且希望能给自己的生活带来舒适、美感和活力；他们既关注产品的品牌，又希望能满足自身的个性化需求；他们同时希望商家有求必应，并对需求做出快速响应。厂商发现，最好的产品不是他们为用户设计的，而是他们和用户共同设计的。特别是近年来，用户不仅关注企业的信誉，更加关注绿色、环保，顾客需求进入理性时代。

企业竞争因素与消费水平的关系如图 6.5 所示。

---

① 工作地是指工人运用机器设备和工具对物料进行加工制作或为顾客提供服务的场所。生产方式也可以按照工作地的专业化程度（工人从事同样操作的重复性程度）进行分类。

2. 竞争因素导致竞争方式及生产方式的变化

由于消费者的购买决策影响因素发生变化，在买方市场环境下，企业的竞争方式也随之而变。与价格、质量、品种、交货期、信誉、环保等竞争因素相对应的企业竞争方式分别是基于成本的竞争、基于质量的竞争、基于柔性的竞争、基于时间的竞争、基于服务的竞争和基于环保的竞争。企业竞争方式呈现出明显的变化趋势，竞争因素导致竞争方式的变化如表6.1所示。

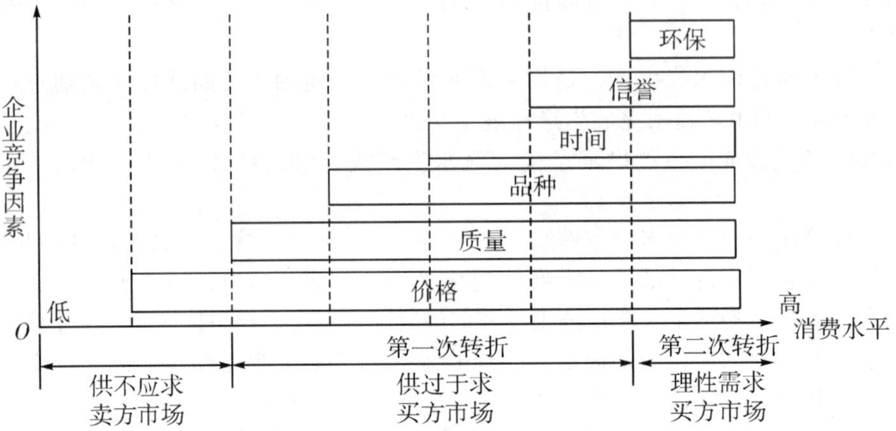

图 6.5　企业竞争因素与消费水平的关系

表 6.1　竞争因素导致竞争方式的变化

买方购买决策影响因素/企业竞争因素	企业竞争方式
价格	基于成本的竞争
质量	基于质量的竞争
品种	基于柔性的竞争
交货期	基于时间的竞争
信誉	基于服务的竞争
环保	基于环保的竞争

与企业竞争方式相适应，企业的生产方式也呈现出类似的演变规律。与基于成本的竞争方式相适应的生产方式是大量生产，与基于质量的竞争方式相适应的生产方式是精益生产，与基于柔性的竞争方式相适应的生产方式是计算机集成制造，与基于时间的竞争方式相适应的生产方式是敏捷制造，与基于服务的竞争方式相适应的生产方式是大规模定制，与基于环保的竞争方式相适应的生产方式是绿色制造，竞争因素、竞争方式与生产方式的关系如表6.2所示。

表 6.2　竞争因素、竞争方式与生产方式的关系

买方购买决策影响因素/企业竞争因素	企业竞争方式	典型的生产方式
价格	基于成本的竞争（CBC）	大量生产（MP）
质量	基于质量的竞争（QBC）	精益生产（LP）
品种	基于柔性的竞争（FBC）	计算机集成制造（CIM）

表6.2(续)

买方购买决策影响因素/企业竞争因素	企业竞争方式	典型的生产方式
交货期	基于时间的竞争（TBC）	敏捷制造（AM）
信誉	基于服务的竞争（SBC）	大规模定制（MC）
环保	基于环保的竞争（EPBC）	绿色制造（GM）

综上，由于买方的购买决策影响因素发生变化，在买方市场环境下，企业的竞争方式及生产方式也随着竞争因素的变化而变化。

想一想：大量生产、精益生产分别与何种企业竞争战略相匹配？

二、生产策略

制造企业的需求响应策略（微课）　　企业常见的需求响应策略（微课）

对制造企业而言，其生产策略通常也被称为需求响应策略。制造企业的生产策略应该与市场需求相适应。而企业对市场需求的满足程度在很大程度上取决于企业的营销策略。企业典型的营销策略包括大规模营销、细分市场营销和个性化营销三类。其主要区别是企业为客户提供的产品或服务的个性化程度不同。实施大规模营销策略，企业为客户提供的产品品种或服务的差异有限；实施细分市场营销策略，企业需要为每一类细分的目标客户群体提供类似的产品或服务；实施个性化营销策略，企业需要为每个客户提供独特乃至定制的产品或服务。生产策略直接决定企业根据其营销策略为客户提供产品或服务的灵活性与敏捷性，因而在很大程度上决定企业营销策略的可行性。制造商要提高其生产竞争力，有效地参与市场竞争，就必须把生产策略与营销策略实施有机结合。

按照提前期①的长短，我们可以把制造企业的生产策略划分为按库存生产、按订单生产、按订单组装、按订单设计（定制生产）四种类型，按提前期划分的生产策略如图6.6所示。

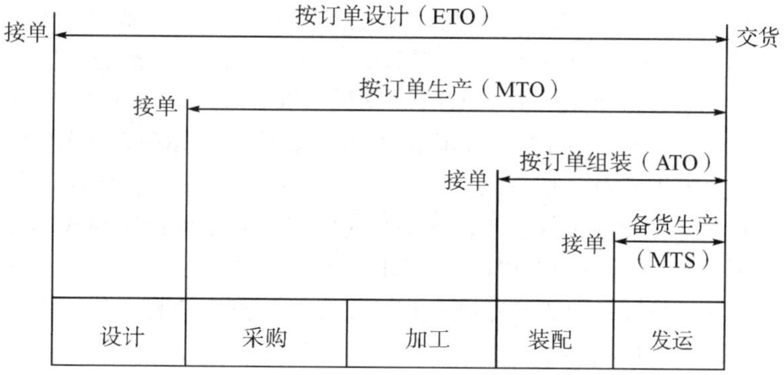

图6.6　按提前期划分的生产策略

① 提前期也称前置期（lead time，LT）。供应提前期与客户订货周期（OCT）相对应，前者从供方角度指称，后者从需方角度指称。本文此处的提前期指供应提前期，即企业对客户订单响应的前置期。

（1）按库存生产（make-to-stock，MTS）。按库存生产也称备货生产或存货型生产，是制造商在对市场需求进行分析与预测的基础上有计划地进行产品生产的策略，如制造企业对空调、冰箱等家用电器及汽车、食盐等产品的生产策略。该策略的实质是制造商通过持有成品库存来对需求做出响应，即客户在下达订单之前，制造商已经拥有成品库存，制造商以成品库存的形态随时满足用户的需求。采用备货生产策略，企业生产的是标准产品，生产的目的是补充库存。企业的生产过程是在预测的驱动下完成的。采用该策略，企业通常是通过预测市场需求并参考库存量来决定是否制订或调整生产计划，因此备货生产也被称作按计划生产（make-to-plan，MTP）。其目的是通过延长生产运作时间来获取规模经济性收益。采用备货生产策略，制造商在接到客户订单后，直接将成品发运给客户，供应提前期最短。

（2）按订单生产（make-to-order，MTO）。按订单生产也称订货生产，是指制造商根据客户订单进行产品生产的策略，如汽车制造商在接到4S店的订单后再进行汽车产品的生产策略。通常，用户对产品存在个性化的需求，制造商通过与用户进行谈判与协商，以协议或合同的形式确认用户对产品的性能、质量、数量和交货期等要求，在此基础上组织生产并按照订单交付产品。制造商采用该生产策略的主要目的是减少库存，降低企业的库存成本与风险，同时满足客户的个性化需求。从理论上讲，企业在没有接到客户订单之前不安排生产，在接到订单之后才根据订单进行生产。企业的生产运作完全是在订单的驱动下完成的。由于制造企业是根据客户订单进行生产，因而生产规模相对较小。与备货生产策略相比，按订单生产策略的供应提前期稍长。

（3）按订单组装（assemble-to-oder，ATO）。按订单组装也称按订单装配，是指制造商在客户下达订单之前就生产出通用、标准的零部件或半成品，在接到客户订单之后再进行产品组装的策略，如戴尔公司对电脑等产品的生产策略。采用该策略，用于生产成品的通用、标准零部件是制造商在客户下订单之前就计划、生产并入库的。当用户对产品存在多元化的需求且企业又想快速响应客户的个性化需求时，按订单组装是理想的生产策略。该策略的本质是生产延迟，是备货生产策略和订单生产策略的有机结合。该策略在一定程度上实现了备货生产的规模经济性（零部件提前规模生产）和按订单生产的范围经济性（产品多样化、柔性响应用户需求），具有交货期短，库存水平低（以较低的零部件库存代替成品库存，基本实现零成品库存），企业的资金占用少、制造成本低，为客户提供多样化产品、能够满足客户个性化需求等优势。按订单组装策略的供应提前期介于备货生产策略和订单生产策略之间。

（4）按订单设计（engineering-to-oder，ETO）。按订单设计也称定制生产，是指制造商在接到用户订单后，根据订单进行产品设计、采购及生产的策略，如制造企业对飞机、轮船、汽轮机等价值高且个性化需求突出的产品的生产策略。该策略支持客户化设计，设计工作比较复杂，生产批量小甚至是单件（台）生产。该生产策略要求制造商有高度复杂的产品配置功能，能够支持有效的并行生产，支持分包制造，有车间控制与成本管理功能以及高级的工艺管理功能、多工厂的排程功能、计算机辅助设计与制造（CAD/CAM）功能、集成功能与有限排程功能。与按订单生产策略相比，企业在接到客户订单后，由于增加了设计与采购等环节的业务，供应提前期更长。

想一想：造船企业对航空母舰的生产采用的是何种生产策略？

很明显，不同的生产策略对客户体验的提前期有显著影响。一般而言，我们可以把订单履行的提前期划分为客户服务、生产（广义的生产包含了设计、狭义的生产和组装）、采购三个周期，不同的生产策略决定了客户是否需要承受1~3个周期的成本。

需要说明，有企业或学者将上述四种生产策略称为生产方式，本书认为称其为生产策略或制造企业的需求响应策略比较恰当。生产方式相对比较具体，而生产策略的层面更高，更加强调制造企业对需求做出响应的方略。

通常，每种生产方式对应着不同的产品多样性、生产规模、生产策略及供应提前期。生产企业必须根据供应链需求的特点，选择恰当的生产方法与生产策略，以提升企业的生产竞争力。生产方式与生产策略的特征如表6.3所示。

表6.3　生产方式与生产策略的特征

典型的生产方式	产品多样性	生产规模	生产策略	提前期（LT）
单件生产	很高	很小	MTO	很长
批量生产	高	小	MTS/MTO/ATO	长
流水线生产	有限	大	MTS/ATO	短
连续生产	很有限	很大	MTS	很短

三、供应链生产方式的主流发展趋势——大规模定制

供应链管理全球领先企业的大规模定制(微课)

[案例]　供应链管理全球领先企业的大规模定制

全球著名管理咨询公司高德纳（Gartner）公司的副总裁兼分析师迈克·格里斯沃尔德（Mike Griswold）认为，企业要能够大规模地为客户提供真正意义上的个性化服务。提高客户体验并更加注重个性化的客户服务是每家公司的首要任务。而为客户提供大规模的个性化服务需要企业具备一定程度的灵活性、供应链柔性和潜在的技术能力。苹果、宝洁、联合利华、高露洁棕榄、Inditex、Nestle雀巢、百事公司和思科公司等供应链管理全球领先的企业找到了正确的平衡点。在客户需要提供个性化产品或服务的地方，它们以数字方式捕捉客户需求，灵活地设计产品、生产产品，进行客户化包装，并迅速将产品递交给客户。如果标准产品组合的多样性丰富，它们会保持产品组合的最佳表现。

从近年来供应链管理全球顶尖企业的成功做法中我们不难发现，能够为客户提供规模化的个性化服务是供应链管理全球顶尖企业的一个特质。大规模定制是供应链生产方式的主流发展趋势。

（一）大规模定制的概念与内涵

大规模定制的概念与内涵(微课)

大规模定制是制造企业以类似于大规模流水生产线的成本和时间，为客户提供类似于单件定制生产的产品的生产方式。大规模定制的基本思想是企业通过产品结构和生产流程的重构，运用现代化的信息技术、新材料技术、柔性制造技术等一系列高新技术，把产品的定制生产全部或部分转化为批量生产，以大规模生产的成本和速度，为单个客户或多品种小批量市场定制任意数量的产品。

大规模定制以客户需求为导向，以一系列高新技术为支撑，以模块化产品设计、标准化零件为基础，以供应链管理为手段，同时具备大规模生产和单件定制生产的优点，很好地解决了规模经济与范围经济之间的矛盾，适应了市场对产品个性化、低成本和快速响应等多方面的需求，可以极大地提升企业的生产竞争力。

企业实施大规模定制，可以根据市场特点采用不同的生产策略，如按订单生产

(MTO)、按订单组装（ATO）等。

大规模定制与大规模生产方式的比较如表 6.4 所示。

表 6.4　大规模定制与大规模生产方式的比较

比较项目	生产方式	
	大规模定制	大规模生产
管理导向	以客户需求为中心	以产品生产为中心
驱动模式	订单驱动，拉式流程	预测驱动，推式流程
竞争战略	差异化战略，通过为客户提供个性化的产品或服务获取竞争优势	总成本领先战略，通过降本增效获取竞争优势
产品特征	产品随客户需求而改变、产品开发周期短、产品生命周期短	品种单一、产品开发周期长、产品生命周期长
设备约束	柔性化设备、设置/转化时间短、费用低	专用设备、设置/转化时间长、费用高
产品设计	模块化	标准化
适用范围	需求波动的市场	需求稳定的市场

（二）大规模定制的实施

［案例］　　**戴尔公司的大规模定制**

大规模定制的实施（微课）

戴尔公司的大规模定制（微课）

戴尔公司是实施大规模定制的典范。戴尔公司借助高效的信息系统把动态网络中的不同模块有机衔接起来，迅速完成从接收订单到产品下线的整个业务流程。公司还与 3Com 等众多关键供应商建立了战略伙伴关系，以确保新电脑和网络设备相互兼容。此外，戴尔公司还实施了延迟策略，把电脑的总装延迟到收到客户订单以后，从而实现大规模定制。

想一想：大规模定制与生产延迟策略及 ATO 是什么关系？

企业实施大规模定制的关键是拥有高素质与高技能的员工、柔性化流程及模块化单元，以便管理者通过对模块进行重新配置与协调，满足客户的个性化需求。

对于各个模块，企业应该对其持续改进以提高其能力。模块的成功与否取决于模块能否高效、快速地完成任务及模块扩展能力的大小。管理者的任务是开发、维持和创造性地把各个模块的能力有效地整合起来，以形成能够满足客户需求的能力。

各个单元都有高度专业化的技能，因而可以像大规模生产方式一样，开发员工的专门技能以提高其工作效率。同时，企业能够以各种方式组合模块单元，因而也可以实现类似于单件生产的差异化。

实施大规模定制，企业的生产系统必须具备以下关键特性：一是准时性，即模块和工艺流程必须快速连接起来，以便对客户的个性化需求做出快速响应；二是低成本性，亦即即使模块和流程的连接要增加成本，增加的成本也不能高，这样才能保证大规模定制的低成本性；三是无缝性，即客户不会觉察到模块与模块之间的连接，以保证客户服务水平不受影响；四是无摩擦性，即不但是形成模块网络或联合模块所带来的间接费用低，而且模块间时刻保持沟通，以便企业能够在各种类型的环境中快速地组建团队。

企业一旦具备以上特性，就可以形成一个能够快速、高效地应对各种客户需求并做出快速响应的动态、柔性的大规模定制生产体系。

［**案例**］　　**日本松下自行车公司的大规模定制生产方式**

日本松下自行车公司的大规模定制生产方式(微课)

日本松下自行车公司采用大规模定制生产方式，将自行车车身的喷漆、部件安装、整车调试等生产活动设计成独立的模块，并开发出一个非常柔性化的自行车车架生产设备。同时，该公司在零售商处安装了“复杂”的松下订单系统。该系统包含一个特制的机器，可以测量顾客的体重和身材（身高）、车架的合适尺寸、座位的位置和横杆的长度。顾客可以选择车型、颜色和各种部件。零售商处的信息可以实时传递给工厂，三分钟内计算机辅助设计（CAD）系统就可以生成具体的技术细节。信息传递给对应的模块后，在那里完成生产过程。两周以后，定制的自行车就可以交付给顾客。由于生产流程可以无缝地、基本上无成本地分解为独立的生产模块，松下自行车公司在安装了复杂的信息系统以后，实现了增加销售额、提高顾客满意度、没有增加过多成本的目标。

想一想：松下自行车公司的做法对你有何启示？

6.4　供应链生产计划的制订

供应链管理要实现两个目标：一是满足客户需求，提高客户服务水平；二是降低成本，并且应努力做到在有效控制成本的前提下提高客户服务水平。为此，需要有效配置企业内外资源、优化整合供应链合作伙伴的能力，快速响应用户需求。

一、供应链生产运作管理的基本要求

供应链生产运作管理具有以下基本要求。

（1）需要建立有效的跟踪机制，对生产进度进行跟踪与控制。

（2）需要有效控制生产节奏。为此，供应链成员企业及企业内部相关部门应该保持同步协调，上游企业应准时响应下游企业对原材料、零部件等物料的需求。

（3）需要缩短供应链出产循环期（或出产节拍），尽可能提高交货的准时性，这是保证供应链具有柔性和敏捷性的关键。

二、供应链生产计划的特征

一般而言，供应链生产计划具有共享性、协同性、柔性等特征。

（一）共享性

经济全球化使企业进入全球市场，开放性是当今企业组织发展的趋势。供应链是一种网络化组织，供应链管理环境下的企业生产计划已经跨越了企业组织的界限，更加强调与上下游企业的信息共享。

（二）协同性

供应链生产计划的制订具有协同性的特征，要求供应链成员企业在信息共享的基础上协同制订。作为核心企业或主体企业的制造商可能只是完成整机的装配，当然也可能是通过合同制造的方式进行生产外包，但是整个产品的生产过程需要零部件生产企业和相关供应商的协调与配合。因此，供应链生产计划的制订具有协同性。

（三）柔性

供应链生产计划具有柔性的特征。为了适应不断变化的顾客需求，供应链必须具有敏捷性和柔性，相应地，生产计划必须随着用户需求的变化而动态更新。多变的顾客需求要求供应链生产计划具有柔性的特征。

三、供应链生产计划制订应考虑的约束因素

总体而言，企业在制订供应链生产计划时，应该考虑所面临的柔性约束、生产进度和生产能力等因素的约束。

（一）柔性约束

柔性实际上是对承诺的一种完善。承诺是企业对合作伙伴的保证，只有在此基础上企业之间才具有基本的信任，合作伙伴也因此才能获得相对稳定的需求信息。然而，由于承诺的下达超前于承诺本身的实施，因此，尽管承诺方一般来讲都尽力使承诺与未来的情况接近，但误差却是难以避免的。柔性的提出为承诺方缓解了这一矛盾，使承诺方有可能修正原来的承诺。可见，承诺与柔性是上下游企业在合作时应该考虑的一个关键要素。

企业在制订供应链生产计划时应该考虑以下柔性约束。

（1）如果制造企业仅仅根据其向客户承诺的产品供应数量来制订生产计划是比较容易的。但是，柔性的存在使这一过程变得复杂了。柔性是供需双方共同制订的一个合同要素，对于需方而言，它代表对未来变化的预期；而对供方来说，它是对自身所能承受的需求波动的估计。本质上供应合同使用有限的可预知的需求波动代替了可以预测但不可控制的需求波动。

（2）下游企业的柔性需求对上游企业的计划产量造成的影响在于：制造企业必须选择一个在已知的需求波动范围内最合理的产量。制造企业的产量不可能覆盖整个需求的变化范围，否则会造成不可避免的库存成本与浪费。因而制造企业在库存成本与缺货成本之间取得一个均衡点是确定供应链生产计划产量的一个标准。

（3）制造企业在制订生产计划时还必须考虑到上游企业的利益。制造企业在与上游企业签订的供应合同中，上游企业除了表达对自身所能承受的需求波动的估计之外，还表达了对自身生产能力的权衡。可以认为，上游企业与下游企业签订的供应合同反映的是相对于该下游企业的最优产量。之所以提出“相对于该下游企业”，是因为上游企业可能同时为多家制造企业提供零部件，因此下游企业在制订生产计划时应该尽量使需求与供应合同的承诺量接近，以帮助供应企业达到最优产量，实现双赢。

（二）生产进度的约束

生产进度信息是企业检查生产计划执行情况的重要依据，也是企业制订滚动生产计划时用于修正原计划和生成新计划的重要信息。在供应链管理环境下，生产进度计划属于可共享的信息，其作用体现在以下两个方面。

（1）供应链上游企业实时获取下游企业的生产进度信息以确保物料的准时供应。企业的生产计划是在对未来需求进行预测的基础上制订的，它与生产过程的实际进度一般有所不同，生产计划信息不可能实时反映物流的运动状态。供应链企业可以借助现代网络技术，使实时的生产进度信息与合作各方共享。上游企业可以通过网络和双方共享的数据库了解下游企业真实的需求信息并准时提供物料。这样，下游企业可以避免不必要的库存，而上游企业则可以灵活主动地安排生产和供应物料。

（2）企业应实时获取上下游企业的生产进度信息以适当调整生产计划，以确保供应链生产系统的无缝衔接。原材料和零部件的供应是企业进行生产的首要条件之一，供应链上游企业在修正生产计划时应该考虑到下游企业的生产状况。尽管供应链企业群体的运作应该体现需求驱动、订单拉动的特点，但在必要时，下游企业也应该根据上游零部件供应企业的生产进度适当调整生产计划，使供应链上的各个环节紧密地衔接在一起。其意义在于可以避免上下游企业之间出现供需脱节的现象，从而保证供应链的整体利益。

（三）上游企业的产能约束

企业履行一份订单不能脱离上游企业的支持，为此，企业在制订生产计划时要尽可能借助外部资源，有必要考虑如何利用上游企业的生产能力。任何企业在现有的技术水平和组织条件下都具有一个最大的生产能力，但最大的生产能力并不等于最优生产负荷。在上下游企业稳定的供应关系形成以后，上游企业从自身利益出发，更希望所有与之合作的下游企业在同一时期的总需求与其自身的生产能力相匹配。上游企业的这种对生产负荷量的期望可以通过与下游企业签订的供应合同反映出来，即上游企业提供给每一个与之合作的下游企业一定的生产能力，并允许有一定程度上的浮动。这样，在下游企业制订生产计划时就必须考虑到上游企业的这一能力约束。

四、供应链生产计划制订的新特点

在供应链管理环境下，企业生产计划的编制过程有了较大的变化，在原来的生产计划制订过程的基础上增添了以下新特点。

（一）具有纵向和横向的信息集成过程

这里的纵向指供应链从下游向上游的信息集成，而横向指生产相同或类似产品的企业之间的信息共享。

在生产计划制订过程中，上游企业的生产能力信息在生产计划的能力分析中独立发挥作用。通过在主生产计划（MPS）和投入出产计划中分别进行的粗能力分析（RCCP）和细能力平衡（CRP），上游企业承接订单的能力和意愿都反映到下游企业的生产计划中。同时，上游企业的生产进度信息也和下游企业的生产进度信息一同作为编制滚动生产计划的依据，其目的在于保持上下游企业间生产活动的同步。

生产外包决策和外包生产进度分析是集中体现供应链横向集成的环节。在生产外包中所涉及的企业都能够生产相同或类似的产品，或者说在供应链网络上是属于同一产品级别的企业。企业在编制主生产计划时所面临的订单，在两种情况下可能转向外包：一是企业本身或其上游企业的生产能力无法承受需求波动所带来的负荷；二是企业承接的订单通过生产外包所获得的利润大于企业自己进行生产的利润。无论在何种情况下，生产企业都需要承接外包的企业的基本数据来支持企业的获利分析，以确定是否外包。同时，由于企业对该订单的客户负有直接的责任，因此也需要承接外包的企业的生产进度信息来确保对客户的供应。

（二）丰富了能力平衡在计划中的作用

在通常的概念中，能力平衡只是一种分析生产任务与生产能力之间差距的手段，再根据能力平衡的结果对计划进行修正。在供应链生产计划制订过程中，能力平衡发挥了以下作用。

（1）为企业修正主生产计划和投入出产计划提供依据，这也是能力平衡的传统作用；

（2）能力平衡是企业进行生产外包决策和零部件（原材料）急件外购的决策依据；

（3）企业在主生产计划和投入出产计划制订中所使用的上游企业的能力数据，反映了上游企业在合作中所愿意承担的生产负荷，可以为供应链管理的高效运作提供保证；

（4）在信息技术的支持下，对本企业和上游企业的能力状态的实时更新使生产计划具有较高的可行性。

（三）计划的循环过程突破了企业的限制

在企业独立运行生产计划系统时，一般有三个信息流的闭环，而且都在企业内部：

（1）主生产计划—粗能力平衡—主生产计划；

（2）投入出产计划—能力需求分析（细能力平衡）—投入出产计划；

（3）投入出产计划—车间作业计划—生产进度状态—投入出产计划。

在供应链管理下，生产计划的信息流跨越了企业边界，从而增添了以下新的内容：

（1）主生产计划—供应链企业粗能力平衡—主生产计划；

（2）主生产计划—外包工程计划—外包工程进度—主生产计划；

（3）外包工程计划—主生产计划—供应链企业生产能力平衡—外包工程计划；

（4）投入出产计划—供应链企业能力需求分析（供应链企业细能力平衡）—投入出产计划；

（5）投入出产计划—上游企业生产进度分析—投入出产计划；

（6）投入出产计划—车间作业计划—生产进度状态—投入出产计划。

需要说明的是，以上各循环中的信息流都只是各自循环所必需的信息流的一部分，但可以对计划的某个方面起决定性的作用。

6.5 供应链生产控制与协调

供应链生产控制与协调是供应链生产管理的重要内容之一。我们只有对供应链生产过程进行有效的控制与协调，才能保证客户订单得到履行，才能保证服务水平达到客户的预期。

一、供应链管理对资源、能力及提前期概念内涵的拓展

（一）供应链管理对资源概念内涵的拓展

传统的制造资源计划[①]对企业资源这一概念的界定仅局限于企业内部，并统称为物料，因此 MRP Ⅱ的核心是物料需求计划（MRP）。在供应链管理环境下，资源分为内部资源和外部资源，因此资源优化的空间从企业内部扩展到企业外部，即从供应链系统的角度进行资源的优化。

（二）供应链管理对能力概念内涵的拓展

生产能力是企业资源的一种。在 MRP Ⅱ系统中，人们通常把资源问题归结为能力需求

① 制造资源计划（manufacturing resource planning，MRP Ⅱ）是“在物料需求计划（MRP）的基础上，增加营销、财务和采购功能，对企业制造资源和生产经营各环节实行合理有效的计划、组织、协调与控制，达到既能连续均衡生产，又能最大限度地降低各种物品的库存量，进而提高企业经济效益的管理方法”（GB/T 18354-2021）。

问题或能力平衡问题。但正如资源概念一样，MRPⅡ对能力的利用也仅局限于企业内部。供应链管理把资源的范围扩展到整个供应链系统，其能力的利用范围也相应扩展到了整个供应链。

（三）供应链管理对提前期概念内涵的扩展

提前期是生产计划的一个重要变量，在 MRPⅡ系统中这是一个重要的设置参数。但 MRPⅡ系统一般把它作为一个静态的固定值来对待（为了反映不确定性，后来人们又提出了动态提前期的概念）。在供应链管理环境下，并不强调提前期的固定与否，重要的是交货期——准时交货，即供应链管理强调准时：准时采购、准时生产、准时制配送。

二、供应链生产控制模式的特点

（一）供应链企业需要进行订货决策与订单分解控制

在对用户订货与订单分解控制决策方面，供应链企业需要设立订单控制系统。用户订单进入该系统以后，企业需要进行价格/成本比较分析、交货期比较分析及能力比较分析，在此基础上进行订单的分解决策，订单的分解产生出两种订单：外包订单和自制订单。

（二）供应链生产控制模式是面向对象的、分布式、协调生产作业控制模式

我们通过对生产企业的工作对象进行分析可知，生产企业的工作对象由产品、设备、材料、人员、订单、发票、合同等要素组成，而企业之间最重要的联系纽带是订单。企业的供应链活动是围绕订单而运作的，通过订单驱动供应链业务伙伴的活动。例如，采购部门围绕采购订单开展工作，制造部门围绕制造订单而运作，装配部门围绕装配订单而运作，这就是供应链的订单驱动原理。

面向对象的生产作业控制模式从订单的形成开始，企业就考虑到了物流系统各目标之间的联系，形成了面向订单对象的控制系统。订单在控制过程中，主要有如下几方面的作用。

（1）对整个供应链过程进行面向订单的监督、检查与协调；

（2）规划订单履行的计划完成日期和订单完成工作量指标；

（3）对订单履行过程的运行状态进行跟踪与监控；

（4）分析订单履行任务的完成情况，并与计划进行比较与分析；

（5）根据顾客需求的变化和订单履行情况提出切实可行的改进措施。

供应链环境下的这种分布式、面向对象的、协调生产作业控制模式，其最主要的特点是实时信息共享。因此，供应链企业群体需要建立供应链信息集成平台（协调信息的发布与接收），及时反馈供应链生产进度的有关数据，及时修正供应链生产计划，以保持供应链各参与体都能同步执行。

三、供应链生产控制的内容

供应链管理环境下的企业生产控制与传统的企业生产控制模式不同。前者需要更多的协调机制，包括企业内部和企业之间的协调，体现了供应链协同管理的思想。供应链管理环境下的生产协调与控制主要包括以下内容。

（一）供应链生产进度控制

生产进度控制的目的在于企业依据生产作业计划（PAC/SFC），检查零部件的投入和出产数量、出产时间和配套性，保证产品能准时装配出厂。供应链管理环境下的生产进度控制与传统生产模式的进度控制有所不同。因为许多产品是协作生产的（抑或是转包的业务），这与传统企业内部的生产进度控制相较而言，其控制的难度更大。因此必须建立一种有效的

跟踪机制，以便对生产进度的信息进行跟踪与反馈。生产进度控制在供应链管理中有重要作用，因此必须研究解决供应链企业之间的信息跟踪机制和快速反应机制。

（二）供应链生产节奏控制

集成化、同步化的供应链计划需要解决供应链企业之间的生产同步化问题。只有供应链成员企业之间及企业内部各部门之间保持步调一致，供应链的同步化才能得以实现。供应链准时生产系统要求上游企业准时为下游企业提供必需的零部件。如果供应链中任何一个企业不能准时交货，都会导致供应链不稳定或中断，导致供应链对用户需求的响应性下降。因此，严格控制供应链的生产节奏对保持供应链的敏捷性十分重要。

（三）供应链提前期管理

基于时间的竞争（TBC）是新经济时代的一种竞争策略，具体到企业的运作层，主要体现为对提前期的管理。在供应链管理环境下，企业加强对提前期的管理是快速响应用户需求的有效途径。为此，企业必须有效控制供应提前期、生产提前期和成品配送提前期，实现采购与供应、生产运作、成品发运（货物配送）等供应链运作流程的无缝衔接。一方面，企业要加强与供应商的合作，建立双赢机制，实现信息共享，严格对供应商的供货质量进行把关，确保物料的准时供应；另一方面，企业要加强与合同制造商的合作，通过并行作业缩短供应链产品出产（或投产）循环期或产出节拍；此外，企业要建立高效的物流配送系统抑或加强与第三方物流企业的合作，尽量缩短成品配送提前期。上述策略与举措是保证供应链获得柔性和敏捷性的关键。

四、供应链生产系统的协调机制

（一）供应链的协调机制

要实现供应链的同步化运作，我们就需要建立一种协调机制，协调供应链的目的是使信息能无缝地、顺畅地在供应链中传递，减少因信息失真而导致过量生产、过量库存等现象的发生，使整个供应链能协调一致，同步运作，能及时响应市场需求的变化。

供应链的协调机制有两种分类方法。根据协调的内容可将其划分为信息协调和非信息协调。根据协调的职能可将其划分为如下两类：一类是不同职能活动之间的协调与集成，如生产-供应协调、生产-销售协调、库存-销售协调等协调关系；另一类是同一职能不同活动层次的协调，如多个工厂之间的生产协调。

（二）供应链的协调控制模式

供应链的协调控制模式包括中心化协调、非中心化协调和混合式协调三种模式。中心化协调控制模式是把整个供应链纳入一个系统，采用集中决策方式，因而忽视了代理商的主动性，很难适应市场需求的变化。分散协调控制模式则过分强调代理人的独立性，对资源的共享程度低，缺乏信息沟通与交流，很难实现供应链的同步化运作。比较好的控制模式是分散与集中相结合的混合模式。一方面，各代理者独立地运作，另一方面它们又参与到整个供应链的同步化运作体系中来，保持了独立性与协调性的统一。

（三）供应链的信息跟踪机制

供应链成员之间的关系是服务与被服务的关系，服务信号的跟踪和反馈机制可以使企业生产与供应保持同步，以消除不确定性对供应链运作的影响。因此，我们应该在供应链系统中建立服务跟踪机制，以降低不确定性对供应链同步化的影响。

供应链的服务跟踪机制能提供供需两方面的协调辅助：信息协调和非信息协调。非信息协调主要指完善供应链运作的实物供需条件，如采用JIT生产与采购、运输调度等；信息协调主要是通过企业之间生产进度的跟踪与反馈来协调各个企业的生产进度，保证按时完成用户的订单，及时交货。

供应链企业在生产系统中使用跟踪机制的根本目的是保证对下游企业的服务质量。在集成化供应链管理的条件下，跟踪机制能发挥其最大的作用。跟踪机制在企业内部表现为客户（下游企业）的相关信息在企业生产系统中的渗透。其中，客户的需求信息（订单）成为贯穿企业生产系统的一条主线，成为生产计划、生产控制、物料供应相互衔接、协调的手段。

1. 信息跟踪机制的外部运行环境

跟踪机制的提出与人们对供应链管理的深入研究密不可分。供应链管理环境下企业间的信息集成可以从以下三个部门展开。

（1）采购部门与销售部门。采购部门与销售部门是企业间传递需求信息的接口。需求信息总是沿着供应链从下游传至上游，从一个企业的采购部门传向另一个企业的销售部门。我们讨论的是供应链管理下的销售与采购环节，稳定而长期的供应关系是必备的前提，因此可以将注意力集中在需求信息的传递上。

从传统意义上讲，企业的销售部门应该对产品交货的全过程负责，即从企业接到客户订单开始，直到交货完毕的全过程。然而，在供应链战略伙伴关系建立以后，销售部门的职能简化了。销售部门在供应链上下游企业间的作用仅仅是一个信息的接口。它负责接收和管理有关下游企业需求的一切信息。这些信息除了单纯意义上的订单外，还有下游企业对产品的个性化需求，如质量、规格、交货渠道、交货方式等。这些信息是企业其他部门工作的必要信息。

同销售部门一样，采购部门的职能也得以简化。采购部门原来的工作是保证生产所需的物料供应。它不仅要下达采购订单，还要确保采购的物料能保质保量按时入库。在供应链管理环境下，采购部门的主要工作是将生产计划系统的采购计划转换为需求信息，以电子订单的形式传达给上游企业。同时，它还要从销售部门获取与所采购的零部件和原材料相关的客户个性化需求的信息，并及时传递给上游企业。

（2）制造部门。制造部门的任务不仅仅是生产，还包括对采购物料的接收及按计划向下游企业供应配套件。在这里，制造部门实际上兼具物料搬运和仓储管理两项辅助功能。制造部门能够完成如此复杂的工作，原因在于生产计划部门对上下游企业的信息集成，同时也依赖于战略伙伴关系中的质量保证体系。此外，制造部门还要实时收集生产进度信息，经过分析后提供给生产计划部门。

（3）生产计划部门。在集成化供应链管理环境下，企业的生产计划部门肩负着大量的工作，集成了来自上下游生产计划部门、企业销售部门和制造部门的信息。生产计划部门具有以下主要功能。

①滚动编制生产计划。来自销售部门的新增订单信息、来自企业制造部门的订单生产进度信息、来自上游企业的外购物料的生产计划信息及来自下游企业的需求变动信息，这四部分信息共同构成了企业编制滚动生产计划的信息支柱。

②保证对下游企业的产品供应。下游企业的订单并非是一成不变的。从订单下达企业起，供方和需方的内外部环境就一直在不断地变化着。最终的供应时间实际上是供需双方不断沟通与协调的结果，其协调的工具就是双方不断滚动更新的生产计划。生产计划部门按照最终的协议批示制造部门对下游企业进行供应。这种供应是与下游企业生产计划相匹配的准时供应。

由于生产出来的产品不断发往下游企业，制造部门不会有过多的在制品库存和成品库存。

③保证上游企业对本企业的供应。这一功能是与上一功能相对应的。生产计划部门在制造部门提供的实时生产进度分析的基础上结合上游企业传来的生产计划（生产进度分析）信息，与上游企业协商确定各批订单的准确供货时间。上游企业将按照约定的时间将物料发送到本企业，外购零部件和原材料的准时供应降低了制造部门的库存压力。

2. 生产计划中的信息跟踪机制

制造企业在接到下游企业的订单后，应该建立针对下游企业的订单档案，其中包含用户对产品的个性化要求，如产品规格、质量、交货期、交货方式等。

（1）主生产计划（MPS）。在主生产计划的外包分析中，我们可以将订单分解为外包子订单和自制件子订单。订单与子订单的关系在于，订单通常是一个用户提出的订货要求。在同一个用户提出的订货要求中，可能有多个订货项，我们可以将同一订单中不同的订货项定义为子订单。表 6.5 为订单的子项信息，该订单包含了 3 个子订单。

表 6.5　订单的子项信息

产品编号	出产日期	……
A301	2027/07/31	……
A302	2027/07/31	……
A303	2027/07/31	……

我们根据主生产计划对子订单进行规划时，可以改变子订单在期与量上的设定，但应保持子订单与订单的对应关系。

（2）投入产出计划。投入产出计划中也涉及信息跟踪机制，其基本步骤如下：

①子订单的分解。结合产品结构文件（BOM）和工艺文件以及提前期（LT）数据，倒排编制生产计划。对不同的子订单独立计算，不允许进行跨子订单的计划记录合并。

②库存的分配。本步骤与上一步骤是同时进行的，即将计划期内可利用的库存分配给不同的子订单。我们需要在库存分配记录上注明子订单信息，以保证专货专用。

③能力占用。结合工艺文件和设备组文件计算各子订单计划期内的能力占用。这一步骤使单独评价子订单对生产负荷的影响成为可能。在调整子订单时也无须重新计算整个计划所有记录的能力占用数据，仅需调整子订单间的相关能力数据。

④调整。结合历史数据对整个计划周期内的能力占用状况进行评价和分析，找出可能的瓶颈。对在一定时间段内所形成的能力瓶颈，我们可以采取两种办法解决：一种办法是调整子订单的出产日期和出产数量，另一种办法是将子订单细分为更小的批量，分别设定出产日期和出产数量。当然，必须保持细分后的“子子订单”与原订单的对应关系。经过调整的子订单（子子订单）和上一周期计划中未对生产产生实际影响的子订单（子子订单）都可以重新进行分解以产生新的计划。

⑤修正。本步骤实际上是在上述步骤之前进行的，它是对前一周期内投入产出计划执行状况的总结。与通常的计划滚动过程一样，前一周期的生产进度数据和库存数据是必不可少的，不同的是，可以准确地按子订单检查计划的执行状况，同时调整相应子订单的期量设定以适应生产的实际需要。能够完成这一功能的原因在于，在整个生产系统中通过子订单形成了内在联系。

（3）车间作业计划（PAC/SFC）。车间作业计划用于指导具体的生产活动，具有高度的复杂性。一般而言，我们难以严格按照子订单来调度生产，但可以要求在加工单上注明本批生产任务的子订单信息和相关信息。在整个生产过程中实时地收集和反馈子订单的生产数据，为跟踪机制的运行提供来自基层的数据。

（4）采购计划。采购部门接收的是按子订单下达的采购信息，采购人员可以采用不同的采购策略来完成采购计划。子订单的作用主要体现在以下两个方面。

首先，子订单将采购部门与销售部门联系起来。下游企业在需求上的个性化要求可能涉及原材料和零部件的采购，采购部门可以利用子订单查询这一信息，并提供给各个上游企业。

其次，子订单可以建立需求与生产间的联系。采购部门的重要任务之一就是建立上游企业的生产过程与本企业子订单的对应关系。在这一条件下，企业可以了解子订单生产所需要的物料在上游企业的生产情况，还可以据此给上游企业提供准确的供货时间。

3. 生产进度控制中的信息跟踪机制

生产控制是生产管理的重要职能，是实现生产计划和生产作业管理的重要手段。虽然生产计划和生产作业计划对生产活动已做了较为周密而具体的安排，但是随着时间的推移，市场需求往往会发生变化。此外，生产准备工作不充分或生产现场偶然因素的影响，也会使计划产量和实际产量之间产生差异。因此，企业必须及时对生产过程进行监督和检查，发现偏差，进行调节和校正，以保证计划目标的顺利实现。

本部分主要讨论内嵌于生产控制中的信息跟踪机制及其作用。生产控制有许多具体的内容，我们仅以具有普遍意义的生产进度控制作为讨论的对象。

生产进度控制的主要任务是生产管理者依照预先制订的生产作业计划，检查各种零部件的投入和产出时间、数量及其配套性，保证产品能准时产出，并按照订单承诺的交货期将产品准时送到用户手中。

由于我们在生产计划中建立了信息跟踪机制，相应的生产进度控制工作就是在加工路线单中保留子订单的信息。此外，在生产进度控制中，人们运用了多种分析方法，如在生产预计分析中的差额推算法，生产均衡性控制中的均衡系数法，生产成套性控制中的甘特图等。我们同样可以将这些方法运用到跟踪机制中，只不过分析的目标不再仅是计划的执行状况，还包括对子订单的分析。

在没有跟踪机制的生产系统中，由于生产计划隐去了子订单信息，生产控制系统无法识别生产过程与子订单的关系，也无法将不同的子订单区别开来，因此仅能控制产品的计划投入和产出。使用跟踪机制的作用在于生产管理者对子订单的生产实施控制，以保证客户服务质量。

（1）按优先级保证对客户的产品供应。子订单是对订单的细化，只有保证子订单的准时完工才能保证订单的准时完工，这意味着对客户服务质量的保证。在一个企业中不同的子订单总是有着大量的相同或类似的零部件同时进行加工。在车间生产的复杂情况下，由于生产实际与生产计划的偏差，在制品未能按时到位的情况经常发生。在产品结构树中，低层零部件的缺件破坏了生产的成套性，必将导致高层零部件的生产计划无法执行，这是一个逐层向上的循环。

较好的办法是将这种可能产生的混乱限制在优先级较低的子订单内，保证高优先级的子订单的生产成套性。在发生意外情况时，人们总是认为意外发生在低优先级别的子订单内，高优先级的子订单能够获得物料上的保证。在低优先级订单的优先级不断上升的情况下，总是优先保证高优先级的订单，必然能够保证对客户的服务质量。相反，在不能区分子订单的条件下这种办法无法得以实现。“拆东墙补西墙”式的生产调度，会导致在同一时间加工但不在同一时间使用的零部件互相挤占，对后续生产造成隐患。

（2）保证在集成化供应链管理的条件下下游企业所需要的实时计划信息。对本企业而言，这一要求就意味着使用精确实时的生产进度数据修正订单项对应的每一个子订单的相关计划记录，保持生产计划的有效性。在没有相应的跟踪机制的情况下，同一个生产计划、同一批半成品都可能对应着多份订单，实际上无法度量具体订单的生产进度。可见，生产控制系统必须建立跟踪机制才能实现面向订单的数据收集，生产计划系统才能够获得必要的信息以实现面向用户的实时计划修正。

实训项目 4：供应链运作与管理

实训项目描述

教师将全班同学分为 8 个小组，每个小组中的同学分别扮演供应商、制造商、批发商、零售商、顾客、银行等供应链参与体的角色。供应链企业群体经营的产品是标准帽，标准帽由制造商生产。生产标准帽用的原材料是 A6 纸，由供应商提供。标准帽通过批发商、零售商等中间商向用户销售。企业开展经营活动所需的资金可以向银行借贷。各小组模拟的企业的经营周期是一个月，在月底时各小组计算盈亏，以此决定胜负。

实训目标

通过实训，各小组应达到以下目标：

1. 能做出正确的经营决策；
2. 能正确制订供应链计划；
3. 能正确开展供应链运作活动；
4. 能正确处理供应链成员企业的关系（竞争/合作）；
5. 能与企业内部成员及外部业务伙伴进行有效沟通；
6. 能正确进行需求与供给预测；
7. 能正确进行供应链库存计划与控制；
8. 能正确核算运营成本并进行盈亏分析；
9. 能通过游戏体验供应链运作活动，并能从游戏中总结供应链运作与管理的经验。

实训内容

全班同学以小组为单位，共同参与，密切配合，完成以下实训内容。

1. 分组并确定所扮演的角色

教师将全班同学分为 8 个小组，每个小组分别扮演供应商（1 家）、制造商（2 家）、批发商（1 家）、零售商（2 家）、顾客（1 组）、银行（1 家）等供应链参与体的角色。

2. 需求与供给预测

用户对标准帽的需求是波动的。在模拟的情境中，小镇的居民在每个月的17日（假设为第三周的星期六）领工资。这意味该镇的居民在每个月第四周的购买力比较强，在第五周有一定的购买力，在第三周的购买力最弱。各组在制订供应链运作计划时应考虑到这一点。

3. 制造商采购原材料

制造商生产的产品是标准帽，生产标准帽所用的原材料是A6纸（A4纸的1/4，约5 cm×14.5 cm），由供应商提供。生产每顶标准帽的原材料的采购价格是40元，供应商回购原材料的价格是20元。

4. 制造商生产标准帽

步骤如下：①取一张原材料（A6纸，呈长方形）；②将A6纸较长的一个纸边折叠2 cm；③将纸较短的两侧对接；④将一侧插入另一侧的折边中。这样就制成了一个简易的标准帽。

5. 产品分销

制造商的产品可以通过批发商、零售商等中间商向用户销售。批发商每周只从每家制造商处收购3顶质量合格的标准帽，收购价格是每顶80元。制造商也可以将标准帽销售给零售商，但是他们必须就产品的质量、购销数量和价格（包括是否允许赊销/赊购）等交易条件进行谈判并达成协议。

6. 关于赊销/赊购

游戏假定赊销不限量，且标准帽的赊销价格是每顶90元。如果制造商和零售商就赊销/赊购一事进行协商，制造商必须考虑货款能否收回。一旦双方达成赊销/赊购协议，接下来双方通过掷骰子决定制造商的赊销货款能否收回、何时收回及收回的款额。如果掷骰子后骰子正面显示的数字是1，预示着货款收不回；若显示2，本周四前收回一半货款；若显示3，本周四前收回全部货款；若显示4，本月底前收回一半货款；若显示5，本月底前收回全部货款；若显示6，重新掷骰子。

7. 关于资金

假定每组有100元存款。每组在每月的第一天可以从银行获得200元贷款。每组在当月29日连本带息将贷款还给银行，共计250元。每组在当月27日（假设为星期二）支付100元房租。每组在每周星期六支付110元薪金给员工。

8. 每周的工作安排

各小组每周的工作安排如下：星期一，制造商采购原材料；星期二，制造商生产标准帽；星期三，制造商销售标准帽，零售商采购标准帽；星期四，零售商销售标准帽，制造商收回货款；星期五，各小组制订下周的工作计划，零售商公布下周的市场状况；星期六，各小组支付员工的薪金；星期日，各小组休息。

9. 计算盈亏

在每月的最后一天，各小组计算当月的盈亏。各小组应该扣除100元存款，在此基础上计算利润额。

10. 讨论与分享

在游戏结束以后，各小组对游戏过程及其结果进行总结，并在全班范围内开展交流，分享成功的经验和失败的教训，以共同提高。随后教师点评。

建议实训时间

4 h。

注意事项

1. 教师利用计时器控制每一天的开始和结束；
2. 市场信息也可以由教师发布；
3. 各小组应坚持制订工作计划，并把本小组的工作目标写在白板上；
4. 各小组在采购与供应谈判达成协议以后要签订购销合同；
5. 如果有时间，全班同学可以多做几次游戏，每次做游戏都会产生不同的感受；
6. 如果有可能，各小组可以轮流扮演不同的角色；
7. 做游戏的时间可以灵活安排，在同学们熟悉游戏内容以后可以缩短每轮做游戏的时间；
8. 达到寓教于乐的目的。

评价与反馈

1. 小组成果展示

（1）小组的收获与体会（见表6.6）。

表6.6　小组的收获与体会

活动总结	内容描述
活动收获	
活动体会	

（2）对其他小组的建议（见表6.7）。

表6.7　对其他小组的建议

反馈建议	内容描述
改进建议	
备注：①依据标准和规范，请分别对其他小组提出建议。②建议的内容应分条列出，应清楚准确，注意保持和谐的氛围	

2. 评分

采用加权平均法对学生的实训成绩进行评定，包括学生自评（25%）、小组互评（25%）、教师评价（50%）三部分（见表6.8）。

表 6.8　学生实训成绩评定

考核项目	评分标准	分数	学生自评（25%）	小组互评（25%）	教师评价（50%）	小计
团队合作	是否默契（在决策、计划及运作活动中是否相互交流、发扬团队精神、共同提高）	5				
活动参与	是否积极（是否均参与决策、计划及运作活动，是否贡献了智慧力量）	5				
任务方案	是否正确、合理（任务方案中操作方法是否符合标准和相关规范）	5				
实训过程	（1）任务准备 ①熟悉实训内容及要求 ②选择实训环境和道具	20				
	（2）任务实施 ①做出经营决策 ②制订供应链计划 ③开展供应链运作活动 ④进行供应链库存计划与控制 ⑤成本核算及盈亏分析	30				
	（3）任务结果 ①实训活动视频 3 个 ②总结汇报 PPT 1 份	20				
任务完成情况	是否圆满完成	5				
方法使用	是否规范、标准	5				
实训纪律	是否能严格遵守	5				
总分		100				
教师签名：		年　月　日			得分	

注意：没有按照要求进行实训，未能提供实训成果时，本任务考核记 0 分。

小结

供应链生产管理的目标是控制产品质量、生产成本、出产循环期或出产节拍及生产运作柔性。供应链生产系统的要素包括供应商、用户、资源投入、生产转换、产品产出和管理系统。供应链生产观念是提升企业的生产竞争力。生产竞争力是指制造商作为供应链的主体企业，通过其品牌影响力、生产的规模经济性或范围经济性抑或经验曲线效应等成就的低成本或差异化竞争力。其影响因素包括品牌影响力、生产规模、产品多样性、约束条件与提前期等。生产方式可以按照生产的专业化程度、工作地的专业化程度或生产工艺特征进行分类。典型的生产方式包括大量生产、精益生产、计算机集成制造、敏捷制造、大规模定制、绿色制造等。企业的竞争方式及生产方式伴随着竞争因素的变化而变化。制造企业的生产策略（或需求响应策略）包括备货生产、按订单生产、按订单组装、按订单设计。能够为客户提供规模化的个性化服务是供应链管理全球顶尖企业的一个特质。大规模定制是供应链生产方式的主流发展趋势。它是制造企业以类似于大规模流水生产线的成本和时间，为客户提供类似于单件定制生产的产品的生产方式。供应链生产运作管理要求企业建立有效的跟踪机制对生产进度进行跟踪与控制、需要控制生产节奏并缩短供应链出产循环期。供应链生产计划具有共享性、协同性、柔性等特征。企业在制订供应链生产计划时，应该考虑所面临的柔性约束、生产进度和生产能力等因素的约束。供应链生产计划制订的新特点包括：具有纵向和横向的信息集成过程、丰富了能力平衡在计划中的作用、计划的循环过程突破了企业的限制。供应链生产控制模式的主要特点包括：供应链企业需要进行订货决策与订单分解控制、供应链生产控制模式是面向对象的、分布式、协调生产作业控制模式。供应链生产控制的对象包括生产进度、生产节奏、生产提前期。

同步测试

一、判断题

1. 供应链生产观念是提升企业的生产竞争力。（　）
2. 企业的竞争方式伴随着竞争因素的变化而变化。（　）
3. 企业的生产方式伴随着竞争因素的变化而变化。（　）
4. 能够为客户提供规模化的个性化服务是供应链管理全球顶尖企业的一个特质。（　）
5. 大规模定制是供应链生产方式的主流发展趋势。（　）
6. 供应链生产计划具有共享性、协同性、柔性等特征。（　）
7. 供应链生产控制的对象包括生产进度、生产节奏和生产提前期。（　）
8. 企业在制订供应链生产计划时，应该考虑所面临的柔性约束、生产进度和生产能力等因素的约束。（　）
9. 和传统生产系统相比，供应链生产系统把供应商和用户也纳入其中。（　）
10. 与其说 MTS、MTO、ATO、ETO 是生产方式，不如说它们是生产策略或制造企业的需求响应策略。（　）

二、单选题

1. 按照（　）可以把制造企业的生产策略划分为按库存生产、按订单生产、按订单组装、按订单设计四种类型。

A. LT 长短　　B. 生产工艺特征
C. 需求响应策略　　D. 生产的专业化程度

2.（　）是制造企业以类似于大规模流水生产线的成本和时间，为客户提供类似于单件定制生产的产品的生产方式。

A. LP　　B. AM　　C. MC　　D. CIM

3. 一般而言，（　）根据其技术能力和营销战略来确定其产品线，并根据市场机会和承受技术创新风险的意愿来构建其生产竞争力。

A. 制造商　　B. 批发商　　C. 零售商　　D. 合同制造商

4. 制造企业的（　）生产规模是长期平均成本（LAC）曲线和短期平均成本（SAC）曲线的切点所对应的生产规模。

A. 最佳　　B. 较佳　　C. 次佳　　D. 一般

5. 规模经济也称（　　）。

A. 规模报酬递减　　B. 规模报酬递增　　C. 规模报酬不变　　D. 规模不经济

6. 当企业联合生产（或提供）两种或两种以上的产品（或服务）时，联合生产（或提供）产品（或服务）的总成本低于单独生产（或提供）这些产品（或服务）的总成本之和时就存在（　　）。

A. 规模经济　　B. 经验曲线效应

C. 学习经验曲线效应　　D. 范围经济

7. 所有生产流程都是在特定生产条件的约束下，在（　　）之间平衡的结果。

A. 规模经济与规模不经济　　B. 规模经济与范围经济

C. 规模经济与经验曲线效应　　D. 范围经济与经验曲线效应

8. 据统计，（　　）的生产延误来源于生产过程中的计划外排队。因此，缩短生产提前期，控制意外变动事件的发生，必将提升供应链生产竞争力。

A. 85%～95%　　B. 75%～85%　　C. 75%～95%　　D. 70%～95%

9. （　　）企业的生产方式表现为精益生产和敏捷制造。

A. 农业经济时代　　B. 工业经济时代

C. 知识经济时代　　D. 共享经济时代

10. 按照（　　）我们可以将生产方式划分为流程式生产、离散型生产和项目型生产三种类型。

A. 工作地　　B. 提前期　　C. 生产工艺特征　　D. 机群布置

三、多选题

1. 供应链生产管理的目标包括控制（　　）。

A. 产品质量　　B. 生产成本

C. 出产循环期或出产节拍　　D. 生产运作柔性

2. 供应链生产系统的要素包括（　　）。

A. 供应商　　B. 用户　　C. 资源投入　　D. 生产转换

3. 生产竞争力是指制造商作为供应链的主体企业，通过其（　　）等成就的低成本或差异化竞争力。

A. 品牌影响力　　B. 生产的规模经济性

C. 生产的范围经济性　　D. 生产的经验曲线效应

4. 生产竞争力的影响因素包括（　　）。

A. 品牌影响力　　B. 生产规模　　C. 产品多样性　　D. 提前期

5. 按照生产的专业化程度可以将生产方式划分为（　　）。

A. 单件生产　　B. 成批生产　　C. 大量生产　　D. 连续生产

6. 按照生产工艺特征可以将生产方式划分为（　　）。

A. 流程式生产　　B. 离散型生产　　C. 项目型生产　　D. 流水线生产

7. 典型的生产方式包括（　　）。

A. 精益生产　　B. 敏捷制造　　C. 大规模定制　　D. 计算机集成制造

8. 供应链生产管理的基本要求包括（　　）。

A. 需要建立有效的跟踪机制对生产进度进行跟踪与控制

B. 需要有效控制生产节奏

C. 需要缩短供应链出产循环期

D. 需要缩短供应链出产节拍

9. 供应链生产计划制订的新特点包括（　　）。

A. 具有纵向和横向的信息集成过程

B. 丰富了能力平衡在计划中的作用

C. 计划的循环过程突破了企业的限制

D. 控制生产进度、生产节奏和生产提前期

10. 供应链生产控制模式的主要特点包括（　　）。

A. 供应链企业需要进行订货决策与订单分解控制

B. 供应链生产控制模式是面向对象的生产作业控制模式

C. 供应链生产控制模式是分布式的生产作业控制模式

D. 供应链生产控制模式是协调生产作业的控制模式

四、情境问答题

1. 国内某民营汽车制造商生产长途旅行客车和城市公共汽车等大型客车。由于客户根据其城市规模的要求，对客车和公共汽车的设计要求不尽相同，因此，很少有大批量生产完全相同的客车的生产任务。这家企业为了提高生产效率，曾经参观了外资企业（例如丰田汽车公司）的汽车生产线，希望能从中借鉴到有价值的管理方法。但是，在参观结束后的讨论会上，各部门经理有一个共识，那就是丰田汽车公司的经验只能是在理论上借鉴，而不能有实质性的参考。请问：为什么这些部门经理有这样的看法？你的观点是什么？

2. 美嘉公司是浙江某服装加工企业。随着公司知名度的提升，订单数量急剧增加。但公司短期内难以扩大生产规模，产品数量、质量和交货期都得不到保证，导致公司客户合同纠纷日益增多。如果你是公司生产部负责人，你将采取哪些措施来保证公司的生产进度，从而改变现状？

五、案例分析题

苹果公司的生产外包

截至2019年，苹果公司已连续11年荣获全球供应链大师的桂冠并名列榜首，彰显了苹果公司过去10余年内在供应链管理领域的持续卓越表现。然而苹果公司是生产外包的典范，它与富士康的合作创造了IT领域的奇迹。

一、苹果公司简介

苹果公司是创立于美国的著名高科技企业，是美国个人电脑的先驱，是个人电脑产业的开创者。其核心产品为创新的电子科技产品。苹果公司的竞争优势来源于其技术创新能力。公司的产品设计独特、高端时尚、品牌知名度高。但其制造装备水平和生产技术水平相较于其他制造企业没有优势。为了快速提升公司产品的供应能力，规避公司自行投资的财务风险，苹果公司选择了生产外包。

二、苹果公司生产外包前后的对比

（一）苹果公司生产外包前的情况

在1997年以前，苹果公司的所有生产业务都是自行完成的，包括主板的生产和产品最后的组装。令人不可思议的是，苹果公司竟然自行生产芯片。但是IT产业分工细化，技术进步很快，生产设备不断更新换代，这种自给自足的生产模式早已不合时宜。不进行专业化分工的结果是，苹果公司的市场份额不断萎缩，其市场占有率一度降到5%。而竞争对手如康柏、戴尔等公司都是利用亚洲低成本的专业电子制造服务资源大幅度降低成本，快速响应市场需求，并进行价格竞争。结果导致苹果公司在1997年亏损近10亿美元，公司濒临破产的边缘。

苹果公司亏损的主要原因有四点：一是企业内部生产能力不足，制造效率低下，阻碍了苹果公司产品的快速上市。二是苹果公司的工厂分布在美国、爱尔兰和新加坡，人力成本居高不下。而竞争对

手如康柏和戴尔则选择将其制造业务转移到亚洲，人力成本大幅度降低。三是苹果公司的供应链管理能力不足。这主要表现在两个方面，一方面是公司对市场需求的预测及把握不够准确，造成供应准备不足；另一方面是公司的供应链缺乏柔性，关键物料的供应能力不足，无法满足快速增长的市场需求，贻误了商机。四是苹果公司的产品型号繁多，资源分散，缺乏吸引消费者的明星产品。

（二）苹果公司生产外包后的情况

1. 苹果公司生产外包的基本情况

苹果公司从1997年将主板生产等制造业务外包，并逐步将整机生产业务外包。在此过程中，公司通过自制与外包的比较，发现生产外包效率更高且风险可控，于是逐步关闭了自己的工厂。

2003年，苹果公司在生产Power Macintosh G5电脑时，其美国工厂与富士康的工厂同时开工，但其生产效率相形见绌。其美国工厂投入的人力更多，但生产效率只有富士康的80%，而产品不良率则比富士康的高出一倍还多。富士康对该项目给予了大量资源支持，其在3个月内新建3栋厂房并完成交付，生产工人由1 600人迅速增加至6 500人，两个月内顺利完成整机组装24万台。在进行对比分析之后，苹果公司逐步将自己的工厂关闭，同时将整机组装的生产任务全部外包给富士康。从Power Macintosh台式电脑到后来的iPhone智能手机、iPad平板电脑，富士康都成为苹果公司的首选战略合作伙伴。

2. 苹果公司生产外包的优势

通过生产外包，苹果公司获得了以下竞争优势：一是公司实施了“归核化”战略，将资源和能力集中在核心业务上，有利于培育公司的核心竞争力。公司整合了研发资源，缩减了产品线，并将主要的资源与能力集中在有限的产品线上。公司每年就每一类产品线只发布一至两款新产品并将其打造成精品，有利于公司的产品占领市场。二是有利于公司控制库存，提高资金的利用率。三是优化了公司的采购与供应管理。一方面形成了采购规模，有利于提升公司的议价能力，获取采购价格折扣，降低采购成本；另一方面有利于公司将采购业务归口统一管理。例如，苹果公司的热销产品——智能手机iPhone4和iPhone4S的累计销售量都达到了1亿台，如此庞大的需求量让苹果公司在采购物料时占尽了谈判优势，为苹果公司争取到极为有利的交易条件和更优质的服务以及供应商的快速响应创造了条件。四是有利于苹果公司对代工企业的日常管理。苹果公司精简产品线以后，其研发团队可以集中资源打造更好的产品。乔布斯对产品近乎挑剔乃至艺术化般的追求，使公司的研发团队设计出了更优质的产品。而产品的成功设计是公司开展市场营销活动的基础和条件。苹果公司将其产品打造为高端、时尚、科技、创新的电子产品，把产品的相关信息转化成一种市场饥渴，让消费者渴望了解苹果公司的产品进而希望去拥有它。拥有苹果公司的产品为消费者带来了非凡的体验。苹果公司成功的品牌营销提升了其品牌附加价值，同时大幅度扩大了公司的产品销量。

3. 苹果公司生产外包取得的成果

2012年4月，苹果公司的市场价值超过5 200亿美元，成为市场价值世界第一的企业。2012年8月19日股市收盘时，苹果公司的市场价值达到6 075亿美元，成为第三家市场价值突破6 000亿美元的企业。2012年财务年度末，苹果公司的现金余额高达1 214亿美元，而经营毛利率更是高达43.9%，成为富可敌国、世人称羡的高科技企业。

三、苹果公司生产外包的经验总结

1. 苹果公司选择合同制造商的标准严、要求高

苹果公司在选择合同制造商时非常强调制造商的实力，与之合作的企业都是业界一流的电子制造服务商，如英业达、广达、和硕、伟创力、富士康等。

苹果公司选择合同制造商的标准有五条：一是在业界有良好的口碑，具有服务国际知名公司的实绩。二是有比较强的技术实力和管理水平，达到一定的经营规模，能够满足苹果公司的海量需求。三是专业代工，不做自有品牌，不会与委托制造企业展开竞争。四是具有良好的执行力和快速响应能

力。五是具有良好的成本管控能力。

苹果公司之所以信赖富士康，是因为富士康具有以下几方面的优势：一是其垂直整合的生产能力和零组件的配套研发供应能力较强。二是其快速响应能力较强，可以满足苹果公司对新产品快速批量生产的需要。三是因为富士康是专业的代工商，其生产的产品品质有保障。四是富士康无自有品牌，与苹果公司参与市场竞争的风险小。五是富士康拥有健全的财务体系，财务状况良好且经营绩效优良。

2. 苹果公司组建了专门团队来负责外包业务管理

比如，苹果公司在亚洲设立了运营处，专门负责管理亚洲的原物料供应商和代工企业。同时，苹果公司也有专门的采购团队来管理供应商，从供应商的开发、交易条件的谈判、订单的跟踪与跟催，一直到物料交付，都有专人负责并跟进。

3. 苹果公司与合同制造商的高层就需求充分进行沟通并达成一致

苹果公司负责运营的管理层会在每年年底与代工企业的高层就下一年的需求计划和订单状况进行洽商。苹果公司的计划部门会给代工企业提供两个季度的主生产计划，以此来预定原物料和方便代工企业准备产能。

4. 严格控制运营成本

每个季度，苹果公司的采购人员会要求供应商调整、降低原物料的价格，对于像存储器这一类价格变化比较频繁的贵重物料，其价格调整的频率会更高。相应该地，苹果公司会要求代工企业调整其组装成品的报价。

4. 重视合约管理

苹果公司与合同制造商双方的商务人员负责合约管理及例外问题的磋商与解决。此外，双方还有例行的商务绩效回顾，双方会就合作中出现的一些问题进行检讨。

5. 动态调整并管理外包关系

在合作的初期，由于生产外包的复杂性较高，苹果公司与富士康的合作关系属于典型的伙伴型关系。双方的合作建立在双赢的基础之上。双方互惠互利，高度信任。但伴随着苹果公司和电子制造服务行业的快速发展及外包复杂性的降低，苹果公司有更多的合同制造商可以选择。苹果公司逐步将其与富士康的合作关系进行了调整。虽然苹果公司也在积极地寻求其他代工企业，但这些代工企业无论是规模还是技术能力都与富士康有很大的差距，苹果公司需要花费大量的资源去培育和帮扶它们。因此，目前还没有哪家代工企业能够取代富士康在苹果公司制造代工中的份额。富士康仍然是苹果公司最大的代工企业。

综上所述，苹果公司成功的原因主要有四点：一是公司实施了“归核化”战略，培育了企业核心竞争力。二是公司对市场需求的预测比较准确，对需求的把握比较精准。三是公司构筑了简洁高效的供应链体系，优化了供应链业务流程，保证了供应链的高效运作。四是公司选择了知名的代工企业，不但大幅度减少了固定资产的投入，降低了财务风险，而且生产的产品品质有保障，供应风险小。

根据案例提供的信息，请回答以下问题：

1. 你认为苹果公司成功的原因是什么？
2. 苹果公司核心竞争力的关键构成要素有哪些？
3. 苹果公司为什么要将生产外包？
4. 生产外包与供应链管理两者是什么关系？

任务7

供应链物流管理

【素质目标】

1. 具有家国情怀。
2. 树立系统观念。
3. 具有协同理念。
4. 具有绿色低碳理念。
5. 具备创新精神。
6. 具备精益求精、吃苦耐劳的工匠精神。
7. 具有成本意识。
8. 具有服务意识。
9. 具备与时俱进的品质。
10. 具备良好职业道德。
11. 具有社会责任感。
12. 具有专业认同感。

【知识目标】

1. 树立供应链物流观念。
2. 理解物流对供应链运作的支撑作用。
3. 了解供应链物流战略的构成。
4. 了解第三方物流的发展阶段。
5. 理解第三方物流与第四方物流的关系。
6. 掌握第四方物流的服务内容与运营模式。
7. 掌握物流外包的发展趋势。
8. 掌握物流外包的风险与对策。

【能力目标】

1. 能分析物流外包的驱动因素。
2. 能正确进行物流自营与外包决策。
3. 能正确评估、选择第三方物流服务商。
4. 能正确选择第三方物流的运营模式。
5. 能正确进行供应链物流外包管理。

【引例】

保通物流公司的全程供应链物流服务

保通物流公司是国内领先的第三方物流企业，在全国多个城市设有分公司、子公司和办事处，形成了一个覆盖全国并向国际延伸的运作和信息网络，并与国内外近百家著名大型工商企业结成战略联盟，为他们提供商品以及原辅材料、零部件等的采购、储存、分销、加工、包装、配送、信息处理、信息服务和物流系统规划与设计等供应链一体化综合物流服务。

（1）发展历程。保通公司成立之初，仓库和车辆都是租来的，并且只有佳化公司一个客户。为了能给佳化公司提供优质的服务，保通公司的业务流程和业务发展方向都是围绕佳化公司的需求来设计的。从第一笔满意的服务开始，到大批量货物的高效运输，保通储运有限公司取得了佳化公司的信任。之后，保通公司致力于物流服务，并利用信息技术和信息系统为客户创造价值。经过几年的努力，保通物流公司迅速发展成为国内知名的一家物流企业。

（2）物流基地与物流网络建设。随着市场竞争的加剧，面对小批量、多批次、多品种的小订单，如何变革现有的商品流通模式与物流运作模式，整合各环节的信息并做出快速反应，是摆在第三方物流公司面前的一道难题。为了应对这种挑战，保通公司自2003年开始，在全国沿海发达地区及内地重要城市选点建设高效、大型的现代化配送中心，形成枢纽式的物流网络体系。建成的配送中心不仅是现代化的储存、分拨、配送、多种运输交叉作业的中心，同时也是加工增值服务中心、贸易集散中心、结算中心和信息发布中心，可以为客户提供生产和商品流通一体化的物流服务。

（3）信息化与仓库管理。保通公司于2003年首先在苏州基地实施仓库管理系统（WMS），该基地主要作为飞利浦电子的中央配送中心（CDC）为其提供物流服务。随着项目的平稳进行，保通公司的仓库运营达到了全新的高度，得到了国内外客户的一致好评。随后，保通公司把这个成功的案例加以推广，将WMS应用到各地的仓储管理中，通过应用WMS系统的无线射频（RF）技术和配套流程，保通公司还将原来的纸张化操作逐步升级到RF管理。系统支持下的运作能力和服务质量的提升，帮助保通公司保持了国内第三方物流企业领先者的地位。

引导问题：

1. 在保通物流公司由小到大、由弱到强的发展历程中，哪些值得我国第三方物流公司借鉴？

2. 结合保通物流公司的发展历程，你认为保通物流公司为什么要自建配送中心？配送中心在选址时主要应考虑哪些因素？

3. 保通物流公司与多家工商企业结成战略联盟后，怎样才能更好地为客户提供全程供应链物流服务？

随着市场竞争的日益加剧，人们把目光投向了供应链管理，期望通过向客户提供满意的服务来增强企业竞争力。而物流在供应链的整合及客户服务中发挥着极为重要的作用，它是供应链各环节有机联系的桥梁和纽带。实施供应链管理，需要将供应链物流业务进行集成、整合，形成一体化的流程。因而，在供应链管理中有必要引入第三方物流，而第四方物流服务商则能为企业提供完整的供应链解决方案。

7.1 供应链物流管理认知

供应链物流观念（微课）

京东物流集团的全球供应链物流服务（微课）

与传统的物流管理相比，供应链物流管理更加强调供应链物流活动的一体化管理。为此，我们有必要树立供应链物流观念，并运用集成化管理的思想和方法对供应链物流活动进行有效管理。

一、树立供应链物流观念

［案例］　京东物流集团的全球供应链物流服务

京东物流集团的全球供应链物流包含十余个跨境口岸、110多个海外仓、近千条全球运输线路及中国全境的配送网络，覆盖全球224个国家和地区。基于全球智能供应链基础网络（GSSC），京东物流集团面向客户提供包含跨境进出口、国际运输、海外仓配等在内的全球范围端到端一站式解决方案。

供应链物流管理的目标是企业通过设计和管理相关的系统来控制原材料、在制品和产成品的合理移动和储存，以有效支撑采购、生产和客户服务等供应链运作活动。而实现物流所需的资源、能力和系统的整合是物流管理的最大挑战，企业一旦将其变成现实即形成一体化物流竞争力。该能力一旦形成，将是竞争对手所无法复制的。

供应链环境下的物流观念，是企业在努力控制和降低供应链物流成本的同时，利用一体化的物流竞争力为客户提供优质（或满意）的服务，以获取供应链竞争优势。为此，企业需要加强与第三方物流服务商的合作，通过供应链物流系统的高效运作，以提高库存的可得性与配送的准时性。

物流服务与成本之间存在效益背反①关系。实际上，如果企业愿意投入资源，几乎任何物流服务水平都能够达到。在如今的企业运作环境下，限制因素是经济而不是技术。比如，企业可以在主要客户聚集的地方设立专门的库存，以提高客户对库存的可得性；企业可以配置专门的运力，随时做好货物配送的准备；企业可以设置专用通信线路，以便与客户实时沟通。尽管这样的过度服务承诺可能是企业营销经理的一厢情愿，但是如果企业真的这样做，必然会付出高昂的成本与代价。而且这对支撑大多数客户服务和生产运作来说也是不必要的。因此，企业物流战略的主旨是管理者要决定在不牺牲物流服务水平的前提下，如何以有效的物流成本超越竞争对手。比如，如果某种原材料或零部件的供应延误，可能会导致企业停工待料，后果不堪设想。但如果产品在从成品库到区域配送中心（RDC）或从区域配送中心到配送中心（DC）的调拨过程中意外延迟一天，可能对供应链的运作绩效并不会造成明显的影响，因为区域配送中心和配送中心有大量的库存作为缓冲。因此，企业必须有选择地确定物流服务目标，优先考虑对客户重要和利润贡献较大的关键品项。不切实际的全面服务承诺，必然会削弱企业满足大客户的特别需求的能力。

供应链环境下的物流成本观念，是企业在满足客户服务水平需要的同时，实现供应链物流成本最小化。一方面，供应链管理者要寻求企业内部物流总成本的最小化。为此，企业就

① 物流效益背反（logistics trade off）是指“一种物流活动的高成本，会因另一种物流活动成本的降低或效益的提高而抵消的相互作用关系”（GB/T 18354-2021）。

必须克服二律背反，在物流服务水平与物流成本之间、构成物流成本的各个环节费用之间、物流各功能要素之间及物流系统各个子系统的功能和所耗费用之间进行权衡，采用一体化物流管理的思想和方法对企业物流进行管理，才能实现企业物流系统的最优化和物流总成本的最小化。另一方面，供应链管理者要协调供应链成员企业间的物流运作，避免库存的重复设置（如以信息代替库存），实现供应链物流一体化管理，进而实现供应链物流总成本最小化。

企业实现物流领先的关键是将其物流能力与关键客户的物流服务需求相匹配。典型的做法是企业将其对关键客户的服务承诺严格进行成本控制，以理想的总成本满足客户的需求。为此，企业必须精心设计物流系统，而且在为客户提供满意的物流服务的同时，必须严格控制运作波动，实现库存最小化，并根据客户的需求采取相应的物流策略。领先的企业可以通过精心设计的物流系统获取竞争优势，而基于一体化物流竞争力来获取供应链竞争优势的企业也比较容易确立其在行业中的竞争地位。

二、物流对供应链运作的支撑作用

供应链物流管理是企业从原材料采购与供应开始，经过生产运作，一直到成品配送，乃至售后服务在内的整个供应链物流过程的一体化管理。它涉及支撑采购、生产和客户服务的各个环节。

［案例］　丰田汽车公司的供应链物流一体化运作

汽车制造商的一体化供应物流模式(微课)

丰田汽车公司的JIT目标是快速、高效地将每一份订单转化为优质的汽车产品。为此，在客户需求的驱动下，公司的整个生产与物流系统持续同步运作，形成一个流，尽量减少零部件、在制品和产成品的停顿。外购零部件的供应物流采用循环取货（milk-run）的方式，统一将各供应商的零部件按照生产要求送至道口。生产物流则采用看板方式，统一将外购零部件与厂内零部件按照生产节拍送至生产线的旁边。最终通过销售物流，以JIT配送的方式将成品车配送给客户。此外，破损零部件的回收乃至问题车的召回，则形成从客户到工厂和供应商的逆向物流。丰田汽车公司的供应链物流一体化运作如图7.1所示。

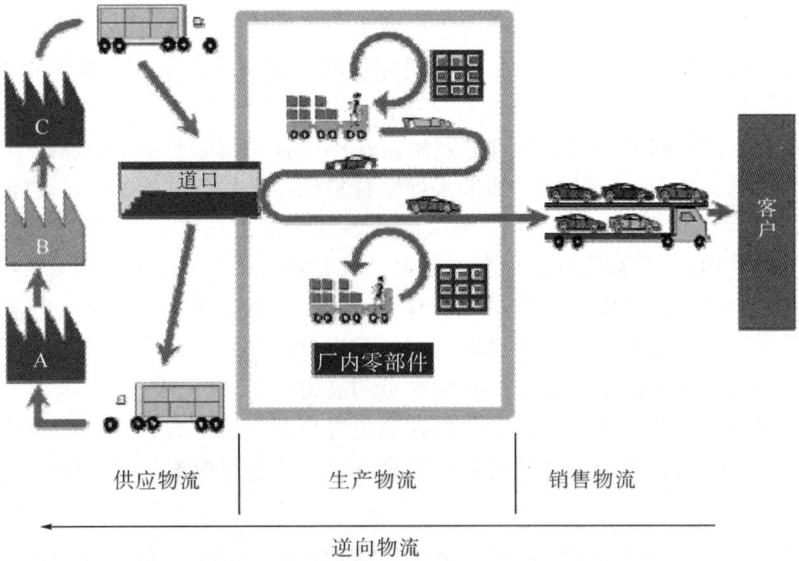

图7.1　丰田汽车公司的供应链物流一体化运作

可以看出，供应链物流通过上述四个基本环节的相互配合和交叉衔接，共同支撑供应链的一体化运作。

想一想：物流是如何支撑供应链运作的？

（一）供应物流

供应物流（supply logistics）是“为生产企业提供原材料、零部件或其他物料时所发生的物流活动”（GB/T 18354-2021）。供应物流的主要职责是企业以尽可能低的成本来确保采购的物料按质、按量、按时送达指定的地点，以支撑企业的采购运作，保障企业生产经营活动的正常进行。

一直以来，企业的供应物流主要由供应商负责，企业则把供应商的供应质量作为选择和考核供应商的主要指标。但是对于拥有众多供应商的大型制造商来说，由各家供应商分别组织送货很可能引起库存、成本、生产、现场等多方面的问题。为此，以汽车制造商为代表的企业开始推行基于第三方物流（TPL）服务的多供应商条件下的一体化供应物流模式（见图7.2）。除少数本地供应商向汽车厂商直接供货外，大部分供应商由一家第三方物流企业（TPLs）制订一体化的供应物流计划，按照供需双方的供求信息，通过循环取货的方式，将物料从各家供应商处送达制造商，并结合供应商管理库存（VMI）、准时（JIT）配送、排序上线（JIS）等策略与举措，以实现供应物流一体化，进而满足制造商的供应需求。该模式的关键是循环取货（见图7.3）。第三方物流服务商通过循环取货提高货物运输的效率，降低供应物料的库存，增加供应物流的可控性，进而达到降低供应物流成本的目的。

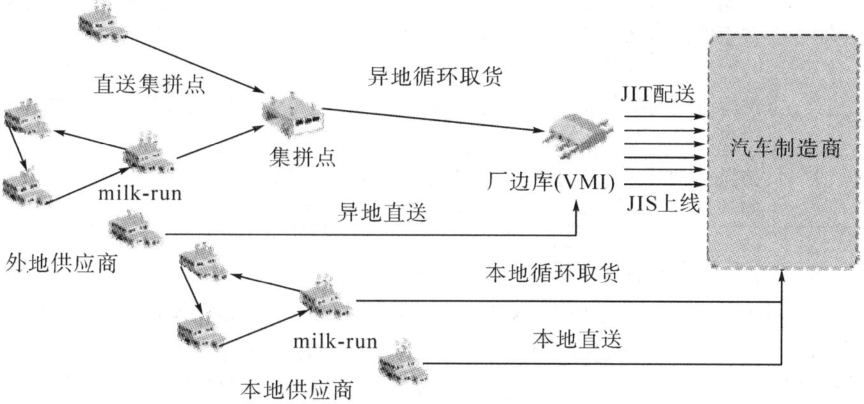

图7.2 一体化供应物流模式

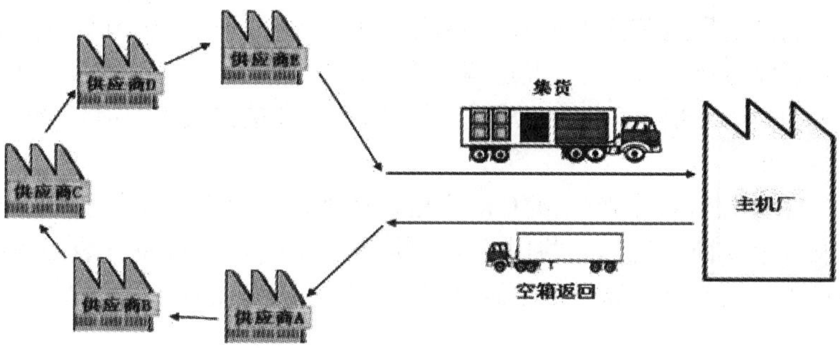

图7.3 循环取货

（二）生产物流

生产物流（production logistics）是指“生产企业内部进行的涉及原材料、在制品、半成品、产成品等的物流活动”（GB/T 18354-2021）。企业生产物流的主要职责是确保原材料、零部件、在制品乃至产成品，按照主生产计划（MPS）及其派生的物料需求计划（MRP）的安排，在需要的时间和地点具有可得性。它衔接供应物流和销售物流，共同支撑企业的生产运作。

工厂搬运与装配（拓展资源）

生产竞争力要素对物流需求的影响（微课）

1. 生产竞争力要素对物流需求产生影响

生产竞争力要素对物流需求产生重大影响，如表7.1所示。

表7.1 生产竞争力要素对物流需求的影响

生产竞争力要素	对物流需求的影响
品牌影响力	具有品牌影响力的企业决定供应链的结构，直接影响物流的增值服务范围以及供应链物流服务需求（包括物流服务时间、物流量、物流特性等）。品牌影响力需要优质的物流支撑
生产规模	生产规模从两个方面影响物流需求：一是物流运作次数，即物流必须对产品计划期内的生产次数提供有效支撑，生产批次（频次）对供应物流、生产物流、销售物流的服务需求产生直接影响；二是物流作业量，即一个生产批次的产量大小决定了相应的物流作业量大小
产品多样性	产品多样性程度高，生产的批量相对较小（多品种、小批量、多批次生产），对物流的需求更加柔性（多品种、小批量、多频次物流运作），要求支撑柔性生产的物流活动更加复杂
约束	供应链能力的可扩展性需要采购、生产、物流敏捷性的有机结合。物流可以促进/约束生产流程
提前期	物流活动的延误会引起生产线停工待料，直接影响生产提前期。缩短投产/出产循环期（节拍）需要得到物流活动的有效支撑

2. 生产策略的顺利实施需要得到物流的有效支撑

生产策略与采购和客户服务的高效和有效的协调最终要依靠物流。不管制造企业采用何种生产策略，都需要通过物流将供应商和客户与生产流程进行有机衔接。越能做到无缝衔接，就越能降低生产成本乃至整个供应链的成本。无论企业采用何种生产策略，都需要得到相应的物流支持。

（1）若企业采用备货生产（MTS/MTP）策略，需要原材料、零部件等物料的供应配送与储存保管及在制品的搬运移送及储存等物流活动对生产过程提供有效支撑，需要产成品的储存保管以及货物分拣①、包装、发运等物流活动对客户服务提供有效支撑。尽管柔性制造系统（FMS）的引入加快了生产的转换过程，库存的批量在减小，但货物暂存与分拣等物流活动仍然必不可少。

（2）若企业采用按订单生产（MTO）策略，从理论上讲企业不设置成品库存，但企业在需求预测的基础上提前对通用、共用的生产资料（物料）进行备货也是有必要的。因为客户一旦下达订单，企业就可以对订单做出快速响应。因而企业仍然涉及物料的储存保管、

① 分拣（sorting and picking）是指“将物品按一定目的进行分类、拣选的相关作业”（GB/ T18354-2021）。

货物拣选以及生产线配送等活动。企业采用该策略，一些成品会在产品下线以后直接发运给客户，但成品暂存以便集货运输、统一配送以降低物流成本的做法已经成为多数企业管理者的共识。此外，按库存生产或按订单生产只是代表两种极端的情形，在实务中更多的企业会采用插单生产策略（如任务7引例中提及的R公司的插单生产策略），即上述两种策略的有机结合。

（3）若企业采用按订单组装（ATO）策略，物流能力显得更加重要。一方面，企业需要持有标准零部件或半成品库存，以便在接到客户订单以后快速进行产品组装并按订单发运。因而企业必须具备储存保管、货物拣选、库存控制等物流能力。另一方面，采用该策略，越来越多的企业的成品是在配送中心（DC）经过客户化组装以后随即完成的客户化配送。为此，需要企业将仓储与配送等物流运作整合到价值创造流程中，以便为客户提供增值服务。

需要指出，准时（JIT）配送是支撑生产运作的有效手段。企业通过将原材料、零部件和在制品在需要的时间、按需要的量送到生产线，可以尽量减少生产过程中的库存量，甚至实现零库存。准时制配送实施的关键，是企业根据确定的生产计划制订相应的准时制配送计划，以满足生产运作对原材料、零部件等物料的需求。准时制配送最初主要被企业用于支撑备货生产（MTS/MTP）策略，但随着生产策略不断向柔性化方向发展，企业的生产批量在不断减小，生产转换在不断加快，准时制配送逐渐演变为支撑按订单生产（MTO）和按订单组装（ATO）策略，成为大规模定制（MC）生产方式的重要支撑。

（三）销售物流

销售物流（distribution logistics）是“企业在销售商品过程中所发生的物流活动”（GB/T 18354-2021）。销售物流的主要职责是企业通过整合供应链的资源和能力，待产品下线以后及时将其交付给终端用户，尽可能提高客户对产品的可得性，提高产品的附加价值，支撑企业的客户服务运作。

企业应该对核心客户提供完美订单服务，换言之，企业对核心客户的订单履行应该实现零缺陷，应尽可能提高其商品完好率①和订单完成率，即对于重要的客户，企业在履行订单时，应该完整、准时，将货物以完好的状态送到正确的地点，并附上完整、准确的文件。

企业传统的做法是通过提高库存保有率来满足潜在的订单与需求波动。在供应链管理迅速发展的今天，企业应该通过与关键客户建立战略联盟，采用现代信息技术手段来实现“以信息代替库存”，实施延迟策略以及协同库存管理等策略，采取越库作业/直拨等物流运作方式，有针对性地配置物流资源，以满足核心客户的服务需求。

在销售物流中，企业为客户提供增值服务是发展的主要趋势之一。一方面，很多企业通过实施延迟策略，在配送中心完成成品的组装，以便能够更快地响应客户的个性化需求；另一方面，很多客户希望企业在提供产品之外，还能够提供相关的附加服务。为此，一些企业为客户提供了包含多种产品的套装，这实际上也是企业在接到客户订单以后在配送中心完成货物组配的。此外，配送中心还常常提供货物拣选、贴标签、产品分装等服务，以此来满足不同零售商对特定商品配置的要求。越来越多的企业将物流增值服务②外包给第三方物流

---

① 商品完好率（rate of the goods in good condition）是指“交货时完好的物品量与应交付物品总量的比率”（GB/T 18354-2006）。

② 物流增值服务（logistics value-added service）是指“在完成物流基本功能的基础上，根据客户需求提供的各种延伸业务活动”（GB/T 18354-2021）。

服务商来完成，因为这些物流服务商具备专门的能力并能够为客户提供灵活的服务。无论是物流自营还是外包，能够为客户提供物流增值服务已成为企业获取竞争优势的关键一环。

（四）逆向物流

[**案例**] **京东的回收物流**

“京东物流”联合“京东公益”向全社会发起旧物回收计划。截至目前，京东小哥上门回收了约 160 万件闲置衣物、50 万余份闲置玩具等。回收物资通过捐赠、再循环，减少碳排放量 2 500 吨。

逆向物流也称反向物流（reverse logistics），是指“为恢复物品价值、循环利用或合理处置，对原材料、零部件、在制品及产成品从供应链下游节点向上游节点反向流动，或按特定的渠道或方式归集到指定地点所进行的物流活动”（GB/T 18354-2021）。逆向物流具有分散性、缓慢性、混杂性、多变性等特点。逆向物流管理应遵循事前防范重于事后处理、绿色①、效益、信息化、法制化、社会化等原则。

[**案例**] **京东物流集团的“青流计划”**

2017 年京东物流集团联合九家品牌企业共同发起绿色供应链行动计划——青流计划，通过京东物流集团与供应链上下游企业的合作，探索在包装、仓储、运输等多个环节实现低碳环保、节能降耗。

2018 年京东集团宣布全面升级“青流计划”，从聚焦绿色物流领域，升级为整个京东集团可持续发展战略，从关注生态环境扩展到人类可持续发展相关的“环境（planet）”“人文社会（people）”和“经济（profits）”全方位领域，倡议生态链上下游合作伙伴一起联动，以共创美好生活空间、共倡包容人文环境、共促经济科学发展为三大目标，共同建立全球商业社会可持续发展共生生态。

2019 年 10 月，京东物流集团宣布响应“科学碳目标”倡议，成为国内首家承诺设立科学碳目标的物流企业。2020 年 11 月 15 日，京东物流集团对外公布科学碳目标——京东物流集团 2030 年的减碳目标为：与 2019 年相比，到 2030 年碳排放总量减少 50%。京东物流集团成为国内首家完成设立碳目标的物流企业。

2020 年 7 月 6 日，京东物流集团“青流计划”推出物流行业首个环保日，进一步推动和落实全程供应链环保的理念与实践。

逆向物流的主要职责是支撑企业的售后客户服务运作，包括产品返修、退货、包装物与零部件回收及废弃物处理等。

返修物流为现场维修人员提供维修用零配件，以及将需要返回企业维修中心的货物返回维修并送还客户，又称为服务零配件物流（service parts logistics，SPL），包括核心的物流服务和扩展的维修服务。对于销售耐用品和工业设备的企业来说，SPL 不仅产生巨大的物流成本，也给企业带来良好的市场机遇。

通过退货物流，企业将产品性能与质量不符合预期、寄售返还、产品召回等需要退回企业的货物组织逆向运输与相关服务。随着电子商务的兴起，退货物流逐渐成为影响电子商务企业参与市场竞争的关键因素之一。

① 绿色原则也称 5R 原则，即再评估（reevaluate）、再利用（reuse）、减量化（reduce）、再循环（recycle）、保护（rescue）。

通过包装回收物流，人们将送货中使用的包装箱、托盘①等器具回收到供应商处，以便再次使用；抑或将饮料瓶等容器返回、清洗以便再使用。通过零部件回收物流，企业将回收的零部件进行分拣与测试，并把有价值的零部件拆解、修复或再加工以便重新使用。飞机引擎、汽车引擎、家具、家电、复印机和打印机等的零部件越来越多地进入回收物流过程中。

通过废弃物物流②，人们将失去原有使用价值的产品，根据实际需要进行收集处理，目的是减少污染、保护环境，实现“从原点再回到原点”的闭环物流管理。

7.2　供应链物流战略的构建

战略是为达成组织的宗旨和目标而确定的组织行动方向和资源配置纲要。战略是企业生存和发展的重要保障。现代企业经营环境复杂多变，供应链物流管理需要运筹与决策，要为提升供应链竞争力提供有力保障，因此物流战略在供应链战略管理中具有非常重要的意义。

一、构建供应链物流战略的意义

古人云：“兵马未到，粮草先行。”物流为企业的生产源源不断地输送原材料，为企业产品的分销提供重要保障。没有畅通而敏捷的物流系统，企业就无法在市场竞争中取得成功。

传统企业管理一般不太重视物流，通常并未进行物流战略规划。有的企业虽然产品研究开发能力强，生产运作管理水平也比较高，但产品就是销不出去，其中一个非常重要的原因就是物流渠道不畅导致产品分销受阻，影响了企业进一步的生产经营。有的企业由于没有与供应商建立良好的合作伙伴关系，对原料供应渠道控制不力，影响了生产，同样也制约了企业经营战略的实现。有的企业缺乏为客户服务的理念，没有建立客户信息反馈机制，没有进行良好的客户关系管理，导致客户不满意，最终市场份额不断萎缩，使企业的经营目标难以实现。

供应链战略管理的思想就是要通过企业间的合作，建立一种提高效率、降低成本、快速响应、灵活敏捷的企业经营机制，使企业在质量、成本、时间、服务、柔性等方面获得显著改善，从而产生强大竞争优势。这需要从战略高度去规划、构建供应链物流系统，并通过供应链物流战略的贯彻落实使供应链战略得以顺利实现。

二、物流战略体系的构建

物流战略由全局性战略、结构性战略、功能性战略及基础性战略构成。物流战略体系如图 7.4 所示。

---

① 托盘（pallet）是指“在运输、搬运和存储过程中，将物品规整为货物单元时，作为承载面并包括承载面上辅助结构件的装置”（GB/T 18354—2021）。

② 废弃物物流（waste logistics）是指“将经济活动或人民生活中失去原有使用价值的物品，根据实际需要进行收集、分类、加工、包装、搬运、储存等，并分送到专门处理场所的物流活动”（GB/T 18354-2021）。

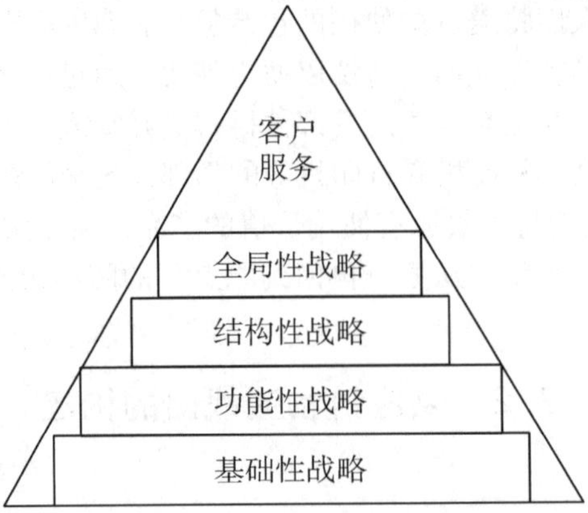

图 7.4　物流战略体系

（一）全局性战略

物流系统管理的目的是实现物品的空间和时间效益，在保证社会再生产顺利进行的前提条件下，实现各物流环节的合理衔接，并取得最佳的经济效益。物流管理的最终目标是满足顾客需求，即在适当的时间（right time），以适当的条件（right condition）和适当的成本（right cost），将适当数量（right quantity）和适当质量（right quality）的合适产品（right product）送到适当的地点（right place），以满足目标顾客（right customer）的需求。因此，客户服务是物流管理的最终目标，即全局性的战略目标。通过良好的客户服务，企业可以增进与客户的沟通，可以直接得到用户的信息反馈，可以获得市场需求信息，可以提高企业的信誉，可以留住顾客，扩大市场份额，可以获得更多的利润。

要实现客户服务的战略目标，企业就必须建立客户服务的评价指标，如平均响应时间、订单满足率、平均缺货率、供应率等。虽然目前还未建立规范、统一的客户服务评价指标体系，不同的企业对客户服务的内涵也有不同的理解，但企业可以根据实际情况建立提高客户满意度的管理体系，通过实施客户满意工程，全面提高客户服务水平。

（二）结构性战略

结构性战略位于物流战略体系的第二层，包括渠道设计和网络分析等内容。渠道设计是供应链设计的重要内容之一，包括重构物流系统、优化物流渠道等。通过优化物流渠道，可以提高物流系统的敏捷性和响应性，可以降低供应链物流系统的成本。

网络分析是物流管理的另一项重要战略工作，它为物流系统的优化设计提供参考依据。网络分析的主要内容包括：①库存分析。企业通过对物流系统不同据点库存状况的分析，可以进一步设置降低库存的新目标。②客户服务的调查分析。企业通过对客户服务的调查、分析，可以发现客户新的需求并获得市场反馈信息，找到客户服务水平与服务成本的平衡点。③运输方式和交货状况的分析。企业通过对运输方式和交货状况的分析，可以选择最佳的运输方式，有利于改善交货状况。④信息系统及物流信息[①]的传递状况分析。企业通过对信息系统及物流信息的传递状况分析，可以及时发现问题，并有针对性地采取措施，提高物流信息传递的速度，加强信息反馈，增强信息的透明度。⑤合作伙伴业绩的评估和考核。企业通过对合作伙伴业绩的评估和考核，可以及时发现合作伙伴存在的问题，要求其及时整改或通

① 物流信息（logistics information）是指“反映物流各种活动内容的知识、资料、图像、数据的总称”（GB/T 18354-2021）。

过对其帮扶以消除瓶颈，实现双赢。如果不奏效，则可以寻找优质伙伴将其替代，以确保物流与供应链体系的顺畅运转。

物流管理系统结构性分析的目标是在保证服务水平的前提下，尽可能减少物流环节，消除供应链运营中的非增值活动，提高流程效率。

（三）功能性战略

物流战略的第三层是功能性战略，包括物料管理、仓库管理和运输管理。具体而言，主要涉及以下内容：物料供应、库存控制的方法与策略，仓库作业管理，运输工具的选择、使用与调度，等等。

物料管理与运输管理是物流管理的主要内容，管理者须不断改进相应的管理方法和技术，才能使物流管理向零库存的目标逼近，通过优化运输路线，保证准时交货，降低运输费用，降低库存成本，实现适时、适量、适地的高效物流运作。

（四）基础性战略

基础性战略位于物流战略体系的底层，其主要作用是为物流系统的正常运行提供基础保证。基础性战略的内容包括：组织系统管理、信息系统管理、政策与策略、基础设施管理。企业要健全物流系统组织结构并优化人员配备，就必须重视对员工进行培训，以提高他们的业务素质。

7.3　物流外包与第三方物流运营管理

物流是供应链流程的一个重要组成部分，为了增强供应链的系统性和集成性以及供应链的敏感性和响应性，第三方物流企业有必要加盟供应链，以便整合供应链的物流业务，提高物流效率，降低物流成本，为客户创造可感知的效用，并为客户企业创造强大的竞争优势。

第三方物流的内涵与特征（微课）

一、第三方物流的内涵与特征

物流行业的数字化转型（微课）

［小贴士］　　物流行业的数字化转型

当一个行业在众多业务领域采用数字化手段时，它就经历了一次数字化转型。物流行业正在经历数字化转型。云计算、大数据、人工智能、机器学习、自然语言处理、区块链等新兴技术正在推动物流行业数字化转型。到2027年，全球物流行业数字化转型的支出预计达到846亿美元。

［小贴士］　数字化转型给物流公司带来的益处

数字化转型可以帮助物流公司加速创新，做出更优的决策，在整个流程中吸引客户、将灵活性纳入其组织结构并提高自动化程度。数字化转型可以帮助物流公司实时跟踪货物运输，从而确定需要改进的领域并提高效率。此外，它还能够优化行驶路线，解决可预见的运输延误问题，并在发生事故或车辆丢失时实时警示。

数字化转型给物流公司带来的益处（微课）

［案例］　　机器学习在物流管理中的应用

Uber Freight 率先使用机器学习进行承运人算法定价，这可以确保承运人获得货物运输的前期保证定价。Uber Freight 还尝试借助机器学习来解决货运车辆的线路规划问题。据统计，美国的卡车平均空驶率约为 30%，这不仅浪费时间和燃料，还排放二氧化碳。Uber Freight 借助机器学习并通过算法模型为卡车司机设计最佳的运输路线，能够将卡车的空驶里程减少至 10%~15%。

第三方物流（third party logistics，TPL 或 3PL）是指“由独立于物流服务供需双方之外且以物流服务为主营业务的组织提供物流服务的模式”（GB/T 18354-2021）。

第三方物流是相对于第一方发货人①和第二方收货人②而言的第三方专业物流公司承担企业物流活动的一种物流形态。物流服务商通过与第一方和第二方的合作来提供其专业化的物流服务，它不拥有商品，不参与商品买卖，而是为顾客提供以合同为约束、以结盟为基础的、系列化、个性化、信息化的物流代理服务，包括设计物流系统、提供 EDI 服务、报表管理、货物集疏运③、选择承运人、货运代理、海关代理、信息管理、仓储、咨询、运费支付与谈判等物流综合服务。因此，有人将第三方物流称为综合物流（integrated logistics）。由于物流服务商一般是通过与货主企业签订一定期限的合同来提供物流服务的，所以有人将第三方物流称为合同物流④。

［案例］　　京东物流集团的物流服务

京东物流集团的物流服务(微课)

京东物流集团可以向客户提供仓储与配送、快递快运、大件物流、冷链物流及跨境物流等多种服务。仓储与配送即面向企业客户的综合性、可定制的仓配一体化服务。快递快运即向企业及个人客户提供安全可靠、时效领先、专业贴心的快递及快运服务，以及在此基础上的多种增值服务。大件物流即面向企业及个人客户的一站式大件仓储、运输、配送及安装服务。京东物流帮助中国制造通向全球，全球商品进入中国。同时，为商家提供一站式跨境供应链服务。

京东物流集团早在 2014 年就开始打造冷链物流体系，2018 年正式推出京东冷链（JD-ColdChain）。京东冷链专注于生鲜食品、医药物流，依托冷链仓储网、冷链运输网、冷链配送网“三位一体”的综合冷链服务能力，以产品为基础，以科技为核心，通过构建社会化冷链协同网络，打造全流程、全场景的 F2B2C 一站式冷链服务平台，实现对商家及消费终端的安心交付。2020 年 8 月，京东物流集团位列 2019 年中国冷链物流企业百强榜第 2。

需要指出的是，第三方物流是一种物流服务模式，它与第三方物流企业或者说第三方物流服务商（third party logistics service provider，TPLs）是两个相关但不相同的概念，不能混淆。

目前第三方物流已经形成功能专业化、服务个性化综合化、关系契约化、合作联盟化、信息网络化等特征。

［小贴士］　　云计算给物流服务商带来的益处

物流服务商借助于云计算系统，可以获得更便宜的实时数据存储和增强的计算能力。他们可以存储和分析大量数据，从而缩短紧急情况发生时的响应时间。

---

① 发货人（consignor）是指“按运输合同将货物交付承运人运送的单位、个人或其受托人、代理人”（GB/T 18354-2021）。

② 收货人（consignee）是指“由托运人或发货人指定，依据有关凭证与承运人交接并收取货物的当事人或其代理人”（GB/T 18354-2021）。

③ 集疏运（collection and distribution）是指“以大型物流节点为中心，运用各种运输方式将货物集中或疏散的运输活动”（GB/T 18354-2021）。

④ 合同物流（contract logistics）是指“物流经营者通过整合、管控资源，按照合同约定的时间、地点、价格等内容为物流需求方提供的物流服务模式”（GB/T 18354-2021）。而物流合同（logistics contract）是指“物流企业与客户之间达成的物流相关服务协议”（GB/T 18354-2021）。

二、第三方物流的发展阶段

百世物流科技(中国)有限公司(微课)

第三方物流的发展阶段(微课)

［案例］ **百世物流科技(中国)有限公司**

百世物流科技（中国）有限公司是中国领先的智慧供应链解决方案和物流服务提供商，公司集快运、国际物流和供应链服务等业务于一体，能够为客户提供"门到门服务"。公司自成立以来，致力于科技创新，以人工智能等高新技术打造综合的线上线下物流与供应链服务能力，不断创新商业模式，注重信息化、智能化和绿色化发展，并凭借强大的自主研发能力，有效提升公司的运营效率和客户服务水平，助力企业降本增效，为客户提供优质高效的物流与供应链服务。百世物流科技（中国）有限公司2022年入选中国物流企业50强、中国民营物流企业50强。

［案例］ **中国远洋海运集团入围世界物流巨头50强**

中国远洋海运集团入围世界物流巨头50强(微课)

2016年2月，中国航运业两大巨头中国远洋运输（集团）总公司与中国海运（集团）总公司重组成立中国远洋海运集团，被誉为"中国神运"。重组后的中国远洋海运集团拥有全球最大的干散货运输自有船队、全球最大的油运船队、全球吞吐量第二大的码头运营商、全球第三大的集装箱租赁企业以及全球第四大的集装箱班轮公司。合并前的中远和中海两家公司在国际竞争中不具备规模优势，业务资源同质化严重，在国际国内细分市场竞争中缺乏优势。经过公司重组与资源深度整合、重新架构全球航运物流产业链的业务分工、价值创造和分配格局，将实现规模经营，将规模效应转化为竞争能力，并实现商业模式联盟化，将协同效应转化为协同效益。中远和中海两家公司的合并，有利于遏制恶性竞争，减少无序竞争；新公司的成立有助于增强我国航运企业在国际上的话语权；同时还有利于精减机构，降低人力成本，增强公司的竞争力。

几年以后，中国远洋海运集团的综合竞争优势显现。2022年10月，JOC发布了全球物流企业50强榜单，中国远洋海运集团位列全球第8。2023年7月，美国Transport Topics联合SJ Consulting Group Inc.发布了最新的全球物流企业50强榜单，中国远洋海运集团位列全球第7。

想一想：中国远洋海运集团的崛起对我们有什么启示？

物流发展的核心是为供应链企业群体提供最优的物流服务，具备实现产品链或产业链整体优化的物流能力。在这一能力的实现过程中，第三方物流的发展包括了简单物流、综合物流、综合集成、全面扩大、全面优化等阶段。第三方物流的发展阶段如表7.2所示。

表7.2 第三方物流的发展阶段

阶段	描述	标志	能力	特征
简单物流阶段	简单的基于客户的运输、仓储等功能运作	2PL	资源能力（车队、仓库、其他物流工具）	物流运作主体众多，但方数①单一，管理关系简单
综合物流阶段	基于合同的物流优化和运作	3PL	资源能力、管理能力、信息能力	物流运作主体减少，方数增加，管理关系简单
综合集成阶段	基于供应链的整合与优化	4PL	集成优化能力、统筹能力	运作主体减少，方数增加，管理关系复杂
全面扩大阶段	基于供应链的网络化运作	5PL	扩大的价值支持能力，如信息平台、培训平台等	运作主体减少，方数增加，管理关系复杂
全面优化阶段	基于产品链或产业链的集约化物流再造与运作	6PL	技术能力、高度集约的整合与运作能力	运作主体减少，方数减少，管理关系简单

① 物流业务中涉及的业务各方数量。

2PL~6PL 的运作方式都是为了实现物流的最优运作和实现产品链或产业链整体优化的物流能力所使用的重要手段，最终还是要归结到如何充分利用各种方式和手段，实现物流的最优运作（包括 1PL 在内）。因此，第三方物流发展的最高阶段是所谓的 6PL 阶段。在这一阶段，物流运作的基础信息平台和物流专业培训等服务平台均已建立并完善，物流企业具备先进的物流技术能力、高度集约的整合与运作能力。大型和超大型物流企业（或联盟）出现，它们真正具备物流运作能力、物流系统优化能力、物流信息服务能力以及人才培训等能力，可以为供应链企业群体提供真正的一体化物流服务①。

［案例］　中外运长航集团与招商局集团的合并成效斐然

中外运长航集团与招商局集团的合并成效斐然（微课）

2015 年年底，中国外运长航集团整体并入招商局集团，成为其全资子公司。合并后新公司的资产超过 7 000 亿元，超过中远与中海合并后新成立的中国远洋海运集团 5 000 亿元的资产。这两家公司的战略重组，目的是实现双方在物流、航运、港口等方面资源的有效整合，进一步提升公司在综合物流、交通运输、物流园区②开发以及港航联运等领域的综合服务能力与竞争优势，加速打造具有国际竞争力的世界一流物流企业。

两家公司的合并，有利于实现物流业务的整合。其中特殊物流如冷链③物流、重大件货物运输等业务可实现优势互补。目前，中外运长航旗下拥有与 DHL 合资的中外运敦豪运营快递业务，另包括中外运股份旗下的重大件工程物流业务。物流为网络密集型业务，双方在网络上的合作会显著提高其整体的物流效益。

通过重组，可以结合双方在海运、空运、陆运、仓储及客户等方面的资源，给客户提供全程供应链解决方案和“一站式”服务，并提高全球性的综合物流服务能力，同时打造“海、陆、空”供应链一体化的综合物流企业。

在能源运输方面，双方通过远洋及内河能源运输的无缝衔接，保证国家的能源运输安全，同时通过充分发挥两大集团在干散货运输领域的资源优势，实现规模及效益的提升，建设国际领先的干散货运输船队。

此外，结合双方在枢纽港、支线码头和驳运网络的资源优势，可以搭建覆盖长江经济带、珠江三角洲的江海联运港航体系，并经过完善海外布局，搭建连接东南亚、欧洲等区域的港航网络体系和“21 世纪海上丝绸之路”的供应链管理平台。

两家公司的合并是在政府的主导下完成的。几年后资源整合的成效开始显现。2019 年 4 月，国际物流知名咨询机构 SJ Consulting Group Inc. 公布了全球物流企业 50 强榜单，中外运名列第 14，俨然成为世界级的物流巨头。2021 年 4 月，在 JOC 发布的全球物流企业 50 强榜单中，中外运名列第 13。

［小贴士］　全球 123 快货物流圈

2019 年 9 月，中共中央、国务院印发了《交通强国建设纲要》。《交通强国建设纲要》提出，我国要建成“全球 123 快货物流圈”，即国内 1 天送达，周边国家 2 天送达，全球主要城市 3 天送达。

---

① 一体化物流服务（integrated logistics service）是指“根据客户物流需求所提供的全过程、多功能的物流服务”（GB/T 18354-2021）。

② 物流园区（logistics park）是“由政府规划并由统一主体管理，为众多企业在此设立配送中心或区域配送中心等，提供专业化物流基础设施和公共服务的物流产业集聚区”（GB/T 18354-2021）。

③ 冷链（cold-chain）是指“根据物品特性，从生产到消费的过程中使物品始终处于保持其品质所需温度环境的物流技术与组织系统”（GB/T 18354-2021）。

［案例］ **中国物流在世界崛起**

2019年4月，国际物流知名咨询机构SJ Consulting Group Inc. 发布了全球物流企业50强榜单。中国有两家公司上榜，一家是位列第14的中外运，另一家是位列第35的香港嘉里物流。

2021年4月，JOC发布了新一轮全球物流企业50强榜单。中外运位列第13，香港嘉里物流位列第18。两家公司的排位均有上升。

中国物流在世界崛起（微课）

2022年10月，JOC发布的全球物流企业50强榜单中，中国有8家企业上榜，这8家企业及其在全球的排名如下：中远海运（8）、中国铁路（12）、顺丰速运（14）、中外运（21）、长荣海运（25）、嘉里物流（36）、阳明海运（39）、万海航运（41）。

2023年7月，美国Transport Topics联合SJ Consulting Group Inc. 发布最新的全球物流企业50强榜单，中国的上述8家企业依然在榜，多数企业的排位有所上升，具体如下：中远海运（7）、中国铁路（11）、顺丰速运（12）、中外运（19）、长荣海运（21）、嘉里物流（35）、阳明海运（39）、万海航运（41）。

2020年，新冠病毒肆虐全球，导致消费者对医疗产品的网购量激增，促使一些全球顶级第三方物流服务商海外业务强劲增长。香港嘉里物流2020年全年的营业收入增长幅度达到47.1%，仅次于排位第1的亚马逊物流（亚马逊物流2020年全年的营业收入增长幅度达到49.6%）。

中国物流在世界崛起，势不可挡。

想一想：为什么中国物流在世界崛起？

三、供应链物流外包管理

近年来，随着纵向一体化战略弊端日益显露，国际上许多大公司纷纷实施“归核化”战略，将资源和能力集中于核心业务，而将非核心业务外包，与上下游企业建立战略伙伴关系。企业间的竞争逐渐演变成供应链与供应链的竞争。对多数工商企业而言，物流是辅助性的活动，为使企业有限资源发挥最大效力，自然将其外包。

（一）物流外包认知

1. 物流外包的含义

物流外包（logistics outsourcing）是指“企业将其部分或全部物流的业务交由合作企业完成的物流运作模式”（GB/T 18354-2021）。换言之，物流外包是一个业务实体将原来由本企业完成的物流业务，转移到企业外部由其他业务实体来完成。物流外包是企业业务外包的一种典型形态，主要包括物流功能外包和物流管理外包等类型，以及物流业务委托和物流战略外包等形式。

物流外包的概念与内涵（微课）

［小贴士］ **典型企业的物流外包**

随着供应链时代的来临，企业将其有限的资源集中在核心业务，而将非核心业务外包，这已经成为常态。例如，戴尔将其物流业务外包给新加坡叶水福物流集团，海信将其物流业务外包给中远海运集团，TCL将其物流业务外包给深圳神彩物流有限公司，联想将其物流业务外包给传化物流集团有限公司。

典型企业的物流外包（微课）

2. 物流外包的驱动因素

企业或是没有能力在物流方面进行投资，或是不能够建立起高效的物流配送机制，抑或自营物流缺乏竞争力，因而实施物流外包。

亚马逊公司的“最后一公里”配送外包（微课）

物流外包的驱动因素（微课）

[案例] 亚马逊公司的“最后一公里”配送外包

全球最大的电子商务企业亚马逊公司连续十余年蝉联全球供应链大师的桂冠，彰显了亚马逊公司多年来在供应链管理领域的持续卓越表现。亚马逊公司是自营物流的典范。该公司建立了高效的配送系统，目前拥有超过10万个正在服役的物流机器人，这成为亚马逊公司的一大亮点。虽然亚马逊公司拥有完善的物流设施，但对于“门到门”的配送业务，公司始终坚持外包，因为这种“最后一公里配送”不但烦琐，而且成本高，自营不如外包。

2002年，美智（Mercer）管理咨询公司和中国物流与采购联合会对我国第三方物流市场进行了为期3个月的调查，发布了《中国第三方物流市场——2002年中国第三方物流市场调查的主要发现》报告。调查结果显示，工商企业实施物流外包首先是为了降低物流费用，其次是为了强化核心业务，最后是为了提高物流服务水平和质量。

与企业自营物流相比，采用第三方物流系统可以在作业利益、经济利益和管理利益三方面给企业带来优势。第三方物流企业凭借先进的物流设施设备、先进的物流信息系统和先进的物流管理技术为客户提供跟踪装运、货物配送、海关报关①、代收货款等基本服务和增值服务；通过导入多客户运作，实现规模经营；通过整合供应链各环节的物流业务，减少非必要的库存，降低非必要的成本，为消费者创造更多的价值，增强供应链竞争力。因而，工商企业实施物流外包，可享受到第三方物流企业带来的作业利益、经济利益和管理利益。

企业通过资源的外向配置来提升核心能力是市场经济发展的必然趋势，物流外包是企业提高自我适应能力的必然选择。

（二）物流外包的发展趋势

近年来，随着企业管理者对一体化物流管理模式认识的不断深化，物流外包呈现以下发展趋势。

物流外包的发展趋势（微课）

1. 物流外包的模式从物流功能外包向一体化物流外包方向演变

随着越来越多的企业构建一体化物流管理模式，企业物流外包正在从运输、仓储等物流功能外包向一体化物流外包方向转变。工商企业要选择合适的物流服务商并对物流外包进行有效管理，首先要认识清楚一体化物流服务与功能性物流服务在服务性质、服务目标以及客户关系上的区别，树立全新的物流外包观念；同时，物流服务商要进行服务创新，尽量满足工商企业对一体化物流服务的要求。

（1）一体化物流服务不是物流服务功能的简单组合，而是提供综合管理多项物流服务功能的解决方案。一体化物流管理是运用系统的管理思想和方法，对从原材料供应到产成品配送的整个物流过程和物流功能进行统一管理。因此，物流服务商提供的一体化物流服务不是仓储、运输、配送等物流功能服务的简单组合，而是要对多项物流功能进行有机整合，对客户的物流服务方案进行总体设计，并对物流运作过程进行综合管理，扮演物流责任人的角色。

---

① 报关（customs declaration）是指“进出境运输工具的负责人、进出境货物的所有人、进出口货物的收发货人或其代理人向海关办理运输工具、货物、物品进出境手续的全过程”（GB/T 18354-2021）。

(2) 一体化物流服务的目标，不仅仅是降低企业的物流成本，而是全面提升企业的价值。

[小贴士]　　**物流外包的益处**

从 20 世纪 80 年代起，美国供应链管理专业协会（CSCMP）就一直致力于组织对企业物流绩效评估和对第三方物流服务商（TPL_S）的价值研究。调查结果显示，企业通过实施一体化物流外包，物流成本下降 11.8%，物流资产下降 24.6%，订货周期从 7.1 天下降到 3.9 天，库存总量下降 8.2%。

物流外包的益处(微课)

企业管理者对一体化物流外包的理解各不相同。运营总监（COO）看重的是一体化物流服务商物流运作的高效率与低成本；营销总监（CMO）看重一体化物流服务商的优质物流服务有助于扩大市场份额并提高产品销量，同时能更好地进行客户关系的维系与管理；财务总监（CFO）看重一体化物流外包能够减少物流资产，并将释放的资金投放到核心业务，有利于提高投资回报率；首席信息官（CIO）看重物流外包能够共享一体化物流服务商的信息系统与技术资源，避免自建物流信息系统及系统升级带来不必要的成本和麻烦；物流总监（CLO）则看重通过一体化物流外包，企业不必拥有物流资源就能控制物流运作，并能得到一体化物流服务。

(3) 物流外包关系不是此消彼长的价格博弈关系，而是双赢的合作伙伴关系。既然第三方物流服务商给客户提供的是一体化物流管理服务，目标是全面提升企业的价值，工商企业就应该允许其分享物流合理化所产生的收益。事实上，物流功能之间存在效益背反关系，而企业主要的物流成本降低通常来自对库存的有效控制（特别是供应链库存的全局优化），因此，第三方物流服务商与供应链其他成员应该建立以物流外包为纽带的合作伙伴关系，实现互利共赢。

2. 物流外包的领域从非核心业务领域逐渐向核心业务领域方向拓展

工商企业要充分发挥物流外包的作用，就需要在仓储、运输等物流功能外包的基础上不断扩大外包的范围，以期获取一体化物流服务商差异化、个性化的物流服务，从而获得竞争优势；而物流商也要不断挖掘客户的物流服务需求，不断创新服务模式和服务内容。

工商企业在确定物流外包领域时，首先选择运输、仓储、配送等非核心业务，然后逐步延伸到订单处理、货物组配、商品采购等介于核心与非核心之间的业务，最后可能涉及售后服务支持等核心业务。随着物流外包关系的深化，工商企业会不断扩大物流外包的范围，最终只专注产品研究开发、生产、销售等最核心的业务环节。

相应地，物流商提供的物流服务从基本服务向增值服务方向延伸。提供仓储、运输、配送等功能性服务是许多物流商能够提供的基本服务，难以体现物流商的服务差异，也体现不出一体化物流服务商的价值。为此，一体化物流服务商要根据客户企业生产经营的需要，在基本服务的基础上延伸出增值服务，以个性化的服务创造物流服务的差异化。

想一想：物流企业提供的增值服务有哪些？

[小贴士]　　**物流的增值服务**

通常，运输的增值服务主要有运输方式与承运人选择、运输线路优化与计划安排、货物配载①、货运招标等，仓储的增值服务主要有集货、包装、货物组配、条码生成、贴标签、退货处理等，配送的增

物流的增值服务(微课)

① 配载（load matching planning）是指“根据载运工具和待运物品的实际情况，确定应装运货物的品种、数量、体积及其在载运工具上的位置的活动”（GB/T 18354-2021）。

值服务主要有生产线 JIT 配送以及配送货物的安装、调试、维修与销售服务支持等。

3. 物流外包的类型从物流功能外包向物流管理外包方向延伸

工商企业实施一体化物流外包，不是希望第三方物流服务商在货主企业的管理下完成多项物流功能，而是要求其参与企业的物流管理，将各个物流功能有机衔接起来，实现高效的一体化物流运作。近年来，一些大型企业要求第三方物流服务商对其全部物流外包活动承担更大的责任和实施更好的控制，提供领导型物流商（Leading Logistics Provider，LLP）服务。领导型物流商相当于替工商企业管理承运人、仓储服务商、报关行和其他物流企业的"物流总监"，通过基于互联网的强大的信息系统，管理供应链上的每一个物流参与体，控制库存及货物流动，最大限度地降低供应链的物流运作成本。

[小贴士] **物流外包成本节省取决于一体化外包的程度**

有研究表明，企业物流外包的成本节省取决于物流一体化外包的程度。如果企业只是实施物流功能外包，借助第三方物流服务商的规模效应和运作专长，可以获得 0~5% 的成本节省；如果企业利用第三方物流服务商的网络优势进行资源整合，部分改进原来的物流流程，有望获得 5%~10% 的成本节省；如果企业通过第三方物流服务商进行物流流程再造，将第三方物流企业的物流服务延伸到整个供应链，可预期获取 10%~20% 的成本节省。

物流外包成本节省取决于一体化外包的程度（微课）

[案例] **叶水福为家乐福提供仓储与配送运营管理服务**

新加坡叶水福物流集团是新加坡规模最大、知名度最高的第三方物流企业，其物流网络覆盖东南亚、中国和澳洲等 11 个国家和地区。叶水福物流（成都）公司是叶水福物流集团在中国西部设立的分公司。该公司承担了家乐福西区物流中心的仓储与配送运营管理业务，为云贵川和重庆等地的家乐福门店提供货物的仓储与配送服务。其中，承运人由家乐福指定，物流中心由家乐福在成都新津普洛斯物流园区租赁，叶水福物流（成都）公司则主要为家乐福提供仓储与配送运营管理服务。

叶水福为家乐福提供仓储与配送运营管理服务（微课）

4. 物流外包的方式从业务委托向战略协同方向发展

与物流功能外包相比，一体化物流外包更加具有长期性、交互性和灵活性。为此，工商企业在实施一体化物流外包时，应根据企业自身的需要，结合第三方物流服务商的优势，寻求最佳的外包方式。

[小贴士] **美国企业与第三方物流服务商的合作方式**

美国企业与第三方物流服务商的合作，30% 采用利益共享、风险共担的方式，20% 采用成本共担的方式，20% 采用营业收入共享的方式，20% 采用相互参股的方式，10% 采用合资的方式。

美国企业与第三方物流服务商的合作方式（微课）

（1）从短期业务外包到长期合同外包。物流功能外包通常采用"一单一结"的交易方式，工商企业与物流商之间是短期的买卖关系；而实施一体化物流外包，工商企业与物流商之间是长期合作关系，双方需要签订一定期限的服务合同。物流合同是双方合作的基础，合同中的一些关键问题如 KPI 基准、服务费率、责任与保险、问题解决机制等，要有明确的约定；否则容易产生纠纷，甚至断送双方的合作前程。通常，双方的合作要经历从战术配合和战略交互的过程。

[案例] **中远海运集团与海信集团签署战略合作协议**

2017年4月18日，中国远洋海运集团与海信集团在沪签署战略合作协议，建立全面战略伙伴关系。双方本着“着眼长远、互惠互利、市场主导、实现双赢”的原则，一致同意在物流领域开展全面、长期合作，发挥各自优势，不断促进自身业务发展，增强双方在各自领域的核心竞争力。这是中远与海信结束长达十余年的战略合作、在中远与中海合并成立中远海运集团后的再一次合作。

中远海运集团与海信集团签署战略合作协议（微课）

（2）从业务委托到协同运作。作业层面的物流功能外包，通常只需物流商按照货主的指令完成服务；而一体化物流外包则要求物流商参与企业的物流管理，双方共同实施物流运作方案。为此，双方应建立有效的沟通机制，按照项目管理模式协同完成物流运作。调查显示，工商企业对第三方物流服务商不满意的主要原因是，物流商不能兑现其服务与技术承诺，不能实现成本降低的目标同时缺少战略改进。人们一般将这些不足归结于工商企业对物流商的选择过程出现失误，但更多的情形是货主没有对物流外包项目进行有效管理引起。因此，工商企业与物流商签订了物流外包合同后，与之协同完成项目的实施至关重要。双方要各自设立项目经理，并配备相应的人员；物流商要深入了解工商企业的采购、生产、销售、售后服务、财务、人力资源、信息等各部门的需求，并与之共同制订详细的实施方案；双方应共同制订绩效评价标准和奖惩办法，商讨项目运作细节，特别是对例外情况的处理方案。在项目正式运行前，还应进行试运行，以便发现和解决潜在的问题。为保证项目的顺利实施，双方的运作团队应建立联合办公制度，以便及时处理日常运作中发现的问题。为保证物流服务质量①，双方应共同商定绩效监测与评估制度，使合作关系透明化。双方应保持运作层每天的沟通，管理层每月的绩效评估，以及不定期的检查与季度、年度回顾。

（3）从物流外包到开展物流合作。对于物流功能外包，工商企业主要寻求物流商基于自己的仓储设施、运输设备等物流资产提供物流功能服务；而一体化物流外包，工商企业寻求的是第三方物流服务商基于自己的物流专业技能和物流信息技术②等物流资源提供一体化物流服务。因此，除常规的物流外包方式外，双方还可以根据彼此的战略意图，共同商讨在物流资产、资金和技术等方面的合作，谋求双赢的结果。具体包括以下几种方式。

①工商企业物流系统剥离，物流商系统接管。若工商企业在某地区有自己的仓储设施、运输设备和员工等物流资源，希望通过物流外包把固定成本变成可变成本。而物流商在该地区又恰好需要建立物流系统，则可以全盘买进工商企业的物流资产，接管并拥有工商企业的物流系统甚至接纳其员工。接管后，物流系统可以在为原来的企业服务的同时为其他客户服务，通过资源共享提高物流资产的利用率并分摊管理费用。

②工商企业与第三方物流企业签订物流管理合同。一些工商企业希望拥有物流资产，同时希望获得专业的物流管理服务，这样的企业可以与第三方物流服务商签订物流管理合同。一方面，物流商在为工商企业服务的同时，可以利用其物流系统为其他客户服务，以提高物流资源的利用率并分摊管理费用；另一方面，工商企业在获得专业、优质的物流管理服务的

---

① 物流服务质量（logistics service quality）是指“用精度、时间、费用、顾客满意度等来表示的物流服务的品质”（GB/T 18354-2021）。

② 物流信息技术（logistics information technology）是指“以计算机和现代通信技术为主要手段实现对物流各环节中信息的获取、处理、传递和利用等功能的技术总称”（GB/T 18354-2021）。

同时，也减轻了固定资产及管理成本的压力。这种合作方式比较适合经营快销品等拥有物流重资产的企业。

③工商企业与第三方物流企业合资成立物流公司。如果工商企业希望实施一体化物流外包但又不希望失去对物流的控制力，而该企业又正好处于对第三方物流企业具有战略意义的目标行业，双方可以合资组建物流公司。合资成立的物流公司在为工商企业提供一体化物流服务的同时，还可以为同行业的其他企业提供服务。这样的合作方式，既让工商企业保留部分物流产权，并在物流作业中保持参与，以加强对物流过程的控制，又注入了第三方物流企业的资本和专业技能，使第三方物流企业在目标行业的物流市场竞争中处于有利地位。

［案例］　**上海安吉汽车零部件物流有限公司**

上海安吉汽车零部件物流有限公司（微课）

上海安吉汽车零部件物流有限公司是上海汽车集团与基华（CEVA）物流合资组建的第三方物流公司。公司主要从事与汽车零部件相关的物流业务、与汽车相关的国内货运代理服务、整车仓储、物流技术咨询、物流规划、物流管理、物流培训、国际货运代理①、汽车零部件批发与进出口以及相关配套服务，是一家技术领先，物流运作网络化、专业化，能为客户提供个性化物流解决方案并提供一体化物流服务的第三方物流企业。

（三）物流外包的风险与规避

近年来，随着物流产业的快速发展，第三方物流企业的实力显著提升，工商企业实施物流外包的力度进一步加大。然而，物流业务外包在给企业带来利益的同时，也隐含着巨大的潜在风险，需要企业管理者理性分析，并采取有效措施加以规避。

1. 物流外包风险的类型

物流外包风险是指企业物流外包过程及其结果的不确定性。包括决策、运作等风险，具有随机性（偶然性）、突发性、隐含性和关联性等特征。一般而言，实施物流业务外包，有利于工商企业强化核心业务，培育核心能力，获取竞争优势。但物流外包也可能产生负面效应，给企业带来风险。

（1）决策风险。

决策阶段的风险主要涉及物流自营与外包决策、部分外包与完全外包决策、抑或物流系统剥离等决策的风险。甚至涉及企业在确定物流业务外包后，如何正确选择物流服务商、业务流程是否再造、组织结构是否变革、企业文化是否重塑、人力资源是否调整等问题，一旦决策失误，极有可能导致物流外包失败。

（2）运作风险。

在物流外包实施阶段，主要存在以下风险。

①物流服务商的违约风险。

在工商企业实施物流外包后，或者是物流服务商的能力有限，或者是交通运输状况的限制，抑或其他的一些问题，都有可能导致物流服务商违约，例如货物损坏或灭失、延迟交货、错运错发等。此外，由于企业资源有限，为使有限资源发挥最大效力，获取最大化的利润，物流服务商往往会对客户实施 ABC 分类，进行重点管理（分级分层管理）。对于非 A 类客户，一般不会实施准时制配送（JIT 配送），这从物流服务商的服务策略来看，本身就

① 国际货运代理（international forwarder）是指“接受进出口货物收货人或发货人的委托，以委托人或自己的名义，为委托人办理国际货物运输及相关业务的服务方式或经济组织”（GB/T 18354-2021）。

隐含着巨大的潜在风险。具体而言，对于B类客户，物流服务商的服务策略一般是实施货物批量正常配送，允许有一定的延迟交货期；对于C类客户，则允许更长的延迟交货期，在提供配送服务时，往往将客户委托运送的货物作临时配车之用（目的是提高车辆实载率以降低配送成本）或再度外包，从而给货主企业（委托方）带来巨大的潜在风险。而在实际运作中，为了有效降低成本，物流服务商往往会实施整合运输，即将多个客户的货物搭配装载，按照最优的运输路线进行配送，这往往会导致A类客户的货物误点交货，造成违约。

②物流失控风险。

工商企业实施物流外包后，物流服务商必然会介入委托企业的供应物流、销售物流、逆向物流（包括退货物流与回收物流）以及废弃物流等若干环节，成为委托企业的物流运营管理者；相应地，货主企业对物流业务的控制力大大减弱。从某种意义上讲，委托方可能会因此而受制于物流服务商，这即是许多工商企业不愿意将物流业务外包的主要原因之一。特别地，当委托方与代理方在信息沟通、业务协调出现障碍时，货主企业必然会面临着物流失控的风险。换言之，物流服务商可能因未能完全理解委托方的意愿而无法按照其要求去运作，从而可能会影响货主企业生产经营活动的正常开展。例如，物流服务商未按时将原材料、零配件等生产资料供应到位，企业可能会因此而停工待料，为规避这一风险，企业必然会增大安全库存量，而这又必然以高成本为代价。而当物流服务商未按时将产成品送达客户，抑或出现较高的货损率[①]或货差率时，顾客满意度会大大降低。在市场转型、竞争激烈的今天，这意味着客户流失、市场份额萎缩，长此以往，企业将无法生存，更谈不上发展。

③客户关系管理风险。

工商企业实施物流外包后，由物流企业代其完成产品的递送，开展售后服务，倾听客户的意见。物流服务商直接与客户打交道，必然会减少工商企业与客户直接接触的机会，这在一定程度上会弱化委托方与客户之间的关系，从而带来客户关系管理风险。换言之，由于在第一方（卖方）与第二方（买方）之间增加了第三方（物流企业），客户的要求、意见、建议等反馈信息可能无法及时、直接传递给委托方。根据外包协议，可事先约定由物流服务商代为收集客户反馈意见和信息，或者客户理所当然地将物流服务商视为委托方的代理者，从而直接向其反馈。但物流服务商往往会有意识地将对自己不利的客户信息过滤掉，或者是因为其他的原因未能向委托方反馈或全部反馈客户的意见和信息，这极有可能会导致委托方的客户信息系统不能完全发挥作用（不能完全捕捉到客户的反馈信息）。而一些比较重视企业形象、品牌声誉的第三方物流企业，则往往会通过公司形象识别系统（CIS），采用统一的标志与着装等，强化其在客户心中的地位。久而久之，委托方在客户心中的地位就有可能被物流服务商取代。

④商业秘密泄露风险。

工商企业实施物流外包后，货主企业与第三方物流企业的信息系统要实现对接，因此，物流服务商将会拥有，甚至掌握工商企业经营运作的相关信息。例如，实施准时生产（JIT生产）的企业，需要借助第三方物流服务商高效的物流配送来实现生产资料的准时供应（JIT供应），第三方物流企业必然会掌握制造商的采购与供应计划以及生产计划等信息（如需要什么、需要多少、何时供应等）。此外，多数工商企业需要借助第三方物流服务商高效

① 货损率（cargo damages rate）是指“交货时损失的物品量与应交付的物品总量的比率”（GB/T 18354-2006）。

的物流配送来实现产成品的分拨与配送，因此，物流服务商必然会掌握企业的产品种类、客户分布、产品销售等相关信息。由于第三方物流企业是提供社会化物流服务的经济组织，一般会同时与多家互为竞争对手的同类型货主企业合作（特别是那些专业化程度高的行业，如危险化学品等特殊物流行业），在运作中，可能会有意（如在客户的“公关”下，利益驱使）或在无意中将客户的商业秘密泄露给竞争对手，从而可能会给委托方带来无法挽回的损失。

⑤连带经营风险。

工商企业物流外包给第三方后，物流企业成为货主企业的合法物流代理者。在物流运作中，一旦物流服务商违约，给“买方”造成损失，“卖方”必然要承担直接的经济责任。虽然“卖方”在完成对其客户“买方”的赔偿之后，也会对物流企业进行追偿，但由于买卖双方签订的合同与货主企业和物流服务商签订的合同是两个完全不同的合同，其诉讼时效、赔偿限额、责任豁免等条款也存在差异，因此，这极有可能会导致“卖方”得不到足额赔偿。另一方面，即使是“卖方”得到了足额经济赔偿，但物流服务商因违约给货主企业（“卖方”）带来的企业形象受损、商誉下滑等无形资产损失将是无法用货币来衡量的。特别地，物流业务外包一般基于长期的合同，如果物流服务商在经营运作中出现重大问题，必然会给货主企业的生产经营活动带来不良影响。若重新评估、选择新的物流服务商，必然会带来供应商的转换成本，而与之解除合同关系，货主企业往往也会付出沉重的代价。

除了上述风险外，物流外包还可能给企业带来其他风险，例如人力资源管理风险。因为随着物流业务外包的不断深入，物流部门的员工必然会担心自己的工作被物流服务商所取代，相应地，员工对企业的忠诚度会下降，工作绩效会下滑。此外，物流市场价格波动、遇到不可抗力、企业未有效控制物流外包成本抑或过分打压物流服务商的利润空间等，都可能引起相应的风险（市场、财务、管理等风险）。

2. 物流外包风险的成因

工商企业在物流外包中会面临风险，原因是多方面的。有决策的有限理性，有信息非对称。

（1）决策的有限理性。

这主要体现在物流自营与外包决策以及物流服务商的选择阶段。一般而言，由于受到主客观条件的限制，工商企业在物流外包时，所能获取的物流服务商的信息是有限的，即不可能找出所有的物流服务商，也不可能获取每个物流服务商完全的信息。有限的信息，对信息的有限的利用能力，双重有限性决定了工商企业在选择物流服务商时的决策方案数量有限。在对物流外包结果判定不明确的情况下，工商企业极有可能会做出错误的决策，即选错合作伙伴，从而给企业带来风险。

（2）信息非对称。

无论在物流外包协议签订前，还是签订后，签约双方均存在严重的信息非对称。总体而言，物流服务商拥有信息优势，而货主企业处于信息劣势。这无疑给委托方带来了潜在的信息风险。

①签约前，信息非对称导致逆向选择。

在签约前，为了获取订单，成功地与客户签约，物流服务商往往会隐瞒自身的一些信息（私有信息），而过分夸大物流能力与服务水平，甚至会做出一些未必能实现的承诺（如随时提供优质的物流服务、提供JIT配送等）。而委托方在不了解物流服务商的服务水平与物流能力的情况下，很难能够明辨真伪。即使是货主对物流服务商进行了实地考察与调研，也未必能做到“明察秋毫”，即完全、准确、全面地掌握物流服务商真实的物流能力与服务水平。特别是当委托方的物流服务需求比较迫切而又找不到合适的物流服务商时，极有可能会轻信物流服务商的承诺，从而做出“逆向选择”（选错合作伙伴），这无疑给货主企业埋下了风险隐患。

②签约后，信息非对称引发道德风险。

在签约后，根据双方的协定，货主企业的物流业务自然交给物流服务商去运营。在物流运作中，委托方仍然处于信息劣势，这将使其面临着物流服务商的道德风险。因为委托方很难能对物流服务商的运作情况进行实时监控，包括货物的集配载、装卸搬运、运输线路的规划与选择、货物的运送及送达服务等。这一方面是因为实时监控成本太高，另一方面是一些业务根本无法监控。因此，货主企业一般倾向于选择事后控制，即根据准时交货率、货损率、发运错误率等关键绩效指标（KPI）对物流服务商的服务绩效进行事后评估。然而，这只能是“亡羊补牢”，因为损失已经铸成，只能采取措施进行弥补。而对物流服务商来说，股东或公司所有者与经理层乃至作业人员之间也存在委托—代理关系，这无疑会进一步加剧货主与物流服务商之间的委托—代理风险。因为在通常情况下，物流公司所有者会要求经理层与物流作业人员提高服务质量，但因为委托-代理关系的存在，经理层可能会放松对物流作业人员的监管，从而可能会使物流运作处于失控状态，于是野蛮装卸、偷盗或调换货主货物等现象自然就会出现（甚至一些物流公司的管理者连货损或货物灭失发生在哪个环节都不知道），而一旦货主事后发现并要求索赔时，很多物流服务商往往会采取“大事化小，小事化了”的手段来应对。在目前信用体系尚未健全、法制环境尚需完善的情况下，货主往往会权衡利弊，在考虑到高昂的诉讼成本（包括货币成本、时间与精力等非货币成本，以及因诉讼而导致的机会成本等损失）后，一些理性的货主会放弃诉讼而选择协商，但由于双方的利益不一致，最终货主可能会蒙受巨大的损失。

而之所以代理人会产生败德行为，归根结底是因为委托方和代理方是两个完全不同的企业，在合作中有着不同的利益，双方都为追求利润最大化的企业经营目标，难免一方会产生短期行为。特别是当物流外包合同存在不完全性时，这在一定程度上给物流服务商带来了可乘之机。委托—代理风险可以通过建立代理人激励机制和企业间的信任机制加以解决，以减弱其对供应链绩效的影响。

3. 物流外包风险的对策

针对企业在物流外包中存在的风险，本书提出以下应对策略与举措。

（1）正确进行物流自营与外包决策。

工商企业物流自营还是外包，首先应考虑能否给企业带来战略业绩，换言之，对企业核心能力的形成或提升有无贡献，能否最大限度地支持企业的竞争战略；其次，应考虑能否给企业带来财务业绩，换言之，能否在降低企业经营成本的同时，提高物流服务水平。总的原则是，应该在服务与成本之间寻求平衡。具体而言，可以采用“综合评价法”或“二维决策矩阵法”等方法科学地进行物流自营与外包决策。

（2）科学选择物流服务商。

选择优秀的物流服务商并与之合作，可以起到防患于未然，事前规避风险的作用。按照现行物流企业评价指标体系，可以从经营状况、资产、设备设施、管理及服务、人员素质、信息化水平（包括网络系统、电子单证、货物跟踪、客户查询）六个方面对物流企业进行评级（A级~AAAAA级）。因此，通过行业主管部门的认证、评级，获得相应称号的物流企业，一般具备相应的物流能力与服务水平。从业已通过行业认证、评级的物流企业中选择合作伙伴，货主企业的选择成本与风险相对较低。此外，在选择物流服务商时，还应考虑其服务区域（包括物流网络与辐射范围）、商誉、行业服务经验、业务集中控制的能力、核心业务是否与货主企业的物流需求相一致，能否促进货主企业改善经营管理，以及双方的企业文化、组织结构、管理风格等是否兼容。特别地，对于潜在（有签约意向）的物流服务商，还需要对其进行实地考察、论证；同时，通过走访物流服务商的客户，倾听客户的评价，均有助于降低风险并成功地选择物流服务商。而在具体选择时，可综合、灵活地运用招标法、协商法、层次分析法等多种方法。

（3）审慎签订物流外包合同。

物流外包合同是货主企业与物流服务商协商一致的产物，是约束双方行为的经济文件，是指导双方后续合作并处理纠纷的重要依据，必须审慎签订。为此，可咨询物流纠纷处理经验丰富的律师，加强对签约人员的培训，建立相应的制度，完善物流服务商的信用审查、会签、审批、登记、备案等程序。加强合同文本管理，明确双方的责、权、利。完善合同条款，避免疏漏，以免留下风险隐患。特别地，为有效防止物流服务商泄露企业的商业秘密，合同中应有相应的保密条款（或另外签订保密协议）。此外，为避免物流市场价格波动给委托方带来损失，物流外包合同中的价格条款应有弹性，应与当期市场价格一致。为此，可由合作双方定期或不定期对服务价格进行评估并做出调整。

（4）加强对物流服务商的评估与管理。

在实施物流外包合同时，委托—代理双方应加强沟通，促进信息共享，避免因沟通不良而导致物流服务商错误地理解委托方的意愿，出现业务协调障碍乃至业务失控。同时，委托方还应加强对物流服务商合同执行情况的考核，对发现的问题及时处理（如赔偿、限期整改等），以免留下后患。具体而言，委托方应定期或不定期地对物流服务商的服务绩效进行评估，以确保合约的严格执行，从而有效控制物流外包成本，同时提高物流服务质量。为此，委托方需建立一整套绩效评价指标体系，客观、公正地对物流服务商的绩效进行评估。评价指标应科学、合理，既要充分考虑到本企业的物流服务需求，同时又要参考行业平均水平。指标的设置不能脱离实际，要体现“跳一跳，摸得着”的原则，换言之，物流服务商经努力后能够达到，目的是使其潜能得到充分发挥。此外，绩效评价指标还应具有可操作性。通常，应包括以下主要指标：准时交货率（或误点交货率/延迟交货率）、货损率（或商品完好率）、货差率、配送率、发运错误率、客户投诉率、物流成本率、物流效用增长率等。鉴于事后评估的弊端（亡羊补牢），工商企业可以派员常驻重要物流服务商的公司所在地，既充当合作双方沟通的桥梁和纽带，同时，又可对物流服务商实施有效的监督与控制，实现事前、事中、事后控制的有机结合。

（5）把握好竞争与合作的度，切实激励物流服务商。

工商企业与物流服务商之间本质上是一种“竞合”关系，把握好竞争与合作的“度”非常重要。一方面，既要“借力”，实现物流资源的外向配置，提升本企业的物流客户服务能力（由代理者执行）；另一方面，又不能完全依赖、受制于某个物流服务商，这样会增大委托—代理风险。因此，采用AB角制，与少数几家（2~3）主要的物流服务商保持适度的竞争与合作关系（当然，也可以某一家主要的物流服务商为主，其余一两家为辅），加强对物流服务商的动态评估，及时反馈信息，根据服务质量，调整委托物流业务量，在物流服务商之间建立起有效的竞争机制，切实激励物流服务商提高服务质量，降低委托—代理风险。

除了上述策略外，委托方及时办理物流货物保险，将风险转嫁；设置物流外包风险管理经理，加强风险管理专项工作；合作双方建立战略联盟，以预期的长远利益来规避物流服务商的短期行为；给物流服务商足够的利润空间；建立“双赢”合作机制等，均可有效降低物流外包风险。

（四）物流外包决策

工商企业物流自营还是外包，首先应考虑能否给企业带来战略业绩，换言之，是否支持企业的竞争战略，对企业核心能力的形成或提升有无影响；其次，应考虑能否给企业带来财务业绩，换言之，能否降低企业经营成本，同时提高服务水平。总的原则是，应该在成本与服务之间寻求平衡。

1. 二维决策矩阵法

通常，企业物流自营与外包决策主要应综合权衡以下两个因素：物流对企业经营成功的重要性程度，以及企业自营物流的能力。企业物流自营与外包决策矩阵如图 7.5 所示。

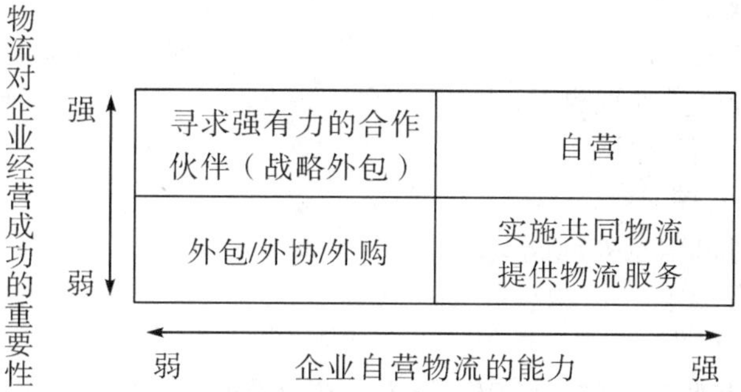

图 7.5　企业物流自营与外包决策矩阵

由图 7.5 可知，若物流对企业很重要，如物流是企业核心能力的关键构成要素；同时企业自营物流的能力也很强，如企业已经拥有了相当数量的、先进的物流设施设备，且已经拥有高素质的物流管理人员和作业人员，物流运作效率高，成本低，且服务水平高，则企业就应该自营物流，而不应当将其外包。像美国零售巨头沃尔玛、我国著名企业海尔集团等，都是自营物流的典范。

若物流对企业不太重要，而企业自营物流的能力也较弱，则企业就应该将物流业务外包，而不应当将其列入自营范围。例如，软件企业的外购物流服务。

若物流对本企业的重要性相对较低，而企业自营物流的能力又很强，则企业不但应该自营物流，而且应积极拓展物流市场，实施共同物流，为其他工商企业提供物流服务。

［案例］　**花王公司的自营物流**

花王公司是日本一流的日用品企业，一直致力于组建以花王公司为核心的综合流通和物流体系，长期以来在物流体系上进行投资，因而其物流能力较强，后为此专门成立了“花王系统物流”分公司，在自营物流的基础上，实施共同物流，为其他企业提供物流服务。

若物流对企业很重要，而企业自营物流的能力又比较弱，则企业也应该将物流业务外包。因考虑到物流对本企业极为重要，故企业在实施物流外包时，应非常谨慎，尽量选择满意的第三方物流公司，并与之建立战略伙伴关系，进行长期合作。例如戴尔公司，物流并非其核心业务，戴尔运作、管理物流的能力也比较弱，但电脑零配件及成品的配送对其非常重要，因此，该公司倾向于战略性外包。

2. 综合决策法

采用综合决策法进行物流自营与外包决策，需要综合考虑企业物流系统的战略地位、物流总成本和物流服务水平。

（1）企业物流系统的战略地位。

一般地，可以从以下几方面对企业物流系统的战略地位进行评估：企业物流系统是否高度影响企业的业务流程？企业物流系统是否需要先进的物流技术支撑？采用这些先进技术能否使公司在行业中领先？企业物流系统在短期内能否为竞争对手所模仿等。

（2）企业物流系统的总成本。

企业物流系统的总成本计算公式如下：

$$D=T+S+L+W_F+W_V+P+C$$

式中，D——物流系统总成本；

T——运输总成本；

S——库存维持成本；

L——物流作业批量处理成本；

W_F——总固定仓储成本；

W_V——总变动仓储成本；

P——订单处理和信息处理成本；

C——客户服务成本。

（3）物流服务水平。

物流服务水平是指物流系统总的服务能力。在决策时，要判断物流自营或外包能否满足企业经营的需要，能否满足客户对送货的时效、货品质量、服务态度以及售后等方面的需要。

综上所述，工商企业在物流自营与外包决策时，应充分考虑顾客的需求、本公司发展战略的需要、本公司的核心业务及核心能力、本公司的物流能力以及物流自营与外包成本的高低，综合权衡，在总成本（包括显性成本、隐性成本）与总服务水平之间寻求平衡。

四、第三方物流服务商的评估与选择

[案例]　　意大利 A 公司精品鞋业的物流服务商选择

意大利 A 公司精品鞋业在选择物流合作伙伴时特别注重服务商的综合服务能力，他们除了要求物流商拥有最完善的物流服务网络、最先进的物流管理手段和最丰富的物流管理经验外，还针对其产品的特点，对物流服务商的仓库管理系统提出了严格的要求：①物流服务商的 WMS 同 A 公司的 ERP 间的信息流全程 EDI 交换；②强大成熟的 Barcode 解决方案；③对系统的执行效率、并发、可靠性、稳定性要求极高；④具有管理多点多仓的能力；⑤灵活的上架及拣货策略；⑥可以追踪货品的多种属性和状态；⑦灵活的报表及报告系统；⑧灵活的第三方物流费用结算系统；⑨方便快捷的配送系统；⑩强大的网上查询系统。

物流服务商 T 公司有着同跨国公司多次合作的经历，有着丰富的中国当地物流市场经验，有着强大的仓储和运输网络，更因其采用的国内领先的 Power WMS TM 仓库管理系统，完全符合 A 公司对物流服务商仓库管理系统的严格要求而一举赢得了客户的青睐，成为管理A公司精品鞋业两个RDC和三个DC的第三方物流公司。

工商企业在决定实施物流外包之后，接下来就需要搜寻第三方物流服务商的信息，对其进行评估，并做出选择。

（一）制定物流外包方案

企业在实施物流外包之前，首先应制定可行的物流外包方案，这是选择满意的物流服务商的前提。一般地，物流外包方案应包含以下内容。

第一，对本企业的物流服务需求及第三方物流企业的物流服务水平进行准确的界定；

第二，界定物流外包应解决的主要问题；

第三，描述物流外包预期应达成的目标；

第四，描述本企业所需要的第三方物流企业的类型。

（二）第三方物流服务商的评估

［案例］　　数字世界——京东创新的技术应用与服务能力

京东物流集团始终重视技术创新在企业发展中的重要作用。基于5G、人工智能、大数据、云计算及物联网等底层技术，京东物流集团正在持续提升自身在自动化、数字化及智能决策等方面的能力，不仅通过自动搬运机器人、分拣机器人、智能快递车、无人机等先进设备，在仓储、运输、分拣及配送等环节大幅度提升效率，还自主研发了仓储、运输及订单管理等系统，支持客户供应链的全面数字化，通过专有算法，在销售预测、商品配送规划及供应链网络优化等领域科学决策。凭借这些专有技术，京东物流集团已经构建了一套全面的智能物流系统，实现服务自动化、运营数字化及决策智能化。截至2021年年底，京东物流集团在全国共运营着43座“亚洲一号”大型智能仓库，拥有及正在申请的技术专利和计算机软件著作权超过5 500项，其中与自动化和无人技术相关的成果超过3 000项。

一般而言，工商企业可从以下几方面对第三方物流服务商进行评估。

第一，第三方物流服务商的物流系统规划与设计能力。

第二，第三方物流服务商的物流网络是否完善，分布是否合理。

［案例］　　全网覆盖——京东拥有全球唯一高效协同的六大物流网络

京东物流集团建立了包含仓储网络、综合运输网络、最后一公里配送网络、大件物流网络、冷链物流网络和跨境物流网络在内的高效协同的六大网络。截至2022年3月31日，京东物流集团运营着约1 400个仓库，加上京东物流集团管理的云仓面积，京东物流集团的仓储总面积约2 500万平方米。

第三，第三方物流服务商的关键物流活动（如仓储、运输）的运营能力，包括能否提供多式联运①服务，以及仓储作业能力及其增值服务等。

第四，第三方物流服务商的信息服务能力，如是否拥有完善的物流信息系统、能否提供跟踪装运及货物状态查询等服务。

---

① 多式联运（multimodal transportation；intermodal transportation）是指“货物由一种运载单元装载，通过两种或两种以上运输方式连续运输，并进行相关运输物流辅助作业的运输活动”（GB/T 18354-2021）。而国际多式联运（international multimodal transportation；international intermodal transportation）是指“按照多式联运合同，以至少两种不同的运输方式，由多式联运经营人将货物从一国境内的接管地点运至另一国境内指定交付地点的货物运输方式”（GB/T 18354-2021）。

［小贴士］　　区块链技术在货物运输中的应用

承运人在货物运输中使用区块链（BC）技术，可以为客户提供更高的透明度，因为客户可以看到每一步交易，可以跟踪、了解货物的整个运输过程。区块链还可以防止欺诈或货物丢失，防止运输延误，提供可降低成本和提高时间效率的智能合约，并提供第三方物流（3PL）确认。

［小贴士］　　人工智能在货物运输中的应用

借助人工智能（AI）和机器学习（ML）技术，车辆变得更加智能。它们可以预测复杂的转弯，避免对面的危险，并区分步行的人和不同类型的车辆。这可以防止高达 80% 的事故发生，并帮助驾驶员跟踪燃油、刹车使用和速度情况。

第五，第三方物流服务商的管理水平，如管理人员的管理能力、业务流程是否标准、是否通过了 ISO 质量管理体系认证、是否健全了绩效评价体系等。

第六，第三方物流服务商的总体物流服务水平的高低，如目标客户群的多少及其分布、客户对第三方物流服务商的历史性评估等。

需要强调的是，物流外包的重点在于物流服务整体价值的实现上，即除了第三方物流服务商能保证物流作业的实现之外，还应侧重于对其在物流时间、速度、效率、服务水平、延伸能力等方面的综合测评。具体而言，包括有效的物流时间是多少，与物流自营相比物流流速提高了多少，同等货物量下的装卸搬运频次、时间和人力消耗量，储存空间的负荷量以及仓库的有效利用率，准时服务的质量及保障，货损失货差等。

（三）第三方物流服务商的选择

工商企业对第三方物流服务商进行考察与评估之后，可根据服务商的物流能力、战略导向、双方企业文化及组织结构的兼容性等对物流商进行选择。具体而言，应遵循以下 10 条原则。

（1）第三方物流服务商应能最大限度地支持本企业的战略；

（2）第三方物流服务商应具有业务集中控制的能力；

（3）第三方物流服务商应具有物流服务从业经验；

（4）第三方物流服务商应具有适应本企业发展的物流技术能力；

（5）第三方物流服务商的核心业务应与本企业的物流需求相一致；

（6）第三方物流服务商应具有为本企业服务的实力；

（7）双方应能相互信任；

（8）双方的企业文化、组织结构兼容；

（9）第三方物流服务商要能够促进本企业改善经营管理；

（10）不能过分强调成本低。

美智（Mercer）管理咨询公司与中国物流与采购联合会联合发布的《中国第三方物流市场——2002 年中国第三方物流市场调查的主要发现》报告指出，客户在选择第三方物流企业时，首先看重的是其物流服务能力（包含行业运营经验），其次是品牌声誉，再次是物流网络覆盖率，最后才是较低的价格。

五、第三方物流运营模式的选择

第三方物流的运营模式可分为基于单个第三方物流企业的运营模式和基于合作关系的

第三方物流运营模式，后者主要有垂直一体化物流、第三方物流企业战略联盟以及物流企业连锁经营等几种情形。

（一）基于单个第三方物流企业的运营模式

该模式主要是从单个第三方物流企业的角度出发进行物流业务运营。基于单个第三方物流企业的运营模式如图7.6所示。

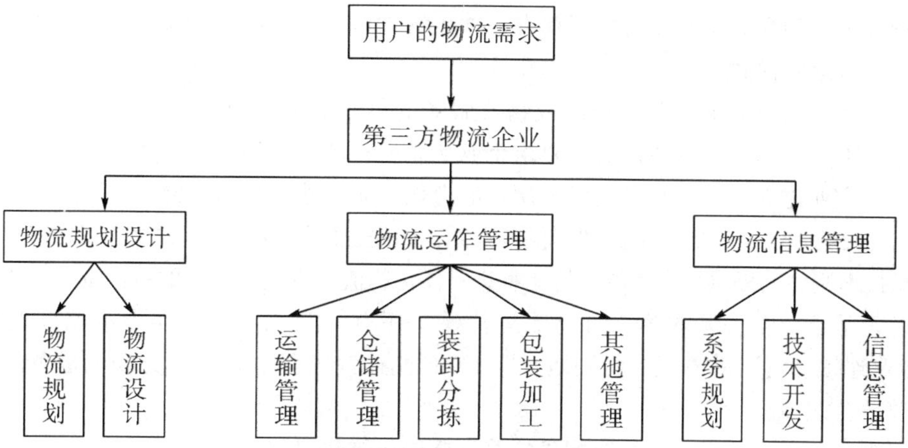

图7.6 基于单个第三方物流企业的运营模式

第三方物流企业的业务运营首先源于用户的物流需求。在明确了客户的需求之后，第三方物流企业首先应进行物流（系统）方案的规划与设计，为客户提供完整的物流解决方案，在此基础上开展物流业务活动，并进行相关的运营管理，包括仓储、运输、包装、装卸搬运、订单分拣、流通加工等活动的运营管理。为更好地满足客户的需求，并提高物流运营的效率，还必须开展相应的信息服务与管理活动，包括物流信息系统的规划与设计、信息技术的开发与信息系统的维护以及具体的物流信息管理等活动。尤其是随着信息时代的来临，竞争日益激烈，顾客越来越挑剔，第三方物流企业应能提供跟踪装运服务，应尽量满足客户的个性化服务需求；同时，有了完善的物流信息系统，可以深化物流信息管理，可以及时获取物流运营的信息，可以根据反馈信息及时调整物流活动，确保向客户提供满意的物流服务。

（二）基于合作关系的第三方物流运营模式

［案例］ **京东物流集团的全球仓储网络**

京东物流集团构建了协同共生的供应链网络，中国及全球各行业合作伙伴参与其中。2017年，京东物流集团创新推出云仓模式，将自身的管理系统、规划能力、运营标准、行业经验等应用于第三方仓库，通过优化本地仓储资源，有效提高闲置仓库的利用率，让中小物流企业能够充分利用京东物流的技术、标准和品牌提升自身的服务能力。截至2021年年底，云仓生态平台合作云仓的数量已经超过1 700个。京东物流集团通过与国际及当地合作伙伴的合作，建立了覆盖超过220个国家及地区的国际线路，拥有近80个保税仓库及海外仓库。

信息技术的飞速发展推动了管理理念和管理手段的创新，促使物流管理向专业化合作经营方向发展。在此背景下，物流一体化应运而生，而垂直一体化则是其典型形态。

所谓垂直一体化物流（vertical integrated logistics），是指为了更好地满足顾客的价值需求，核心企业加强与上下游企业及第三方物流企业的合作，由第三方物流企业整合供应链物流业务，实现从原材料的供应、生产、分销，一直到消费者的整个物流活动的一体化、系统化和整合化。它通过对分散的、跨越企业和部门的物流活动进行集成，整合物流各环节的业务活动，形成服务客户的综合能力，提高流通的效率和效益，为工商企业及其客户降低物流成本，创造第三利润源泉。简言之，垂直一体化物流是第三方物流企业与上下游企业进行合作的一种物流运营模式。

垂直一体化物流要求企业将产品或物流服务的供应商和用户纳入管理范畴，并作为物流管理的一项中心内容。具体而言，要求企业从原材料的供应到产品送达用户实现全程物流管理，要求企业建立和发展与供应商和用户的合作关系，建立战略联盟，获取竞争优势。垂直一体化物流为解决复杂的物流问题提供了方便，而先进的管理思想、方法和手段，物流技术以及信息技术则为其提供了强大的支持。垂直一体化物流是供应链管理的一个重要组成部分。

此外，基于合作关系的第三方物流运营模式还有“第三方物流企业战略联盟”以及“物流企业连锁经营”等方式。特别地，“物流企业连锁经营”是第三方物流运营的一大创新，比较适合我国国情。

[案例]　　京东物流集团的横向一体化战略

近年来，京东物流集团实施横向一体化战略，与多家物流公司开展战略合作。2022 年 7 月，京东物流集团收购德邦物流股份有限公司 66.49%的股份，对其实施绝对控股，双方将在快递快运、跨境物流、仓储与配送以及供应链等领域开展深度合作。2020 年 8 月，京东物流集团收购知名现代化综合运输企业跨越速运集团有限公司的控股权益，收购对价为 30 亿元。2018 年 10 月，京东物流集团与新宁物流签署战略合作协议，双方将在一体化供应链解决方案、物流科技、城市智能物流、跨境电商等多个领域展开全方位深度合作，谋求智能物流产业链和服务链更高水平的共赢发展。2018 年 6 月，京东物流集团与华贸国际物流股份有限公司签署战略合作协议，双方聚焦跨境物流，在仓储、运输、物流科技、电商等领域展开全方位合作。

想一想：京东物流集团为什么要实施横向一体化战略？

综上所述，第三方物流系统是一种实现供应链物流集成的有效方法和策略。通过实施第三方物流系统，企业可以集中力量发展核心业务，提高供应链管理效率，降低供应链运营成本，提高客户服务水平，快速进入国际市场，实现供应链整合，提升供应链竞争力。

7.4　第四方物流运营模式的选择

随着物流业的进一步发展，行业内以及行业间企业并购、整合风潮促使以利用信息技术手段、为供应链提供完整解决方案的“第四方物流”产生。

一、第四方物流的概念与内涵

美国埃森哲公司最早提出第四方物流的概念，他们认为：“第四方物流供应商（fourthparty logistics service provider，4PLs）是一个供应链的集成商，它对公司内部和具有互补性的服务供应商所拥有的资源、能力和技术进行整合和管理，提供一整套供应链解决方案。”

我们从上述定义可以看出，第四方物流服务商的主要作用是对供应链进行整合和优化，在物流、信息等服务商及客户之间充当唯一“联系人”的角色。第四方物流服务商是具有领导力量的供应链集成[1]商，它通过设计、实施综合完整的供应链解决方案来提升供应链影响力并实现供应链的增值。

第四方物流的基本运营模式如图 7.7 所示。

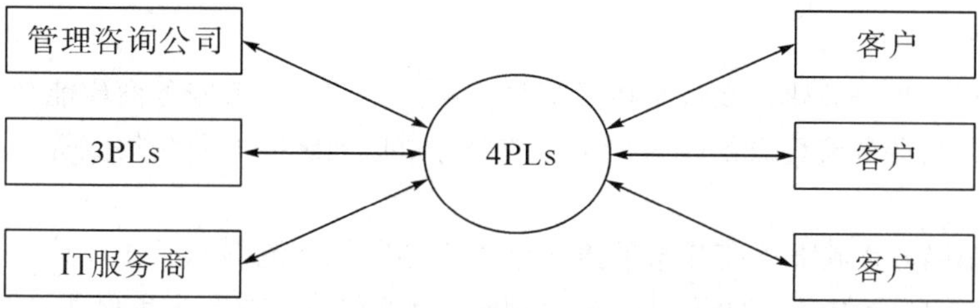

图 7.7 第四方物流的基本运营模式

由图 7.7 可知，第四方物流服务商集成了管理咨询公司、第三方物流服务商及 IT 服务商的资源和能力，利用分包商来管理和控制客户企业点到点的供应链运作活动。它在整合上述企业资源和能力的基础上，设计、实施能够实现价值最大化的供应链解决方案。第四方物流在运营中，不但强调业务外包的重要性，而且对人员的素质和能力的要求比较高。

[案例] 第四方物流公司——维克多（Vector）供应链管理公司

维克多（Vector）供应链管理公司在通用汽车（GM）集团的供应链管理中扮演的是典型的第四方物流服务商的角色——LLP[2]。通用汽车集团每年的物流费用超过 50 亿美元。针对公司物流业务量大、第三方物流商众多以及供应链系统复杂的现状，通用汽车集团提出进一步整合第三方物流商及简化其物流系统的要求。为此，通用汽车集团投资 60 亿美元与门罗物流（Menlo Worldwide）合作成立了维克多（Vector）供应链管理公司，为通用汽车集团管理所有的物流外包业务，并为其管理几十家第三方物流服务商。维克多供应链管理公司通过整合通用汽车集团的第三方物流商资源、提供供应链优化解决方案，不仅从通用汽车集团的运输、仓储和库存管理等多个环节挖掘利润空间，而且通过绩效评估，可以直接参与通用汽车集团主营业务的利润分成，成为通用汽车集团真正的战略合作同盟。

二、第四方物流的特征

第四方物流具有再造、变革、实施和执行等几个特征。

（一）再造

再造是供应链流程协作和供应链流程的再设计。第四方物流服务商提供的最高层次的

---

① 供应链集成（supply chain integration）是指“将供应链中的商流、物流、信息流、资金流等要素通过信息共享、计划协同和流程集成，实现系统协调与优化的动态过程”（GB/T 18354-2021）。

② 美国的物流实践表明，第四方物流发展的重要条件之一便是在这个供应链的集成商中，能有一个公司充当所谓的领导型物流服务商（LLP），作为这些集成商的龙头。

供应链解决方案就是流程再造。供应链业务流程的显著改善是通过供应链各环节计划与运作的协调一致或通过参与各方的通力合作来实现的。再造是对客户企业的供应链管理进行优化，并使供应链各节点的业务策略保持协调一致。

（二）变革

变革是通过新技术来实现供应链职能的加强，变革的努力集中在改善某一具体的供应链职能上，包括销售与运作计划、分销管理、采购策略和客户支持等。领先的技术，高明的战略思维，卓越的流程再造以及强有力的组织变革管理，共同组成最佳方案，对供应链流程进行整合和改善。

（三）实施

实施是进行流程一体化、系统集成及运作交接。第四方物流服务商应能帮助客户实施新的业务方案，包括业务流程重组、客户企业与服务供应商之间的系统集成等。

（四）执行

执行是指第四方物流服务商开始承接多个供应链职能和流程的运作。其运营范围包括制造、采购、库存管理、供应链信息技术、需求预测、网络管理、客户关系管理以及行政管理等。同时，第四方物流服务商运用先进的技术优化整合供应链内部以及与之交叉的供应链运作。

三、第四方物流的服务内容

第四方物流服务商不仅管理和控制特定的物流服务，而且对整个供应链物流过程提出策划方案，并通过电子商务进行集成。因此，第四方物流成功的关键在于为顾客提供最优的增值服务，即快速、高效、低成本和个性化的服务。发展第四方物流，需要充分利用第三方物流的能力、技术且使贸易流畅，为客户提供全方位、一体化、多功能的综合服务，并扩大运营的自主性。第四方物流主要提供以下几方面的服务：

（一）物流服务

通过有效整合物流资源，为工商企业提供货物运输、仓储、加工、配送、货代、商检、报关等服务和全程物流数字化服务，以及整体物流方案策划服务。

（二）金融服务

为工商企业提供基于“电子银行”的企业间结算服务，与多家银行联合推出商品质押融资业务。

（三）信息服务

为工商企业提供来自物流终端的统计信息，帮助企业科学决策。通过整合传统资源及网络资源，为企业提供信息搜集、信息发布、商品展示及广告宣传服务。

（四）管理、技术及系统服务

为工商企业提供基于供应链管理的全程物流管理及网络技术支持服务。为工业原料流通领域的企业提供管理需求界定、业务流程分析与规范、业务流程再造以及建立 ISO 质量管理体系等服务。

四、第四方物流的价值

第四方物流服务商通过整合社会资源，提供综合性的供应链解决方案，有效满足客户企业多样化、复杂化、个性化的服务需求。第四方物流服务商通过影响整个供应链来实现增值，并带给客户可感知的效用。

（一）实现供应链一体化

第四方物流服务商通过与第三方物流企业、信息技术服务商和管理咨询公司等的协同运作，使物流的集成一跃成为供应链的一体化。业务流程再造将使客户、制造商、供应商的信息和技术系统实现一体化，把人的因素和业务规范有机结合，使整个供应链的战略规划和业务运作能够得到高效的贯彻实施。

（二）提高资产利用率

工商企业通过实施第四方物流，将减少固定资产投资，并提高资产利用率。与此同时，工商企业可实施“归核化”战略，通过扩大生产规模及投资新品研发来获取规模经济和范围经济性收益。

（三）优化客户企业组织结构

第四方物流通过“再造”来实现客户企业业务流程的优化。随着物流及其他业务外包的不断扩展，必然使客户企业的一些传统职能“虚拟”化，从而使组织结构扁平化，使组织结构具有柔性，更能适应经营环境的变化。

（四）降低成本，增加利润

第四方物流的运作强调物流数字化的作用，通过有效的物流数字化作业，为物流信息系统提供强有力的信息源保证，从而使物流信息系统强大的分析决策功能得以有效发挥，并促进工商企业的利润增长。

第四方物流采用现代信息技术手段、科学的管理方法和优化的运作流程，使库存及资金的周转次数减少，从而降低交易费用。通过供应链规划、业务流程再造以及一体化流程的实现，最大限度地降低供应链运营成本，实现利润增长。

第四方物流利润的增长取决于其服务质量的提高以及成本的降低。第四方物流服务商是通过为供应链提供全方位、一体化、多功能的综合服务来获利的。

五、第四方物流运营模式的选择

第四方物流的运营模式主要有协同运营型、方案集成型和行业创新型三种类型。

（一）协同运营型

这是第四方物流服务商与第三方物流企业共同开发市场的一种模式。第四方物流服务商向第三方物流企业提供供应链整合策略、进入市场的能力、项目管理能力以及技术服务等支持。第四方物流服务商在第三方物流企业内部运营，第三方物流企业成为第四方物流服务商的思想与策略的具体实施者，以达到为客户服务的目的。双方一般会采取战略联盟或合同治理的方式进行合作。第四方物流的协同运营模式如图 7.8 所示。

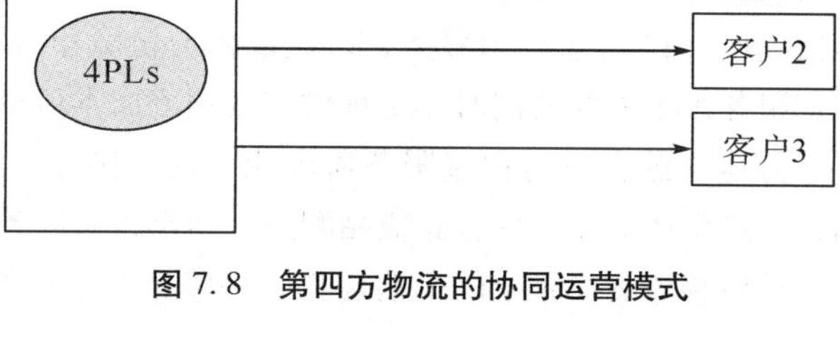

图 7.8　第四方物流的协同运营模式

（二）方案集成型

在该模式中，第四方物流服务商整合了自身以及第三方物流企业的资源、技术和能力，并充分借助第三方物流企业为客户提供服务。第四方物流服务商作为一个“枢纽”，可以集成多个服务供应商的能力以及客户的能力。第四方物流的方案集成型运营模式如图 7.9 所示。

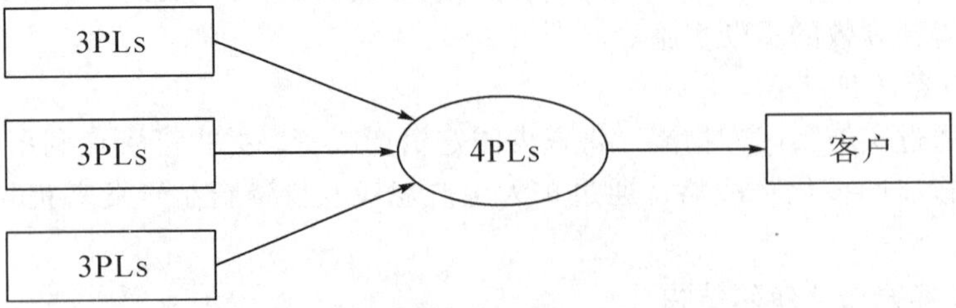

图 7.9　第四方物流的方案集成型运营模式

（三）行业创新型

在该模式中，第四方物流服务商将多个第三方物流企业的资源和能力进行集成，以整合供应链的职能为重点，为多个行业的客户提供完整的供应链解决方案。第四方物流的行业创新型运营模式如图 7.10 所示。在该模式中，第四方物流服务商这一角色非常重要，因为它是上游第三方物流企业集群和下游客户集群的枢纽。

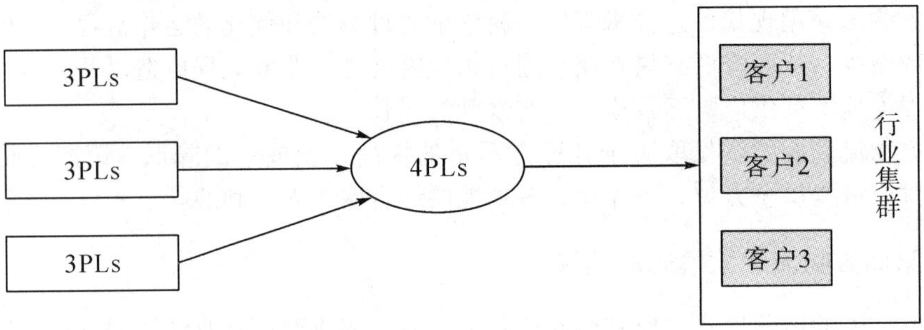

图 7.10　第四方物流的行业创新型运营模式

小结

物流在供应链的整合及客户服务中发挥着重要作用。企业需要将供应链物流业务进行集成、整合，形成一体化的流程。供应链物流要能有效支撑采购、生产和客户服务等供应链运作活动。供应链物流观念是企业在努力控制和降低供应链物流成本的同时，利用一体化的物流竞争力为客户提供优质（或满意）的服务，以获取供应链竞争优势。供应链物流成本观念是企业在满足客户服务水平需要的同时，实现供应链物流成本最小化。企业实现物流领先的关键是将其物流能力与关键客户的物流服务需求相匹配。供应链物流管理是企业从原材料采购与供应开始，经过生产运作，一直到成品配送，乃至售后服务在内的整个供应链物流过程的一体化管理。供应物流支撑企业的采购运作，保障企业生产经营活动的正常进行。

生产物流衔接供应物流和销售物流，共同支撑企业的生产运作。生产竞争力要素对物流需求产生重大影响，而生产策略的顺利实施则需要得到物流的有效支撑。销售物流要尽可能提高客户对产品的可得性，提高产品的附加价值，支撑企业的客户服务运作。企业为客户提供增值服务是销售物流发展的主要趋势之一。逆向物流是物品从供应链下游向上游的运动所引发的物流活动，主要支撑企业的售后客户服务运作，包括产品返修、退货、包装物与零部件回收及废弃物处理等。供应链物流战略由全局性战略、结构性战略、功能性战略和基础性战略构成。物流外包是企业将其部分或全部物流业务交由合作企业完成的物流运作模式。物流外包不断从物流功能外包向物流管理外包、一体化物流外包方向转变，从非核心业务领域逐渐向核心业务领域方向延伸，从业务委托向战略协同方向发展。物流外包有利于工商企业强化核心业务，培育核心能力，获取竞争优势，但也面临着决策和运作等风险。其原因包括决策的有限理性、信息非对称以及代理者的败德行为。物流外包的决策方法主要有综合评价法和二维决策矩阵法。第三方物流是由独立于物流服务供需双方之外且以物流服务为主营业务的组织提供物流服务的模式，其发展经历了 2PL~6PL 等阶段。第三方物流的运营模式包括基于单个第三方物流企业的运营模式和基于合作关系的第三方物流运营模式，后者主要有垂直一体化物流等几种形式。第四方物流服务商是一个供应链的集成商，它对公司内部和具有互补性的服务供应商所拥有的资源、能力和技术进行整合和管理，提供一整套供应链解决方案。第四方物流的服务内容包括物流、金融、信息、管理、技术及系统服务。第四方物流的运营模式主要包括协同运营型、方案集成型和行业创新型。

同步测试

一、判断题

1. 物流在供应链的整合以及客户服务中发挥着重要作用。（　）
2. 企业需要将供应链物流业务进行集成、整合，形成一体化的流程。（　）
3. 企业实现物流领先的关键是将其物流能力与关键客户的物流服务需求相匹配。（　）
4. 企业需要将其对关键客户的服务承诺严格进行成本控制，以理想的总成本满足客户的需求。（　）
5. 生产物流衔接供应物流和销售物流，共同支撑企业的生产运作。（　）
6. 生产竞争力要素对物流需求产生重大影响，而生产策略的顺利实施则需要得到物流的有效支撑。（　）
7. 具有品牌影响力的企业决定供应链的结构，直接影响物流的增值服务范围以及供应链物流服务需求。（　）
8. 物流活动的延误会引起生产线停工待料，直接影响生产提前期。（　）
9. 物流外包是企业将其部分或全部物流业务交由合作企业完成的物流运作模式。（　）
10. 物流外包有利于工商企业强化核心业务，培育核心能力，获取竞争优势。（　）

二、单选题

1. 供应链管理环境下的物流观念，是企业在努力控制和降低供应链物流成本的同时，利用（　　）为客户提供优质（或满意）的服务，以获取供应链竞争优势。

A. 第三方物流服务商　　B. 一体化的物流竞争力

C. 企业物流系统　　D. 社会物流系统

2. 供应链管理环境下的物流成本观念，是企业在满足客户服务水平需要的同时，实现（　　）最小化。

A. 企业物流成本　　B. 社会物流成本

C. 供应链物流成本　　D. 物流成本

3. 企业实现物流领先的关键是将其物流能力与（　　）的物流服务需求相匹配。

A. 关键客户　　B. 客户　　C. 所有客户　　D. 顾客

4.（　　）是企业从原材料采购与供应开始，经过生产运作，一直到成品配送，乃至售后服务在内的整个供应链物流过程的一体化管理。

A. 物流管理　　B. 企业物流管理

C. 第三方物流企业的物流管理　　D. 供应链物流管理

5. 以汽车制造商为代表的企业最先推行基于（　　）服务的多供应商条件下的一体化供应物流模式。

A. 供应物流　　B. 第四方物流　　C. 企业物流　　D. 第三方物流

6. 汽车制造商基于第三方物流（TPL）服务的多供应商条件下的一体化供应物流模式的关键是（　　）。

A. VMI　　B. JIT　　C. JIS　　D. milk-run

7.（　　）要尽可能提高客户对产品的可得性，提高产品的附加价值，支撑企业的客户服务运作。企业为客户提供增值服务是其发展的主要趋势之一。

A. 供应物流　　B. 生产物流　　C. 销售物流　　D. 逆向物流

8. 物流外包的（　　）方法主要有综合评价法和二维矩阵法。

A. 决策　　B. 预测　　C. 计划　　D. 管理

9.（　　）提供的服务内容包括物流、金融、信息、管理、技术以及系统服务。

A. 第三方物流服务商　　B. 第四方物流服务商

C. 第五方物流服务商　　D. 第六方物流服务商

10.（　　）的运营模式主要包括协同运作型、方案集成型和行业创新型。

A. 第六方物流　　B. 第五方物流

C. 第四方物流　　D. 第三方物流

三、多选题

1. 供应链物流管理的目标是企业通过设计和管理相关的系统来控制原材料、在制品和产成品的合理移动和储存，以有效支撑（　　）等供应链运作活动。

A. 采购　　B. 生产　　C. 客户服务　　D. 销售

2. 汽车制造商的供应物流一体化，除了要采用循环取货方式外，还要运用（　　）等策略与举措才能实现。

A. VMI　　B. JIT　　C. JIS　　D. CPFR

3. 生产规模从（　　）方面影响物流需求。

A. 物流运作次数　　B. 物流作业量

C. 投产/出产循环期　　D. 出产节拍

4. 下列关于产品多样性对物流需求影响的表述，正确的是（　　）。

A. 物流必须对产品计划期内的生产次数提供有效支撑

B. 一个生产批次的产量大小决定了相应的物流作业量大小

C. 产品多样性程度高，生产的批量相对较小，对物流的需求更加柔性

D. 要求支撑柔性生产的物流活动更加复杂

5. 供应链能力的可扩展性需要（　　）敏捷性的有机结合。

A. 采购　　B. 生产　　C. 物流　　D. 运作

6. 下列关于约束对物流需求影响的表述，正确的是（　　）。

A. 供应链能力的可扩展性需要采购、生产、物流敏捷性的有机结合

B. 物流可以促进/约束生产流程

C. 缩短投产/出产循环期需要得到物流活动的有效支撑

D. 缩短投产/出产节拍需要得到物流活动的有效支撑

7. 逆向物流是物品从供应链下游向上游的运动所引发的物流活动，主要支撑企业的售后客户服务运作，包括（　　）。

A. 产品返修　　B. 退货

C. 包装物与零部件回收　　D. 废弃物处理

8. 供应链物流战略由（　　）构成。

A. 全局性战略　　B. 结构性战略　　C. 功能性战略　　D. 基础性战略

9. 下列关于物流外包发展趋势的表述，正确的是（　　）。

A. 物流外包的模式从物流功能外包向一体化物流外包方向演变

B. 物流外包的领域从非核心业务领域逐渐向核心业务领域方向拓展

C. 物流外包的类型从物流功能外包向物流管理外包方向延伸

D. 物流外包的方式从业务委托向战略协同方向发展

10. 物流外包风险产生的原因有（　　）。

A. 决策的有限理性　　B. 信息非对称

C. 代理者的败德行为　　D. 约束

四、情境问答题

1. USCS 是北美第三大公共冷藏仓储（PRW）物流服务商，它运营的 43 个仓储设施涉及北美 13 个州，提供超过 3.3 亿立方英尺的温控仓储及配送服务。该公司正在寻找一种解决方案，希望能够准确预测承运人到达的时间以及公司为承运人提供服务的时间，从而促进预约安排，以便成功应对接送延误、天气变化等因素对公司调度造成的困扰。

Gramener 是一家以设计为主导的数据科学组织，该组织构建自定义数据和 AI 解决方案以改进其业务流程，并开发针对其问题的智能和预测性解决方案。Gramener 开发了智能预约调度程序（IAS），这是一个直观的数据驱动应用程序。它使用历史数据来自动化承运人预约，确保调度的准确性和充足的人员配备。USCS 将 IAS 部署在其 26 个仓储设施中，每天可以安排约 650 次预约，将周转时间减少了 15%。

请问：USCS 与承运人是什么关系？它为什么要与 Gramener 进行合作？

2. 品汇是一家从事名牌商品折扣销售的电子商务企业，销售的商品包括品牌箱包、鞋子、化妆品、时装和饰品等多个品类的上千种产品。每天超过几十万件的发货量和数以万计的退换货让公司物流部应接不暇。在部门会议上，员工小张提议将物流外包以解决当前资源紧张的问题，但遭到了强烈的反对。反对者的理由是物流外包会给公司带来一系列潜在风险。如果你是小张，你能提出哪些风险应对的策略和措施来说服反对者？

五、综合分析题

目前，许多货主企业已纷纷实施物流业务外包。表 7.3 是 CC 公司 M5 厂成品库到 SC2 营业所的产品调拨吨位及第三方运输成本数据。假如你是该公司的物流经理，请以一月份的运量为例，通过计算说明如何确定第三方物流公司的报价是否合理。

表 7.3　CC 公司 M5 厂 SC2 营业所的产品调拨吨位及第三方运输成本数据

月份	运量/吨
一	837.38
二	504.1
三	736.57
四	784.95
五	723.11
六	987.98
七	735.45
八	658.04
九	1 086.05
十	436.98
十一	219.83
十二	412.93
合计	8 195.38

M5 到 SC2 的里程（单位：千米）	100
一般运输车辆吨位（单位：吨）	15
运营规费（单位：元/吨·月，全年只缴 10 个月）	47
保险费（单位：元，含交通强制险和第三者责任险）	12 000
二级维护与年审（单位：元/年，含排污、车船使用税等）	1 500
车辆购置费（单位：元）	200 000
车辆折旧期（单位：年，按直线折旧法①计算）	8
车辆油耗（单位：升/100 千米）	30
目前平均油价（单位：元/升）	7.73
司机工资（正负驾驶，单位：元/月）	1 800
车辆平均维修费（单位：元/千米）	0.25
高速公路收费（此吨位车辆，单位：元/辆）	190
普通公路收费（此吨位车辆，单位：元/辆）	80

备注：货运车辆的通行费按载重吨位计收，这里为简化计算，往返都按上表所列费用计算。

六、案例分析题

海尔集团的物流之路

海尔集团是国内一家知名家电制造企业。为适应市场发展的需要，集团对供应链和物流系统进行了业务流程再造。在同步管理模式下，海尔集团的物流系统以订单信息流为中心，成为企业核心竞争力的有力支撑。海尔集团物流系统的发展经历了三个阶段：

第一阶段：物流资源优化重组，建立新型合作伙伴关系

整合内外部资源，成立隶属于物流部门的采购事业部、配送事业部和储运事业部。在这一阶段，海尔集团通过统一采购实现每年节约资金上亿元，环比降低材料成本 6%；通过统一仓储，不仅减少 20 万平方米仓库，而且呆滞物资降低 90%，库存资金占用减少 63%；通过统一配送，在全国可调拨车辆 16 000 辆，运输成本大降低。内部资源整合的同时也优化了外部资源。一方面，2 000 多家供应商

① 根据国家有关规定，营运车辆按行驶里程法进行折旧，这里为简化计算，变通处理，按车辆使用年限折旧。

优化到了不到 1 000 家；另一方面，通过将对外买卖关系转变为战略合作伙伴关系，海尔集团实现了从采购管理向资源管理的转变，与供应商形成了公平、互动、双赢的合作关系。

通过建设内部 ERP 信息系统和 B2B 电子商务平台大大加快信息的反馈，并带动物流快速流动。经销商、客户通过访问海尔集团网站，下达订单，订单数据直接进入后台的 ERP 系统，并通过采购平台将采购订单下达给供应商。供应商在网上接受订单并通过网上查询计划与库存，及时补货，实现了 JIT 供货。通过与银行的合作对供应商实现了网上货款支付，日付款制度的实施保证了对供应商付款及时率 100%，加快了物流与资金流速度。这使得原来半个月才能处理完毕的工作可以在几小时内完成，大幅加快了订单和整条供应链的响应速度。

第二阶段：运用信息技术和物流技术，建立柔性化生产系统

物流技术的创新和广泛应用保证了同步柔性制造系统的运行。标准容器、标准包装、条形码和无线扫描等技术的广泛应用实现了单元化、标准化储存和机械化高速搬运，提高了劳动效率，改变了原来收货、搬运、分拣和发货使用手工操作的状况，保证了及时配送上工位，降低了库存成本。立体仓库①的建成改变了企业原有仓储的观念，成为柔性生产配置的中转库，提前的分装与拣选则保证了大规模定制生产的需要。

由于信息的准确及时，库存量大大降低。货物入库后，物流部门可根据次日的生产计划利用 ERP 系统进行配料，同时根据看板管理 4 小时配送至工位。海尔集团与供应商双赢的战略合作伙伴关系也推动了寄售模式的广泛应用。寄售模式一方面减少了供应商租赁、装卸与运输的费用，降低了物流成本，也避免了自身因原材料不足而停产，从而库存管理节约了大量的人力、物力和时间。

第三阶段：延伸服务领域，物流产业化发展

海尔物流储运事业部通过整合海尔集团的仓储资源和运输资源，可调配车辆达 10 000 辆以上，在全国建立了 42 个配送中心，每天能够将上百个品种的 30 000 余台产品配送到全国 1 330 个专卖店和 9 000 余个营销网点。通过条形码和 GPS 技术的运用，可随时监控所有车辆的状况，运输效率大大提高。原来配送到全国平均 7 天的时间，目前中心城市实现 8 小时配送到位，区域内 24 小时配送到位，全国 4 天内配送到位。而且由于是按单生产，成品库只是中转库，在减少仓储面积 10 余万平方米的情况下实现了零库存。

参照集团的服务标准和规范，海尔物流规范运作，业务开展的同时也保证了服务质量。通过积极开展第三方配送，海尔物流已经在为多家知名企业提供第三方物流服务，并通过强强联合不断完善配送网络。物流已成为海尔集团新的核心竞争力。

根据案例提供的信息，请回答以下问题：

1. 海尔集团的生产物流和销售物流是如何衔接的？
2. 海尔集团与供应商之间的战略合作伙伴关系形成的基础是什么？
3. 海尔物流的核心竞争力是什么？为什么？
4. 请对海尔物流向第三方物流发展的方向提出你的建议。

---

① 立体仓库（stereoscopic warehouse）也称“立体库”或“自动化立体仓库”，是指“采用高层货架，可借助机械化或自动化等手段立体储存物品的仓库”（GB/T 18354-2021）。而自动存取系统（automatic storage and retrieval system，AS/RS）是指“借助机械设施与计算机管理控制系统实现物料存入或取出的系统”（GB/T 18354-2021）。

任务8

供应链管理策略[①]的选择与实施

【素质目标】

1. 具有家国情怀。
2. 树立系统观念。
3. 具有协同理念。
4. 具备合作精神。
5. 具备创新精神。
6. 具有成本意识。
7. 具有服务意识。
8. 具备与时俱进的品质。
9. 具有社会责任感。
10. 具有专业认同感。

供应链管理策略在组织战略体系中的地位（微课）

【知识目标】

1. 了解 QR 和 ECR 两种供应链管理策略产生的背景。
2. 理解 QR 和 ECR 两种供应链管理策略的内涵。
3. 掌握 QR 策略的实施条件与步骤。
4. 理解 ECR 策略的四大要素。
5. 了解供应链管理策略在实施中使用的关键信息技术手段。
6. 了解供应链管理策略在实施中使用的关键物流技术与管理方法。
7. 理解 QR 和 ECR 两种供应链管理策略的异同。
8. 理解 CPFR 的内涵、模型与实施技术方案。

【能力目标】

1. 能正确选择供应链管理策略。
2. 能辨识供应链管理策略成功实施的关键。
3. 能结合企业实践分析 CPFR 的运作过程。

---

① 按照西方战略管理思想，多元化经营的公司的战略体系包括总体战略、事业部战略、供应链战略、职能战略及次战略，单一业务公司的战略体系包括总体战略、供应链战略、职能战略及次战略。按照东方管理思想及惯例，公司层面的总体战略一般称战略，其他层面的战略习惯上称策略，而其对应的专业术语的英文均为 strategy。

案例：沃尔玛公司的QR实践（微课）　　UPC和EAN（微课）

【引例】

沃尔玛公司的QR实践

在萨尔蒙公司（Salmon）的倡导下，从1985年开始，美国服装纺织行业开展了大规模的QR运动，正式掀起了供应链构筑的高潮。美国零售巨头沃尔玛公司与服装制造企业塞米诺尔，以及面料生产企业米尼肯公司合作，建立了快速反应（QR）系统。

沃尔玛与塞米诺尔以及米尼肯公司建立QR系统的过程可分为如下三个阶段。

1. QR的初期阶段

沃尔玛公司1983年开始采用POS系统，1985年开始建立EDI系统。1986年与萨尔蒙公司和米尼肯公司在服装商品方面开展合作，开始建立垂直型的快速反应（QR）系统。当时合作的领域是订货业务和付款通知业务。通过电子数据交换系统发出订货明细清单和受理付款通知，以此来提高订货速度和准确性，以及节约相关事务的作业成本。

2. QR的发展阶段

为了促进行业内电子商务的发展，沃尔玛与行业内的其他商家一起成立了VICS委员会，共同协调确定行业统一的EDI标准和商品识别标准。VICS委员会制定了行业统一的EDI标准并确定了商品识别标准，采用UPC商品识别码。沃尔玛公司基于行业统一标准设计出POS数据的传输格式，通过EDI系统向供应商传送POS数据。供应商基于沃尔玛传送的POS信息，及时了解沃尔玛的商品销售状况、把握商品的需求动向，并及时调整生产计划和原材料采购计划。

供应商利用EDI系统在发货之前向沃尔玛传送提前装运通知（ASN）。这样，沃尔玛事前就可以做好进货准备工作，同时可以省去货物数据的输入作业，使商品检验作业效率化。沃尔玛在接收货物时，用RF终端读取包装箱上的物流条形码，把获取的信息与提前装运通知进行核对，判断到货与发货清单是否一致，从而简化了检验作业。在此基础上，利用电子支付系统(EFT)向供应商支付货款。同时只要把ASN数据和POS数据比较，就能迅速知道商品库存的信息。这样做的结果使沃尔玛不仅节约了大量事务性作业成本，而且还能压缩库存，提高库存周转率。在此阶段，沃尔玛公司开始把QR的应用范围扩大至其他商品和供应商。

3. QR的成熟阶段

沃尔玛把零售店商品的进货和库存管理的职能转移给供应商（产品制造商），由制造商对沃尔玛的流通库存进行管理和控制，即采用供应商管理库存的模式。沃尔玛让供应商与之共同运营管理沃尔玛的流通中心，在流通中心保管的商品的所有权属于供应商。供应商对POS数据和ASN数据进行分析，把握商品的销售和沃尔玛的库存动向，在此基础上，决定在什么时间，把什么类型的商品，以什么方式向哪个店铺发货。发货信息以提前装运通知的形式传送给沃尔玛，并以多频次、小批量的方式进行连续库存补充，即采用连续补充库存方式。由于采用供应商管理库存（VMI）和连续补货计划（CRP），供应商不仅能够减少本企业的库存，还能减少沃尔玛的库存，实现整个供应链库存水平的最小化。另外，对沃尔玛来说，省去了商品进货业务，节约了成本，同时能集中精力于商品销售。并且，事先能得知供应商的商品促销计划和商品生产计划，能够以较低的价格进货。这些为沃尔玛进行价格竞争提供了条件。

引导问题：

1. 什么是供应链管理策略？
2. 常见的供应链管理策略有哪几种？
3. 沃尔玛公司采取了何种供应链管理策略？有何好处？
4. 沃尔玛公司在实施该供应链管理策略的过程中，采用了哪些信息技术手段以及物流技术和管理方法作为支撑？

快速反应（QR）和有效客户反应（ECR）是源于美国服装行业和食品杂货业的两种供应链管理策略。成功实施供应链管理策略，是企业有效实施供应链管理的关键。

8.1 QR 策略的认知与实施

目前应用较多的供应链管理策略主要有快速反应和有效客户反应。前者是美国纺织服装业发展起来的一种供应链管理策略。它是美国零售商、服装制造商以及纺织品供应商开发的整体业务概念，其目的是缩短从原材料到销售点的时间和减少整个供应链上的库存量，最大限度地提高供应链运营管理的效率。

一、QR 策略产生的背景

QR 策略产生的背景（微课）

20 世纪六七十年代，美国的杂货行业面临着国外进口商的激烈竞争。20 世纪 80 年代早期，美国国产的鞋、玩具以及家用电器的市场占有率下降到 20%，而国外进口的服装在美国的市场份额也达到了 40%。面对国外商品的激烈竞争，纺织与服装行业在 20 世纪 70 年代和 20 世纪 80 年代采取的主要对策是在寻找法律保护的同时，加大现代化设备投资的力度。到了 20 世纪 80 年代中期，美国的纺织与服装行业是通过进口配额系统保护最重的行业，而纺织业是美国制造业生产率增长最快的行业。尽管上述措施取得了巨大的成功，但服装行业进口商品的渗透却在继续增加。一些行业的先驱认识到保护主义措施无法保护美国服装制造业的领先地位，他们必须寻找别的方法。

1984 年，美国服装、纺织以及化纤行业的一些主要的经销商成立了“用国货为荣委员会”（Crafted with Pride in USA Council），该委员会的任务是为购买美国生产的纺织品和服装的消费者提供更多的利益。1985 年该委员会开始做广告，提高了美国消费者对本国生产的服装的信誉度。该委员会也拿出了一部分经费，研究如何长期保持美国纺织与服装行业的竞争力。1985—1986 年，Kurt Salmon 协会进行了供应链分析，结果发现，尽管供应链的各个部分具有较高的运作效率，但整个系统的效率却十分低下。于是，纤维、纺织、服装以及零售业开始寻找那些在供应链上导致高成本的活动。结果发现，供应链的长度是影响其高效运作的主要因素。

整个服装供应链，从原材料到消费者购买，时间为 66 周，其中 11 周在制造车间，40 周在仓库或转运，15 周在商店。这样长的供应链，不仅各种费用高，更重要的是，建立在不精确需求预测基础之上的生产和分销，导致因数量过多或过少造成的损失非常大。

整个服装供应链系统的总损失每年可达 25 亿美元，其中 2/3 的损失来自零售商或制造商对服装的降价处理以及在零售时的缺货。进一步的调查发现，消费者离开商店而不购买的主要原因是找不到合适的尺寸和颜色的商品。为此，Kurt Salmon 公司建议零售业者和纺织服装生产厂家合作，共享信息资源，建立一个快速响应系统来实现销售额增长、顾客服务水平提高及库存量、商品脱销及商品风险最小化的目标。这项研究导致了快速响应策略的应用和发展。

美国是 QR 策略的发源地，有许多企业都已经开始实施 QR 策略，并取得了成功。其中，零售商主要有 Sears，Walmart，Kmart，JCPenney，Dayton Hudson，Target，Federated，Dillards，The Limited，Hudson's Bay，Montgomery Ward 以及 Circuit City 等。供应商主要有 Levi Strauss，VF Corp，Arrow Produets，ESteeLauder，Nike，Sara Lee Hosiery，Whirlpool 以及 Panasonic。实施 QR 的承运商有 Roadway 和 Schneider。

二、QR 策略的内涵

QR 策略的内涵（微课）

快速反应（quick response，QR）是“供应链成员企业之间建立战略合作伙伴关系，利用电子数据交换（EDI）等信息技术进行信息交换与信息共享，用高频率小批量配送方式补货，以实现缩短交货周期，减少库存，提高顾客服务水平和企业竞争力为目的的一种供应链管理策略”（GB/T 18354-2021）。换言之，QR 策略是供应链成员企业为了实现共同的目标，如缩短供应提前期、降低供应链系统库存量、避免大幅度降价、避免产品脱销、降低供应链运营风险、提高供应链运营效率等而加强合作，实现供应链的可视化和协同化所使用的策略，其重点是对消费者的需求做出快速反应。

实施 QR 策略，要求零售商和供应商一起工作，通过共享 POS 数据来预测补货需求，不断监测环境变化以发现新产品导入的机会，以便对消费者的需求做出快速反应。从业务运作的角度看，贸易伙伴需要利用 EDI 来加快供应链中信息的传递，共同重组业务活动以缩短供应提前期并最大限度地降低运作成本。

三、QR 策略的实施步骤

QR 策略实施的阶段和步骤（微课）

QR 策略的实施包括以下几个主要步骤。

（1）商品单元条码化。即对所有商品消费单元用 EAN/UPC 条码标识，对商品贸易单元用 ITF-14 条码标识，对物流单元则用 UCC/EAN—128 条码标识。

（2）POS 数据的采集与传输。零售商通过 RF 终端扫描商品条形码，从 POS 系统得到及时准确的销售数据，并通过 EDI 传输给供应商共享。

（3）补货需求的预测与补货。供应商根据零售商的 POS 数据与库存信息，主动预测补货需求，制订补货计划，经零售商确认后发货。

从近年企业的实践来看，零售商和制造商的合作进一步加强，合作的领域逐渐拓展到联合产品开发和零售店铺空间管理。QR 策略的实施步骤如图 8.1 所示。

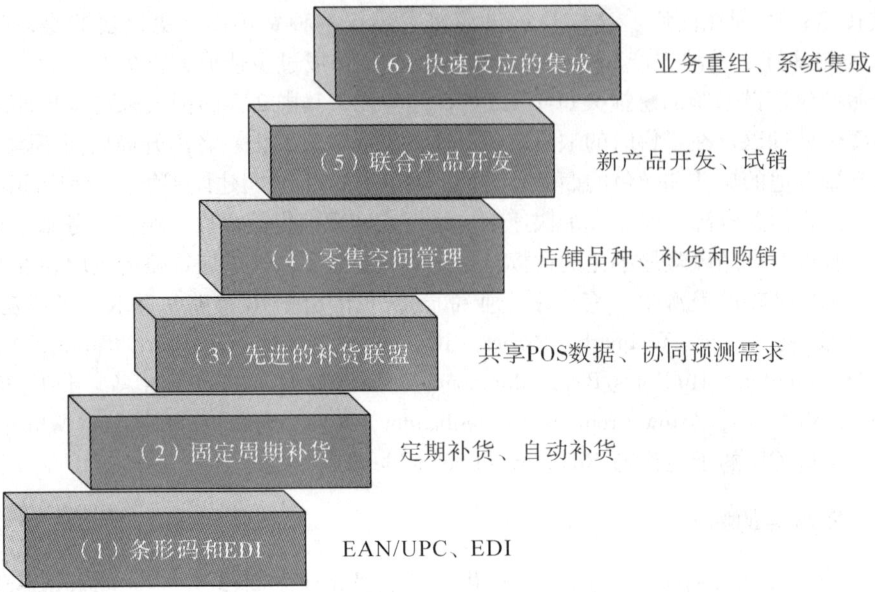

图 8.1　QR 策略的实施步骤

四、QR 策略成功实施的条件

QR 策略成功实施的条件（微课）

QR 策略的成功实施，需要具备以下基本条件。

1. 供应链成员企业建立战略伙伴关系

企业必须改变通过“单打独斗”来提高经营绩效的传统理念，要树立通过与供应链成员企业建立战略伙伴关系，实现资源共享，共同提高经营绩效的现代供应链管理理念。

2. 供应链成员企业建立有效的分工协作关系的框架

我们明确成员企业分工协作的方式和范围，加强协同，消除重复作业。特别地，零售商在 QR 系统中起主导作用，零售店铺是构筑 QR 系统的起点。

3. 实现供应链的可视化

企业应开发和应用现代信息技术手段，打造透明的供应链，以供应链的可视化促进供应链的协同化。这些信息技术手段包括：条码技术、电子订货系统（EOS）、销售时点系统（POS）、射频识别（RFID）、电子数据交换（EDI）、提前装运通知（ASN）、电子转账（electronic funds transfer，EFT）等。

4. 采用先进的物流技术和管理方法

在 QR 策略的实施过程中，需要采用供应商管理库存（VMI）、连续补货计划（CRP）、越库作业/直拨等先进的物流管理方式、方法和手段，以减少物流作业环节，降低供应链系统的库存量，实现及时补货。

［案例］　可口可乐公司借助人工智能优化自动售货机的销售预测与补货流程

可口可乐公司利用人工智能优化资源配置，提高运营效率，满足甚至超越消费者的期望，改善公司的业务绩效。可口可乐公司引入人工智能系统“可乐 3000”，优化了其自动售货机的销售预测与补货流程。可口可乐公司利用该系统的预测分析功能深入了解特定产品在特定地点的表现，使其能够做出更明智的库存与放置决策。这使公司自动售货机的商品销售量提高了15%，同时使补货需求降低了18%。可口可乐公司借助人工智能技术分析历史销售数据与当前市场趋势，并实时做出决策，从而缩短了交货期，降低了成本，并提高了顾客满意度。在对反应速度及运营效率要求极高的时代，人工智能已成为供应链优化的关键力量。

5. 柔性生产与供应

在供应链中需建立柔性生产系统，实现多品种小批量生产，努力缩短产品生产周期，满足客户的订货需求。

五、QR 策略的实施效果

对于零售商来说，大概需要投入占销售收入1.5%~2%的成本以支持条码、POS系统和EDI的正常运行。这些投入主要用于以下几方面：EDI启动软件，现有应用软件的改进，租用增值网（VAN），产品查询，系统开发，教育与培训，EDI工作协调，通信软件，网络及远程通信，CPU硬件，条码标签打印的软件与硬件等。

实施QR策略的收益是巨大的，远远超过其投入。Kurt Salmon 协会的大卫·柯勒（David Cole）在1997年曾说过："在美国那些实施QR第一阶段的公司每年可以节省15亿美元的费用，而那些实施QR第二阶段的公司每年可以节省27亿美元的费用。"他提出，如果企业能够过渡到第三阶段——协同计划、预测与补货（CPFR），每年可望节约60亿美元的费用。Kurt Salmon 协会通过调查、研究和分析认为，通过实施CPFR可以达到以下目标：①新产品开发的提前期可以缩短2/3；②缺货率大大降低甚至杜绝；③库存周转率可以提高1~2倍；④通过敏捷制造（AM）技术，20%~30%的产品可以实现用户定制。

根据 Black Burn 的研究，QR策略的实施效果如表8.1所示。

表8.1 QR策略的实施效果

商品名称	构成QR系统的供应链成员企业	实施QR策略的效果
休闲裤	零售商：沃尔玛 制造商：塞米诺尔 面料供应商：米尼肯	销售额：增加31% 库存周转率：提高30%
衬衫	零售商：J. C. Penney 制造商：Oxford 面料供应商：Burlinton	销售额：增加59% 库存周转率：提高90% 需求预测偏差率：降低50%

由表8.1可知，零售商在应用QR系统后，销售额大幅度增加，库存周转率大幅度提高，销售预测偏差率大幅度降低。此外，大约可以节约5%的销售费用，管理、分销、库存等费用大幅度降低。与此同时，补货前置期缩短了75%。具体如图8.2所示。

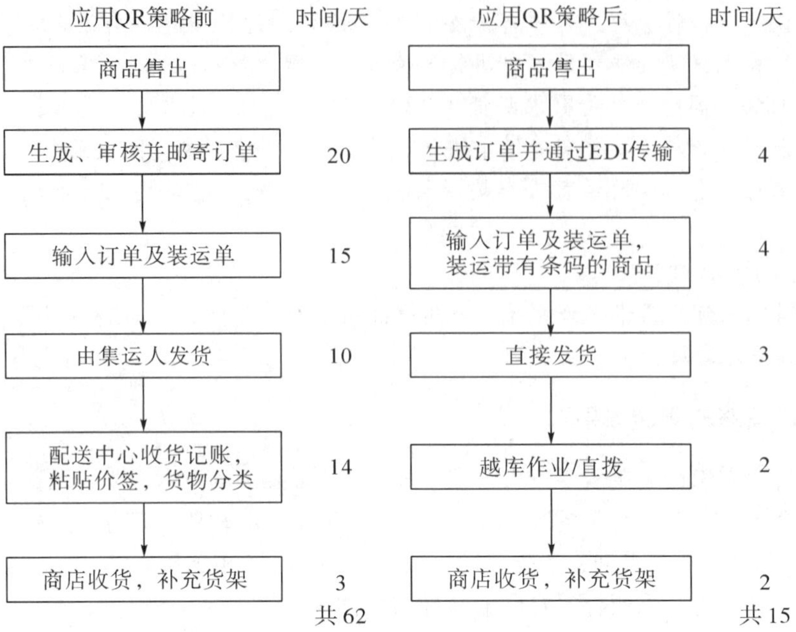

图 8.2　应用 QR 策略前后补货周期比较

六、QR 策略的最新发展——CPFR

[**案例**]　　　**沃尔玛的 CPFR 实践**

沃尔玛利用信息技术手段有效整合物流和资金流，是基于 CPFR 供应链计划管理模式的理论和实践。在供应链运作的整个过程中，沃尔玛应用一系列技术模型，对供应链中的不同客户、不同节点的执行效率进行信息交互式管理和监控，对商品资源、物流资源进行集中的管理和控制。沃尔玛通过共同管理业务过程和共享信息来改善零售商和供应商的伙伴关系，提高采购订单的计划性、提高市场预测的准确性，提高供应链运作的效率，控制库存周转率，并最终控制物流成本。

目前在欧美，QR 策略的发展已经进入第三阶段，即协同计划、预测与补货（CPFR）。越来越多的制造商与零售商共同建立 CPFR 流程，以便更好地衔接生产与消费，实现供需平衡。

（一）CPFR 的概念与内涵

CPFR 的概念与内涵（微课）

协同计划、预测与补货（CPFR）的定义（微课）

美国志愿性跨行业商务解决方案协会（VICS）将 CPFR 定义为"在计划与履行客户订单（或需求）中结合多个交易伙伴智能的商业实践"。在我国，协同计划、预测与补货（collaborative planning; forecasting and replenishment，CPFR）是指"应用一系列的信息处理技术和模型技术，提供覆盖整个供应链的合作过程，通过共同管理业务过程和共享信息来改善零售商和供应商之间的计划协调性，提高预测精度，最终达到提高供应链效率、减少库存和提高客户满意程度为目的的供应链库存管理策略"（GB/T 18354-2006）。CPFR 是一种建立在供应链成员企业密切合作和标准流程基础之上的供应链库存管理策略，其作用是将诸如品类管理等"销售与营销的最佳实践"与"供应链的计划与执行流程"实现无缝衔接，以便达成在提高产品可得性的同时降低运输、库存等物流成本的目标。

［小贴士］　CPFR 的实施效果

自 1998 年 VICS 推出 CPFR 以来，全球已经有 300 余家企业实践了这一流程。实践证明，企业通过实施 CPFR，制造商对零售商的订单满足率提高了 2%~8%，供应链系统的库存总量下降了 10%~40%。CPFR 的实施成效显著。

CPFR 的实施效果（微课）　CPFR 的模型（微课）

（二）CPFR 的模型

协同计划、预测与补货（CPFR）的模型如图 8.3 所示。

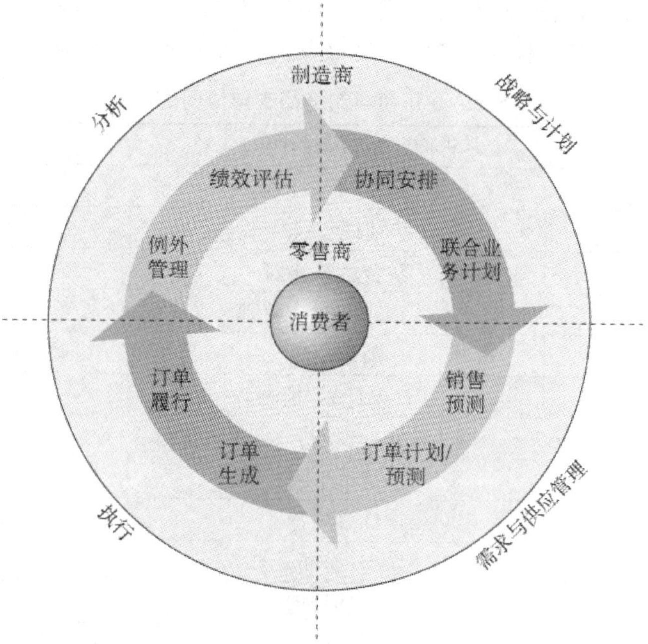

图 8.3　协同计划、预测与补货（CPFR）的模型

该模型描述了计划、预测与补货流程中制造商与零售商协同活动的总体框架，同时反映了每个协同活动包含的具体协同任务。

（1）战略与计划。战略与计划协同包含制造商与零售商的协同安排与联合业务计划两个具体协同任务。其中，协同安排的内容包括：设定合作关系的业务目标、定义双方乃至多方协同的范围、分配协同所涉及的各方的角色与职责、确定协同绩效检测点以及流程的推进。而联合业务计划的主要作用是帮助制造商和零售商识别在计划期间影响供应与需求的显著活动，如促销活动、库存管理策略的调整、门店的开张与关停以及产品导入等。

（2）需求与供应管理。需求与供应管理包含销售预测与订单计划/预测两个具体协同任务。其中，销售预测指制造商和零售商协同预测消费需求，即联合预测零售门店的销售时点信息（POS），这是制造商和零售商开展企业经营活动以及供应链运作与管理活动的起点。而订单计划/预测指制造商和零售商基于销售预测、库存设置、供应提前期及其他因素共同确定未来的产品订单与配送要求。

（3）执行。执行包括订单生成与订单履行两个具体协同任务。其中，订单生成指制造商和零售商协同将上述预测结果转化为企业需求。而订单履行指制造商和零售商在产品生产、货物发运及配送与储存等供应链运作活动中实现协同以满足消费者的需求。

（4）分析。分析包括例外管理与绩效评估两个具体协同任务。其中，例外管理指制造商和零售商主动、联合检查计划与运作中出现的异常情况。而绩效评估指制造商和零售商通过关键绩效指标（KPI）协同评估业务目标的实现程度，揭示未来发展趋势，联合开发促进双方共同发展的战略。

需要说明，具体的协同任务需要由制造商、零售商分别或共同承担（见表 8.2）。比如，制造商的销售团队定期制订并实施战略客户计划，零售商的采购与供应团队对供应商关系管理及供应商质量管理的情况进行定期或不定期的回顾。当制造商与零售商通过 CPFR 建立起供应链合作关系时，双方对应的团队人员将走到一起完成协同安排。

表 8.2　零售商与制造商支撑协同的任务

零售商的任务	零售商和制造商的协同任务	制造商的任务
	战略与计划	
供应商管理	协同安排	客户计划
品类管理	联合业务计划	营销计划
	需求与供应管理	
POS 数据预测	销售预测	市场数据分析
补货计划	订单计划/预测	需求计划
	执行	
采购/再采购	订单生成	生产与供应计划
物流/配送	订单履行	物流/配送
	分析	
店铺执行	例外管理	执行监测
供应商计分卡①	绩效评估	客户计分卡②

（三）CPFR 的实施

1. CPFR 的实施准备工作

CPFR 的实施（微课）

CPFR 提供了跨企业边界的计划流程整合方法。但是，企业与企业间的协同必须建立在企业内部职能间协同的基础之上。传统意义上，零售商的品类管理部门制订品类计划，制造商的需求管理部门据此进行需求预测；零售商的采购部门与制造商的销售部门就双方的交易及其他促销活动进行洽商；零售商的补货部门决定店铺或配送中心的订货（或补货）数量，制造商的客户服务部门或物流部门则调集相关资源履行订单。在多数情况下，这些讨论与交易是独立进行的，缺乏企业内部部门之间的沟通与协调。

有效的企业与企业之间的协同需要打破企业内部部门间、职能间及企业之间的界限进行资源与流程的整合。对于大客户，很多制造企业成立了跨职能的客户化团队，物流、计

① 见本书“10.3 运用平衡计分卡法进行供应链绩效管理”。

② 见本书“10.3 运用平衡计分卡法进行供应链绩效管理”。

划、财务与销售等部门的人员组成交叉职能团队，共同为客户提供个性化服务。对于小客户，企业一般按照地域或渠道组建交叉职能团队。

零售商则通常成立跨职能的品类团队，实现商品计划、采购与补货流程的协同。补货部门需要特别注意门店与配送中心补货的协调，以保持供应链库存的平衡。有些零售商干脆将门店与配送中心补货团队合二为一，以避免工作上的脱节。

[案例]　　　利丰公司的客户化流程团队

利丰公司的客户化流程团队(微课)

许多公司的运营是以客户为中心的，这意味着他们设计的主要系统在多数情况下是符合多数顾客的需求的。利丰公司的做法有些不同。该公司围绕客户需求进行组织设计。几乎所有具备广泛供应商网络的大型贸易公司都是按照地域来构建组织的，以地域为单位作为盈利中心。结果，他们就很难进行价值链的优化，他们不同地域的单位在经营上是相互竞争的。而利丰公司的基本运营单位是分支。在任何可能的时候，公司都会让一个分支重点服务于一个客户。对于比较小的客户，公司会让一个分支服务于一个具有相似需求的客户群。这种围绕客户构建的组织形式非常重要，利丰的主要工作就是根据每个客户的订单创造一条定制的价值链。因此，以客户为焦点的分支构成了利丰公司组织的基石，公司保持他们的灵活性和独立性。他们的业务从两千万到五千万美元不等，每一个都是在精干的企业家领导下运营的。

例如，Gymboree 是利丰公司最大的分支之一。其分支经理 Ada Liu 与她领导的团队在香港利丰大厦里有独立的办公室。走进她们的办公室，你可以看到 40 多个工作人员，个个都在为满足客户的需求而努力工作。每张办公桌上都有一台计算机，计算机通过网络直接连接到 Gymboree。工作人员被划分为不同的小组，包括技术支持、推销、原料采购、质量保证、运输等各个领域。因为 Gymboree 从中国、菲律宾和印尼等国家大量进口产品，Ada 就把其采购小组安排在这些国家的分部里。在总共 26 个国家中，她在 5 个国家有自己的小组，有自己雇用的人员。比如，当她想从印度获取资源的时候，办事处就可以帮她完成这项工作。

想一想：利丰公司为什么要构建客户化流程团队？

2. CPFR 实施的技术方案

尽管 CPFR 流程不单纯依靠技术，但专门的技术方案可以使流程更加具有扩展性。很多企业开发出 CPFR 的解决方案来推进协同计划、预测与补货流程，包括共享需求预测及历史相关数据与信息、自动生成协同安排与联合业务计划、分析例外状况、纠偏调适与绩效评估等内容。

CPFR 技术在整合零售商和制造商流程中的作用如图 8.4 所示。

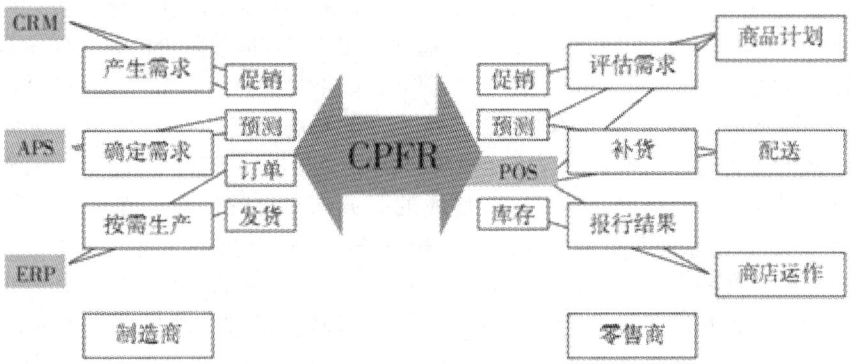

图 8.4　CPFR 技术在整合零售商和制造商流程中的作用

如图 8.4 所示，CPFR 解决方案必须与企业记录生产与消费需求及供应链数据的信息系统进行整合。CPFR 解决方案可以配置为共享的信息系统，或者配置为 CPFR 实施企业之间的对等信息网络。共享的信息系统既可以作为零售商或制造商企业网络平台的一部分来运作，也可以由第三方平台运营。同样，对等数据通信既可以在零售商与制造商之间直接进行，也可以通过第三方平台来完成。

需要指出的是，虽然应用 QR 策略的初衷是为了对抗进口商品，但是实际上并没有出现这样的结果。相反，随着竞争的全球化和企业经营的全球化，QR 系统管理迅速在各国企业界扩展。航空运输为国际间的快速供应提供了保证。现在，快速反应已成为企业获取竞争优势的重要策略。同时，随着零售商和供应商结成战略联盟，竞争方式也从企业与企业之间的竞争转变为战略联盟与战略联盟之间的竞争。

8.2 ECR 策略的认知与实施

有效客户反应（ECR）是从美国的食品杂货业发展起来的一种供应链管理策略，它是分销商与供应商为了消除供应链系统中不必要的成本和费用，给客户带来更大利益而进行密切合作的一种供应链管理策略。

一、ECR 策略产生的背景

在 20 世纪 60 年代和 70 年代，美国日杂百货业的竞争主要是在生产厂商之间展开。竞争的焦点是品牌、商品、分销渠道以及大量的广告和促销，同时在零售商和生产厂商的交易关系中生产厂商占据支配地位。进入 20 世纪 80 年代特别是到了 20 世纪 90 年代以后，在零售商和生产厂商的交易关系中，零售商开始占据主导地位，竞争的焦点转向流通中心、商家自有品牌、供应链效率和 POS 系统。在供应链系统内部，零售商和生产厂商为了争夺对供应链主导权的控制，并为自有品牌占据零售店铺货架空间的份额展开着激烈的竞争，这种竞争使得供应链各个环节间的成本不断转移，供应链系统成本上升，并且容易牺牲力量较弱一方的利益。

在此期间，从零售商的角度来看，随着新的零售业态如仓储商店、折扣商店的大量涌现，零售商能以相当低的价格销售商品，从而使日杂百货业的竞争更加激烈。在这种状况下，许多传统超市业者开始寻找应对这种竞争方式的新的管理方法。从生产厂商角度来看，由于日用百货的制造技术含量不高，大量无实质性差别的新商品被投放进市场，生产厂商之间的竞争趋同。生产厂商为了控制分销渠道，通常采用直接或间接降价的方式向零售商进行促销，这在很大程度上牺牲了厂商自身的利益。因此，如果制造商能与零售商结成战略联盟，将不仅有利于零售业的发展，同时也符合生产厂商自身的利益。

另外，从消费者的角度来看，过度竞争往往使企业忽视消费者的需求。一般而言，消费者比较看重的是商品的高品质、新鲜度、优质的服务和在合理价格基础上的多种选择（品种多样）。然而，许多企业并非通过提高商品和服务的质量以及在合理价格基础上的多元化的产品来满足消费者的需求，而是通过提供大量非实质性差异的商品来供消费者选择，并通过大量的诱导型广告和广泛的促销活动来吸引消费者转换品牌，结果导致顾客满意度不断下降。面对这种状况，客观上企业必须从消费者的需求出发，提供能满足消费者需求的商品和服务。

在上述背景下，美国食品市场营销协会（FMI）联合了可口可乐、宝洁、Safeway Store等在内的六家企业与Kurt Salmon公司联合成立了研究小组，对食品产业的供应链状况进行调研，探索提高企业经营绩效的途径。1993年1月，该研究小组正式形成了一份详细的咨询报告，在该报告中首次提出了ECR的概念，就此开始了食品产业供应链管理的实践。

二、ECR策略的内涵

有效客户反应（efficient customer response，ECR）是“以满足顾客要求和最大限度降低物流过程费用为原则，能及时做出准确反应，使提供的物品供应或服务流程最佳化的一种供应链管理策略”（GB/T 18354-2021）。

ECR策略的目标是建立一个具有高效反应能力和以客户需求为基础的系统，在零售商与供应商等供应链成员企业之间建立战略伙伴关系，其目的是最大限度地降低供应链系统的运营成本，提高供应链系统的运营效率，提高客户服务水平。

ECR策略的优势在于供应链成员企业为了提高消费者满意度这个共同的目标而结盟，共享信息和诀窍。它是一种把以前处于分离状态的供应链各方联系在一起以满足消费者需求的有效策略。

ECR策略的核心是品类管理，即把品类（商品品种类别）作为战略业务单元（SBU）来管理，通过满足消费者需求来提高经营绩效。品类管理是以数据为决策依据，不断满足消费者需求的过程。品类管理是零售业精细化管理之本。

[案例] **华联超市的品类管理实践**

上海华联超市股份有限公司的品类管理实践主要包括品类优化和货架管理两方面的内容。品类优化是指通过数据来评估卖场中某个品类下各规格单品的销售业绩，比照数据做出品类规格的决策。而货架管理则是在各品类规格销售份额的基础上合理安排货架。

早在2000年，华联超市和宝洁公司就通力合作实施了品类管理项目。他们根据门店规模及现有货架的不同，对众多门店进行了分类，并针对不同类型的门店进行了品类优化和货架图纸的制作。在对洗发水品类的测试与推广中，这一合作取得了十分明显的效果。根据对50家测试门店的统计，通过品类管理，华联成功地降低了品类的总脱销率（由11%降至5%），当月洗发水品类的销量提高了7%。

华联超市的经验是：考虑到连锁超市企业各单体门店的位置及经营面积的差异性，门店促销活动的频率以及门店执行质量的控制等因素后，华联超市对门店品类优化、货架管理、商品组织表及配置表等进行了深入的探索：首先，相关管理部门利用不同渠道收集市场销售数据，对各品类内务规格进行排名，评估各规格商品对整个品类的意义和潜力，对消费者的购买行为和购买决策进行研究，最后对各规格商品做出相应的经营决策。其次，在品类优化的基础上，华联超市根据商品的销量排行、A类商品、对供应商的承诺三个因素，选择商品配置，并对每张配置表进行排放试验，规定每个商品的排面、高度和深度数量。

最近，华联超市重点加强对大卖场系统的品类管理研究，制定出了更为细致的商品组织表，然后制定出不同类型商场、不同地域要求的商品配置表，从商品分类抓采购业务和门店管理业务，取得了显著成效。

品类管理主要由贯穿供应链各方的四个关键流程组成，ECR的运作过程如图8.5所示。

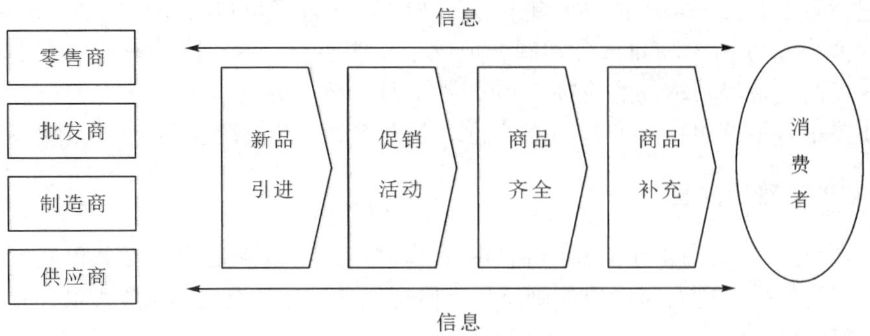

图 8.5 ECR 的运作过程

这四个关键流程亦即 ECR 的四大要素，包括有效的新产品导入（efficient new product introductions）、有效的商品组合（efficient store assortment）、有效的促销（efficient promotions）以及有效的补货（efficient replenishment）。

（1）有效的新产品导入。它是指制造商通过实时共享零售店铺的 POS 数据和信息，及时把握消费者需求的变化，及时进行新产品的研究开发，及时推出适销对路的产品，提高新产品导入成功的概率。

（2）有效的商品组合。它是指供应商与零售商充分协同合作，评估满足市场需求的商品组合策略，争取在最佳的时间，将最适当的商品品类展示在消费者面前，并以合理的价格吸引消费者购买。加强库存管理，提高库存周转率和商品单品的盈利率；加强店铺空间管理，提高店铺空间的使用效率。

（3）有效的促销。它是指上下游企业间加强合作，改善传统的贸易关系，尽量避免无实质性差异的商品广告等诱导型促销活动，真正提高促销的实效性。换言之，贸易伙伴间加强合作，消除不必要的环节和无效的活动，通过减少环节降低成本来给消费者创造更多的让渡价值。

（4）有效的补货。它是指零售商向供应商提供及时准确的销售数据与信息，借助于电子订货系统（EOS）和连续补货计划（CRP）实现及时准确的补货，以缩短补货提前期，降低补货成本，最终降低商品的售价。

［案例］ **华联超市的自动补货系统**

早在 1996 年，上海华联超市股份有限公司就在各个门店推行“零库存”管理，同时实行 24 小时的即时配销制度。取消店内小库后，大大降低了库存水平。该公司还拥有一个“零库存”的生鲜食品加工配送中心，配送中心实施 24 小时全天候的整箱和拆零商品的货物配送。随着连锁经营规模的迅速扩大，华联超市对配送中心与各门店的库存管理提出了更高的要求，期望达到库存成本和服务水平的最佳平衡。从 2000 年开始，华联超市与供应商紧密合作，建立了 EDI 自动补货系统。华联做了大量的动员工作，要求供应商全面配置电脑，并由华联超市安装 EDI 接口，实现华联超市与供应商网络库存信息的交换，实现对门店库存的及时补充，进一步降低库存成本，提升供应系统的整体效率。目前已有千余家供应商与华联共享数据。实施 EDI 自动补货系统后，华联物流中心的库存周转天数从 35 天下降到 15 天左右。部分供应商充分利用这一共享信息，在供货服务水平上有很大提高，从而也提高了华联对各门店的服务水平，最终提高了顾客满意度，提升了企业竞争力。

三、ECR策略的实施

（一）ECR策略在实施中的注意事项

1. 确保给消费者提供更高的让渡价值

传统的贸易关系是一种此消彼长的对立型关系，即贸易各方按照对自己有利的条件进行交易，这是一种零和博弈。ECR策略强调供应链成员企业建立战略伙伴关系，通过合作，最大限度压缩物流过程费用，以更低的成本向消费者提供更高的价值，并在此基础上获利。

2. 确保供应链的整体协调

传统流通活动缺乏效率的主要原因在于制造商、批发商和零售商之间存在企业间联系的非效率性和企业内采购、生产、销售和物流等部门或职能之间存在部门间联系的非效率性。传统的企业组织以部门或职能为基础开展经营活动，以各部门或职能的效益最大化为目标。这样，虽然能够提高各个部门或职能的效率，但容易引起部门或职能间的摩擦。同样，在传统的业务流程中，各个企业以本企业的效益最大化为目标，这样虽然能够提高各个企业的经营效率，但容易引起企业间的利益摩擦。ECR策略要求去除各部门、各职能以及各企业之间的隔阂，进行跨部门、跨职能和跨企业的管理和协调，使商品流和信息流在企业内和供应链系统中顺畅地流动。

3. 需要对关联行业进行分析研究

既然ECR策略要求对供应链整体进行管理和协调，ECR策略所涉及的范围必然包括零售业、批发业和制造业等相关的多个行业。为了最大限度地发挥ECR策略所具有的优势，必须对关联行业进行分析研究，对组成供应链的各类企业进行管理和协调。

（二）ECR策略的实施原则

在实施ECR策略时应遵循以下基本原则。

（1）以更低的成本向消费者提供更优质的产品和服务；

（2）核心企业主导供应链的运作；

（3）供应链成员企业实时信息共享，科学决策；

（4）最大限度压缩物流过程费用，确保供应链的增值；

（5）重视供应链绩效评估，成员企业共同获利。

（三）ECR策略在实施中使用的关键技术与方法

ECR策略在实施中使用的关键信息技术手段包括条码技术、销售时点系统（POS）、射频识别（RFID）、电子数据交换（EDI）、电子订货系统（EOS）、提前装运通知（ASN）及产品、价格和促销数据库（item，price and promotion database）等。

ECR策略在实施中使用的关键物流技术和管理方式、方法包括供应商管理库存（VMI）、连续补货计划（CRP）、越库作业/直拨、品类管理（CM）等。

（四）ECR策略的实施效果

实施ECR的效益是显著的。欧洲供应链管理委员会对392家企业调查的结果显示：

对于制造商，预期销售额增加5.3%，制造费用减少2.3%，销售费用降低1.1%，仓储费用减少1.3%，而总赢利上升5.5%；对于批发商和零售商，销售额增加5.4%，毛利增加3.4%，仓储费降低5.9%，库存量下降了13.1%。

除此之外，对于上述企业以及客户在内，还存在着广泛的共同潜在效益，包括信息通畅、货物品种规格齐全、减少缺货、提高企业信誉、改善贸易双方的关系、增加消费者购货便利、增加了可选择性以及货品新鲜等。由于减少了商品流通环节，消除了不必要的成本和费用，最终消费者、制造商、零售商均受益。

8.3 辨识供应链管理策略成功实施的关键

随着供应链管理理论的发展和企业管理实践的不断深入，供应链管理策略的内涵在不断深化。如何成功实施 QR 和 ECR 策略，是企业有效实施供应链管理的关键。

一、供应链管理策略应与企业经营的产品类型合理匹配

实施有效的供应链管理，首先要将供应链管理策略与企业经营的产品类型合理匹配。我们知道，根据产品生命周期、产品边际利润、需求的稳定性以及需求预测的准确性等指标，可以将企业经营的产品划分为功能型和创新型两种类型。功能型产品具有较长的生命周期，产品更新换代较慢，需求较稳定，需求预测的准确性较高，因而市场竞争比较激烈，产品边际利润较低，这类产品的通用性、替代性较强。而创新型产品的生命周期较短，产品更新换代较快，需求不太稳定、需求预测的准确度较低，但其边际利润较高。根据功能型产品与创新型产品特征的差异性可知，经营功能型产品的企业，有必要实施 ECR 策略，高效、低成本地满足市场需求；而经营创新型产品的企业，有必要实施 QR 策略，对市场需求做出快速响应。

二、供应链管理策略应与企业竞争战略合理匹配

在经济全球化、信息网络化的今天，企业之间的竞争已演变为供应链与供应链的竞争，即基于产品开发设计、生产制造、分销与配送、销售与服务的跨越时空的全方位、一体化的综合性竞争。在这样的背景下，成功的供应链管理对提升企业竞争力的重要意义已不言而喻。而要实施有效的供应链管理，就必须实现供应链管理策略与企业竞争战略的合理匹配。

企业的竞争战略有多种类型，包括一体化战略、加强型战略、多元化经营战略、防御型战略等。按照著名的战略管理专家迈克尔·波特的观点，可根据企业目标市场的宽窄、竞争优势的来源（低成本或差异化），将企业竞争战略划分为总成本领先战略（低成本战略）、差异化战略（差别化战略或标新立异战略）和聚焦战略（集中战略）三种，通常称基本的竞争战略或一般战略。实施总成本领先战略的企业，提供产品或服务的总成本低于竞争对手，以此来获取竞争优势。在当企业提供标准化产品且目标客户群体对价格很敏感时，该战略尤其有效。实施差异化战略的企业，通过向目标客户群体提供与竞争对手不同的产品或服务来获取竞争优势。当标准化产品或服务难以满足买方的个性化需求，且实施差异化的成本低于企业的额外收益时，该战略比较有效。

显然，经营功能型产品的企业，由于产品同质化严重，市场竞争激烈，企业竞争优势应建立在低成本的基础上，因此，实施 ECR 策略能最大限度地与公司的总成本领先战略相匹配。而经营创新型产品的企业，其竞争优势主要来源于产品或服务的“差别化”，因此，实施 QR 策略能最大限度地与公司的差异化战略相匹配。

产品类型与供应链管理策略及企业竞争战略等的匹配关系如表 8.3 所示。

产品类型与供应链类型以及需求响应策略等的匹配关系（微课）

供应链管理策略与企业竞争战略的关系（微课）

表 8.3 产品类型与供应链管理策略及企业竞争战略等的匹配关系

产品类型	供应链类型	供应链管理策略	企业需求响应策略	企业竞争战略
功能型	功能型、有效性（或效率型）、推式、稳定型	有效客户反应（ECR）	存货型生产（MTS）	总成本领先
创新型	创新型、响应型（或反应性）、拉式、动态	快速反应（QR）	订单驱动型生产（MTO、ATO、ETO）	差异化

三、供应链管理策略成功实施的关键之一：实时信息共享

构筑高效的供应链信息系统，实现上下游企业的实时信息共享，是成功实施供应链管理策略的关键。

1. 构筑高效的供应链信息系统

实施供应链管理策略，首先应建立高效的供应链信息系统，及时准确地捕捉顾客需求变化的信息。为此，需要实现商品单元条码化，同时，建立销售时点系统（POS），按照商品的最小类别（SKU）读取实时销售信息以及采购、配送等阶段发生的各种信息。有条件的企业还应建立射频识别（RFID）系统，以实现商品信息非接触式的自动识别。在条码技术和条码自动识别等技术的有力支撑下，实现条码的编码①、印制、识读、自动识别与数据采集。与此同时，还应建立电子数据交换（EDI）系统，借助计算机网络，采用标准化的格式，实现供应链业务数据的传输和处理。这包括企业向供应商发送的订单（订货明细清单）、付款通知以及供应商向客户发货前的提前装运通知（ASN）等数据和信息。其目的是提高信息传递的效率和准确性，同时通过无纸化作业降低相关事务处理成本。需要说明，虽然因特网的使用费用相对低廉，但其保密性和安全性相对较差，商业秘密容易泄露。因此，要成功实施供应链管理策略，需要开发 EDI 系统。实力雄厚的企业可自行开发，实力不雄厚的企业可多家联合开发，抑或由 IT 公司开发、构建，工商企业租用或采取信息系统外包等方式加以解决。第四方物流公司可以为企业提供完整的供应链解决方案，因此，也可以由其主导，集成 IT 公司的资源，为供应链中的节点企业提供电子数据交换服务。最后，需要将条码系统、自动识别系统、销售时点系统和电子数据交换等系统有机集成，在供应链中建立信息“高速公路”，实现上下游企业实时信息共享。

---

① 物品编码（article numbering; article number）是指“按一定规则赋予物品易于机器和人识别、处理的代码，是给物品赋予编码的过程”（GB/T 18354-2021）。通常，物品编码包括物品标识编码、物品分类编码和物品属性编码三种类型。作为名词时，它是指给物品赋予的代码本身。其中，物品标识编码（article identification number）是指“赋予物品的身份标识的编码，用以唯一标识某类、某种或某个物品”（GB/T 18354-2021）。

2. 目前企业普遍存在的问题

目前，条码与POS系统的使用已比较普遍，但存在的问题是，多数企业并未充分对所获取的信息加以有效利用。例如，制造商在商品上印制条码，更多的是出于对国家标准的遵从或迫于社会各方面的压力。但在企业管理实践中，并未充分利用这些信息技术手段提高管理的效能。比如，在采购、储存、配送等阶段，并未充分发挥信息的纽带与服务决策等功能。事实上，库存信息、商品出入库的频率、库存周转的快慢（库存周转率、库存周转期）等信息是市场“晴雨表”，可反映下游用户需求的变化，由此可进一步判定、区分畅销品与滞销品，为企业经营决策提供参考和依据。而在产品仓储环节，若利用仓库管理系统（WMS）和射频识别（RFID）技术，可以提高货物入库、出库以及在库保管的效率，大大节省人力成本。

对于国内的多数零售商，采用条码与POS系统是为了采集店铺商品信息，将其输入计算机系统，实现店铺商品的计算机化管理，方便检索与查询。然而，目前存在的问题是，供应链中各个节点企业的信息未有效集成，特别地，零售店铺的POS数据和信息未及时有效地向上游传递，让制造商共享，这极有可能会导致制造商新品开发、生产与配送的非效率性，即开发、生产的产品不适销对路，这必然会导致产品积压，库存上升，甚至成为呆滞库存，给企业造成损失。另一方面，由于没有及时、准确地捕捉到顾客的需求信息，企业将无法及时满足顾客需求。这将导致缺货成本上升，降低供应链企业群体的盈利率与收益率。

综上所述，供应链管理策略成功实施的关键，是要将供应链各节点的信息系统有效集成，实现无缝连接，建立健全高效的供应链信息系统，实现上下游企业的实时信息共享，这是供应链管理策略成功实施的前提。

四、供应链管理策略成功实施的关键之二：快速或高效补货

QR策略成功实施的保障是要建立快速补货系统，最大限度地避免缺货，降低缺货率，提高客户订单满足率和配送率，缩短客户订单履行的提前期，提高顾客满意度，最终提升企业竞争力。而ECR策略成功实施的保障是要建立高效补货系统，最大限度地降低运营成本，让利给消费者，在保证产品品质的前提下，以低成本取胜。

上述貌似“背反”的两个目标及保障措施并非像“鱼和熊掌”一样不可兼得，如果优化或重构供应链，实现供应链的简约化；上下游企业加强合作，实施“协同计划、预测与补货”（CPFR）、供应商管理库存（VMI）、联合库存管理（JMI）、集中化的多级库存优化与控制等策略；优化供应链物流系统，实施第三方物流（TPL），采取“越库作业”物流运作方式等有效措施，就可以在降低供应链运作成本的同时，缩短交货期，实现快速或高效补货。

1. 建立基于第三方物流的供应商管理库存模式

实施VMI，制造商根据零售商的POS数据和库存信息来预测需求，据此制订生产计划和送货计划，实现对用户库存的管理。在供应链上游，原材料或零部件等生产资料供应商则根据制造商的物料需求计划（MRP）和库存信息来预测需求，制订生产资料的供应配送计划。在理想的情况下，供应商应多频次、小批量地向客户提供配送服务，在保证满足客户生产经营需要的同时，有效降低客户的库存水平。但这样必然会增加供应商的配送成本，因此，可实施第三方物流，借助第三方物流服务商（TPLs）专业化、规模化、一体化和社会化的物流运作优势，向下游企业提供高效、低成本的物流配送服务，实现对用户库存的快速补充。基于第三方物流的VMI模式如图8.6所示。

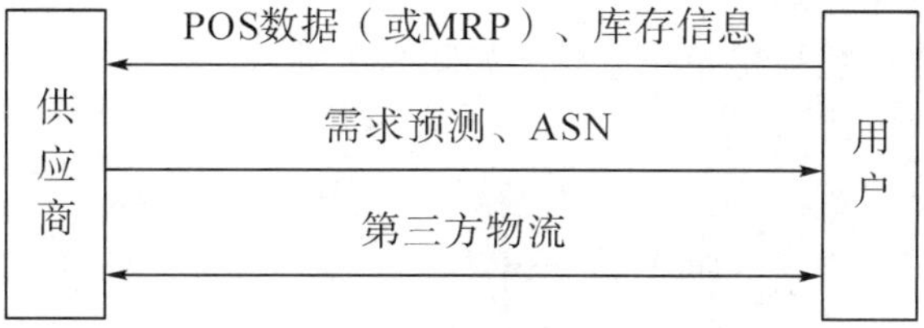

图 8.6 基于第三方物流的 VMI 模式

实施 VMI，需要供应商、用户和第三方物流企业一起建立标准操作程序（SOP），确定库存控制参数（例如再订货点、安全库存水平、最低库存水平等），建立有效的分工协作框架（协议），确保信息系统的有效对接，同时实施连续补货计划（CRP），以确定补货数量和配送时间。在运作中，还应本着互利互惠的“双赢”原则，实现持续改善。

2. 优化供应链物流系统，实施“越库作业”

传统意义上，供应链参与体多，物流环节多，商品流通速度慢。为降低市场风险，各节点都不可避免地持有库存，导致库存出现重复设置。因而，供应链中的库存控制模式往往是一种分布式的多级（点）库存控制。为缩短供应周期，必须优化供应链物流系统，采取“越库作业”方式，快速响应客户的订单需求。具体而言，在供应链上游，制造商应尽量采取直接供应方式，以缩短供应渠道，或者由供应商建立原材料、零部件等生产资料供应配送中心（DC），通过配送中心向制造商实施供应配送；在供应链下游，制造商应根据目标市场的地域范围及客户的分布情况建立区域配送中心（RDC）和成品配送中心，在构建完善的销售物流系统的基础上，由成品库或区域配送中心向配送中心提供供货保障，而配送中心则负责对配送圈范围内的目标客户提供多频次小批量的配送服务。若供应商能充分共享客户的需求信息，则可实施“越库作业”，即在成品库或区域配送中心按照客户订单进行货物的组配，装入集装箱①，经过长途运输，到达配送中心后将组配好的货物，以集装箱为单位换载到卡车上直接向客户进行配送。这样，将最大限度地避免货物的多次换装②，既降低了货损率，又加快了货物的流速，缩短了供货的提前期。相应地，配送中心的储存功能和配送功能弱化，由“分拣型”或“储存型”演变为“通过型”。

需要说明，从企业销售物流管理的角度出发，无论是制造商还是零配件供应商，都可以根据市场营销及销售物流管理的需要，建立区域配送中心和配送中心，优化销售物流系统；同时，为提高物流活动的效率并降低物流运作成本，可根据物流业务量的大小及企业自营物流能力的强弱，科学合理地进行物流自营与外包决策（如采取二维决策矩阵法及综合评价法等方法）。一般而言，将物流业务外包，实施第三方物流，是多数工商企业的理性选择。在引入第三方物流以后，由于物流服务商的客户分布较广，物流社会化程度较高，因此可导入多客户运作，实现整合运输、搭配装载，送取结合，集中配送，在缩短物流配送时效的同

---

① 集装箱（container）也称“货箱”或“货柜”，是指“具有足够的强度，可长期反复使用的适于多种运输工具而且容积在 $1m^3$ 以上（含 1 m^3）的集装单元器具”（GB/T 18354-2021）。注：其一集装箱标准箱（twenty-foot equivalent unit for container，TEU）是指“以一个 20 英尺集装箱为标准的集装箱”（GB/T 18354-2021）。注：也为集装箱的统计换算单位。其二集装单元器具（palletized unit implements）是指“承载物品的一种载体，可把各种物品组成一个便于储运的基础单元”（GB/T 18354-2006）。

② 换装（transshipment）是指“将货物由一运输工具上卸下，再装到另一运输工具上的物流衔接作业”（GB/T 18354-2021）。

时，将有效降低物流运作成本。

优化的供应链物流系统与越库作业模型如图 8.7 所示。

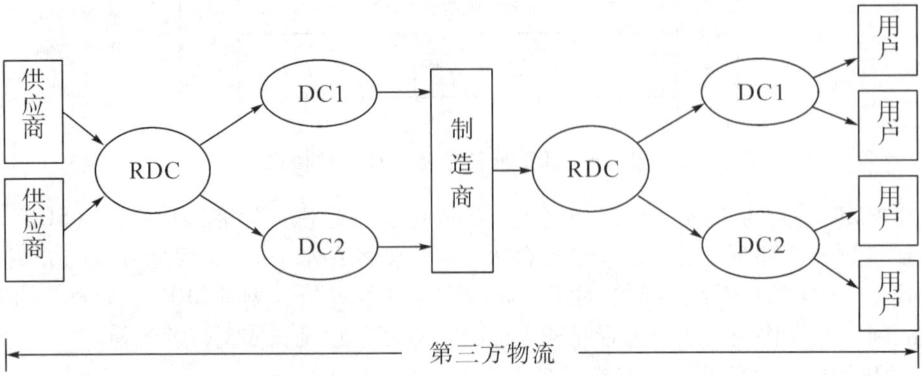

图 8.7 优化的供应链物流系统与越库作业模型

五、QR 策略与 ECR 策略实施要点之比较

QR 策略和 ECR 策略的主要区别（微课）

总体而言，QR 和 ECR 两种供应链管理策略都强调上下游企业在实时信息共享的基础上实现战略协同，只是侧重点有所不同。QR 策略强调供应链系统对市场需求的响应速度快，而 ECR 策略则强调供应链系统的运营成本低。换言之，实施 QR 策略的主要目标是对顾客需求做出快速响应，并进行快速补货，防止产品脱销，在最大限度地降低缺货成本的同时，有效降低供应链系统的风险。而实施 ECR 策略的主要目标是为了降低供应链系统的总成本，提高供应链系统的运营效率。

1. QR 与 ECR 策略在运作中的相同之处

在实际运作中，两种供应链管理策略都强调应建立健全供应链信息系统，及时、准确地捕捉顾客需求变化的信息，切实做好市场调查与预测工作。两种策略在实施中都需要应用条码技术、条码自动识别技术、物流信息编码技术、物流标签①、电子订货系统、销售时点系统、电子数据交换系统、提前装运通知、电子转账等信息技术，采用 VMI、JMI、集中化或分布式的多级库存优化与控制等策略，采取“越库作业”等物流运作方式。因此，优化供应链物流系统、实施“越库作业”及建立基于第三方物流的供应商管理库存等举措对两种供应链管理策略都是有效的。但由于 QR 和 ECR 的侧重点不同，运作上仍然存在差异性。

2. QR 与 ECR 策略在运作中的不同之处

（1）实施 ECR，可将规模生产与物流延迟策略相结合。具体而言，企业可以缩减产品线，加大产品生产的批量，通过规模经营来降低生产成本。但这样又会使企业产生较多的成品库存，占压大量资金，导致成本上升。因此，可实施“物流延迟”策略及“越库作业”方式，将成品集中存放于工厂成品库内，通过提高库存的共享性，减少库存总投资来降低库存成本；“越库作业”减少物流作业环节，可进一步降低物流运作成本。

（2）实施 QR，可将规模生产与生产延迟或完全延迟策略相结合。QR 策略强调时间敏

① 物流标签（logistics label）是指“记录包装单元相关信息的载体”（GB/T 18354-2021）。

感性，企业通过缩短新品上市的周期来抢占市场，赢得商机，获取竞争优势，但这往往以高成本为代价（例如JIT配送）。为此，企业可实施“生产延迟”或“完全延迟”等策略，在有效降低供应链系统成本及风险的同时，快速响应市场需求的变化。具体而言，实施“生产延迟”策略，需要将产品的生产加工与流通加工从时间或地点上进行合理分离，这样，企业产品的生产过程就被分成了两个阶段，在生产加工阶段，企业只需将产品加工成“基本产品”（实质为半成品，如未配备操作手册或用户使用说明书及电源插件的“通用机”、未罐装的果汁饮料等），将缓冲存货点（DP点）设在成品库，由成品库对配送中心提供供货保障，在用户下订单后，在配送中心完成最后的配送加工（如客户化包装）。在生产加工阶段，可以实现规模生产，从而降低生产成本；而流通加工点更靠近用户，有利于对客户的个性化需求做出快速响应。此外，企业也可采取订单驱动的需求响应策略，模块化产品设计，标准化组件，按订单装配（ATO），在延迟需求差别化的同时，将有效降低供应链系统风险，并对客户订单做出快速响应。

小结

快速反应（QR）和有效客户反应（ECR）是源自美国服装行业和食品杂货业的两种供应链管理策略。QR策略和ECR策略都强调上下游企业建立战略联盟、加强合作，通过IT手段实时信息共享、打造透明的供应链。QR策略强调供应链的反应速度快，ECR策略强调供应链系统的运营成本低。协同计划、预测与补货（CPFR）是QR策略发展的第三阶段，它是一种建立在供应链成员企业密切合作和标准流程基础之上的供应链库存管理策略。其作用是将品类管理等“销售与营销的最佳实践”与“供应链的计划与执行流程”实现无缝衔接，以便达成在提高产品可得性的同时降低物流成本的目标。CPFR包含制造商与零售商的四大协同任务，即战略与计划、需求与供应管理、执行与分析。CPFR解决方案必须与企业记录生产与消费需求及供应链数据的信息系统进行整合。它可以配置为共享的信息系统或CPFR实施企业之间的对等信息网络，信息系统（网络）可以由企业运作或第三方平台运营。ECR策略的核心是品类管理，即把品类作为战略业务单元（SBU）来管理，通过满足消费者需求来提高经营绩效。品类管理是以数据为决策依据，不断满足消费者需求的过程。品类管理是零售业精细化管理之本。ECR的四大要素（四个关键流程）包括有效的新产品导入、有效的商品组合、有效的促销和有效的补货。实施ECR策略可以将规模生产与物流延迟策略相结合，实施QR策略可以将规模生产与生产延迟或完全延迟策略相结合。成功实施供应链管理策略是企业有效进行供应链管理的关键。

同步测试

一、判断题

1. QR是源自美国食品杂货业的一种供应链管理策略。 （ ）
2. ECR是一种供应链库存管理策略。 （ ）

3. 尽管 CPFR 流程不单纯依靠技术，但专门的技术方案可以使流程更加具有扩展性。（　）

4. CPFR 解决方案必须与企业记录生产与消费需求及供应链数据的信息系统进行整合。（　）

5. 品类管理是零售业精细化管理之本。（　）

6. CPFR 解决方案中配置的共享信息系统既可以作为零售商或制造商企业网络平台的一部分来运作，也可以由第三方平台运营。（　）

7. CPFR 解决方案中配置的对等信息网络，其数据通信既可以在零售商与制造商之间直接进行，也可以通过第三方平台来完成。（　）

8. QR 策略把品类作为战略业务单元来管理。（　）

9. QR 策略强调供应链系统的运营成本低，ECR 策略强调供应链的反应速度快。（　）

10. QR 策略的核心是品类管理。而品类管理是以数据为决策依据，不断满足消费者需求的过程。（　）

二、单选题

1.（　）是源自美国食品杂货业的一种供应链管理策略。

A. QR　B. ECR　C. CPFR　D. SBU

2.（　）是源自美国服装行业的一种供应链管理策略。

A. QR　B. ECR　C. CPFR　D. SBU

3.（　）是一种建立在供应链成员企业密切合作和标准流程基础之上的供应链库存管理策略。

A. QR　B. JMI　C. CPFR　D. VMI

4.（　）的核心是品类管理，即把品类作为战略业务单元来管理，通过满足消费者需求来提高企业经营绩效。

A. QR　B. ECR　C. CPFR　D. JIT

5. 实施 ECR 策略可以将（　）相结合。

A. 规模生产与物流延迟策略　B. 规模生产与生产延迟策略

C. 规模生产与完全延迟策略　D. 规模生产与结构延迟策略

6.（　）的作用是将品类管理等“销售与营销的最佳实践”与“供应链的计划与执行流程”实现无缝衔接，以便达成在提高产品可得性的同时降低物流成本的目标。

A. QR　B. ECR　C. CPFR　D. VMI

7.（　）将 CPFR 定义为“在计划与履行客户订单（或需求）中结合多个交易伙伴智能的商业实践”。

A. VICS　B. UCS　C. WINS　D. TDCC

8. CPFR 模型中的（　）包含制造商与零售商的协同安排与联合业务计划两个具体协同任务。

A. 战略与计划　B. 需求与供应管理

C. 执行　D. 分析

9. CPFR 模型中的（　）包含销售预测与订单计划/预测两个具体协同任务。

A. 战略与计划　B. 需求与供应管理

C. 执行　D. 分析

10. CPFR 模型中的（　）包含订单生成与订单履行两个具体协同任务。

A. 战略与计划　B. 需求与供应管理

C. 执行　D. 分析

三、多选题

1. 供应链管理策略包括（　　）。

A. QR　　B. ECR　　C. CPFR　　D. SBU

2.（　　）都强调上下游企业建立战略联盟、加强合作，通过 IT 手段实时信息共享、打造透明的供应链。

A. QR　　B. ECR　　C. CPFR　　D. SBU

3. CPFR 是指协同（　　）。

A. 计划　　B. 预测　　C. 补货　　D. 营销

4. CPFR 包含制造商与零售商的（　　）几大协同任务。

A. 战略与计划　　B. 需求与供应管理

C. 执行　　D. 分析

5. ECR 的四大要素包括（　　）。

A. 有效的新产品导入　　B. 有效的商品组合

C. 有效的促销　　D. 有效的补货

6. 实施 QR 策略可以将（　　）相结合。

A. 规模生产与物流延迟策略　　B. 规模生产与生产延迟策略

C. 规模生产与完全延迟策略　　D. 规模生产与形式延迟策略

7. CPFR 的解决方案包括（　　）。

A. 共享需求预测及历史相关数据与信息　　B. 分析例外状况

C. 自动生成协同安排与联合业务计划　　D. 纠偏调适与绩效评估

8. CPFR 的解决方案可以配置为（　　）。

A. 共享的信息系统　　B. CPFR 实施企业之间的对等信息网络

C. 共享的运输管理系统　　D. 共享的仓储管理系统

9. CPFR 模型中的战略与计划协同包含（　　）具体的协同任务。

A. 制造商与零售商的协同安排　　B. 制造商与零售商的联合业务计划

C. 制造商与零售商的订单协同生成　　D. 制造商与零售商的订单协同履行

10. CPFR 模型中的分析包含（　　）具体的协同任务。

A. 制造商与零售商的协同分析　　B. 制造商与零售商的联合业务分析

C. 例外管理　　D. 绩效评估

四、情境问答题

1. A 公司生产的产品属日用百货，请问 A 公司应采取何种竞争战略？相应地，应采取何种供应链管理策略？

2. B 公司是一家专门设计、生产女性新潮时装的服装制造企业，请问 B 公司应采取何种竞争战略？相应地，应采取何种供应链管理策略？

五、案例分析题

江苏“雅家乐”超市的品类管理实践

江苏“雅家乐”超市是一家中小型零售企业。2003 年 8 月，公司领导在参加了中国连锁经营协会举办的品类管理知识培训班后，认识到品类管理对提升超市经营绩效的巨大作用，决定实施品类管理。

首先，公司制定了实施品类管理的流程，成立了由总经理负责的品类管理小组，从总部到门店，一层一级，界定职责，并指定配合部门。

其次，抽调熟悉商品知识的人员组成品类管理小组，品类管理的有关领导均为各部门主要负责人，公司在人力和权限上给予最充分的保障。

再次，研究公司目前在商品管理中存在的问题，制定出阶段性目标，提前分析品类管理中可能会出现的困难，并提出相应的解决办法。

最后，在项目开始实施后，品类管理小组和采购委员会每周召开一次任务落实检查会；对平时出现的问题则随时沟通，克服一切困难实现既定目标。

在四个月的时间里，公司完成了以下工作：

(1) 清理出了近2万条“早已无此商品销售”的商品信息。电脑中的信息资料变得更加清楚有条理，既方便查找分析，又提高了服务器的运行速度。

(2) 分析了各店铺三个月内销量为零和销售排名最后5%的商品，其中的少数商品调整零售价和陈列位置后继续试销，其余4 000多个单品被列为淘汰商品。大部分商品通过退换货后迅速离店，少数无法退换的淘汰商品则集中到几个大店进行清仓处理。同时，公司建立了商品淘汰审批制、商品销售末位淘汰制、新品试销制。几个月来，货架空间利用率得到大幅度提高，陈列效果得到极大改善，库存结构趋于合理。

(3) 进行了广泛的市场调研，开发出了2 000多个差异化商品和多样性商品，并合理配置到大小门店，增强了商品结构对消费者的吸引力。目前，公司正准备将商品类别加以拓宽。

(4) 对布局不合理的5个门店进行重新设计和调整，同时参照一家国内卖场和一家外资卖场的商品空间配比，对公司的大、中、小门店进行了商品调配，并建立了缺货管理办法。

上述举措对商品销售起到了明显的促进作用，目前公司正在酝酿根据商品的贡献度分配超市资源的方案。

(5) 2002年年底，公司1万平方米的配送中心建成。之后，公司重新对2万余个单品进行了角色定义。目前已建立了新的商品分类模型，待配送中心运转达标后即导入使用。届时，将对公司的品类管理产生新的指导意义。

(6) 在3个大的门店分别设计了一个“爱婴岛”，婴儿用品销量的增幅达到了30%以上；在所有门店特设了无糖食品专柜，不仅促进了销售，还方便了顾客购买。

目前，公司正在尝试开设药品店中店、烟草店中店、新华书店店中店等。这些举措增强了各部门的运营活力和创新能力。

通过几个月的品类管理，公司的库存成本、人力成本、采购成本都不同程度地得到了控制；门店环境、公司形象、商品价格、标准化程度等也不断改善，企业的综合运行质量得到了显著提高。

根据案例提供的信息，请回答以下问题：

1. 江苏“雅家乐”超市为什么要实施品类管理？
2. 江苏“雅家乐”超市实施了何种供应链管理策略？
3. 你认为江苏“雅家乐”超市在实施品类管理中有哪些地方值得借鉴？为什么？
4. 江苏“雅家乐”超市对库存商品实施了何种管理办法？请说明理由。
5. 江苏“雅家乐”超市在管理中是否实施了ABC分类法？你认为该法的分类标准是什么？

任务9

供应链关系管理

【素质目标】

1. 具有家国情怀。
2. 具有社会责任感。
3. 树立系统观念。
4. 具有协同理念。
5. 具备合作精神。
6. 具备创新精神。
7. 具备与时俱进的品质。
8. 具有专业认同感。

【知识目标】

1. 了解企业核心竞争力的内涵及特征。
2. 了解业务外包的动因、模式及类型。
3. 掌握供应链合作伙伴的选择方法。
4. 理解供应链合作关系及其构建策略与方法。
5. 理解供应链协同的内涵及层次。
6. 掌握供应链可视化的技术及方法。
7. 理解供应链风险的内涵、来源及变化趋势。

【能力目标】

1. 能辨识企业核心竞争力。
2. 能正确选择企业核心竞争力的培育方法。
3. 能辨识并规避业务外包的风险。
4. 能按照项目管理模式对外包业务进行管理。
5. 能正确选择供应链合作伙伴。
6. 能构建协同供应链。
7. 能借助典型的技术及方法进行供应链可视化管理。
8. 能辨识并管理供应链风险。

【引例】

北美金属行业企业之间的供应链合作关系

北美金属行业的企业之间正在形成一种高度集成化的合作联盟，包括制造商、分销商和最终用户（这些节点企业构成供应链）。它们之间逐渐加强的信任关系在金属行业产生了巨大影响。金属制造商可以直接与最终用户对话，从而形成一种新的解决问题和满足用户需求的途径，制造商与分销商之间的联盟（紧密的合作关系）也使其成为可能。构建这样一种紧密的合作关系是为了更好地了解和把握用户需求，并共同满足用户需求。显然，用户对特殊金属材料（具有特殊工艺）的需求是制造商与分销商之间形成合作关系的驱动力之一。分销商也为最终用户提供诸如库存管理、成本分析、采购、长期计划的制订协助等服务。整个供应链上的企业都为了给最终用户带来最大的价值而紧密合作。

引导问题：

1. 为什么北美金属行业企业之间要构建供应链合作关系？
2. 如何构建供应链合作关系？
3. 在构建供应链合作关系时，要处理好哪些问题？

加强供应链管理，企业需要实施“归核化”战略，将企业有限的资源集中于核心业务，充分发挥有限资源的最大效力，培育并提升企业的核心竞争力；需要将非核心业务外包给合作伙伴，充分获取并利用合作伙伴的核心能力，建立供应链合作伙伴关系。通过构建供应链合作关系，实现企业内外资源的优化配置，提升供应链竞争力，提升企业核心竞争力。

9.1　企业核心竞争力的辨识与培育

华为公司的核心竞争力（微课）

［案例］　**华为公司的核心竞争力**

2019 年 7 月，《财富》杂志公布了全新的世界 500 强企业排行榜单，中国有 129 家企业入围，首次成为拥有世界 500 强企业数量最多的国家。在众多的世界 500 强企业中，华为投资控股有限公司脱颖而出，成为 IT 领域的一颗璀璨之星。华为公司为 5G 技术、人工智能（AI）、物联网（IoT）等高新技术的快速发展提供了强有力的技术支撑。尽管华为公司受到了美国等西方国家的打压，但它仍然以惊人的速度快速发展。2018 年，华为公司的销售额占我国国内生产总值的 0.78%，其研发投入（1 015 亿元）占全国的 5.2%，获得的专利占全国的 10%。具体而言，华为公司 2018 年的营业收入为 7 212 亿元，同比增长 19.5%；净利润为 593 亿元，同比增长 25.1%。2023 年，华为公司的营业收入为 7 134 亿元，净利润高达 877.5 亿元。在研发投入上，华为公司 2018 年的研发费用达 1 015 亿元，占其销售收入的 14.1%。华为公司在过去 10 年累计投入的研发费用超过 11 100 亿元。2021 年，华为公司从事研究与开发的人员约 10.7 万名，占公司总人数的 54.8%。截至 2023 年年底，华为公司在全球持有的有效授权专利超过 14 万件，累计获得的公开专利超过 33.6 万件。2017—2020 年，被美国断供芯片的华为公司连续 4 年的国际专利申请数量居全球第一。2020 年我国国际专利申请数量达到 68 000 多项，其中 5 464 项专利是华为公司申请的。2020 年和 2021 年，华为公司分别位列世界 500 强企业榜单第 49 和第 44。2024 年 7 月，世界物联网 500 强排行榜发布，华为公司位列榜首。种种迹象表明，华为公司的核心竞争力已经形成。

想一想：华为公司的核心竞争力是什么？

[小贴士]　中国的世界500强企业数量超过美国

每年7月或8月，美国《财富》杂志都会发布当年的世界500强企业榜单。2019年，中国的世界500强企业数量达到129家，首次超过美国（121家）。2020年，中国的世界500强企业数量达到133家，再次超过美国（121家）。2021年，中国的世界500强企业数量达到143家，继续超越美国（122家）。2022年，中国的世界500强企业数量达到145家，仍然超越美国（124家）。2022年我国上榜企业的总营业收入首次超过美国。2023年，中国的世界500强企业数量达到142家，继续超越美国（136家）。

中国世界500强企业数量超过美国（微课）

越来越多的中国企业走向世界舞台中央。2019年，13家中国公司首次入围世界500强企业榜单，包括珠海格力、小米集团等。其中，成立仅9年的小米集团成为2019年世界500强企业中最年轻的公司。2019年，世界500强企业中共有5家房地产企业入选，包括碧桂园、绿地、保利、万科等，它们都来自中国。2021年，除了这5家企业外，中国的融创、龙湖、华润置地3家房地产企业首次入围世界500强企业榜单。

想一想：

（1）为什么中国世界500强企业数量超过美国？

（2）为什么入选世界500强企业榜单的房地产企业均来自中国？

核心竞争力是企业赢得竞争的基础和关键，是企业的立足之本。企业实施供应链管理需要加强核心竞争力的培育，而供应链竞争力则是企业核心竞争力的一种类型。

一、企业核心竞争力的概念与内涵

企业核心竞争力的概念与内涵（微课）

核心竞争力又名核心能力，本属战略管理研究的范畴，是资源基础理论和企业能力理论发展的结晶。1990年，美国经济学家普拉哈拉德和加里·哈默在《哈佛商业评论》上发表了《公司核心竞争力》一文，正式提出核心竞争力的概念。该概念提出以后，在全球产生了深远影响。核心竞争力理论的提出，标志着战略管理的复兴。

普拉哈拉德和哈默认为（1990）：“核心竞争力是组织中的积累性学识，尤其是如何协调不同生产技能和有机结合多种技术流的学识。”“如果说核心竞争力是关于多种技术流之协调整合的话，那么它也是关于工作组织和价值传递的。”他们同时认为，核心能力与“知识”一样不进则退，须得到细心呵护并不断补充养分。核心竞争力是企业持续竞争优势之源，是企业管理者须关注并培育的战略重点。如果把多元化经营的公司比作一棵大树，其特征以旗帜品牌区分，主干和枝干是核心产品，树枝是业务单位，树叶、花和果实是最终产品，树干和根系是核心能力（如图9.1所示）。

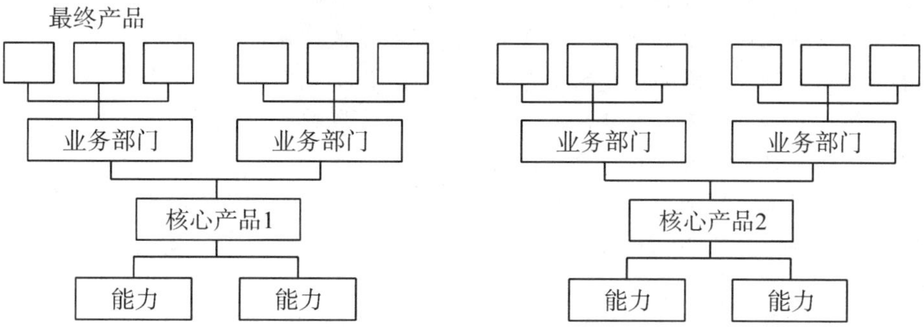

图9.1　核心能力：竞争的基础

核心竞争力概念提出以后，在全球范围内引发了许多专家、学者的探讨和研究。巴顿认为，企业核心竞争力是指具有企业特性的、不易交易的、能带来竞争优势的企业专有知识和信息，是企业所拥有的能提供竞争优势的知识体系，包括组织成员的知识和技能、企业的技术体系、管理体系和组织成员共享的价值观。哈默于 2000 年也指出，一家公司拥有的知识是核心竞争力，包括技能与独特的能力。世界知名管理咨询公司麦肯锡公司的凯文·科恩等专家认为，“核心竞争力是群体或团队中根深蒂固的、互相弥补的一系列技能和知识的组合，借助该能力，能够按世界一流水平实施一到多项核心流程”。梅奥和厄特巴克认为，核心竞争力是指企业的研发（R&D）能力、生产运作能力和市场营销能力的组合。拉法和佐罗提出了基于组织文化的核心竞争力观点，认为企业核心竞争力不仅存在于业务运作子系统中，还存在于组织文化系统中。战略管理学家管益忻认为，核心竞争力是以组织核心价值观为主导的，旨在为顾客提供更大（多、好）“消费者剩余”的整个组织核心能力。吴建南和李怀祖指出，核心竞争力概念提出的最重要意义是使核心竞争力这种无形资产的范围经济得以实现。马士华教授认为，核心竞争力是企业借以在市场竞争中取得并扩大优势的决定性力量。许多学者从不同的视角提出了自己的观点，对核心竞争力理论进行了补充和完善。

结合国内外众多学者的定义，本书认为：核心竞争力是在一个组织内部经过整合了的知识和技能，是企业在经营过程中形成的、不易被竞争对手仿效的、能带来超额利润的独特能力。核心能力是企业一切知识最深层次的内涵。核心能力亦即企业不断获取战略性资源，并对资源进行有效的配置、开发、利用和保护的能力。核心竞争力本质上是企业的一种能力，一种提供具有特异性或成本优势的关键性产品或服务的能力，因而是一种生产力。换言之，拥有核心竞争力的企业能比竞争对手创造更多的“消费者剩余”。核心竞争力是企业持续竞争优势之源，是组织集体智慧的结晶，是强势企业的功能属性。核心竞争力能使企业在竞争中领先，获取持久竞争优势。

例如，华为公司的研发能力，海尔集团特定的企业文化及售后服务能力，京东的物流与供应链管理能力，联想集团的供应链管理能力，都使它们在各自行业及相关行业的竞争中立于不败之地。

［案例］　**英特尔公司的核心竞争力**

美国英特尔公司是世界上最大、技术实力最雄厚的半导体制造商，全球 85% 的 PC 上都打着“Intel Inside”（内置英特尔）的标志，它生产的电脑硬件在全球占有最大的市场份额。英特尔公司的成功源于其创新精神和严格的人才选拔机制。在规模和技术层面上，没有哪一家公司能和它媲美。英特尔公司的核心竞争力主要体现在微处理器的开发和制造方面，而这种竞争力来自它的创新思维和先进的人才观。

芯片对制造技术的要求非常高，生产一个芯片报废的可能性为 30%~40%。英特尔公司的高层清楚地认识到公司在制造技术上存在的不足，于是他们向日本学习，让公司的先进技术与日本精湛的制造工艺完美结合，从而生产出品质一流的产品。英特尔公司保持了自己在技术上的领先优势，并始终走在创新的前列。

英特尔公司有着严格的人才选拔和管理机制。公司的技术始终不断地创新，而保持这种创新能力则主要靠人才机制。英特尔公司招募精力充沛、精明强干、富有才华的年轻人，并对应聘者进行严格的测试。

英特尔公司的高层领导人如摩尔、格鲁夫等，不搞特权，不讲待遇，与员工平起平坐，树立了虚心、谦逊的良好企业领导形象。英特尔公司开发出了 286、386、486、586、奔腾Ⅰ、奔腾Ⅱ、奔腾Ⅲ、奔腾Ⅳ等一代代产品，都是不断创新的结果。它就像一颗奔腾的心，生生不息、创新不止。

亚瑟·A. 汤姆森和A. J. 斯迪克兰迪（2003）认为，核心竞争力可产生于公司价值链的任何一个环节。依此观点，核心能力可能涉及公司经营的方方面面。笔者认为，根据对公司价值贡献的高低，可将企业核心竞争力的构成要素分为若干层次，其中，企业文化是孕育企业核心竞争力的软环境，品牌是企业核心竞争力的有效载体，技术创新能力是企业核心竞争力的不竭动力，人力资源是企业核心竞争力的根本。因而，人力资源开发与管理能力、技术创新能力、品牌管理能力以及企业文化影响力是企业核心竞争力的关键构成要素，它们经协同整合共同形成企业核心能力系统。企业核心竞争力系统如图9.2所示。

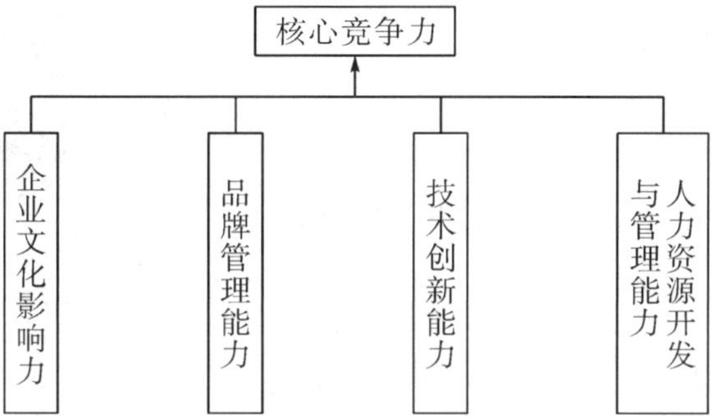

图9.2　企业核心竞争力系统

企业核心竞争力的关键构成要素（微课）

二、企业核心竞争力的特征

企业核心竞争力的特征（微课）

企业核心竞争力具有价值性、局部性、集合性（整合性）、延展性、独特性（异质性）、时间性（动态性）六大特征。

（1）价值性。价值性是核心竞争力最基本的特性。核心竞争力极富战略价值，不仅能提供顾客看重的价值，也能为企业带来较为长期的超额利润。换言之，核心竞争力能使企业在降低成本和提高效率方面比竞争对手做得更好，能提供给顾客“可感知”的效用，能创造更多的“消费者剩余”。

（2）局部性。核心竞争力是企业在某一局部产品或服务或过程上为区别于竞争对手的特别优势而确立的竞争优势，并非指企业的方方面面都优于竞争对手。

（3）集合性（整合性）。集合性是核心竞争力的显著特征。核心竞争力绝不是单一的，它是企业经过整合了的知识和技能，是企业的多种能力融合、提炼、升华的结果，是对企业内外资源优化整合、充分利用以发挥最大效力的过程，是各关键构成要素有机结合而形成的体系，是各关键能力元矢量叠加而形成的合力，是使企业产生强大生命力的核心能力系统。整合很关键，如果整合得好，可产生1+1>2的功能放大效应，使企业产生强大竞争优势。

（4）延展性。核心竞争力是一种基础性的能力，是其他各种能力的统领，可使企业向更具有生命力的领域拓展。换言之，核心竞争力能使企业实现相关多元化，并因共享核心能力这一特殊的无形资产而实现范围经济。

（5）独特性（异质性）。核心竞争力是独特的，是企业在经营过程中逐渐积累形成的，具有鲜明的组织个性，深深地打上了组织的烙印。每个企业都是独特的资源和能力的结合体，正是这种独特的资源和能力的结合，将一个企业与另一个企业区分开来。因而，核心竞争力是不易简单仿效或复制的。并且，这种独特的资源和能力的结合体所提供的产品或服务也是独特的，因而使企业具有市场控制力，能为企业带来竞争优势。独特性来源于整合性。

（6）时间性（动态性）。核心竞争力一旦形成，能使企业在一定时期、一定地域范围内产生竞争优势，但核心竞争力也容易产生刚性。环境不断变化，竞争对手也在不断发展、壮大。虽然核心竞争力具有不易模仿的独特性，但并不表示它永远不被竞争对手模仿超越。企业必须对核心竞争力进行持续不断的创新，不断赋予核心竞争力新的内涵，对其拓宽，深化，发展和培育，维持并扩大核心竞争力与竞争对手间的领先优势，获取持久竞争优势。

核心竞争力已成为当今企业市场竞争成败的关键，更是企业能否控制未来、掌握未来竞争主动权的根本。

三、企业核心竞争力的培育

企业核心竞争力的培育方法与选择（微课）

（一）企业核心竞争力的培育方法与选择

一般而言，企业核心竞争力的培育方法主要有：演化法、孕育法、并购法和联合法等。

（1）演化法。该法是企业事先设定合理的核心竞争力目标，全员参与，共同努力，在一定期限内建立特定的核心能力的方法。这实质上是通过规模较大的企业变革来构建企业核心竞争力，是一项系统工程，涉及多个部门、多个项目、多个行动方案，并且是一个较为长期的变革过程，不可能一蹴而就。

（2）孕育法。该法是成立专门小组或项目团队，针对特定目标，在一定期限内开发、培育出一种核心竞争力（核心能力元）的方法。

（3）并购法。该法是把具有某种核心能力的企业兼并或收购，以弥补本企业某方面资源、能力的不足，打造并提升企业核心竞争力的方法。

（4）联合法。该法是通过与其他企业合资或合营，实现资源共享，共同打造企业核心竞争力的方法。

以上方法各有优劣。并购法花费的时间较短，但资源整合得不好会留下后遗症，未必奏效；联合法比较灵活，选择合作伙伴的范围较广，但联合毕竟有限度；孕育法产生的是某一核心能力要素，而非核心竞争力系统；演化法经历的时间最长，最复杂，难度也最大。在实际运作中，最好能综合运用上述各法。

若企业过去曾经实施过重大组织变革且成功率较高，宜选择演化法；若企业全体员工的战略执行能力较强，也比较适合选择演化法，因为企业核心竞争力能否成功地打造，取决于全体员工是否具有卓越的战略执行能力；若企业竞争力很弱，尚未形成核心能力，则演化法是较为现实的选择，应根据企业的资源、能力存量和既有结构为基础，通过持续补缺来提升竞争力，最终形成核心能力。

若企业核心竞争力的形成只需要弥补/提升某一方面的能力，如研究开发能力、生产制造能力、营销分销能力抑或物流运作管理能力等以职能为基础的能力，则可选择孕育法。特别地，如果企业曾经建立过流程团队或专门小组并取得了成功，且有较丰富的经验，则通过孕育法来培育特定的核心能力元（核心竞争力要素）的成功率较高。

若本企业实力比较雄厚，且可找到能满足自身需要的具有某种特定能力的企业，可选择并购法；当然，若两个或多个企业实力相当，优势互补，也可通过联合来打造核心竞争力。

然而，在过去的企业实践中，有许多企业为了获得本企业尚未拥有的特殊资源和能力，纷纷选择并购法。事实证明，与演化法和孕育法相比，通过该法来培育核心竞争力更容易失败。企业核心竞争力是企业在多年的经营过程中积累、沉淀的结晶，通常需要 10 年以上的时间来培育，拔苗助长是行不通的。

（二）企业核心竞争力的培育过程

企业核心竞争力的培育过程如图 9.3 所示。

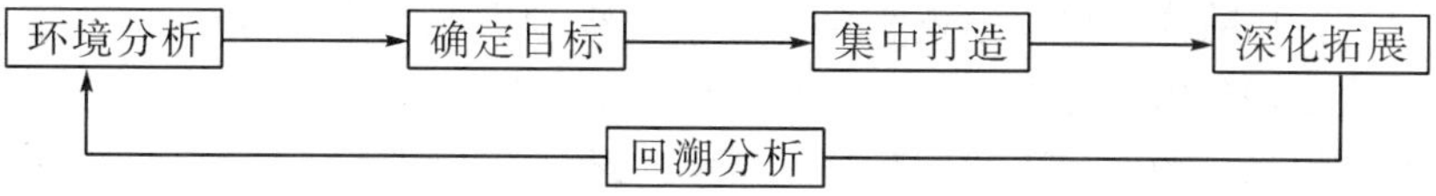

图 9.3 企业核心竞争力的培育过程

1. 环境分析

首先应分析企业内外部环境。这需要运用 SWOT 分析法①、波特竞争模型以及价值链分析法等多种工具综合分析并评估企业内外部环境，以充分认清企业内部的资源、条件、优势、劣势，辨识外部环境中的机会与威胁。比如，企业员工的整体素质怎样？知识、技能结构合理吗？企业管理者的管理能力怎样？企业的生产设施设备是否先进？企业的财力富足吗？资金来源主要有哪些？是否有完善的管理信息系统？消费者有何新的需求？企业所在的行业，其现状及发展前景怎样？竞争对手有哪些？其竞争实力怎样？其内部资源及其利用能力如何？新近已（拟）实施何种战略及行动？是否有新入侵者？替代品或替代服务的供应商有哪些等。

2. 确定目标

在环境分析的基础上，根据市场需求、竞争状况以及企业自身的核心业务和优势确定拟建立的核心竞争力类型及其关键构成要素，找准瓶颈，以便改善。

3. 集中打造

在准确的目标定位之后，集中资源打造企业核心竞争力。企业的内部资源主要包括人力资源、组织资源、实物资源、财力资源和信息资源等，外部资源主要有关键客户、关键供应商、关键分销商、主要竞争对手，以及政府部门、行业协会和新闻媒体机构等。人才是关键，资金是后盾。人才资源的获取可采用内部培养与外部引进相结合的办法，但最重要的是对企业内部人力资源进行深层次的开发，使其发挥最大效力。同时，可多渠道融资，滚动发展。应综合运用上述各法，将拟构建的核心竞争力目标在时间和空间两个维度上分解，开发出多层次的计划体系，并将任务分解落实。加强沟通协调，运用目标管理法（MBO），采用员工自查与组织检查相结合的办法，加强监控，确保任务的顺利完成。定期测量并评估企业当前状况与核心竞争力目标之间的差距，持续补缺，最终形成企业核心竞争力。

4. 深化拓展

核心能力形成后，在一定时期和一定地域范围内能给企业带来竞争优势，但核心能力也

① SWOT 分析法（SWOT analysis），也称 SWOT 分析模型、TOWS 分析法、道斯矩阵或态势分析法，是 20 世纪 80 年代初由美国旧金山大学的管理学教授韦里克提出，S 即 strengths（优势）、W 即 weaknesses（劣势）、O 即 opportunities（机会）、T 即 threats（威胁）。该法经常被用于企业战略制定、竞争对手分析等场合。它是将企业内外部条件进行综合和概括，进而分析组织的优势、劣势、面临的机会和威胁的一种方法。

容易产生刚性，阻碍企业的发展。故应权变地对其加以拓展深化。企业决策层应动态地进行回溯分析，重新审视企业内外部环境，必要时应对核心能力进行重新定位。应充分把握外部环境中的机遇，避开化解威胁。应持续弥补企业资源和能力存量的缺陷，最大限度地获取战略性资源，并不断提高企业优化配置、开发、利用、保护战略性资源的能力。持续创新，不断赋予核心竞争力新的内涵，创造持久竞争优势。

特别需要指出的是，构建学习型企业，坚持动态持续地学习、提高企业知识和技能的积累和储备，是培育和提升企业核心竞争力的关键。而坚持在实践中创造性地“干中学”，则是全面提高员工队伍素质，建立本企业知识技能优势的不可替代的学习方式。这要求员工从企业整体利益出发进行系统思考，同时企业经营管理者则要营造分权、民主、信任与合作的氛围，建立共同愿景，激发员工的使命感。要使大家充分认识到只有企业发展了，员工个人才会有更大的发展，从而自觉地为企业的生存、发展而努力学习。经营管理者应积极引导，鼓励个人不断自我超越。一旦在企业中形成了长效学习机制，必将产生浓厚的学习型文化。这必将激发企业文化的创新力，创造企业强大的生命力。长期的团队学习，必将改善员工队伍的知识、技能与素质结构，提高企业全体员工分析问题、解决问题的能力，这必将给企业带来学习知识的累积效果，并提高企业的整体创新力和环境适应力，最终提升企业核心竞争力，并形成“学习——持续改进——建立核心能力”的良性循环。

9.2 供应链业务外包管理

供应链管理的目标是提升供应链系统的核心竞争力，它需要成员企业的分工与合作。企业资源有限，为使有限资源发挥最大效力，有必要将企业资源和能力集中于核心业务，培育并提升企业核心能力，同时将企业不擅长的业务（非核心业务）外包给其他企业，而承包商恰恰在该领域是最擅长的。通过业务外包，可以在更大范围内建立企业间的分工与协作关系，使所有加盟企业共享资源、共享核心能力，从业务外包中获益。

一、业务外包认知

安德森管理咨询公司的专家认为，业务外包（business outsourcing）是指“一个业务实体将原来应在企业内部完成的业务，转移到企业外部由其他业务实体来完成”。从更深的层次上看，业务外包是在企业内部资源有限的情况下，企业为获得更大的竞争优势，仅保留其最具竞争力的核心业务，而把其他业务借助于外部最优秀的专业化资源予以整合，达到降低成本、提高绩效、提升企业核心竞争力和增强企业对环境应变能力的一种管理模式。

通常，企业信息服务外包占40%，生产（制造）外包占15%，物流外包占15%，此外，人力资源管理、客户服务、财务管理、一般管理、市场营销等业务外包共占30%。

实践证明，传统“纵向一体化”模式已经不能适应目前技术更新快、投资成本高、竞争全球化的制造环境。现代企业更注重高价值的生产模式，更加强调速度、专门知识、灵活性和革新。与传统的“纵向一体化”控制和完成所有业务的模式相比，实行业务外包的企业更强调集中企业资源于经过仔细挑选的少数具有竞争力的核心业务，也就是集中在那些使他们真正区别于竞争对手的知识和技能上，而把其他一些虽然重要但非核心的业务或职能外包给世界范围内的“专家”企业，并与这些企业保持紧密合作的关系。从而使本企业的整个运作提高到世界级水平，而所需要的成本和费用与目前相等甚至有所减少，并且往往还可以省去一些巨额投资。更重要的是，实行业务外包的公司出现财务风险的可能性仅为没有实行业务外包的公司的三分之一。把多家公司的优秀人才集中起来为我所用的观念正是业务外包的核心，其结果是现代商业机构发生了根本变化，企业内向配置的核心业务与外向配置的业务紧密相连，形成一个关系网络（供应链）。企业运作与管理也由“控制导向”转为“关系导向”。

[**小资料**] **全球业务外包的概况**

尽管业务外包的速度在继续加快，但没有迹象表明现在已经达到顶峰。迄今为止，全球的所有业务外包活动，约有60%集中在美国。1998年，该地区的业务外包成本增加21%，即增加250亿美元，达到1 410亿美元，而上年的增长率却只有15%。与此同时，欧洲的业务外包活动也在增加，其中最活跃的是英国、法国、意大利和德国。事实上，欧洲业务外包成本的增长速度比美国还要快，增长率为34%。到1999年年初，欧洲的业务外包支出已经超过920亿美元。美国市场调查公司AMR Research公布的一项关于制造企业业务外包的调查结果显示，2005年制造企业的业务外包支出增加9.3%。在制造企业的业务外包中，IT业务外包占25%，53%的企业计划增加外包支出，离岸外包的增长率相当于外包业务总体增长率的两倍，而通过外包节约的60%~80%的费用将用于与IT相关的项目或IT以外的项目。

此外，英国的Logica CMG公布的关于外包对整个英国经济影响的调查结果显示，今后5年英国企业将积极推行业务外包，这不仅将增加17亿英镑（约30.33亿美元）的利润，而且可以使英国的国内生产总值增加160亿英镑（约285.44亿美元）。该机构称，2008年英国企业的业务外包增长幅度达46%。外包不仅会使企业和股东得到好处，而且将巩固整个经济基础，为实现长期经济增长做出贡献。5年后外包业务工序和离岸外包将十分普遍。如果供应商能够满足本公司的需求，企业将不再介意供应商的地理位置，而这将促进建立全球规模的服务网络。

业务外包是虚拟企业经营的主要形式之一。虚拟企业中的每一位成员，都位于其公司价值链的核心环节（战略环节），追求自身核心功能的实现，通过业务外包来实现非核心职能的虚拟化。例如，飞机制造业的巨头——波音公司，只生产飞机的座舱和翼尖；全球最大的运动鞋制造商——耐克公司，从未生产过一双鞋。业务外包的虚拟化运营，导致企业经营成本更低，效率更高，运营风险降低，为企业创造出高弹性的竞争优势。

二、业务外包动因的分析

（一）有利于培育、提升企业核心竞争力

实施业务外包，有利于企业实施“归核化”战略，将资源集中于核心业务，培育并提升企业核心竞争力。企业是特定资源和能力的结合体，企业资源有限，为使有限资源发挥最大效力，有必要实施业务外包策略。一方面，通过将非核心业务外包，企业可将有限的资源集中于核心业务，在擅长的业务领域实现规模经营，降低生产成本，提高经营效率，获取更大的利润。另一方面，通过与杰出伙伴的合作，企业可充分获取合作伙伴的核心能力，从而促进企业竞争力的提升。

（二）有利于转移、弱化企业经营风险

通过外向资源配置，企业可以分散由政府、经济、市场、财务等因素产生的各种经营风险，如供应风险、生产风险、营销风险、技术风险、财务风险和投资等风险。一般来说，这些风险具有复杂性、潜在性和破坏性。通过业务外包，可在一定程度上弱化企业经营风险，例如将风险转嫁给业务承包商，或由外部合作伙伴共同承担风险。特别地，承包商在业务承包领域更擅长，更专业，经营运作的风险会更低，通过采取合同治理的方式，可以弱化企业经营风险。

（三）有利于加速企业重构优势的形成

如果企业选择自行投资而不是将非核心业务外包，投资回收期可能较长，往往不能收到“立竿见影”的效果。业务外包是企业重构的重要策略，通过资源的外向配置，可以帮助企业很快解决业务方面的重构问题。

（四）有利于企业控制成本，节约资金

一般而言，业务承包商在外包业务领域比委托企业更擅长，拥有更专业的知识和技术，更容易实现规模经营。通过外包，有利于企业降低运作成本，并可有效避免企业在技术、设备、人员以及研究开发上的巨额投资。

除了以上因素外，实施业务外包还有利于企业共享外部资源，并能有效避免将企业内部运行效率不高的业务职能外包后所产生的“后遗症”。业务外包还能使企业经营运作变得更加柔性，更能适应外部环境的变化。

三、业务外包风险的辨识与规避

虽然业务外包有诸多优势，但也存在风险。业务外包的风险主要包括决策和运作两类风险。决策风险是因不当的业务外包（如将核心业务外包）或选错合作伙伴等导致的风险，运作风险主要有委托—代理风险、人力资源管理风险以及因行业、市场、自然、政府及其他不可抗力等因素导致的风险。业务外包风险产生的主要原因有决策的有限理性、信息非对称（签约前后委托方都处于信息劣势）以及代理者的败德行为。

（一）委托—代理风险

实施业务外包，一般存在委托—代理风险。业务外包后，委托方对外包业务的质量监控和管理难度加大。在一项合同中，委托者委托代理者去执行任务，以达到委托者设定的目标。当代理者有不同于委托者目标的行为时，委托者或者强迫代理者执行合同有困难，或者发现监督履约成本太高，委托—代理风险就会出现。

代理问题起源于败德。若签约一方有不遵守合同所有条款的动机，而另一方即使能获得信息，也不能以较低的成本发现或让其执行合同时，败德问题就存在。对委托人而言，由于信息非对称可能会导致悖逆选择，而这一切主要是起源于代理人的败德行为。而之所以代理人会产生败德行为，归根结底是因为委托方和代理方是两个完全不同的企业，在合作中有着不同的利益，双方都为追求利润最大化的企业经营目标，难免一方会产生短期行为。委托—代理风险可以通过建立代理人激励机制和企业间的信任机制加以解决，以减少其对供应链整体绩效的影响。

委托—代理风险包括承包商或代理人的违约风险、业务失控风险、商业秘密或技术秘密泄露风险、连带经营风险以及知识产权隐患等风险。

1. 知识产权风险

对于新产品开发、技术研发、信息系统开发等有关研究开发类的业务外包，研发产生的发明、专利以及版权的权属等问题通常由委托企业与承包企业签订的合作协议约定而非法律规定，特别是当协议不严密或条款有疏漏时，可能会给委托方或代理方带来潜在的风险隐患。比如，若协议约定研发成果或版权权属归委托方所有，而代理商开发的软件系统又涉及侵权行为（如侵犯软件著作权或某些特定系统的使用权等），这必然给委托方带来知识产权风险隐患。

2. 业务失控风险

业务外包后，委托方便失去了对业务的直接控制权。由于委托人与代理人之间沟通不良，代理人可能会错误地理解委托方的意愿。或者是代理人单方面的原因，抑或其他不可抗力，多种因素可能会导致外包的业务处于失控的状态。

而在实务中，业务多次转包或分包也会带来风险。不同企业所拥有的品牌等无形资产以及人脉或社会关系等资源不同，往往导致有的企业能够获得业务项目而一些企业不能获得，从而产生了总包与分包等我们司空见惯的现象（如建筑工程项目的总包与分包）。特别地，由于利益驱使，有的业务项目可能会经过多次转包，而每一次转包（或分包），都会由涉及的双方签订相应的业务外包（转包/分包）合同。其次责、权、利分别由相应的合同或协议约定，这极有可能会导致外包业务失控。相应地，委托方的利益可能会因此受到损害，而追究违约责任也可能因业务多次转包而带来困难。

（二）人力资源管理风险

员工工作积极性下降是业务外包引发的另一风险。随着业务外包的不断深入，员工往往会担心失去工作，工作积极性因此会下降。如果他们知道自己的工作迟早会被外包，自然会失去对企业的信心，失去努力工作的动力，因而将不可避免地出现低的工作绩效。

综上所述，正确进行业务自营与外包决策；科学选择代理商；在律师的指导下签订业务外包合同；加强对代理商的评估与管理；给代理商足够的利润空间；建立“双赢”合作机制；合作双方建立战略联盟，以预期的长远利益来规避代理商的短期行为；设置业务外包风险管理经理，加强风险管理专项工作等，均可有效降低业务外包风险。

四、业务外包模式的辨识

在供应链管理中，常见的业务外包模式主要有以下几种。

（一）整体外包与部分外包

根据业务活动的完整性，可以将业务外包划分为整体外包和部分外包两种模式。整体外包是指企业将完整的业务运作与管理，包括计划的制订、资源配置、组织实施、业务运营等完整的流程外包给外部供应商（或服务商），并根据委托方的需要进行业务活动的调整。在该模式下，委托方与代理方需严格签订合作协议，包括合作的目标、绩效评估标准、产品或服务质量、设施设备与技术性能指标以及合作双方的责任、权利与义务。整体外包强调双方的长期合作甚至战略合作，强调通过长远的利益来规避双方的短视行为，以最大限度地降低交易费用。

而部分外包的业务并不完整，一般是部分辅助性的业务活动和一些临时性的服务。当企业业务量激增，现有资源与能力无法满足企业经营的需要，或者是为了有效降低运营成本，部分业务外包也是不错的选择。

（二）基本业务活动外包与辅助业务活动外包

按照迈克尔·波特的价值链分析方法，企业的基本活动包括关键要素的投入、生产运营、分销、营销以及客户服务等，而人力资源管理、财务管理、研究开发管理、物流管理与一般管理等属于辅助活动。基本活动与企业的主营产品或提供的主要服务密切相关，而辅助活动则与其间接相关。基本活动创造的价值构成公司价值链的主链，辅助活动创造的价值构成公司价值链的辅链，辅链活动支撑主链活动，主链和辅链共同构成公司的价值链。公司基本价值链分析如图 9.4 所示。

根据波特的价值链理论，按照外包业务的属性，可以将其划分为基本业务活动外包与辅助业务活动外包两类。

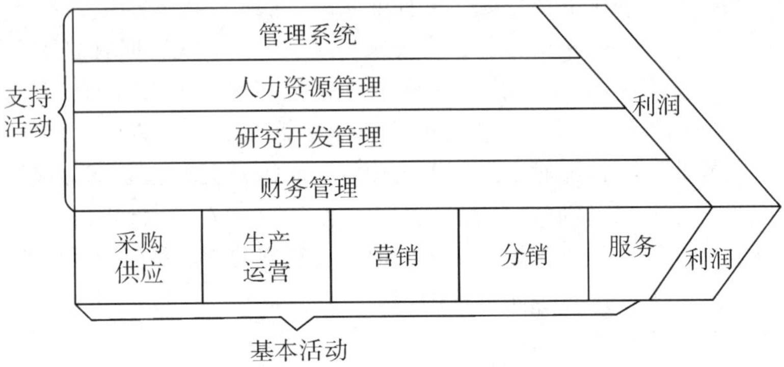

图 9.4　公司基本价值链分析

（三）有中介的业务外包与无中介的业务外包

按照业务外包的组织形式，可以将其划分为有中介的业务外包与无中介的业务外包两种模式。前者是委托方与代理方分别与中介机构签订合作协议，由中介机构按照双方的要求进行信息匹配，以促进双方目标的达成。中介机构通过为双方提供信息服务收取佣金从而获利。该模式可有效降低委托、代理双方的交易费用，提高交易效率。例如麦当劳的跨国经营，其员工雇佣就是采用的这种模式。而随着云计算、大数据时代的来临，借助于快速发展的电子商务、（移动）互联网，委托、代理双方的信息共享成为可能。无须借助中介机构，业务外包也能顺利实施。例如，思科公司通过互联网，将其 80% 的生产业务和物流业务进行外包，获得授权的供应商可实时访问思科公司的数据库，及时获取外包业务信息。

（四）除核心业务之外的完全业务外包

为增强企业经营运作的柔性，同时也为充分利用企业外部资源，一些企业仅仅保留核心业务，而将其他业务全部外包。像利丰、MCI 等公司就是采用该模式的典范。

[**案例**]　**MCI 公司的业务外包**

在通信行业，新产品的产品生命周期（PLC）基本上不超过 1 年，一些公司，如 MCI 就是仅保留核心业务，而将其他业务外包，以此在竞争中立于不败之地。MCI 公司的外包合同每年都在变换，他们有专门的小组负责寻找能为其提供增值服务的企业，从而使 MCI 公司能提供最先进的服务。该公司的通信软件包都是由其他企业完成的，而其核心业务仅是将所有通信软件包集成在一起为客户提供最优质的服务。

（五）全球范围业务外包

随着经济全球化进程的加快，竞争国际化趋势日益明显，迫使企业在全球范围内寻求业务外包。越来越多的企业在全球范围内采购原材料、零部件，在全球范围内配置资源已成为多国公司在跨国经营中获取竞争优势的重要手段。产品制造国的概念变得越来越模糊，因为产品的制造已经涉及多个国家和多个行业了。原来由一个国家制造的产品，可能通过远程通信技术和迅捷的交通运输成为经国际组装而完成的产品，产品研究开发、设计、制造、市场营销、广告等业务可能由分布在世界各地的最能增加产品价值的多个企业共同完成。

［案例］　**通用汽车公司的全球业务外包**

通用汽车公司在全球范围内开展了业务外包。例如，通用汽车公司的 Pontiac Le Mans 已经不能简单地定义为美国制造的产品，因为它的组装是在韩国完成的，发动机、车轴、电路是由日本提供的，设计工作在德国完成，其他一些零部件则来自中国台湾地区、新加坡和日本，由西班牙提供广告和市场营销服务，数据处理在爱尔兰和巴贝多完成，其他一些服务如战略研究、律师、银行、保险等分别由底特律、纽约、华盛顿等地提供。只有大约占总成本40%的业务发生在美国本土。

五、业务外包类型的识别

按照外包业务的职能属性，可以将业务外包划分为生产外包、物流外包、研发外包、人力资源管理外包、财务管理外包等类型。

1. 生产外包

企业将其部分或全部生产业务实施外包。例如，在服装行业，李宁公司、香港利丰公司等就是就实施生产外包的典范。再如，汽车制造商、手机制造商主要负责整机的组装，大量零部件的生产业务则外包出去。

［案例］　**波音飞机公司的生产外包**

波音747飞机的制造需要400万余个零部件，可这些零部件的绝大部分并不是由波音公司内部生产的，而是由全球超过50个国家的成千家大企业和上万家中小企业提供的。我国飞机工业公司曾经承担了波音公司和麦道公司各机种的平尾、垂尾、舱门、机身、机头、翼盒等零部件的“转包”生产任务。

2. 物流外包

物流外包是供应链管理环境下典型的业务外包形式。详见“7. 3 物流外包与第三方物流运营管理”。

3. 研发外包

研发外包是企业将其部分或全部新产品（或新技术）研究开发的业务交由外部研发机构来完成。企业为缩短产品研发周期，加快新产品上市的速度，抑或为了充分利用供应商的优秀研发资源，可以将其部分或全部研发业务实施外包。例如飞机制造商、汽车制造商将飞机（汽车）的部分非核心零部件的研发业务外包给供应商，将飞机（汽车）信息系统的研发业务外包给信息服务商，就是典型的研发外包的例证。

4. 人力资源管理外包

近年来，国内一些人力资源中介机构推出的“网上人事管理”等就是人力资源管理外包的雏形。企业根据经营管理的需要，可以将员工招聘、人员培训、员工解聘、劳资关系管理等业务委托给外部机构来承担，这即是人力资源管理外包。

5. 财务管理外包

近年来，随着业务外包浪潮在全球的掀起，我国一些地区特别是经济发达的地区已出现了财务管理外包。很多企事业单位纷纷解散了昔日的财会部门，而将相应的会计核算、财务管理工作委托给外部的专业机构（如会计师事务所）来完成。实践证明，财务管理外包后，既精简了企业组织机构，节省了财会部门原来的日常开支和财会人员的人工费用，又提高了财会业务处理的效率和效能。

六、业务外包决策的影响因素分析

企业在进行业务外包决策时，主要应考虑以下几方面的影响因素。

第一，拟外包业务的属性。首先要辨识企业的核心业务，判断拟外包业务是否是企业的核心业务。核心业务是企业最擅长，投入资源最多，对企业的生存和发展起着决定性作用的业务（如制造企业的生产、软件企业的研发）。核心业务是企业核心能力的载体，不当的核心业务外包可能会导致企业核心能力的丧失。因此，影响公司核心能力形成的关键业务应当自营，而非核心业务可以考虑外包。其次，可根据业务的稳定性（或业务变化的频度）、业务对顾客满意度的影响程度等因素综合考虑。一般地，相对稳定的业务可以考虑外包，例如标准零部件的生产；靠近客户、变化频繁的业务需要自营，例如客户订单的获取、根据客户订单进行成品的快速组装、一些重要的客户服务项目等。

第二，外包业务成本。业务外包的成本要低于企业自营该项业务的成本。业务外包应能提高企业经营效率，降低企业经营成本。

第三，企业的财务状况。如果企业财务状况欠佳，甚至是面临财务危机，通过业务外包来分散财务风险也不失为一种可行的选择。

七、业务外包的实施与管理

业务外包一般要经历以下几个阶段。

1. 制定业务外包策略

在这一阶段，企业经营管理者首先应明确本企业的需求并制定相应的业务外包策略。业务外包是企业的“一把手工程”，只有得到决策层的重视与支持才容易取得成功。

在制定业务外包策略时，应注意以下几点：第一，明确企业经营目标和外包业务之间的关系，合理的业务外包应有利于企业经营目标的实现。第二，业务外包策略必须与公司的总体战略相匹配，应在公司战略的指导下制定。公司战略是制定业务外包策略的基础，而业务外包是在公司总体战略安排下的战略举措。公司战略不仅影响自营与外包决策，还会影响外包对象、外包模式与供应商的选择。第三，调查研究，收集资料，为制定业务外包策略与业务外包方案奠定必要的基础。

2. 制定业务外包方案

一般而言，业务外包方案应包含以下内容：第一，对本企业的业务外包需求及承包商的服务能力进行准确的界定；第二，界定业务外包应解决的主要问题；第三，描述业务外包预期应达成的目标；第四，描述承包商应具备的必要条件，如资质、服务能力、行业服务经验、质量认证等。

3. 承包商的评估与选择

一般地，可以根据承包商的经营理念、服务能力、战略导向、合作双方的企业文化及组织结构的兼容性等对承包商进行选择。具体而言，应遵循以下原则：第一，与选定承包商的合作应能最大限度地支持企业的竞争战略；第二，承包商应具有为企业服务的实力；第三，承包商应具有行业服务经验；第四，承包商的核心业务应与企业的外包需求相一致；第五，双方应能相互信任；第六，双方的企业文化、组织结构兼容；第七，承包商要能够促进企业改善经营管理；第八，不能过分强调成本低。

4. 业务外包的管理

对于外包的业务项目，企业应该将其按照项目管理来对待。业务外包是介于市场交易和纵向一体化的中间形式，合作双方形成的是一种委托—代理关系。为确保外包业务质量，规避委托—代理风险，委托方要能对外包业务进行监控并适时对代理商的服务质量进行评估。为此，需要建立相应的协调管理机制和信息沟通渠道以及质量评价体系，强化对外包业务的事前（对代理商的考察、评估及签订完备的合同）、事中（驻员，进行过程监督与控制）、事后（对产品质量及服务质量进行评估）控制。此外，在业务外包的初期，还要注意与员工进行开诚布公的沟通，帮助员工适应新的业务运作方式。

9.3 供应链合作伙伴的选择

合作伙伴的评价与选择是构建供应链合作关系的前提。合作伙伴的能力与业绩对企业运营成功的影响越来越大，诸如缩短产品研究开发的周期、加快新品上市、确保导入成功，保证原材料、零部件及其他外购件的采购与供应品质，提高产成品的质量，实现准时交货，缩短提前期，降低安全库存量，以及提供完善的售后服务等。为了降低企业运营成本、提高产品及服务质量、实现柔性生产及快速客户反应等目标，企业的业务流程再造不能没有关键供应商、关键分销商、零售商以及第三方物流企业等重要合作伙伴的参与。因而，对合作伙伴进行评价与选择就成了企业管理者在实施供应链管理时必须面对的课题。

一、供应链合作伙伴的类型

在集成化供应链管理环境下，优秀的企业往往会在全球范围内寻找最杰出的合作伙伴，以实现强强联合。比如，企业在选择供应商时一般会遵循“少而精”的原则，精选少数供应商，并加强同他们的合作。例如，台湾统一企业集团在采购香精香料时，仅仅从全球最有名的三家公司（国际香精、芬美意、奇华顿）进行采购。当然，临时外购服务也存在，企业也需要与某些贸易伙伴进行短期合作。于是，根据对企业运营的重要性可简单地把合作伙伴分为重要合作伙伴和次要合作伙伴两大类。重要合作伙伴与企业关系密切，而次要合作伙伴与企业的关系相对松散。一般而言，重要合作伙伴对构建供应链合作关系的影响较大，应引起供应链管理者的高度关注。

我们可进一步根据合作伙伴在价值链系统中的增值作用及其对供应链竞争力的影响，将合作伙伴分成战略合作伙伴、普通合作伙伴、有影响力的合作伙伴以及竞争性/技术性合作伙伴四种类型，供应链合作伙伴的分类见图 9.5。

显然，如果一个企业对其所在的供应链系统价值的贡献率（增值率）很低，一般很难能吸引其他企业与之合作。而一个企业越是拥有独特的资源和能力，如产品开发能力、设计加工能力、提供柔性服务的能力、项目管理能力，甚至是拥有核心技术抑或技术秘密（Know-How），一般地，该企业对其他企业的吸引力就越强。因为企业经营要扬长避短，而合作的目的则是为了取长补短。例如，英特尔公司在芯片开发上拥有核心能力，导致绝大多数计算机制造商都不得不与之合作。当然，如果一个企业在某业务领域越擅长，越专业，不但其在同类企业中的竞争力越强，而且越能提升其所在供应链的竞争力。

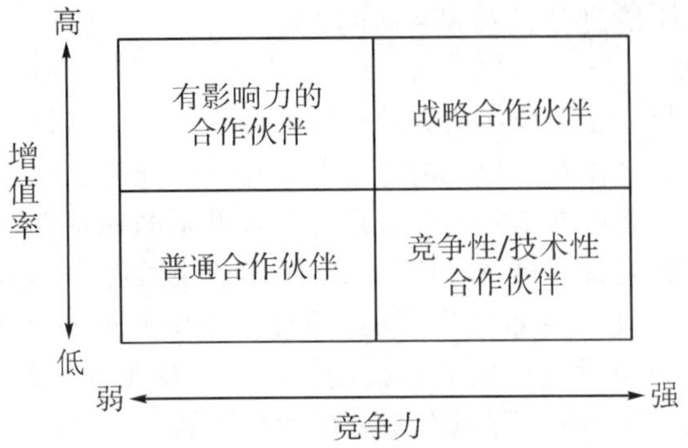

图 9.5　供应链合作伙伴的分类

在实际运作中，应根据企业的不同需要选择不同类型的合作伙伴并与之建立相应的合作关系。例如，就长期而言，要求合作伙伴具有较强的竞争力和较高的增值率，则最好是选择战略性合作伙伴。若某企业对某公司非常重要，需要与之进行长期合作，宜与之建立战略联盟。就短期而言，宜选择普通合作伙伴，满足需求即可，以降低维系双方关系的成本。就中期而言，应根据企业需要，选择有影响力的合作伙伴或竞争性/技术性合作伙伴。四种合作伙伴类型的比较见表 9.1 所示。

表 9.1　四种合作伙伴类型的比较

比较项目	伙伴类型			
	普通合作伙伴	技术性合作伙伴	有影响力的合作伙伴	战略合作伙伴
产品特点	低值的一般产品，充分供应、产品结构开放	偏向开放性产品	定制化、产品结构封闭	完全定制化、产品结构封闭
规制形式	契约	契约+部分专用性投资	契约+专用投资+部分信息共享	专用人才投资+高度信息共享
契约的作用	非常大	较大	较小	很小
管理特点	严格控制	利用型	支持、帮助	战略协同

二、供应链合作伙伴选择的决策因素

供应链合作伙伴的选择涉及范围较广。在过去，人们关注和研究得较多的是有关供应商的选择问题。然而，随着市场转型，企业竞争的焦点逐渐转移到了供应链下游，因而，分销渠道成了厂商经营成功的关键。故企业不仅要加强与供应商的合作，还应加强与分销商，尤其是零售商的合作，建立前向渠道联盟。此外，供应链合作伙伴的选择还涉及物流服务商、金融机构、信息服务商等合作企业的选择。

当前，我国企业在选择合作伙伴时存在较多的问题，主要表现在主观成分过多，往往凭印象来选择；选择标准不全面，没有形成完整的综合评价指标体系，不能很好地指导企业评价、选择合作伙伴。因而，建立科学、合理的综合评价指标体系非常有必要。

1. 综合评价指标体系的设置原则

（1）系统全面原则。评价指标体系必须能全面反映合作伙伴目前的综合实力，而且还应该包含能反映企业未来发展前景的各方面指标。

（2）科学简明原则。评价指标体系的设置应具有科学性，大小应适宜。如果指标体系过大，指标层次过多、指标过细，势必将评价者的注意力吸引到细微的问题上，出现“一叶障目”的现象，导致评价者“只见树木，不见森林”；而指标体系过小，指标层次过少、指标过粗，又不能充分反映合作伙伴的实力。

（3）稳定可比原则。评价指标体系的设置应具有一定的稳定性，应能满足企业当前及未来发展的需要。此外，还应横向对比主要竞争对手（包括最强大的竞争对手）、行业领导者以及其他行业翘楚的相关评价标准，博采众长，努力做到国际领先。

（4）灵活可操作原则。所设置的评价指标应具有一定的灵活性，应当可行且便于操作。

综上所述，评价指标体系应系统、全面，评价指标应具有简明性、适用性、一致性、可行性、可操作性、相对稳定性和前瞻性等特点。

2. 综合评价指标体系结构

综合评价指标体系是反映企业和环境所构成的复杂系统的不同属性的指标按隶属关系、层次结构有序组成的集合。一般地，应包括企业业绩评价、业务能力评价、质量体系评价、企业环境评价等指标。合作伙伴选择的综合评价指标体系如表9.2所示。

表9.2 合作伙伴选择的综合评价指标体系

企业业绩评价			业务能力评价					质量体系评价						企业环境评价				
成本效益分析	企业信誉	企业发展前景	运营管理	人力资源管理	财务管理	研究开发	市场营销	物流服务	质量体系	产品开发中的质量	供应开发中的质量	制造中的质量保证	质量检验和试验	质量资料与质量职员	政治与法律环境	经济环境	技术环境	社会文化环境	自然环境

［小贴士］

典型的质量认证体系

目前有很多质量认证体系可以用来对合作伙伴的质量进行认证。其中，ISO 9000质量管理体系认证运用较广泛。ISO 9000提供了最基本的质量保证的定义和指导，ISO 9001才是真正的质量体系，主要为设计开发、生产、安装以及服务提供合适的质量体系。ISO 9002和ISO 9003是ISO 9001的子系统，ISO 9002涉及生产和安装，而ISO 9003涉及最终检测和检验，ISO 9004则涉及全面质量系统的开发。ISO 9000的资格认证和注册登记要经授权的第三方进行现场审核。而对于一些专门领域则有专门的认证标准，如：在软件开发领域，有软件开发质量保证体系CMM；在汽车领域，有美国汽车工业协会发起的Quality System 9000质量管理系统；在环境开发保护领域，有ISO 14000环境管理标准；在企业的职业安全卫生管理方面，有OHSAS 18001职业安全卫生管理体系。

三、供应链合作伙伴的选择方法

供应链合作伙伴的选择方法比较多，通常包括直观判断法、招标法、协商选择法、加权平均法、采购成本比较法、ABC成本法、层次分析法、合作伙伴选择的神经网络算法等。

每种方法都有其优点、缺点和适用条件。企业应该根据需要恰当选择。

（一）直观判断法

直观判断法是在对合作伙伴走访、调查、征询以获得第一手资料的基础上，结合决策者的分析判断，对合作伙伴进行评价、选择的一种方法。这种方法主要是倾听和采纳有经验的从业人员的意见，或者直接由决策者凭经验做出判断。常用于选择普通合作伙伴，例如选择企业非主要原材料的供应商。

（二）招标法

当合作伙伴（如供应商、物流商、合同制造商等）的业务成本占目标企业总成本的比例较高，而且潜在的合作伙伴数量较多、竞争比较激烈时，目标企业可以采用招标法来选择合作伙伴。该方法一般由目标企业提出招标条件，潜在的合作伙伴进行竞标，然后由目标企业决标，选择产品/服务质量最好但价格（或成本）最低（可以是质量和服务相当但价格/成本最低，也可以是价格/成本相同但质量和服务最好）的合作伙伴并与之签订合同或合作协议。招标法包括公开招标、邀请招标、两段式招标等形式。公开招标也称无限竞争性招标。采用该招标形式，企业对投标人的资格不予限制。公开招标具有竞争性强、择优率高、避免贿标等优点，有利于企业在较大范围内选择相对满意的合作伙伴，有利于降低企业经营成本。但是公开招标成本较高、程序复杂、历时较长，不能满足企业的紧急需要。邀请招标也称有限竞争性招标或选择性招标，是由招标人选择一定数量的合格企业（3 家以上，一般 3~10 家为宜），向其发出投标邀请书，应邀单位在规定的时间内向招标人提交投标意向并进行投标的一种招标方式。邀请招标具有以下特点：不公开发布招标公告，合作伙伴接受邀请才能投标，虽然限制充分竞争，但节省时间和成本。招标法竞争性强，择优率高，是企业常见的业务伙伴选择方法。

（三）协商选择法

协商选择法是指先由目标企业选出条件较为有利的几个潜在的合作伙伴，然后分别同他们进行协商，在协商的基础上确定拟选择的合作伙伴的方法。与招标法相比，由于目标企业与合作伙伴进行了充分的协商，一般在产品/服务质量、交货日期/服务时效及售后服务等方面比较容易达成共识，有利于合同的履行。当时间紧迫、潜在的合作伙伴数量较少、不能事先准确计算出标的的价格总额或合作伙伴的服务成本或目标企业的总体拥有成本（TCO）、标的的规格和技术复杂或者性质特殊、招标后没有企业投标或者没有合格的标的或者重新招标未能成立时，采用协商选择法比较合适。但协商选择法也有不足，由于选择范围有限，企业不一定能够选择到最佳的合作伙伴。

（四）加权平均法

该法是指企业在选择合作伙伴时，通过对决策影响因素分别评分，并根据各决策影响因素的重要度分别赋予其一定的权重①，通过加权平均来选择合作伙伴的常用方法②。例如，在选择供应商时，决策影响因素主要包括物料的质量、价格（或成本）、交货期、柔性服务能力（包括柔性供货或提供柔性售后服务等能力）、合作意愿或态度、研发能力③、财务实

① 各影响因素的权数之和为一。

② 计算公式为：$\bar{x} = \sum_{i=1}^{n} X_i P_i$，选择综合评分最高者。

③ 在建立供应商伙伴关系时，供应商的早期介入或供需双方的早期参与（EPI/ESI）很重要，供应商往往要能为制造商定制开发、供应某些部件，此时需要考虑供应商的研发能力。

力、信誉、地理位置等；在选择物流服务商时，决策影响因素主要包括服务质量（主要通过货损率或商品完好率、准时交货率、配送率等KPI来反映）、价格、柔性服务能力、行业服务经验（如从事冷链物流服务或危险品物流服务的年限）、财务实力、信誉等。一般而言，选择不同类型的合作伙伴，其评价标准或决策影响因素往往有一定的差别。

下面以供应商的选择为例来加以说明。假如有三家备选的供应商，供应商选择的加权评分如表9.3所示。

表9.3 供应商选择的加权评分

供应商	质量（0.2）	价格（0.2）	交货期（0.15）	柔性服务（0.1）	信誉（0.15）	研究开发（0.1）	地理位置（0.1）	加权平均分（$\sum_{i=1}^{7} X_iP_i$）
甲	90	80	80	95	90	85	90	86.5
乙	85	80	70	85	80	75	80	79.5
丙	70	75	85	80	85	80	85	79

通过计算，我们应该选择综合得分最高的甲供应商。

（五）采购成本比较法

采购成本比较法是企业通过计算、分析、比较针对各个同类合作伙伴（如供应商、物流服务商或其他服务商等）的采购成本，以选择采购成本较低的合作伙伴的一种方法。对于质量、交货期（或服务时效）及其他条件（如信誉、财务实力、研发能力等）都能满足企业需要的合作伙伴，企业可以通过计算采购成本选择合作伙伴。企业的采购成本一般包括购置成本（包含货款、运费等）、订购成本（包括差旅费、通讯费、订单跟踪费用等）等与采购有关的成本、费用。

例9-1 A企业计划采购某种物料200吨。甲、乙两家供应商供应的物料均符合A企业的采购需求，而且信誉都比较好。供应商甲距离A企业比较近，其报价为320元/吨，运费费率为5元/吨，订购费用为200元/次；供应商乙距离A企业比较远，其报价为300元/吨，运费费率为30元/吨，订购费用为500元/次。请通过计算判断A企业应该选择哪家供应商并请说明理由。

解：若A企业选择由甲供应商供货，采购成本为（320+5）×200+200=65 200（元）。

若A企业选择由乙供应商供货，采购成本为（300+30）×200+500=66 500（元）。

显然，A企业选择由甲供应商供货的采购成本比较低；而且甲供应商距离A企业比较近，便于双方进行沟通与协调，方便A企业管理供应商。故应该选择甲供应商。

（六）ABC成本法

供应链活动是增值与成本增加相结合的过程。人们完成一项活动（或作业）可以使产品或半成品的价值增加，但其成本也会增加。美国芝加哥大学的青年学者库伯和哈佛大学教授卡普兰于1988年提出作业成本法（activity-based costing，ABC）。该法主要用于对现有流程的描述和成本分析，即将现有的业务进行分解，找出基本活动，着重分析各个活动的成本，特别是活动中所消耗的人工及相关资源的成本。为了对供应商进行综合评价，库伯和卡普兰提出了总体拥有成本（TCO）的概念，即通过计算买方的总成本来评价、选择供应商。鲁德霍夫和科林斯于1996年首次提出对供应商进行评价和选择的ABC模型。该方法是针对单一订单，在多家供应商中进行优选。其基本思路是供应商提供的产品的任何缺陷都会导致买方的总成本增加。该方法让评价者对照相对重要性函数表，给出因素的两两比较的重要性等级，因而可靠性高、误差小，不足之处是遇到因素众多、规模较大的供应商等合作伙伴的选择时容易出现问题，比如判断矩阵有时难以满足一致性要求。

（七）层次分析法

韦伯等人提出利用层次分析法进行合作伙伴的选择。层次分析法（analytic hierarchy process，AHP）是一种定性与定量分析相结合的多目标决策方法。其基本原理是根据具有递阶结构的目标和子目标（选择准则）及约束条件等对合作伙伴进行评价和选择。首先用两两比较的方法确定判断矩阵，然后把判断矩阵的最大特征值与相应的特征向量的分量作为相应的系数，最后综合出每个潜在合作伙伴各自的权重（优先程度），通过对优先程度的比较实现对合作伙伴的选择。

（八）神经网络算法

人工神经网络（artificial neural network，ANN）是20世纪80年代后期迅速发展的一门新兴学科。ANN可以模拟人脑的某些智能行为（如知觉、灵感和形象思维等），具有自学习、自适应和非线性动态处理等特征。因此将ANN应用于供应链合作伙伴的评价选择，意在建立更加接近于人类思维模式的定性与定量相结合的综合评价选择模型。评价选择者通过对给定样本模式的学习，获取评价专家的知识、经验、主观判断及对目标重要性的倾向。当企业对合作伙伴进行综合评价时，该方法可以再现评价专家的经验、知识和直觉思维，从而实现定性分析与定量分析的有机结合，并能较好地保证合作伙伴综合评价结果的客观性。但人工神经网络算法复杂，不易掌握，复杂问题的神经网络的训练必须有大量数据支撑，否则训练出的神经网络可能只能处理非常有局限性的问题。

四、供应链合作伙伴选择的步骤

供应链合作伙伴的综合评价与选择主要涉及以下七个步骤，供应链合作伙伴选择的步骤见图9.6，对企业来说，每一步都是一次改善。

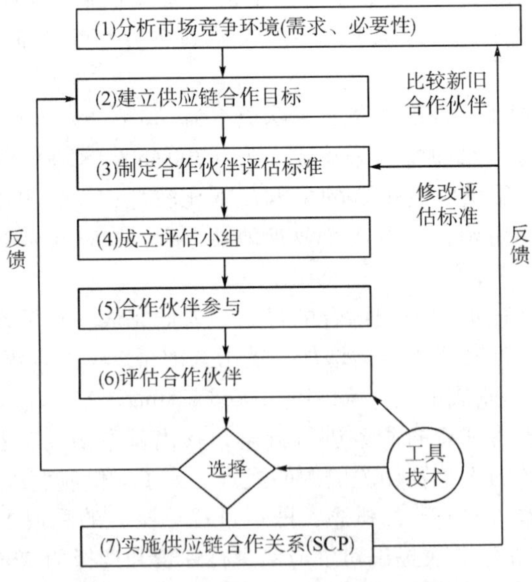

图9.6　供应链合作伙伴选择的步骤

（1）市场竞争环境分析。在建立供应链合作关系之前，首先应进行市场竞争环境分析。按照波特竞争模型，有五种力量对企业的生存与发展构成威胁：同业竞争者、顾客、供应商、潜在进入者/新入侵者、替代品/替代服务提供者。其中，同业竞争者的竞争力量最直接也最强大，其次是顾客讨价还价以及要求提供优质服务所构成的威胁，再次是供应商讨价还价以及未必能满足买方需求所构成的威胁，之后是替代品或替代服务的替代威胁，最后是潜在进入者对企业构成的潜在进入威胁。如果竞争非常激烈，企业一般应建立供应链合作关系，通过成员企业的分工与合作，组建战略联盟以抗衡竞争对手的竞争。

需要说明，明确顾客的需求极为重要，因为顾客的需求是供应链运营的驱动力。供应链管理者首先应该明确顾客的需求，包括产品类型（功能型/创新型）及服务特性（例如需求的紧急度，是否要求提供 JIT 配送服务等）。

如果企业已建立供应链合作关系，则应根据市场需求的变化确认是否需要对供应链合作关系进行优化。在这一阶段，应同时分析、总结本企业及合作伙伴存在的问题，以便及时改进。

（2）建立供应链合作目标。在环境分析的基础上，企业必须建立与供应链成员企业合作应达到的目标。比如，合作的目标是提高产品质量或服务质量，还是降低企业经营成本，抑或是缩短交货期，或者是获得采购批量柔性（批量采购与柔性供应）。

［案例］ **宜家与供应商的合作**

作为全球最大的家居商品零售商，宜家公司的基本思想就是低价位，使设计精良、实用性强的家居产品能够为人人所有。为此，宜家必须从供应商那里采购到低成本、高质量、符合顾客要求而且环保的产品。为了实现这一目标，同供应商的关系就显得非常重要。目前，宜家的供应商有 1 800 家，分布在世界上 55 个国家。宜家认为同供应商的密切接触是理性和长期合作的关键，它在 33 个国家设立了 42 个贸易公司来专门负责采购以及发展同供应商的合作关系。这些贸易公司的员工经常造访供应商，从而监督生产、测试新方案、商谈价格和进行质量检查，负责向供应商传授知识，例如：在效率、质量和环保工作问题上对他们进行培训，他们还负责制定并检查供应商的工作条件、社会保障和环保工作等重要任务。

（3）制定合作伙伴评估标准。接下来，企业应将目标细化、分解，开发出一整套综合评价指标体系，作为企业评价选择合作伙伴的依据或标准。在开发评价指标体系时，应根据前述“系统全面、科学简明、稳定可比、灵活可操作”的原则，并结合不同行业、不同企业、不同的经营环境以及特定的产品市场需求来进行。

（4）成立评估小组。成立评估小组是评价、选择合作伙伴的重要步骤。评估小组一般应由相关部门的管理人员或专业技术人员组成，必要时还应该有企业外部专家参与。组建评估小组时，应突出团队成员优势互补的特点，确保每个成员都能从专家角度对合作伙伴做出评估。例如，对供应商进行评估时，一般应从采购与供应管理部门、质量管理部门、生产管理部门、研究开发部门以及工程技术等部门抽调相关人员组成评估小组，目的是能从多角度、多方位对供应商的供应能力、物料品质、信用状况、财务状况、生产能力、研发能力等做出尽可能科学、客观、公正的评价。

（5）合作伙伴参与。一般地，评估小组要亲临合作伙伴作业现场进行实地考察以获得第一手资料，并对合作伙伴进行初步评估。当初步选择了合作伙伴后，接下来就是双方的初次合作，亦即让合作伙伴参与到企业的相关业务活动中来。通常，双方会有一段时间（如

2~3 个月）的接触，这是合作的尝试阶段，一般称之为“试合作”。特别是对于关键合作伙伴，企业在选择时往往很慎重，不会一经实地考察后就立即选定。

（6）评估合作伙伴。根据考察、走访、“试合作”所获得的合作企业的有关信息，企业会根据综合评价指标体系对合作伙伴的信用、财务、生产、研发等能力进行综合评估。在评估时，需要利用一定的技术、工具和决策方法进行评价选择，例如前面述及的采购成本比较法、ABC 成本法、层次分析法以及神经网络算法等方法。如果最终选定了合作伙伴，双方就会建立供应链合作关系；否则，企业会重新寻觅、评价、选择合作伙伴，直至满意为止。

（7）实施供应链合作关系。在实施供应链合作关系的过程中，市场需求将不断变化，应根据实际需要及时修改合作伙伴评价标准，或重新对合作伙伴进行评价选择。在重新选择合作伙伴时，应给予昔日的合作伙伴足够的时间以适应变化。

需要说明，尽管从理论上讲，合作伙伴的评价与选择有一个先后次序，然而在实际运作中，这些步骤往往相互联系，交错重叠，决策者应根据企业的具体需要选择其中的某些步骤，选择的过程是动态的。

9.4 供应链合作关系的构建

随着市场竞争的加剧，企业的竞争逐渐演变为供应链与供应链的竞争。核心企业与上下游企业、物流服务商、金融机构、信息服务商以及用户建立起供应链合作关系，从供应链管理的角度对企业经营管理进行重新思考，目的是实现供应链价值的最大化，提升供应链企业群体的竞争力。

一、供应链合作关系的概念与内涵

供应链合作关系（supply chain partnership，SCP），是指供应链成员企业在一定时期内信息共享、风险共担、共同获利的协议关系。

供应链合作关系是具有供求关系的企业为了实现共同的目标而结盟。合作的目的是降低供应链系统成本、缩短交货期、降低安全库存量、增强信息的透明度、保持合作伙伴之间运作的一致性、提高客户服务水平。供应链成员企业的合作要求各参与体在产品研发、设计、制造、分销以及售后服务等环节实现更好的协同，以增强供应链竞争力，使企业获得更强大的竞争优势。战略伙伴关系是供应链合作关系的高级阶段，也是近年来企业关系发展的趋势。

二、供应链合作关系的分类

供应链效率的改善、成本的优化、价值的最大化以及综合竞争力的提升依赖于供应链成员企业的协同努力，而供应链成员企业的相互依赖是供应链协同的驱动力。特别地，供应链成员企业对彼此相互依赖的认同程度决定了供应链关系的发展潜力，决定了供应链成员企业实施流程一体化、共享关键信息以及协同决策的意愿。

我们根据供应链成员企业信息共享的程度（信息系统整合程度）以及业务流程整合的程度将供应链关系划分为沟通关系、协调关系、合作关系和协同关系四种类型，供应链关系分类如图 9.7 所示。

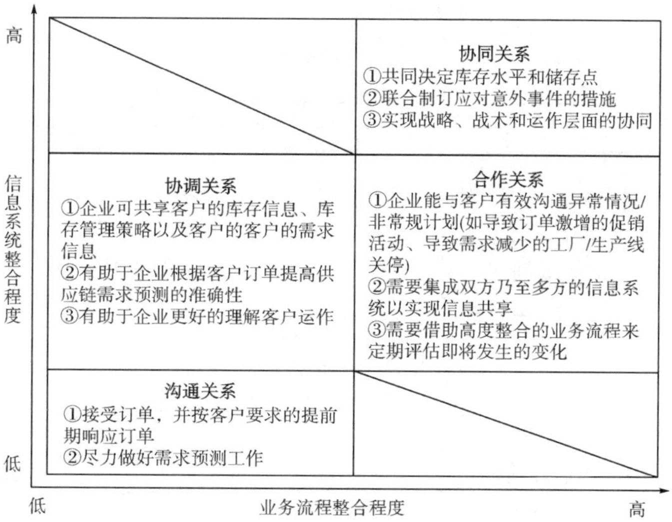

图 9.7　供应链关系分类

一般而言，核心企业需要与多家供应商、服务商和客户进行合作，还需要对合作伙伴进行有效管理。核心企业应该与不同类型的合作伙伴保持不同程度的合作关系，并且应该引导合作关系不断发展。为此，供应链管理者就需要正确选择供应链关系的类型，同时引导合作伙伴将供应链关系逐步向高层次发展。

三、企业加强供应链合作关系的意义

21 世纪企业的竞争已演变为供应链与供应链的竞争，竞争的焦点已从单纯的产品质量、功能和价格转向了缩短交货期、提供优质服务、打造强势品牌、提高产品的附加价值，满足顾客的个性化需求等方面。加强供应链成员企业间的合作，具有非常重要的意义。

首先，通过在供应链成员企业间建立战略伙伴关系，可以实现企业内外资源的优化配置，有利于企业实施“归核化”战略，将资源和能力集中于核心业务，培育并提升企业核心竞争力。通过以业务外包为纽带的企业合作，可以共享合作伙伴的核心能力。通过“强强联合”，可以增强供应链系统的核心竞争力，相应地，每个成员企业的竞争力也得以提升。

其次，通过加强节点企业间的合作，可以削减企业运营中的非增值环节，消除库存的重复设置，防止成本转嫁，降低供应链系统总成本，创造更多的“消费者剩余”，让顾客获得更多“可感知”的效用，最终实现供需双方的“双赢”乃至所有供应链节点的“多边共赢”。

最后，加强供应链合作关系，可以增强供应链的系统性和集成性，提高供应链的敏感性和响应性，增强供应链企业群体对市场需求的响应能力，可以在降低供应链系统总成本的同时，提高客户服务水平。

基于时间的竞争是供应链管理时代的一个显著特征，从供应链提前期的缩短中，可以看出供应链合作关系对企业经营的重要意义，供应链响应用户订单的提前期如图 9.8 所示。

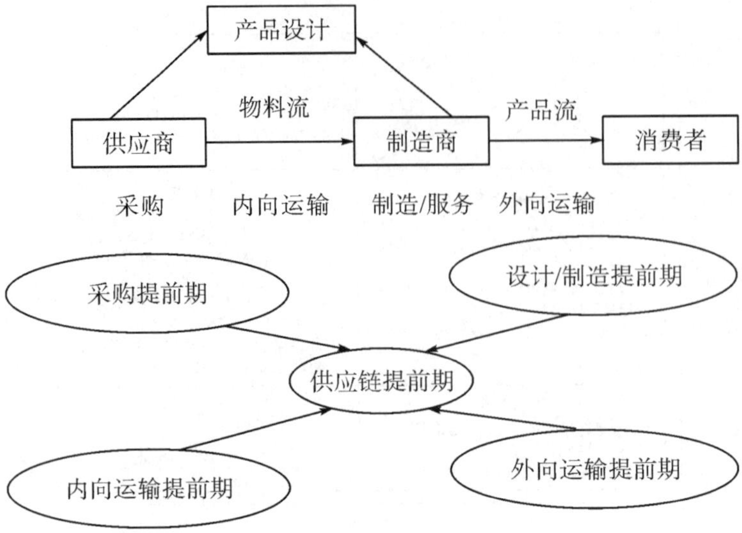

图 9.8 供应链响应用户订单的提前期

由图 9.8 可知，供应链响应用户订单的提前期由原材料、零部件的采购提前期、物料内向运输的时间、产品设计制造周期以及产成品外向运输的时间构成。通过加强制造商与供应商的合作，实施 JIT 采购与供应，可以缩短采购供应提前期；通过供应商在产品研究开发中的早期参与，可以缩短产品研发的周期，加快新产品上市的速度；通过加强企业与物流服务商的合作，可以加快物料内向运输与产成品外向运输的速度，减少物料及产品在各节点的停留时间，进而加快物流的流速，最终缩短供应链对用户订单响应的提前期。显然，加强供应链合作关系的意义极其重大。

四、供应链合作关系的构筑策略

要构建良好的供应链合作关系，首先要得到企业决策层的支持，公司高层的态度是建立供应链合作关系的基础和前提。其次，应进行战略分析。合作伙伴的选择，供应链合作关系的构建，都应该在公司战略的指导下进行，并能最大限度地支持公司的竞争战略。再次，要建立协调一致的供应链运营模式，要解决业务流程和组织结构上的障碍。

在评价和选择合作伙伴时，应充分考虑合作伙伴的核心业务和关键能力及其在供应链中的准确定位。合作伙伴的选择应遵循利益相关、优势互补的基本原则。此外，还应充分考虑合作伙伴的经营理念、组织结构、管理风格、企业文化是否兼容，如果不兼容，是否有进行组织变革、文化重塑的可能。

在建立供应链合作关系的实质阶段，要进行需求分析，建立双赢合作机制；要建立有效的沟通渠道，实现战略、战术、运作层次的沟通；要构筑供应链信息系统，实现实时信息共享；要进行技术交流与合作，并提供产品设计支持；要能对合作伙伴提供管理、技术培训服务以及财务资源的支持（如采购商向供应商预付货款）。开诚布公，诚实守信，合作双赢，是建立供应链合作伙伴关系的关键。

五、供应链合作关系的建立步骤

建立供应链合作关系一般要经历以下三个步骤，供应链合作关系的建立步骤见图 9.9。

图9.9 供应链合作关系的建立步骤

构建供应链合作关系的过程比较复杂，通常包括需求分析、确定合作伙伴的选择标准、合作伙伴参与（试合作）、对合作伙伴进行评估、选定合作伙伴、建立供应链合作关系等阶段。特别是在合作的初期，双方一般要经历一个磨合过程，不可能一蹴而就。其中，选择合作伙伴非常关键，故一定要一丝不苟地做好合作伙伴的评估与选择工作，以确保供应链合作关系的顺利构建。

9.5 供应链协同管理

[案例]　　汽车制造商与供应商和物流服务商的协同

汽车行业率先推行基于第三方物流服务的多供应商条件下的一体化供应物流模式。其运作流程如下：除少数本地供应商直接向汽车制造商供应汽车零配件外，大部分供应商由一家第三方物流服务商制订一体化的供应物流计划，按照供需双方的供求信息，通过循环取货（milk-run）方式，将汽车零配件从供应商处送达制造商工厂附近的临时储存点，并按照准时生产（JIT）的要求，合理运用供应商管理库存（VMI）策略，将需要组装的配件排序上线（JIS），由此实现供应物流一体化，进而实现供应物流与生产物流的无缝衔接，最终实现制造商、供应商和第三方物流服务商的协同。其中，循环取货模式由风神物流有限公司开发成功并获得专利，其后在上海通用汽车有限公司、一汽丰田汽车有限公司、上汽大众汽车有限公司等多家汽车制造商中推广。

一、供应链协同管理的概念与内涵

供应链协同是指供应链成员企业为实现共同的目标而共同制订计划，在实时信息共享的基础上同步协调运作，以实现供应链流程的无缝衔接。供应链协同应以信息共享、相互信任、群体决策、流程无缝衔接和共同的战略目标为基础。

供应链协同管理的概念与内涵(微课)

供应链协同管理（supply chain collaborative management，SCCM）是对供应链各节点企业间的合作进行计划、组织、协调和控制。实施供应链协同管理，可以将供应链中分散在各地、处于不同价值增值环节、具有特定优势的企业联合起来，以协同机制为前提，以协同技术为支撑，以信息共享为基础，从系统全局出发，促进企业内外协调发展，开创“共赢”局面，实现供应链价值的最大化。

按照决策的范围与时限，供应链协同管理可以分为战略层供应链协同管理、战术层供应链协同管理和技术层供应链协同管理（见图9.10）。战略层供应链协同管理是供应链管理的核心，主要内容包括：供应链设计、文化价值的融合、发展目标的统一、利益共享、风险共担、协同决策、标准统一、界定供应链管理的目标和范围、对供应链管理进行总体规划。战术层协同处于承上启下的地位，是供应链管理的中心问题，主要包括需求预测协同、生产计划协同、采购协同、制造协同、物流协同、销售与服务协同等内容。技术层协同主要是指通过协同技术为供应链成员企业提供实时交互的共享与沟通平台，确保同步运作与信息协同，同时增加供应链端到端的透明度，提高决策的快速性和有效性。技术协同是实现供应链协同的基础和关键，它为战略协同和战术协同提供有力的支撑。技术层协同的内容包括：信息采集、存储与传输等的标准化，平台构建，智能处理和保密制度，等等。协同技术主要有多智能体技术、工作流管理技术、应用软件技术等。

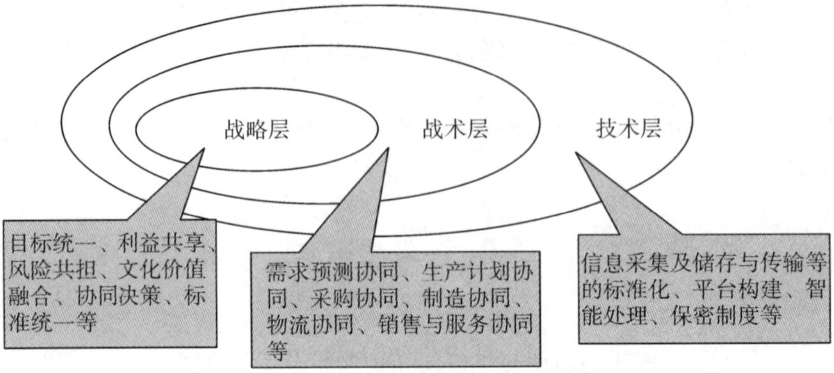

图 9.10　供应链协同管理的层次

二、供应链企业内部协同

（一）企业物流从分散管理模式向集中管理模式转变

1. 传统的企业物流分散管理模式

传统意义上，企业物流的各项功能被人们视为辅助性或支撑性活动，企业物流职责也被分散在整个企业中。如供应物流、生产物流、销售物流往往被分别归入企业的采购、生产和销售等职能部门管理，逆向物流也被归入采购退货以及客户退货（市场营销的后续活动——售后服务或客户服务）等活动中。

传统企业典型的物流分散管理组织结构如图 9.11 所示。

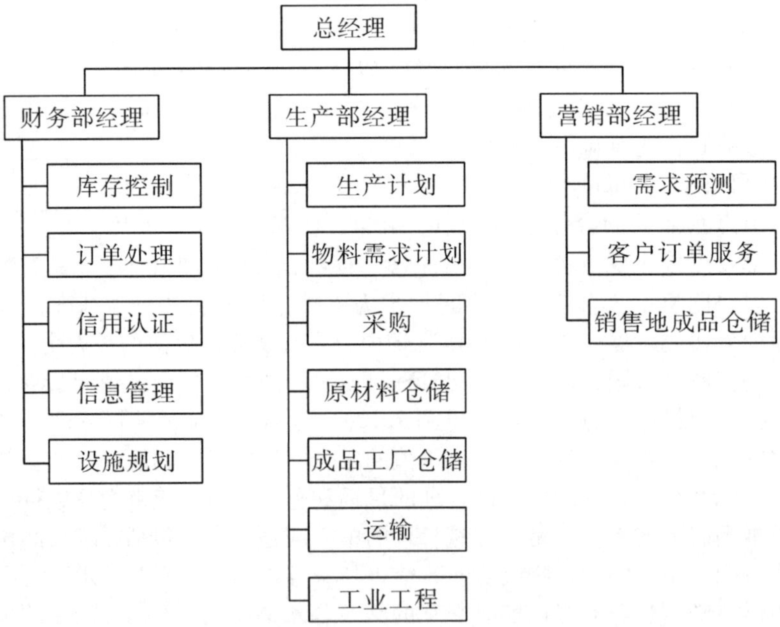

图 9.11　传统企业典型的物流分散管理组织结构

传统企业物流的分散管理模式存在以下弊端：①各项物流活动之间缺乏协调，从而导致重复和浪费；②物流各环节活动之间存在信息传递的延迟、扭曲和失真，导致物流活动低效；③管理部门的职责不清，影响了物流服务的质量和效益。

2. 供应链管理环境下的企业物流集中管理模式

随着供应链管理时代的来临，越来越多的企业管理者开始重组和整合企业分散的物流功能，形成一个将物流业务归口统一管理的部门，以实现对企业物流的一体化管理。其目的是促进物流一体化整合，让管理者系统思考某个特定物流功能的决策和流程会怎样影响其他物流功能的绩效，从而克服二律背反，提升物流系统的绩效。

[案例]　　海尔集团物流资源的优化重组

海尔集团整合企业内外部资源，成立了隶属于物流部门的采购事业部、配送事业部和储运事业部。集团通过统一采购每年节约上亿元资金，原材料成本同比降低6%；通过统一仓储，不仅减少了20万平方米的仓储资源，而且呆滞物料降低了90%，减少了63%的库存资金占用；通过统一配送，在全国范围内可以调拨16 000辆货运车辆，运输成本大大降低。

供应链管理环境下的企业物流集中管理组织结构如图9.12所示。

在图9.12中，管理者对企业物流的各项功能与活动进行了整合，将其交由企业的最高管理层统一集中管理。尽管拥有这样科学且健全的物流管理组织结构的企业少之又少，但是将尽可能多的物流计划、功能与运作归口统一管理已是大势所趋。物流总监对企业物流活动统一管理，而企业物流活动又需要与其他供应链物流活动协同整合，以实现供应链采购、生产、物流以及客户服务的一体化运作，更好地满足终端客户的需求，实现供应链绩效最大化。

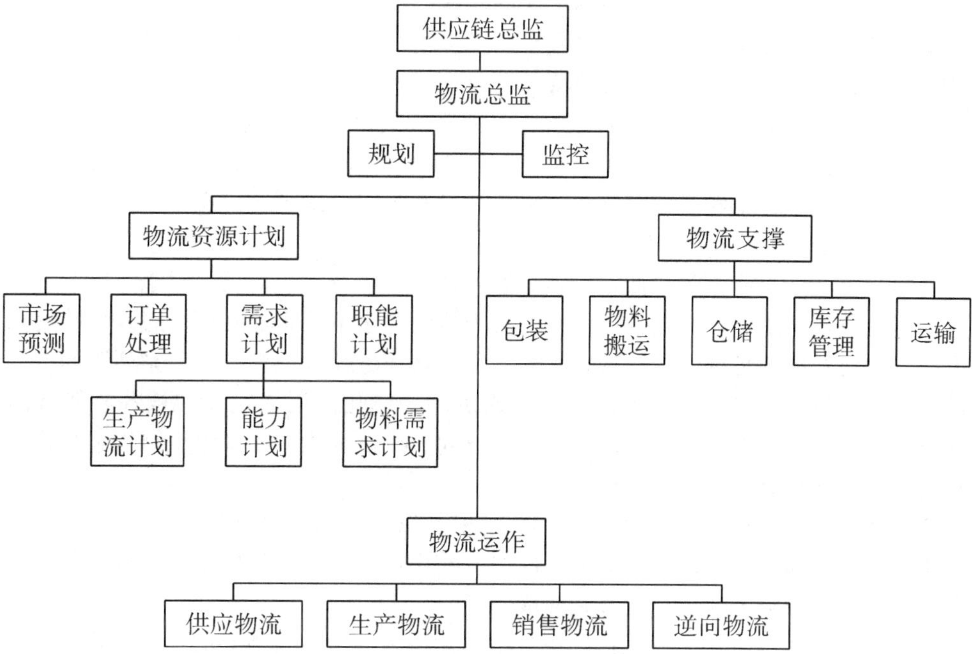

图9.12　企业物流集中管理组织结构

（二）企业组织结构从职能型向流程型转变

1. 传统的职能型组织及其存在的问题

传统企业的组织结构多为职能专业化模式，即企业按照职能专业化分工的原则来设置职能部门、配备人员、开展业务活动和管理活动。企业通过各部门的分工与协作，以期达成预期的经营目标。

为了对职能部门进行有效的管理和控制，传统企业通常采用一种纵向“金字塔”形的层级式组织机构。这种组织结构具有职能多、部门多、等级制度严格等特点，适合经营环境稳定、产品导向的大规模生产，因而这种“科层式”组织又有“机械式”组织之称。其工作内容多是简单重复的劳动，业务处理周期较长。

职能专业化能够提高劳动生产率和部门工作效率，但其缺点也日益暴露，如分工带来了本位主义思想，滋长了部门管理者的隧道视野；分工使劳动者的工作变得单调乏味，影响了员工的工作热情和创造性思维；分工引起了业务流程的复杂化，增大了部门间协调的工作量，降低了企业整个业务流程的效率；分工还导致部门之间决策冲突和目标冲突，甚至出现各部门为争夺企业的宝贵资源而展开激烈的竞争，增大了企业内耗，造成“局部最优”但“整体不优”的局面。其结果导致企业的经营成本增加、服务水平降低、竞争力下降。

事实上，很多部门目标是可以通过部门之间的协同来实现的。比如，如果物流部门能够及时从营销部门获得充分的客户需求信息，同时，能够从生产部门得到快速的补货，就可以把库存控制在较低的水平。因此，企业通过跨职能的流程一体化，以流程思想和合作精神进行协同决策，协调各部门的行为，就可以减少职能型组织的低效，释放出巨大的竞争潜能。

2. 供应链管理环境下的流程型组织

[案例]　　海尔集团的流程型组织

为了实现供应链流程一体化，海尔集团对供应链中的物流、资金流、信息流以及企业的商流进行了全面规划，把原来各事业部的采购、配送、销售业务全部分离出来，整合成商流推进本部、物流推进本部、资金流推进本部，实现全集团统一营销、统一采购和统一配送。整合以后，商流推进本部和海外本部从全球用户资源中获取订单形成订单信息流，传递到产品本部和物流本部。物流本部组织采购和配送，产品本部组织生产，成品通过配送网络送达最终客户手中。这样就形成了横向网络化的同步业务流程。

传统的职能型组织流程效率低，顾客满意度低，对市场变化的反应迟缓。因此，在顾客日益挑剔、竞争日益激烈、变化日益频繁三股力量的冲击下，企业必须彻底改变传统的工作组织方式，从更好地满足企业内外顾客需求出发，将业务流程所涉及的一系列跨职能、跨边界的活动集成和整合，以首尾相连的、完整连贯的一体化流程取代以往被各职能部门割裂的、片段粘合式的破碎性流程，构建以客户为导向、以流程为中心、组织结构扁平化、跨职能及跨企业边界的动态一体化的流程型组织。

与传统职能型组织相比，流程型组织将企业内部孤立的、局部的流程连接在一起，使流程不再割裂，组织简化，管理层级减少；同时，使供应链各环节集中整合，资源共享，形成规模效应，加快订单响应速度，提升企业成本竞争力。

流程型组织具有以下三个特点：第一，组织营造一种由自我指导的工作团队高度参与的工作环境，以便激发士气；第二，组织通过管理流程而非管理职能来提高工作效率；第三，组织成员借助信息技术手段实时共享相关信息，信息技术促进流程再造，实现组织结构扁平化。

供应链管理环境下的流程型组织结构如图 9.13 所示。

高层管理者

流程类型	流程团队
需求计划管理	营销、销售、物流、生产、财务、信息技术
客户关系管理	营销、销售、物流、信息技术
订单履行/客户服务	销售、订单处理、物流、客户服务、会计
产品/服务研发	新产品开发、营销、采购、生产、物流
客户化生产	采购、生产、物流
供应商关系管理	采购、生产、信息技术
生命周期支持	采购、物流、客户服务、财务
逆向物流	物流、客户服务

图 9.13　供应链管理环境下的流程型组织结构

在供应链管理环境下的流程型组织（见图 9.13）中，八个关键流程分别由一个流程经理来领导，流程团队成员来自影响流程绩效的关键职能领域。

流程型组织与职能型组织的比较见表 9.4。

表 9.4　流程型组织与职能型组织的比较

比较项目	组织类型	
	流程型组织	职能型组织
目标	①注重产出；②市场导向	①注重投入；②预算导向
组织结构	①扁平化；②关注流程	①金字塔；②关注职能
运作机制	①针对客户的端到端管理；②简化的流程；③实现客户服务、成本和效率的整体优化	①存在职能界限；②缺乏内在的、有效的协调机制；③追求部门利益，局部优化
员工	①按流程安排；②强调综合技能；③工作以团队为中心；④关注客户	①按职能安排；②按专业技能分工；③工作以个人为中心；④对客户有限关注
沟通	水平方向	垂直方向
文化	①流程拥有主导权（分权，高度自治）；②以客户为焦点（客户导向）；③客户至上的理念	①按管理层级授权（着眼于控制）；②前方（市场）与后方（内部）分离；③以企业自我为中心的文化

综上所述，供应链管理就是在跨企业间实现流程一体化，其目标是通过供应链成员企业的有效互动，为终端客户提供增值的产品和服务。因此，流程型组织群体的协同运作构成了供应链管理的基础。

三、供应链企业间协同——协同供应链的构建

（一）协同供应链的概念与内涵

协同供应链的概念与内涵(微课)

在供应链协同过程中，成员企业之间由于不信任及供应链

关系的复杂性，往往会产生一定的冲突影响供应链的绩效。一般而言，供应链成员企业习惯于站在自身立场上思考问题从而形成管理惯性，使供应链管理的目标难以达成。这些管理惯性包括：只考虑企业自身的绩效而忽视供应链的整体绩效，只寻求企业自身的最优运作而忽视供应链的整体协调，成员企业之间的信息不对称，企业自身的激励依据与供应链的整体目标不一致等。为了消除上述管理惯性对供应链协同造成的消极影响，就需要构建协同供应链，通过实施更有效的协同实现供应链价值的最大化。

协同供应链（collaborative supply chain）是指供应链成员企业协同制订供应链计划，协同进行供应链运作，以期获取比企业自身单独运作绩效更大的供应链。协同供应链的成员企业之间需要建立信息共享、风险共担、共同获利的协同机制，通过资源和能力的共享，以更低的总成本为终端客户提供更加满意的服务，从而实现营利。

尽管协同供应链的建立基于供应链成员企业的共同目标，但是协同也是企业自身利益的实现过程。只有各成员企业认识到协同有助于企业自身的生存与发展，才会积极主动加入协同供应链。通常，各成员企业都在寻求自身的优化，如消除冗余的职能、减少日常事务、降低库存量、提高对客户订单的快速响应能力等。但是，只有当供应链成员企业通过彼此的协同努力给客户提供了满意的服务，才能真正获得单独运作所不能获取的营利机会。比如，协同供应链的物流竞争优势体现在货物配送的可靠性、配送速度的快捷性、配送成本的低廉性、配送区域的覆盖性以及对目标市场需求的快速响应性乃至售后物流服务的完美性等方面，每个为此做出贡献的供应链成员企业都会分享到由此带来的利润。

协同供应链的构建（微课）

（二）协同供应链的构建方法

1. 协同供应链的典型结构

协同供应链的典型结构如图 9.14 所示。

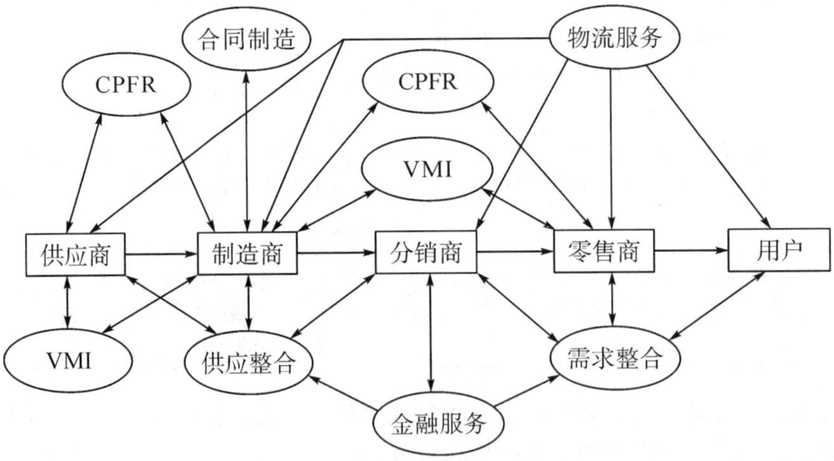

图 9.14　协同供应链的典型结构

在图 9.14 中，供应商、制造商、分销商、零售商等供应链参与体通过资源共享、责任共担、共同获利的协议关系服务于最终用户；合同制造商、供应整合商、需求整合商、物流服务商以及金融服务商等参与体共同为供应链的协同提供有效支撑；供应商管理库存（VMI）以及协同计划、预测与补货（CPFR）则是实现供应链协同的常用方法。

2. 协同供应链的构建流程

协同供应链的构建包含四个主要流程。首先是约定流程，其目的是识别企业协同的战略需求，找到具备适当能力的合作伙伴，并设定有关供应链绩效的共同目标；其次是计划流程，其目的是为管理相互依赖的资源、任务和未来所需的能力制订前瞻性的计划，以应对需求的波动以及对资源和能力的不足制订切实可行的措施；再次是实施流程，即供应链成员企业执行计划，管理日常运作，处理例外事件，以便更加有效地满足客户的需求；最后是评估流程，即企业通过对供应链的绩效评估，决定是否修改供应链计划以及是否修订或终止与合作伙伴的合作协议。

需要说明，企业间协同的强度取决于其影响供应链绩效的时间长度。短期协同主要是通过供应链成员企业的合作来满足客户常规和非常规的产品或服务需求；中期协同主要是通过供应链成员企业共担责任来实现产品设计与物流能力的同步，以应对更大范围市场需求的增长；长期协同的目标则是通过设定联合优先任务和共享能力创造出卓越的服务能力。

（三）协同供应链的框架模型

实现供应链协同的关键要素有五个，即协同绩效体系、信息共享、决策同步化、激励一致性和流程一体化。供应链企业群体只有抓住上述五个关键要素，有效沟通和协调，才能真正实现供应链的协同。

协同供应链的框架模型（微课）

协同供应链的框架模型如图 9. 15 所示。在该模型中，双向剪线代表五个关键要素之间是相互影响、相互制约、相辅相成的关系。

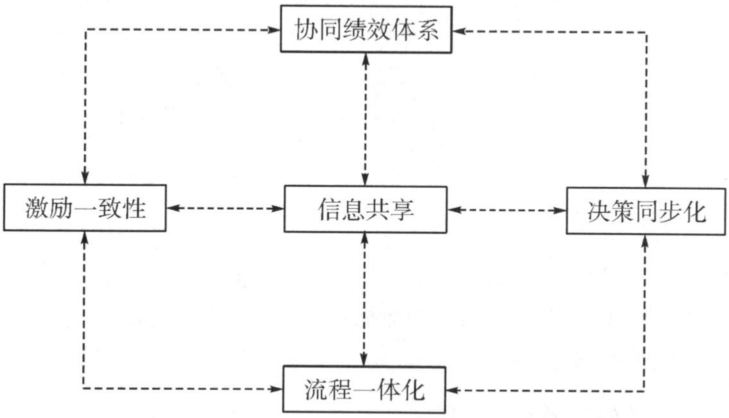

图 9. 15　协同供应链的框架模型

（1）协同绩效体系。协同绩效体系是指供应链成员企业共同开发、设计和运用供应链绩效评价指标（体系）来引导供应链参与体共同改善供应链的整体绩效。处于不同时期（例外管理期、改进期和回顾期）的协同供应链需要选择不同的绩效指标。

（2）信息共享。信息共享是指供应链成员企业通过共享彼此的专有数据和信息，以便对供应链计划和运作做出科学、有效的决策。我们可以从信息的相关性、及时性、准确性和可靠性等方面来评价信息共享对供应链协同的贡献。

（3）决策同步化。决策同步化是指供应链成员企业在计划与执行层面协同做出关键决策，以便提高供应链的整体绩效水平。这包括决策权的重新配置以及评价决策同步化的效果，后者主要基于对客户订单的响应性和供应链的营利性进行评价。

（4）激励一致性。激励一致性主要指供应链成员企业成本分摊、风险共担、共同获利的行为，涉及成本核算、风险评估、收益分配以及制订有效的激励方案等内容。我们可以从分配公平性和自我强制性两个方面来评价激励一致性的作用，后者主要指供应链成员企业在决策时自觉地与供应链整体绩效的改善这一共同目标保持一致。

（5）流程一体化。流程一体化是指供应链成员企业设计有效的供应链流程来实现提高客户服务水平和实现营利的双重目标。为此，供应链成员企业需要分工协调、同步运作，以实现流程的无缝衔接。

在供应链协同的五个关键要素中，流程一体化是供应链协同的具体体现，激励一致性是供应链协同的基础和前提，协同绩效体系是供应链协同的评价依据，信息共享是供应链协同的核心，决策同步化为供应链协同提供指向。其中，信息共享为决策同步化提供必要的条件，为协同绩效体系提供必要的信息，为流程一体化奠定基础，为激励一致性创造条件。而决策同步化为信息共享提出要求，为流程一体化提供决策依据，为激励一致性提供有效的激励方案，为协同绩效体系发挥作用提供保障。

9.6 供应链可视化管理

[案例]　　供应链事件管理（SCEM）系统给企业带来效益

美国一家零售商应用SCEM系统实时追踪供货运输状态，当供应的货物可能会延迟交付时系统会自动发出警报。借助该系统，企业能够及时预判供货会延迟，于是自动确定另一个供应源来避免缺货，这样就可以降低安全库存量、提高产品的可得性、提高企业的可视化水平及物流控制能力。运用该系统，该零售商第一年就减少了50%的安全库存量，价值超过2 000万美元，真正实现了“以信息代替库存”。

一、供应链可视化的概念与内涵

供应链可视化（visibility）即供应链信息化，是指企业借助现代信息技术手段，能够在供应链的任何环节实时获取供应链运营的相关数据和信息，并能够与供应链合作伙伴共享，进而提高供应链管理决策水平和供应链运作效率，提高供应链的整体绩效水平。

二、供应链成员的信息共享

要实现供应链协同，关键是供应链成员企业要能够实时信息共享。而多数企业管理者不愿意与企业内部其他部门和人员以及供应链合作伙伴共享信息。因此，通过自愿实现信息共享（以双赢为基础），是有效进行供应链关系管理的关键。

1. 供应链成员信息共享的益处

通过信息共享，以信息代替库存，可以有效减弱牛鞭效应，降低供应链系统的库存量，降低库存成本；通过信息共享，以信息代替时间，可以帮助供应链更快地响应客户的需求，提高客户满意度；通过信息共享，可以提高供应链成员企业协同预测的准确性，提高供应链计划的有效性；通过信息共享，可以实现供应链流程的无缝衔接、提高供应链流程的可视化水平；通过信息共享，可以提高企业新产品研究开发的针对性与适应性，提高供应链的产品竞争力；通过信息共享，有利于企业强化客户关系管理和供应商关系管理，提高供应链关系管理的效能；通过信息共享，可以增强供应链的系统性、集成性、敏感性和响应性，提升供应链的综合竞争力。

2. 供应链成员应该共享的信息种类

供应链成员企业应该共享销售时点信息（POS）、库存信息（ISF）、订单履行信息、成员企业的关键绩效指标（KPI）和产能等信息。其中，销售时点信息指零售商真实的销售数据而非其向供应商下达的订单，因为中间商的订货模式并不代表终端顾客的需求模式。库存信息指供应链各个环节的库存量及其变化的信息。供应链成员企业通过共享库存信息，可以提高库存的可视化水平，有利于降低供应链系统的库存量。订单履行信息指企业对客户订单的履行情况等信息。随着信息技术的飞速发展，供应链可视化程度在不断提高，电子单证的比例越来越高。客户在下达订单后可以获得一个订单号，通过订单号即可在线查询供应商的订单履行情况，包括货物是否已经发运以及货物在供应链中所处的位置。换言之，客户据此就可以跟踪装运以及进行货物状态查询。KPI 是指供应链成员企业的关键绩效指标，包括供应商和客户的绩效指标。这些指标要能够综合反映供应链的整体绩效水平，需要从供应链价值最大化的角度进行调整与优化。此外，供应链管理需要综合考虑供应链成员企业的计划，而产能信息是这些计划的重要输入。如果制造商的产能要做调整，供应链其他成员就需要相应调整计划与安排，既要避免缺货，又要能够更好地利用企业自身和整个供应链的资源。

3. 供应链成员在产品生命周期不同阶段的信息共享

供应链成员企业在产品生命周期的不同阶段需要共享的信息种类以及信息共享的强度是不同的。在投入期，供应链成员的合作与信息共享在很大程度上会改变一家企业关于生产多少新产品、怎样生产以及如何定价等决策。在成长期和成熟期，一家企业需要与供应商和客户共享大量的信息，包括 POS 数据、库存数据、订单履行信息和产能等信息。在衰退期，通过信息共享，可以避免企业积压大量的库存，并能够帮助管理者更好地做出逆向物流决策。

4. 供应链成员的信息共享方式

供应链成员的信息共享有两种基本方式，即蝴蝶结方式和菱形方式。一般而言，企业的采购部门和销售部门是企业同外部环境联系的桥梁和纽带，需要与供应链成员进行信息共享，这种信息共享方式被称作蝴蝶结方式，信息共享的蝴蝶结方式如图 9. 16 所示。

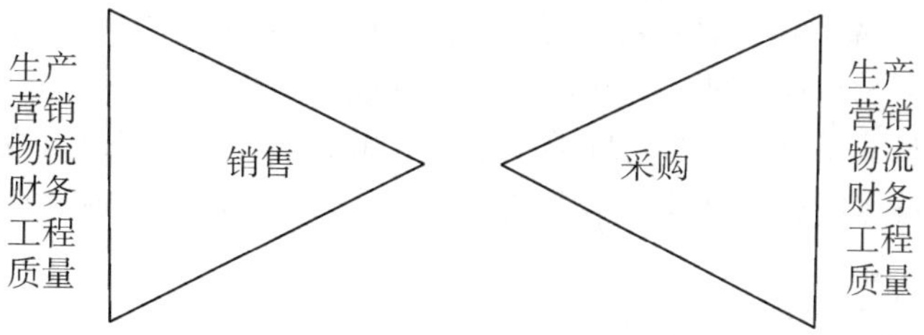

图 9. 16　信息共享的蝴蝶结方式

另外一种信息共享方式是菱形方式（见图 9. 17），该方式允许企业的相关职能部门与供应链成员企业的相关职能部门直接进行沟通，如允许企业的工程部门在新产品设计阶段与供应商进行沟通，允许供应商的销售部门和物流部门与采购企业的供应部门及物流部门进行信息共享。通常，菱形方式为供应链成员企业创造了更多的信息共享和一体化协同的机会，更加有利于促进供应链协同和供应链关系管理。

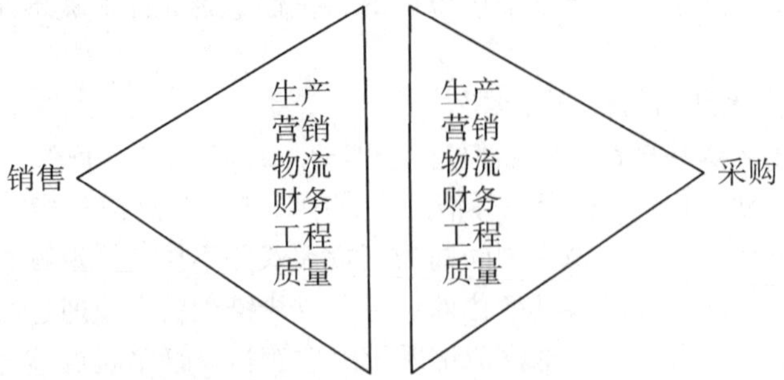

图 9.17　信息共享的菱形方式

5. 供应链成员信息共享面临的障碍

供应链成员企业通过在适当的时间与适当的伙伴共享适当的信息来提升供应链的运作绩效已经成为共识。但是在实务中，很多企业并未真正与其供应链合作伙伴实现信息共享。究其原因，是因为供应链中的信息共享还面临着如下一些障碍。

（1）关系。主动的信息共享只可能发生在彼此建立起良好关系的基础上，脆弱乃至敌对的关系往往是信息共享的障碍。值得信赖的关系会促进供应链成员的信息共享和协同运作。虽然信息技术是供应链成员企业实现信息共享的必要条件，但如果成员间没有建立良好的关系，同样无法实现信息共享。

（2）文化。供应链成员通过自愿实现信息共享是供应链协同的关键。为此，企业需要培育支持信息共享和供应链协同的文化。否则，企业文化会成为供应链成员信息共享的障碍。

（3）权力。员工拥有的信息量越大，越对管理者的权力构成威胁。同样，信息共享会影响供应链的权力①。只有供应链成员对信息共享达成共识，才会真正实现信息共享。

（4）信任。如果供应链成员企业之间缺乏信任，自然不会共享信息。换言之，建立信任关系是供应链成员企业实现信息共享的一个必要条件。

（5）风险。商业秘密、技术秘密泄露也是供应链成员企业信息共享的障碍之一。基于网络的信息共享存在一定的风险，为此，企业必须采取安全防范措施，确保共享的信息不被外部黑客攻击和企业内部人员滥用。

（6）标准。没有统一的信息标准，就不能实现供应链成员企业的信息共享。为此，不同行业应该建立统一的信息标准，这是实现供应链成员企业信息共享的一个必要条件。

综上所述，信息共享是供应链协同的一个重要组成部分。供应链可视化可以促进供应链协同化。尽管信息技术的进步会促进信息共享，但这最终取决于供应链企业群体能否建立自愿实现信息共享的文化。

三、供应链管理信息系统

供应链成员企业之间的信息共享需要借助先进的信息技术手段来实现。供应链管理信息系统是升华供应链信息管理的有效手段。

供应链管理信息系统（微课）

---

① 供应链权力即供应链的影响力。

供应链管理信息系统（supply chain management information system，SCMIS）是用以跟踪供应链流程信息，促进企业内部及供应链伙伴之间的信息共享，并辅助供应链管理决策的信息系统。近年来，成熟的供应链管理软件不断涌现，包括成套的供应链计划（supply chain planning，SCP）系统、供应链执行（supply chain execution，SCE）系统、专业的供应链操作功能系统以及企业资源计划（ERP）中扩展的供应链管理子系统。这些软件为供应链管理信息系统的构建奠定了基础。

根据供应链管理信息系统所支撑的供应链管理活动的类型，我们可将其划分为规划层、计划层、控制层和运作层四个层次，供应链管理信息系统如图 9. 18 所示。

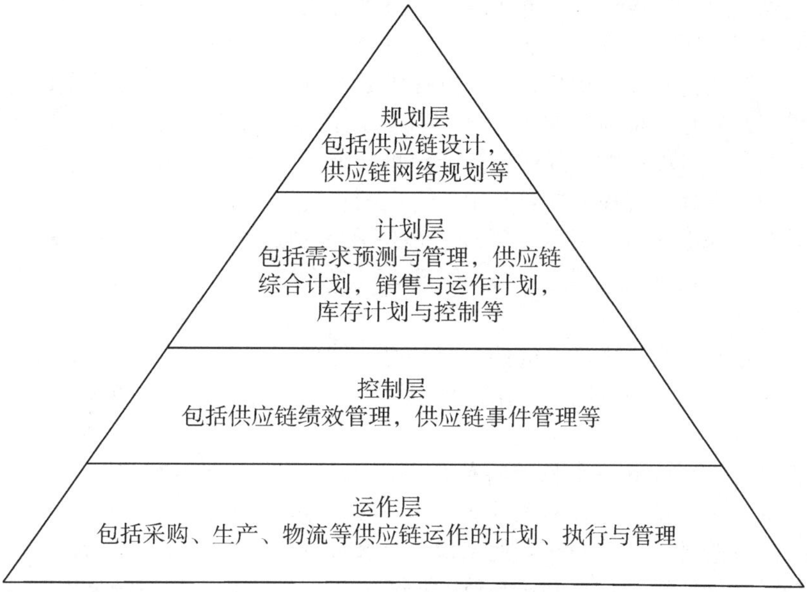

图 9. 18　供应链管理信息系统

1. 规划层

规划层主要解决供应链的网络结构与运营策略等问题，包括供应链的设计、供应链网络规划等内容。如工厂的投资新建、生产线的搬迁、区域物流中心的设立、生产设施及物流设施的选址、库存水平的设置、新产品的引进、业务外包决策、供应商的选择等。企业通常采用最优化技术和计算机仿真技术建立供应链模型，并进行优化运算和模拟测试。

2. 计划层

计划层安排和监测供应链的实物流动，以满足生产与库存配置需求，包括需求预测与管理、供应链综合计划、销售与运作计划、供应链库存计划与控制等内容。供应链计划中最常见的是销售与运作计划（S&OP），它是协调整个企业的需求计划与供应计划的流程，是企业相关职能之间的信息共享和有效互动。系统地制订的一体化的供应链计划，其目的是实现供需匹配。销售与运作计划需要大量的信息技术作为支撑，以便整合需求预测值、库存可得性、生产资源及其他资源约束等信息。这种技术支持可以从简单的报表到高级计划与排程系统（APS）。

高级计划与排程系统是常见的供应链计划应用软件，主要包括需求管理、资源管理、资源优化、资源配置四个模块。

3. 控制层

控制层主要对供应链的运作状况进行监控。常用软件包括：供应链绩效管理（SCPM）系统、供应链事件管理（SCEM）系统等。

供应链绩效管理系统可以用于供应链绩效评估、供应链瓶颈诊断、供应链风险评估以及发现供应链的新机遇等。

供应链事件管理（supply chain event management，SCEM）系统通过从供应链中的多个渠道收集实时数据，并将其转化为可以被追踪和追溯的供应链运作状况信息，以实现供应链的可视化，使供应链管理者可以及时对例外事件采取补救措施，避免给企业带来损失。该系统包括追踪与追溯、通知、报告、变更线路、模拟等功能。

①追踪与追溯。即确定货物当前所在位置以及承运人的信息。

②通知。即企业把有关货物状态的信息提供给发货人和客户。虽然这些信息可以在货物准时送达时提供，但是在货物逾期到达或不能送达预定地点时给相关各方提供信息显得尤为重要。通知的形式可以是电子邮件、语音信箱或个人电子秘书等。

③报告。报告指物流管理者能够基于承运人的货物发运等历史数据对其进行绩效评估。

④变更线路。变更线路是指物流管理者能够在货物运输延误时调整运输线路或运输方式来补救。比如，若货物逾期到达港口，管理者可能会选择空运方式来替代陆路运输以降低运输延误给企业带来的损失。

⑤模拟。模拟是指当出现供应链例外事件时，管理者可以对不同的补救方案进行模拟和比较分析。比如，当前一段货物运输出现延误时，管理者可能会选择能够准时到达的后段运输方案。

供应链事件管理系统的一个重要特征是其具有制定业务规则的能力。这些业务规则规定在一些特定的事件发生或者没有发生时发出警报。这种能力可以让供应链管理者把注意力集中在例外事件管理上，而非事必躬亲地跟踪和处理供应链的每一步运作。

随着供应链地域范围的扩大和参与体的增多，供应链事件管理系统显得越来越重要。许多系统使用最优化技术等工具来评估例外事件的严重程度，并给决策者提供其可以选择的方案，或者基于预先设定的方案启动补救措施，真正实现在事件未酿成重大后果之前检测、评估并解决问题。

4. 运作层

运作层主要是对采购、生产、物流等供应链运作活动进行管理，包括供应链运作计划的制订、执行与绩效管理。其中，采购管理系统通常具备采购订单管理、采购信息管理（与供应商共享物料需求信息）、供应商关系管理（SRM）、采购计划管理、采购活动指导、采购绩效管理以及协调供应物流与销售物流等功能。生产管理系统包括对企业生产活动进行全面计划与控制的制造资源计划（MRP Ⅱ）系统，以及位于上层计划系统与底层的作业控制系统之间的制造执行系统（manufacturing execution system，MES）。而物流管理系统则主要包括订单管理系统、仓库管理系统和运输管理系统等模块。

（1）订单管理系统。订单管理系统（order management system，OMS）是对订单进行全面管理的计算机信息系统。OMS 使用户有能力跟踪和追踪订单、生产、分拨以及客户服务等流程。其主要功能包括：企业在线向供应商下达订单、通过 EDI 接收客户的电子订单、通过访销的方式接收客户的订单；订单预处理（包括订单合并与分拆）；订单处理；订单分配；支持客户在线订单查询；支持客户紧急插单等。借助订单处理模块，企业可以通过电子邮件、传真、电话、EDI 以及因特网等信息技术手段接收、录入和维护客户订单。当企业收到客户订单时，相关人员通过订单处理系统输入所需的信息、查询库存或生产计划并将其编辑成适当的形式，企业就可以使接受的订单处于待分配状态。客户也可以通过订单处理系统进行订单查询。具体而言，系统会根据客户订单号进行信息检索并将查询结果反馈给客户。通过 OMS 的订单分配功能，企业能够将可用的库存分配给开放的客户订单或补货订单，这包括库存分配、订单拣选文件的生成及订单核对等。其中，订单拣选文件以纸质或电子的形式指导物流作业人员从仓库进行订单拣选，并进行货物包装以待发运。

（2）仓库管理系统。仓库管理系统（warehouse management system，WMS）是指“对物品入库、出库、盘点及其他相关仓库作业，仓储设施与设备，库区库位等实施全面管理的计算机信息系统”（GB/T 18354-2021）。仓储管理是现代物流的核心内容之一。WMS 具有货物储存、进出库程序、单据流程、货物登记与统计报表、盘点[1]程序、货物报废审批及处理、人员管理、决策优化（如“先进先出”或“后进先出”）等功能，包括入库作业系统、保管系统、拣选作业系统、出库作业系统等子系统。借助该系统，企业可以进行单据打印、商品信息及数据管理、对货品进行实时动态管理，可以为用户在制订生产及销售计划、及时调整市场策略等方面提供持续、综合的参考信息。

［案例］　　仓库管理系统的应用实例

意大利 A 公司精品鞋业区域配送中心（RDC）和配送中心（DC）的货物入库及出库一般是依据 A 公司的采购订单和销售订单进行的。鞋的款式、颜色、尺码众多，在手工条件下很难完全按照入库单及出库单的内容准确地进行收货、拣货和发货，经常发生大量的串色串码情况，导致仓库收发货出错、门店的单品库存数量不准确、门店断色断码，丧失了销售机会。有时公司不得不对断色断码商品进行削价甩卖，降低了公司的盈利率。为此，物流中心建立了先进的仓库管理系统，并且在收货及发货环节采用成熟的 Barcode 解决方案，通过采集收货及发货数据并与订单自动对照和匹配，准确记录货物入库、出库及订单执行情况，提高了订单执行的效率和准确性，保证了库存数据的准确性。

（3）运输管理系统。运输管理系统（transportation management system，TMS）是指“在运输作业过程中，进行配载作业、调度分配、线路规划、行车管理等多项任务管理的系统”（GB/T 18354-2021）。TMS 是运输管理软件系统，具有资源管理、客户委托、外包管理、运输调度、费用控制等功能，包括货物跟踪系统[2]、车辆运行管理系统、配车配载系统等子系统。该系统具有运输管理系统网络化（具有功能强大的跟踪服务平台）、能集成 GPS/GIS[3] 系统等特点。借助于该系统，企业可以实现货运业务管理、基本信息查询、费用管理以及数据统计等功能。目前的 TMS 功能强调绩效检测、运费核对、路径选择与时间安排、开具发票、报告及决策分析。高级的 TMS 应用程序增加了更多的计划与绩效评估能力，被称为企业执行系统。

［小贴士］　　信息技术在车队管理中的应用

预防性维护、路线/燃料优化、车队跟踪和地理围栏等功能可以显著降低运输成本、缩短运输时间并提高运输资源的利用率。分析报

信息技术在车队管理中的应用（微课）

---

① 盘点（stock checking）是指“对储存物品进行清点和账物核对的活动”（GB/T 18354-2021）。

② 货物跟踪系统（goods tracking system）是指“利用自动识别、全球定位系统、地理信息系统、通信等技术，获取货物动态信息的应用系统”（GB/T 18354-2021）。

③ 地理信息系统（geographical information system，GIS）是随着地理科学、计算机技术、遥感技术和信息科学的发展而发展起来的一种新兴技术，它是指“在计算机技术支持下，对整个或部分地球表层（包括大气层）空间中的有关地理分布数据进行采集、储存、管理、运算、分析、显示和描述的系统”（GB/T 18354-2021）。

告、分析指标和KPI衡量可以最大限度地提高利润和生产力，并提高流程效率。良好的车队管理软件利用分析指标、车队安全、维护报告和驾驶员详细信息来监控车队，确保驾驶安全。

四、供应链可视化技术

物联网在供应链物流管理中的应用（微课）

顺丰快递智能终端（拓展资源）

［小贴士］物联网在供应链物流管理中的应用

通过互联网形成网络的物理设备通常被称为物联网（IoT）。物联网可以促进车队管理和最后一公里交付，加速需求评估和预测性维护，扩大冷链监控范围，增强供应链物流过程的透明度和可见性，并改进实时库存跟踪和管理。

物联网和自动化技术在冷链中的应用（微课）

［小贴士］　物联网和自动化技术在冷链中的应用

高度互联的商业世界创造了实时经济。从产品开发到客户服务，一切都是实时发生的。由于自动化和物联网的存在，供应链在全球范围内变得敏捷。这种效应在冷链中更为明显。冷链是在温度受控的环境中运输药品和疫苗、冷冻食品和新鲜蔬菜、化学品等对温度敏感物品的供应链。延误会给冷链带来沉重的代价，因为这些商品是容易腐烂的。物联网和自动化技术在很大程度上解决了冷链的这个难题。现在我们通过物联网可以对整个物流链进行实时管理，还可以通过基于传感器的技术实时跟踪数据。同样，我们可以跟踪和维护冷链中所有环节的环境状况，以防止货物变质或损坏。物联网在冷链中的应用具体体现在以下几个方面：通过传感器技术收集实时温度、湿度和位置数据，识别延误或损坏情况以及即时开展补救措施，通过实时数据的深度分析提高效率，增强预测性维护和成本效益；保持最佳的温度和湿度维护以减少浪费。

供应链可视化技术包括自动识别与数据采集技术、信息交换技术、信息追踪技术、网络交易平台、移动资源管理平台和商业智能工具等。

（一）自动识别与数据采集技术

自动识别与数据采集（automatic identification and data capture，AIDC）技术是指“对字符、影像、条码、声音等记录数据的载体进行机器识别，自动获取被识别物品的相关信息，并提供给后台的计算机处理系统来完成相关后续处理的一种技术”（GB/T 18354-2006）。人们借助AIDC技术，通过自动的方式识别项目标志信息，无须使用键盘即可将数据输入计算机系统，从而实现物流与信息流的同步。最常用的自动识别与数据采集技术是条码技术和射频识别技术。

1. 条码技术

货物分拣（拓展资源）

快速分拣系统与服务（拓展资源）

条码技术（bar code technology）是指“在计算机的应用实践中产生和发展起来的一种自动识别技术①”（GB/T 18354-2006）。它是为实现对信息的自动扫描而设计的，是实现快速、准确而可靠地采集数据的有效手段。条码技术的应用成功解决了数据录入和数据采集的“瓶颈”问题，为供应链物流管理

① 自动识别技术（automatic identification technology）是指“对字符、影像、条码、声音等记录数据的载体进行机器自动辨识并转化为数据的技术”（GB/T 18354-2021）。

提供了有力的技术支持。条码①可以标识商品的产地、制造商、商品名称、生产日期、运输起止地点、运输方式以及起止日期等信息，因而在供应链管理中得到广泛应用。

最常用的条码识别设备是无线射频（radio frequency，RF）终端，俗称激光扫描枪。其在供应链管理中的应用主要有两处，一是零售商店中的销售时点系统（point of sale，POS），它是指“利用自动识别设备，按照商品最小销售单位读取实时销售信息，以及采购、配送等环节发生的信息，并对这些信息进行加工、处理和共享的系统”（GB/T 18354-2021）。POS 系统除了能够为顾客打印收据外，还能够为零售商提供准确的库存控制信息，追踪存储单元（SKU），促进补货业务，并及时给供应链渠道成员提供准确的再供应与营销研究数据。二是用于物料搬运及车辆识别和追踪，即物流作业人员通过使用 RF 手持终端扫描物流条形码，就可以追踪货物及车辆移动、存储货位、发货与收货等物流活动，有助于提高仓储作业效率，降低作业出错率。

2. 射频识别技术

射频识别（radio frequency identification，RFID）技术最早出现在 20 世纪 80 年代，用于跟踪业务。它是“在频谱的射频部分，利用电磁耦合或感应耦合，通过各种调式和编码方案，与射频标签交互通信唯一读取射频标签身份的技术”（GB/T 18354-2021）。射频识别系统（radio frequency identification system）是“由射频标签、识读器、计算机网络和应用程序及数据库组成的自动识别和数据采集系统”（GB/T 18354-2021）。

RFID（拓展资源）

在多数 RFID 系统中，识读器可以在 2.5 厘米至 30 米的范围内发射无线电波形成电磁场，射频标签②（储存有商品等的数据）在该区域范围内可以检测到识读器的信号后发送储存的数据，识读器接收射频标签发送的信号，解码并校验数据的准确性以达到识别的目的，最终将数据传送到计算机的主机进行处理。

射频识别技术的适用领域包括物料跟踪、运输设备及货架识别等要求非接触数据采集和交换的场合，特别是对于要求频繁改变数据内容的场合。

在运输管理中，人们通常将射频标签贴在集装箱和车辆等运输设备上，将 RFID 的识读器安装在检查站点的门柱或桥墩以及仓库、车站、码头、机场等关键场所。识读器接收到射频标签发送的信息后，连同接收地的位置信息一起上传至通信卫星，再由卫星传送给运输调度中心，最后输入数据库，以此来完成货物与车辆的跟踪与控制。

目前，RFID 在供应链管理中的应用还面临一些挑战，如射频标签的成本需要继续下降，识读器的读取距离、灵敏性和耐用性需要提高，消费者的隐私保护需要加强等。

（二）信息交换技术

信息交换技术是实现供应链可视化的关键技术之一，通常包括电子数据交换和互联网技术。

---

① 条码（bar code）是条形码的简称，它是指“由一组规则排列的条、空组成的符号，可供机器识读，用以表示一定的信息，包括一维条码和二维条码”（GB/T 18354-2021）。注：①一维条码（linear bar code；one-dimensional bar code）是指“仅在一个维度方向上表示信息的条码符号”（GB/T 18354-2021）。②二维条码（two-dimensional bar code；2D code）即二维码（two-dimensional code），是指“在二个维度方向上都表示信息的条码符号”（GB/T 18354-2021）。

② 射频标签（radio frequency tag；RF tag）也称电子标签（electronic label），是指“用于物体或物品标识、具有信息存储功能、能接收读写器的电磁场调制信号，并返回响应信号的数据载体”（GB/T 18354-2021）。

1. 电子数据交换

电子数据交换（electronic data interchange，EDI）是指“采用标准化的格式，利用计算机网络进行业务数据的传输和处理”（GB/T 18354-2021）。

EDI 系统的构成要素包括计算机应用、通信网络和数据标准化。其中，计算机应用是 EDI 的条件，通信网络是 EDI 的应用基础，数据标准化是 EDI 的特征。这三个要素相互依存，共同构成了 EDI 的基础框架。

EDI 在处理供应链运作信息时，采用一种国际公认的标准格式，形成结构化的事务处理的报文数据格式，通过计算机通信网络，在供应链成员之间进行数据交换与处理，并完成全部业务过程。EDI 标准是 EDI 系统中最关键的部分。由于 EDI 是以实现商定的报文格式进行数据传输和信息交换，因此制订统一的 EDI 标准至关重要。目前国际上普遍应用的与供应链相关的 EDI 标准包括零售业的 UCS、批发业的 VICS、仓储业的 WINS、运输业的 TDCC 以及汽车行业的 AIAG 等。每个行业的标准都是定义可以传输的文件格式，通常涵盖订单处理、仓储运作以及运输等与物流相关的活动。尽管 EDI 的标准正在趋于共同化，但是许多企业还是坚信可以通过专有的 EDI 获得竞争优势，因为专有的 EDI 可以为企业提供客户化的数据处理与交换服务，以满足客户特定的信息需求。近年来，不少企业使用增值网络（VAN）来解决这一难题。VAN 作为一个共同的接口，通过管理事务处理、转换通信标准以及减少通信连接数量来增加价值，实现以不同的通信标准接收或传输供应商、物流服务商与客户的信息。

2. 互联网技术

互联网的广泛应用和通过网络浏览器提供的标准通信接口，极大地拓展了不同规模企业之间信息交换的机会和能力。互联网正迅速成为可用于交换预测、订单、库存、产品更新以及发货信息的供应链信息传输工具。通过服务器和浏览器，互联网提供订单录入、订单状态查询以及发货追踪的标准接入方式。基于互联网的可扩展标记语言（extensible markup language，XML）用于标记电子文件使其具有结构性，可以提供统一的方法来描述和交换不同应用系统的结构化数据，通过消除制约 EDI 应用的成本和技术障碍，日益成为供应链成员企业之间主要的信息传输工具。

（三）信息追踪技术

信息追踪技术包括产品电子代码和车载系统等技术。

1. 产品电子代码

以 RFID 为载体的产品电子代码（electronic product code，EPC）旨在为每一件单品建立全球的、开放的标识标准，以实现人们在全球范围内对单件产品的追踪。RFID 与 EPC 相结合，将为企业提供对库存前所未有的可视化、对产品的实时追踪以及真正的供应链事件管理能力，从而大大提高供应链运作质量与效率，降低供应链运作成本。

2. 车载系统

车载系统（telematics）包括车载监控系统、全球定位系统①以及车载信息系统等。车载监控系统是由车载终端、传输网络和监控中心组成的三层联网式综合监管系统，提供车辆防盗、反劫、行驶路线监控、车内车外视频图像实时无线传输、事故快速响应以及呼叫指挥等功能，以解决运输车辆的在途管理问题。全球定位系统具有实时定位、远程锁车、历史轨迹

① 全球定位系统（global positioning system，GPS）是指“以人造卫星为基础、24 h 提供高精度的全球范围的定位和导航信息的系统”（GB/T 18354-2021）。

回放、超速报警、超界报警、事故点提示、目的地到达提示、行驶路线设置等功能，有助于实现对运输车辆和货物的实时追踪。车载信息系统是人们近年来才提出的新概念，它将汽车看作一个移动的计算平台，以实现车辆的电子化、网络化和智能化。

（四）网络交易平台

互联网的普及使网络交易平台获得长足发展，并在供应链运作中得到广泛应用。交易平台是促进供应链合作伙伴之间水平和垂直信息交换的信息中介。由于物流贯穿整个供应链，是涉及多个供应链业务伙伴的活动，自然地，基于物流管理软件提供交易平台服务因其网络效应就越来越受供应链企业所接受。它通过单一平台与多个供应链业务伙伴连接，在供应链可视化方面具有巨大的优势。

以著名的网络交易平台 GT NEXUS 为例，它通过建立公共数据平台并配置订单管理系统（OMS）、运输管理系统（TMS）、仓库管理系统（WMS）等物流管理软件，将供应商、制造商、零售商、物流商以及终端客户等供应链伙伴连接在一起，可以实现以下可视化功能。

（1）在途可视化。该平台通过建立对全球所有订单的集中事件管理系统，实现从供应商到客户的可靠的供应链可视化。它可以动态提供货物预计到达的时间，并通过例外显示让人们关注未能按计划到达相应位置的货物，同时可以对在途库存以及生产延误和预期配送进行快速评估和预警。

（2）库存可视化。该平台可以对供应链系统的库存（包括在库库存和在途库存等）进行控制。它可以通过主动配置在途库存来提高越库作业的比例，通过可靠的库存状态与管理预期来降低安全库存量并提高客户的满意度与忠诚度。

（3）成本可视化。该平台可以确定全球采购的商品到达目的地时真实的供应链落地成本。它通过检测、衡量和审核所有供应链伙伴的端到端成本，可以获取每个成本组成部分并将其分配到每个单品，从而更好地制订成本控制计划、识别成本异常并采取有效措施加以消除。

（4）文件可视化。该平台通过建立电子文件中心，共享和管理全球贸易、物流、账单等电子文件，并自动将供应链运作有关的文件与订单、发票、订仓等相连接，使供应链所有参与方能随时得到文件，以减少报关通关①的延迟和降低客户投诉的风险，进而提高供应链的运作效率。

（五）移动资源管理平台

如今的智能手机使移动资源管理的方式日益丰富，除了语音识别之外，智能手机越来越多地应用于数据传输、文字信息、电子邮件、图像传播以及访问互联网等方面。一些软件开发商推出了移动 TMS，通过智能手机实现运费询价和报价等功能。而手持 RF 终端设备早已应用于现场作业人员进行收货和送货的确认，以及签收单（POD）的扫描等。

[案例]　　D. W. Morgan 物流公司的移动资源管理

美国的 D. W. Morgan 物流公司主要为高新技术领域的客户提供从供应商到制造商 VMI 中心的原材料准时（JIT）配送服务。为了实现按需供应，公司基于苹果手机的应用平台自主开发了基于“最后一公里”的实时可视化方案，包括状态更新、带超界报警的 GPS 以及签名获取等功能。驾驶员通过手机可以获取签名、将其发回公司总部并自动上传至互联网供

① 在信息时代，一般采用电子通关。所谓电子通关（electronic customs clearance），是指“对符合特定条件的报关单证，海关采用处理电子单证数据的方法，利用计算机完成单证审核、征收税费、放行等海关作业的通关方式”（GB/T 18354-2021）。

客户查询，甚至通过GPS显示签名获取地点等。驾驶员还可以通过手机将破损货物的照片上传至互联网，并进行上下班的签到。由于苹果手机安装了支持iphone的全球移动网络，因而公司的可视化方案具有良好的全球覆盖性。

（六）商业智能工具

商业智能工具包括监测所有业务活动的控制塔以及关键绩效指标体系、仪表盘显示工具和仿真异常情形的假定分析系统。为了确保供应链的无缝衔接与正常运作，一些第三方物流企业采用控制塔方法，以便实现物流过程的可视化，从而最大限度地降低物流运作成本，提高物流运作的灵活性与可控性。控制塔的效率与效益来源于用统一的流程管理货物流动，依托服务网络进行合理的资源配置，对货物流动实施全程可视化以及通过分析与衡量来改善供应链的绩效。控制塔通过四个关键功能来帮助客户实现供应链的同步化：一是专注信息的质量与一致性以提供及时、准确、完整的信息；二是专注服务供应商的服务质量等运作执行情况；三是对物料和运输进行实时动态管理以确保有效使用各种运输方式；四是运用分析工具与指标来确保实现持续的绩效管理与绩效改善。通过控制塔系统，物流服务商可以对客户物流过程的每一项活动和每一个地点实现7天×24小时的全覆盖，对任何导致供应链中断的使能因子迅速采取措施，并提供预先、实时的报告，最终使客户感到第三方物流企业的介入和控制塔的使用对供应链有很好的控制作用。

（七）区块链

近年来我国大力推动区块链技术的研究与应用。区块链是管理数据的数据库技术，具有数据录入以后不可更改的特性。作为一种分布式账本技术，其去中心化、不可篡改和透明化的特性为供应链管理提供了新的解决方案。

区块链及其在供应链中的应用（微课）

区块链在供应链中的应用主要包括以下几个方面的内容：

（1）提升信息共享度与透明度。区块链技术使供应链参与体都能访问到同样的信息，并确保数据的一致性，能确保数据实时更新，从而提升整个供应链的透明度。

（2）防伪与追溯。通过区块链技术，每一件商品的来源、生产、流通和销售等信息都可以被记录并被追溯，这对于打击假冒伪劣商品及保障消费者权益具有重要意义。

（3）提高效率和降低成本。区块链能够简化交易流程，减少信息不对称造成的重复验证工作，从而加快交易速度，降低运营成本。

（4）促进信用体系建设。在供应链金融领域，区块链可以解决中小企业融资难的问题。其通过记录企业的交易数据为金融机构提供信用评估的依据，帮助企业获得更好的融资服务。

（5）提高风险管理能力。通过智能合约等区块链工具，企业可以实现合同条款执行自动化，减少违约风险。同时，区块链的不可篡改性也有助于事后审计和责任追究。

区块链所解决的一个核心问题是信任问题。其中电子存证、供应链金融、产品溯源和共享经济是主要的应用场景。而区块链在供应链中应用最广的领域是供应链金融，涉及交易平台、电子票证、电子运单、电子仓单和电子发票等业务。

［小贴士］　区块链在行业企业中的应用情况

目前全球有700多家巨头公司开展了区块链技术的应用。根据中国物流与采购联合会区块链分会的统计，开展了区块链技术应用的企业中，区块链技术企业占27%，供应链企业占22%，物流企业占18%，互联网企业占13%，金融企业占11%，制造企业占9%。从行业分布来看，区块链在供应链中的应用主要集中在汽车供应链、家电供应链、化工供应链及农产品供应链等领域，而农产品则主要涉及溯源和物流信息平台等方面的应用。

区块链在行业企业中的应用情况（微课）

9.7 供应链风险管理

[案例]　　爱立信公司因一场意外火灾退出手机市场

飞利浦公司曾经为诺基亚公司和爱立信公司供应生产手机用的射频芯片。2000年3月17日，飞利浦公司在美国新墨西哥州的第22号半导体工厂（芯片厂）因雷电引起火灾，大火几乎烧毁了飞利浦公司的所有硅石库存。飞利浦公司预计一周内可以恢复生产，但事实上该场火灾导致其工厂停工数月。在火灾发生3天后，诺基亚公司发现飞利浦公司的供货延迟，于是派工程师到火灾工厂查明情况但遭到拒绝，这引起了诺基亚公司的警觉。接下来，诺基亚公司对采购订单的监控频率从每周一次提高到了每天一次。在火灾发生两周后，飞利浦公司正式承认未来数月制造商的采购订单都会受到影响。对此，诺基亚公司的反应极为果断，它们重新设计了芯片，使其他供应商在接到订单5天后能够生产出芯片。而爱立信公司虽然也在火灾发生3天后接到飞利浦公司的通知，但其管理层4周后才得知此消息。当爱立信公司意识到问题的严重性时，可替代的供应商已经与诺基亚公司签约合作。该事件导致爱立信公司损失了4亿美元的销售收入，市场份额从原来的12%降至9%。加上零部件短缺、产品组合出错以及营销方面的问题，一年后爱立信公司宣布退出手机市场。

企业经营管理面临的风险与规避（微课）

想一想：为什么一场意外火灾就导致爱立信公司退出手机市场？

人们在追求供应链的效益时，往往容易忽视供应链的风险。供应链既然是"链"，其结构特点决定了供应链本身存在一定的缺陷，由此带来了供应链的风险。

一、供应链风险的概念与内涵

风险是指过程及其结果的不确定性。供应链风险也可称供应链的脆弱性，是指供应链意外中断的可能性及其造成的影响。换言之，供应链风险是供应链成员企业在生产经营过程中各种事前无法准确预测的不确定因素带来的影响，导致供应链效率下降和成本增加，供应链实际绩效与预期目标发生偏差，甚至导致供应链的失败和解体，从而给供应链企业群体造成损失的可能性。

供应链风险的含义（微课）

供应链企业之间是相互依存的，供应链任何环节或节点的问题都可能导致供应链中断。供应链网络越复杂，环节越多，供应链中断的可能性就越大。供应链中断将对企业产生严重影响。

供应链风险的危害（微课）

[小贴士]　　供应链中断对企业造成的影响

一项针对北美地区的研究表明，若上市公司的供应链中断且为公众所知，公司的股票价格将受到严重影响，公司的平均营业收入下降107%，资产减少93%。

我们可以用以下公式来衡量供应链的风险。

供应链风险=供应链中断的可能性×供应链中断造成的影响

因此，企业要降低供应链风险，既要降低供应链中断发生的概率，又要减弱供应链中断对企业造成的不良影响。

供应链风险的衡量方法（微课）

二、近年来供应链风险升高的原因分析

供应链风险增高的原因(微课)

近年来，由于供应链的精益化、全球化和虚拟化，供应链变得越来越脆弱，供应链的风险有增高的趋势。

1. 供应链的精益化

由于市场竞争加剧，越来越多的企业追求供应链的效率化。很多企业按照精益管理理念，减少供应链的环节，减少同类供应商的数量，实施集中生产和配送。供应链的精益化在稳定的市场环境中能够发挥优势。精益供应链能够有效降低库存，削减供应链的成本。但伴随着合作伙伴数量的减少，企业对少数合作伙伴的依赖性增强，容易出现业务失控、连带经营等风险。特别是当市场波动明显时，供应链容易中断，导致潜在风险上升。

［案例］　**日本汽车行业因地震陷入瘫痪状态**

2007 年，日本国内领先的发动机活塞环供应商 Riken 因地震而停产，导致整个日本的汽车行业几乎处于瘫痪状态。特别是丰田汽车集团，被迫让国内 12 家工厂停产，损失数以亿计。

虽然集中生产和配送能够实现供应链运作的规模经济性，但在一定程度上降低了供应链的灵活性。在不确定的市场环境中，企业需要寻求供应链的精益化与敏捷化的有机结合。

2. 供应链的全球化

经济全球化，竞争国际化，越来越多的企业参与全球市场竞争。对跨国公司而言，必然面临全球采购、全球生产、全球销售、国际物流[①]、全球化的供应链运作与管理。全球供应链的链条长、环节多、供应提前期长、缓冲库存量高、产品淘汰率高（特别是产品生命周期较短的产品），供应链的柔性弱。而且不同国家和地区的政治、法律、社会、文化、经济、人口、商业伦理、商业习俗、自然等环境因素的差异大，必然使供应链中断的风险增加。

需要说明，企业实施全球采购和全球生产的主要目的是降低经营成本，但通常主要是降低了采购和生产领域的成本，很多企业并未充分考虑到供应链总成本的降低。仅仅基于采购成本和生产成本降低的决策具有一定的风险性，特别是在产品生命周期较短的产品市场领域。

3. 供应链的虚拟化

供应链管理强调企业实施归核化战略，企业经营虚拟化，业务外包最大化。前已述及，业务外包会给企业带来业务失控风险、连带经营风险、商业秘密和技术秘密泄露风险、客户关系管理风险、人力资源管理风险、知识产权隐患风险及其他风险。特别的，业务失控、连带经营、客户关系管理等风险增大了供应链中断的可能性，使供应链风险增高。

三、供应链风险的来源

供应链风险主要来源于需求端、供给端、生产过程、网络/控制以及环境五个领域（见图 9.19）。我们可以从这五个方面去分析供应链的风险来源，确定最大的风险源，采取有效措施规避供应链的风险。

---

① 国际物流（international logistics）是指“跨越不同国家（地区）之间的物流活动”（GB/T 18354-2021）。

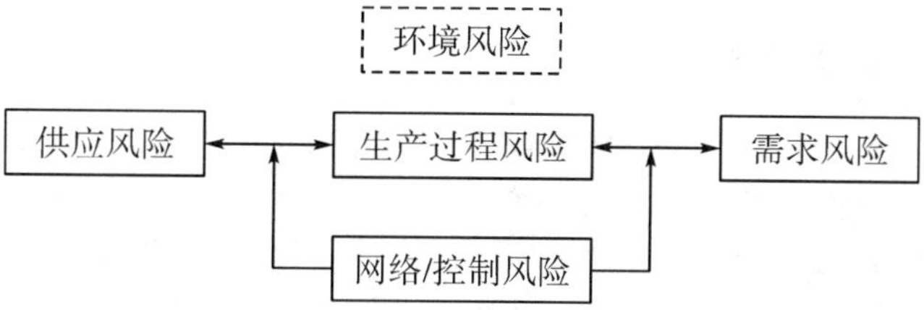

图 9.19 供应链风险的主要来源

（1）需求风险。需求风险主要表现在市场需求是波动的、变化的，有潜在的风险隐患。需求受价格、消费偏好、购买力、促销、产品生命周期（产品更新换代）等多种因素的制约。对企业而言，如果大客户流失（如被竞争对手挖走），抑或客户行业集中度显著提升（客户议价能力增强，极端的情形是买主垄断），都会给企业造成致命一击。在影响市场需求的诸多因素中，一旦不可预测的因素发生变化，就有可能导致销售业绩下滑。一旦需求锐减，整个供应链即面临崩溃的风险。

（2）供应风险。供应风险主要表现在供应提前期的不确定性（提前期的长度与波动）、供应商供应货品的数量和质量的不确定性、供应市场集中/供应商垄断货源、多级供应网络中断、企业对关键供应商的依赖以及全球采购带来的诸多风险等方面。如果部分供应商供应的货品质量不符合采购需求，就会影响整个供应链中产品的质量。如果企业采用单源供应策略，供应链企业群体面临的风险就更大。只要一个环节出现问题，整个供应链就可能面临中断与崩溃。

［案例］ **多级供应网络的潜在风险**

美国克莱斯勒（Chrysler）汽车公司曾经对切诺基 V8 发动机的零配件供应网络进行考察。当调查小组在描述了 V8 发动机全部零部件（数百个）的流程图后，发现其中由供应商 Eaton 公司生产的一种滚轴提升阀门采用了当地一家铸造厂提供的铸件。当克莱斯勒公司的调查小组进一步考察这家铸造厂时发现，用来生产该铸件的黏土供应商只有一家，而该黏土供应商竟然即将面临破产。

（3）生产过程风险。生产过程风险主要包括产能波动、出产循环期/出产节拍不稳定、生产系统缺乏柔性、设备能力约束（设备可靠性差）以及生产外包等因素带来的风险。其中，生产外包风险属于企业的外生风险，其余因素导致的风险属于企业生产领域的内生风险。

（4）网络/控制风险。网络/控制风险主要包括权力不对称（节点企业彼此间的影响力）、信息不共享（可视化程度低）、需求信息的扭曲失真、制度/规则的约束以及供应链成员企业的财务危机等风险。其中的信息风险表现在，当供应链规模日益扩大、结构日趋繁杂时，信息传递可能出现延迟以及传递信息的不准确程度可能会增加，从而可能会使整个供应链陷入困境（如引发牛鞭效应）。同时，数据在传输过程中若被竞争对手窃取以及信息系统发生故障等因素都会加大供应链的风险。而制度/规则的约束则表现在制度本身的不确定性以及授权规定等一些可人为解释的内容上。管理制度的修改和变更以及管理制度实施方法的差别和强度都会增加供应链的风险。此外，供应链中的某些企业在生产经营过程中可能会占用上下游企业大量的资金，如果该企业的财务状况不够稳健，一旦出现财务危机将会给整个供应链以致命打击。

（5）环境风险。环境风险主要包括供应链网络覆盖国家或地区的政局动荡、法制环境差异、战争、暴乱、恐怖事件、关税与配额、汇率变动、社会文化及亚文化的差异，乃至经济、技术、自然等环境因素导致的风险。

四、供应链风险的管理过程

［**案例**］　　　　　　　　**华为公司成功的秘密武器**

华为公司的成功在很大程度上取决于来自世界各地的优秀供应商组成的上游供应商网络。华为公司最畅销的mate30手机，屏幕由京东方提供，三星提供少量系列产品以保证足够的产能，大部分相机由索尼定制，大部分芯片代工由台积电提供，少部分的芯片代工则由中芯国际等公司承担。尽管华为公司的大部分手机配件由国内供应商提供，但关键配件（需要核心技术支撑）由国际供应商供应。过度依赖国际供应商导致部分核心技术的缺失，全球供应链使华为面临的供应链风险升高。华为公司加强了核心技术开发，改善和提高了生产能力，把更大的精力投放到国内市场，凭借全球领先的5G技术继续领先同业。2020年和2021年，华为公司分别位列世界500强企业49位和44位。

想一想：华为公司成功的秘密武器是什么？

供应链风险管理是指通过供应链成员企业的协同来识别和管理供应链的内生和外生风险，以保持供应链的连贯性，避免由于供应链中断带来客户信任和股东价值的损失。供应链风险管理过程如图9.20所示。

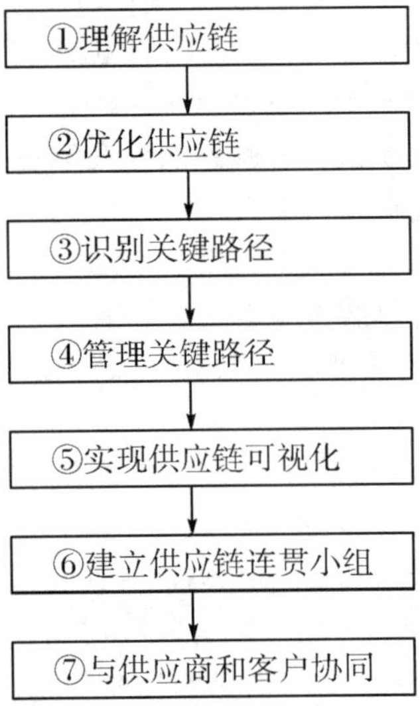

图9.20　供应链风险管理过程

1. 理解供应链

从供应链的角度来看，企业只是供应链网络的一个节点；从供应链管理的角度来看，每个节点企业都力图实施以自身为核心企业的供应链管理，通过企业内外资源的优化配置，借助伙伴企业的力量，提升企业自身的竞争力。在市场转型的今天，通常企业比较关注供应链的下游（分销渠道及销售物流网络），对供应链的上游（供应商网络/供应渠道及供应物流网络）关注较少，一般也就主要关注直接的供应商，往往忽视了供应商的供应商及其上游的供应商网络。企业要有效管理供应链风险，就必须对供应链及供应链管理有深入的理解和认知。

2. 优化供应链

通过优化供应链来减弱供应链风险的方法和途径包括：实现供应链的简约化、提高订单履行过程的可靠性、减小供应链运作过程的波动性、降低供应链运作过程的复杂性等。供应链的简约化是指减少供应链的环节，实现供应链的高效率，同时增加供应链的透明性与可控性，从而降低供应链的风险。供应链运作过程的波动性和复杂性在很大程度上会增大供应链的风险。运作过程的波动性会导致运作过程的不确定性程度增加，进而影响结果的可预测性，从而使供应链的风险概率增加。企业一般可采用六西格玛方法来降低供应链运作过程的波动性。导致供应链变得复杂的因素包括：产品的品种数量、零部件的种类数量、供应商和客户的数量与分布。一般而言，零部件的通用化和生产平台的标准化可有效降低供应链的复杂性，从而弱化供应链的运作风险。

［**案例**］　　**摩托罗拉公司产品的复杂性指数**

摩托罗拉（Motorola）公司为每种产品设计了一个“复杂性指数”，影响该指数的因素包括零部件的数量、零部件的通用程度、零部件的供应提前期等。复杂性指数高的新产品将不会被投入生产。摩托罗拉公司这样做的主要是为了有效规避供应链的运作风险。

3. 识别关键路径

供应链是由节点（或结点）和连线组成的复杂网络。其中节点代表企业实体，结点代表生产设施或物流设施，连线代表节点（或结点）间的连接方式，可能是物流、资金流或信息流。供应链风险主要来源于节点（或结点）和连线相互关系的不确定性。由于供应链节点（或结点）和连线及其相互关系十分复杂，因此供应链风险管理的挑战在于确定关键路径，即一旦出现问题将对供应链的运营有严重影响的路径。企业必须明确需要进行监督和管理的关键路径，以降低其中断的可能性，确保供应链的连贯性。

关键路径一般具有以下特征：①提前期（如供应提前期、生产提前期或物流提前期）长；②无法替代的单一供应源（如签约供应商的附加合同、与产品处于研发阶段的供应商签约、与设计竞赛获奖者签约）；③对特定基础设施（如港口、运输方式或信息系统）的依赖；④供应商或客户高度集中；⑤原材料或产成品必须流经的瓶颈环节或紧要节点；⑥可识别性高的风险（如需求、供应、流程、控制和环境风险）。

为了帮助管理者确定在何处优先进行供应链风险管理，我们需要采用“失败方式与影响分析”（failure mode and effect analysis，FMEA）。该方法是用系统的观点来确定在一个复杂的系统中为了降低失败的风险，管理者应重点关注的关键环节。FMEA 在全面质量管理（TQM）中应用较广，但其格外适用于供应链风险管理。借助于该方法，管理者需要对供应链的每个节点、每条连线进行考察，并思考以下三个问题：哪些环节可能出错？该差错可能导致什么严重后果？出现差错的关键原因是什么？接下来，管理者要对每个可能出现差错的风险进行严重性（S）、发生的可能性（O）、被检查出的可能性（D）评估，并将上述三个指标的分值相乘，以此来计算综合的优先级分数，分数越高说明风险值越值得关注。供应链风险分析评估系统如表 9.5 所示。

表 9.5　供应链风险分析评估系统

一级指标	二级指标	分值
严重性（S）	对运作服务水平没有直接影响	1
	对运作服务水平有较小的负面影响	2
	运作服务水平有一定程度的降低	3
	对运作服务水平有严重的负面影响	4
	运作服务水平趋于零	5

表9.5(续)

一级指标	二级指标	分值
发生的可能性（O）	数年发生一次的概率	1
	数月发生一次的概率	2
	每月发生一次的概率	3
	每周发生一次的概率	4
	每天发生一次的概率	5
被检查出的可能性（D）	被检查出的概率非常高	1
	发生之前有明显的预兆	2
	发生之前有一定的预兆	3
	发生之前只有很少的预兆	4
	几乎不能被检查出来	5

4. 管理关键路径

一旦关键的节点和连线被确定，接下来管理者的重要工作是采取有效措施降低、消除乃至规避风险。为此，管理者应制订预防偶然事件发生的计划方案（目的是防患于未然）以及风险发生时的应对方案（应急预案）。一旦出现差错，管理者就要及时采取有效措施应对风险（必要时可重新设计供应链）。

需要说明，管理风险的根本方法是消除风险的成因。为此，我们可以采用因果分析法（cause and effect analysis，CEA）来寻找产生风险问题的内在原因。一般的，我们可以采用鱼刺图、因果矩阵图等工具来分析风险的成因。例如，对于货物配送不准时这一现象，我们可以用鱼刺图来分析其成因（见图9.21）。出现货物配送不准时的现象可能有四个方面的原因。我们从每个大的原因出发，又可以继续找出更加具体的原因。通过不断地深入分析，我们就可以找到产生风险问题的关键成因。接下来，我们就可以对症下药采取有效措施来规避风险。比如，解决准时制配送性差问题的瓶颈是一个主要供应商能力有限，如果企业在短期内没有可替代的供应商，就必须采用战略库存来应对。

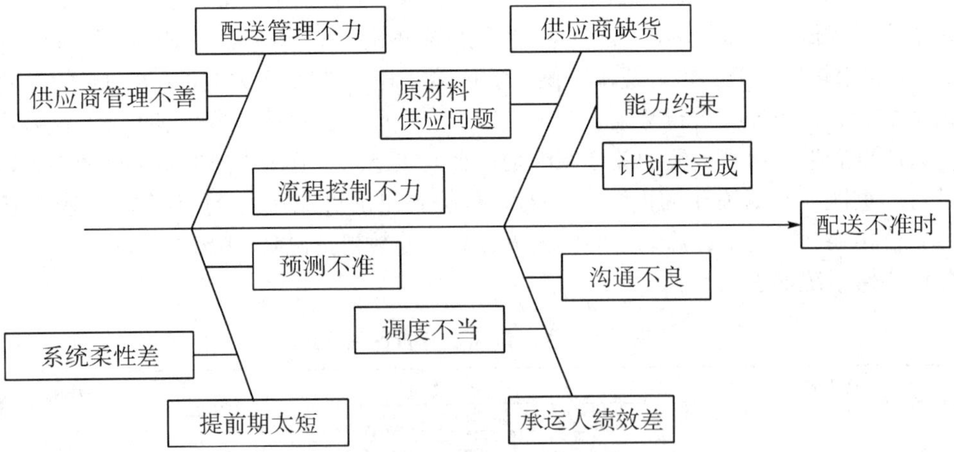

图9.21 因果分析法示例

5. 实现供应链可视化

以上步骤主要是对供应链风险进行结构性控制，接下来我们还需要对供应链日常运作风险进行监控和处理。供应链可视化，可以使潜在的供应链中断在发生时马上被发现甚至提前被发现，极大地提高供应链风险管理的时效性和有效性。

实现供应链可视化最常用的方法是供应链事件管理（SCEM）。它把供应链看成一个社区，制定供应链成员的业务规则，规定在一些例外事件发生或将要发生时发出警报，通过实时信息共享，创造供应链智能。比如，我们可以通过直观的用户界面监控供应链的关键绩效指标（KPI），在关键事件即将发生时，系统将相关信息实时发送到相关人员的电子信箱或智能手机设备，以便我们能快速、及时地处理意外事件。

6. 建立供应链连贯小组

为了使供应链风险管理工作常态化，企业有必要建立供应链连贯小组。由于供应链风险来自供应链网络，该小组的关注范围应该从企业自身的财务和信息系统向整个供应链延伸。供应链连贯小组应该是跨职能、跨企业边界的，应该编制风险手册，记录可能的薄弱点，同时采取防范措施。该小组应该向决策层汇报，企业的供应链总监最好能直接参与小组。

7. 与供应商和客户实现协同

实施供应链风险管理需要实现企业与供应商和客户的协同。如果供应链成员能够协同执行统一的供应链风险管理程序，就会形成一种滚雪球效应，整个供应链的风险就能够得到很好的控制。在实际运作中，更多的企业是通过对供应商提出要求来实现与之协同处理供应链风险的。

[案例]　供应链成员企业通过协同来规避供应链风险

要有效规避供应链风险，需要上下游企业实现战略、战术以及运作层面的协同。为此，一些企业对合作伙伴提出参与供应链风险管理的要求。例如，美国著名零售商 Target，要求供应商必须签署一份关于服从其在供应链安全和风险管理方面要求的协议。再如，美国著名医药公司辉瑞（Pfizer）同样明确地建立了关于供应商统一核查供应链风险管理的行为标准。

五、构建弹性供应链

[案例]　联想集团借助供应链智能建立弹性供应链

弹性供应链的构建（微课）

联想集团不断创新，利用其供应链智能（SCI）平台中的人工智能和机器学习来分析数据，识别潜在问题并实时提出解决方案，从而建立弹性供应链。在联想供应链输入的所有数据中，供应链智能几乎占据了 80%，超过 70% 的供应链员工在使用供应链智能。通过使用供应链智能，客户的准时交货率提高了 5%。

面对日益复杂的供应链关系和瞬息万变的供应链环境，越来越多的企业着手构建弹性供应链，以便更好地管理供应链风险。弹性供应链（resilient supply chain），实为韧性供应链，是指能够迅速从影响供应链绩效的意外事件中恢复的供应链。一般而言，企业可以从以下四个方面入手构建弹性供应链。

1. 供应链再造

在构建弹性供应链时，我们要注意以下三个方面的问题。第一，我们要更好地理解供应链的结构，以便能找出供应链的关键路径和瓶颈环节。第二，我们要对供应链进行重新设计，以便我们在处理供应链风险时的成本最小。为此，我们要权衡供应链的各项成本，在供应链中建立适当的缓冲能力。第三，我们要实施合理的供应商战略，原则上不采用单源供应策略，通过减弱对供应商的依赖来管理供应链的风险。例如本田公司一直采用“双重采购”策略，公司与供应商保持适度的竞争与合作，推动外购零部件的质量、价格和可靠性的不断优化。

［案例］ A 公司通过建立缓冲能力增强供应链的弹性

A 公司通过建立缓冲能力增强供应链的弹性（微课）

A 公司是美国一家快速消费品制造商，公司原来的供应链包含 40 家遍布全球的工厂。经过成本优化分析，公司领导认为可以关闭 17 家效率较低的工厂，这样每年可以降低 4 000 万美元的成本。但重新设计后的供应链存在两大缺陷：一是北美和欧洲没有工厂，使得供应提前期变长且不稳定；二是亚洲和拉丁美洲的工厂需要满负荷运转，一旦市场需求激增或出现紧急订单，公司将面临缺货的风险。公司领导通过权衡各项成本，包括生产领域的固定成本和变动成本、物流领域的运输成本、仓储成本和库存成本以及关税等后发现，如果保留 30 家工厂，成本只比先前的优化结果增加 250 万美元，但供应链的缓冲能力能够大幅度提升。经过综合考虑后，公司最后保留了 30 家工厂。通过建立适当的缓冲能力，A 公司供应链的抗风险能力大大提升，供应链的弹性明显增强。

想一想：A 公司的做法对你有什么启示？

2. 供应链协同

一条适应性强的供应链要求各成员企业具有相似的文化（协同文化），并通过 VMI、CPFR 等方式及策略实现供应链的协同。同时，通过各成员企业信息及知识的共享，形成供应链智能，以便供应链能更好地应对突发事件，从而表现出卓越的供应链弹性。

［案例］ 丰田汽车公司的弹性供应链

丰田汽车公司的弹性供应链（微课）

1997 年，丰田汽车公司刹车配件的独家供应商爱信精机的工厂发生火灾，丰田公司对其评估的结果是爱信精机两周后可以重新启动生产线，六个月后可以完全恢复生产能力。但当时丰田公司面临的市场需求非常大，公司的所有工厂都在满负荷生产。而根据丰田公司的 JIT 生产模式，公司仅持有 2~3 天的库存，因此丰田公司面临着停工待料的巨大风险。为此，丰田公司的反应非常迅速，立即重组了整个刹车配件的供应商网络。接下来，丰田公司将刹车配件的生产设计图分发给所有供应商，然后将爱信和丰田的工程师安排到各供应商的工厂。同时，各供应商根据爱信和丰田的产品说明书，改造现有设备或购买新设备。几天后，一些原来没有生产刹车配件经验的供应商开始向爱信精机供应零部件，经爱信精机组装和检验后运往丰田公司。经过丰田公司和大约 200 家供应商的协同运作，将火灾的影响降到了最低程度，使供应链迅速得到了恢复。

想一想：为什么丰田汽车公司主导的供应链弹性好？

3. 构建敏捷供应链

供应链形成一个在短时间内能够获取准确信息，并做出正确、快速反应的机制，是供应链弹性的重要体现。敏捷供应链依托电子供应链，实现供应链的可视化，并通过供应链成员企业的快速重构、分工协作，共同对多变的市场需求做出快速反应。因而敏捷供应链非常适合用于构建弹性供应链。如果供应链对环境变化的敏感性和响应性好，就能帮助企业攻克难关、规避风险；否则，企业可能面临灭顶之灾。

4. 培育供应链风险管理文化

类似于全面质量管理的实施依赖于企业文化的培育，供应链风险管理也同样需要相应的文化支持。供应链风险管理文化是一种跨企业边界的文化，其塑造需要得到供应链各成员企业决策层的高度重视。各成员企业在高层决策中需要考虑供应链风险管理文化的塑造，同时，供应链风险管理文化的培育也需要建立供应链连贯小组来推进。

小结

企业的竞争已演变为供应链的竞争，更上升为企业核心竞争力的较量。核心竞争力是企业持续竞争优势之源，而供应链竞争力是企业核心竞争力的一种。业务外包有利于企业实施归核化战略、强化核心业务、培育核心能力，但使企业面临委托—代理等风险。而风险产生的原因主要有决策的有限理性、信息非对称和代理者的败德行为。以业务外包为纽带，上下游企业建立起供应链合作关系，即供应链成员企业在一定时期内信息共享、风险共担、共同获利的协议关系，包括沟通、协调、合作和协同四种典型的关系类型。供应链合作伙伴的选择方法包括直观判断法、招标法、协商选择法、加权平均法、采购成本比较法、ABC 成本法、层次分析法、神经网络算法等。

供应链协同是供应链成员企业为实现共同的目标而共同制订计划，在实时信息共享的基础上同步协调运作，以实现供应链流程的无缝衔接，包括战略、战术、技术三个层次的协同。VMI 和 CPFR 是实现供应链协同的常用方法，而协同绩效体系、信息共享、决策同步化、激励一致性和流程一体化则是实现供应链协同的关键要素。

供应链可视化可以促进供应链协同化。供应链成员信息共享的方式包括蝴蝶结和菱形两种基本方式。供应链管理信息系统是升华供应链信息管理的有效手段，包括规划层、计划层（包括 SCAP、S&OP 等软件系统）、控制层（包括 SCPM、SCEM 等软件系统）和运作层（包括采购管理系统和 MRP Ⅱ、MES 等生产管理系统以及 OMS、WMS、TMS 等物流管理系统）四个层次。成熟的供应链管理软件包括成套的供应链计划系统、供应链执行系统、专业的供应链操作功能系统以及 ERP 中扩展的供应链管理子系统。供应链可视化技术包括自动识别与数据采集技术、信息交换技术、信息追踪技术、网络交易平台、移动资源管理平台、商业智能工具和区块链等。其中区块链是管理数据的数据库技术，具有数据录入以后不可更改的特性。其在供应链领域多指以制造企业为核心企业向其上下游辐射出去形成的私有链。作为一种分布式账本技术，其去中心化、不可篡改和透明化的特性为供应链管理提供了新的解决方案。区块链在供应链中的应用主要包括提升信息共享与透明度、防伪与追溯、提高效率和降低成本、促进信用体系建设及提高风险管理能力。区块链所解决的一个核心问题是信任问题。其中电子存证、供应链金融、产品溯源和共享经济是主要的应用场景。区块链在供应链中应用最广的领域是供应链金融，涉及交易平台、电子票证、电子运单、电子仓单和电子发票等业务。区块链在供应链中的应用主要集中在汽车供应链、家电供应链、化工供应链及农产品供应链等领域，而农产品则主要涉及溯源和物流信息平台等方面的应用。

供应链风险即供应链的脆弱性，是指供应链意外中断的可能性及其造成的影响。供应链的精益化、全球化和虚拟化使供应链的风险上升。供应链风险管理是指通过供应链成员企业的协同来识别和管理供应链的内生和外生风险，以保持供应链的连贯性，避免由于供应链中断带来客户信任和股东价值的损失，包括理解供应链、优化供应链、识别关键路径、管理关键路径、供应链可视化、建立供应链连贯小组、与供应商和客户协同等步骤。

弹性供应链实为韧性供应链，是指能够迅速从影响供应链绩效的意外事件中恢复的供应链。企业可以从供应链再造、供应链协同、构建敏捷供应链、培育供应链风险管理文化四个方面入手构建弹性供应链。

同步测试

一、判断题

1. 供应链控制塔是对物流控制塔的升级，能够实现供应链全网络端到端的可视化，支持快速决策。（　　）

2. 核心竞争力是企业持续竞争优势之源，是组织集体智慧的结晶，是强势企业的功能属性。（　　）

3. 核心竞争力是核力而非合力。（　　）

4. 供应链协同化可以促进供应链可视化。（　　）

5. 供应链风险也称供应链的脆弱性，是指供应链意外中断的可能性及其造成的影响。（　　）

6. 签约前委托方处于信息优势，签约后代理方处于信息优势。（　　）

7. 供应链管理信息系统是升华供应链信息管理的有效手段。（　　）

8. 供应链风险管理的目的是保持供应链的连贯性，避免供应链中断给供应链企业群体带来损失。（　　）

9. 区块链是一种分布式账本技术。（　　）

10. 在智慧供应链时代，供应链控制方式发生了翻天覆地的变化，信息技术赋能，供应链控制塔更多地呈现出数字化、智能化等特征。（　　）

二、单选题

1.（　　）是指能够迅速从影响供应链绩效的意外事件中恢复的供应链。

A. 弹性供应链　B. 韧性供应链　C. 敏捷供应链　D. 柔性供应链

2. 下列不属于供应链风险升高的原因的是（　　）。

A. 供应链精益化　B. 供应链全球化

C. 供应链虚拟化　D. 供应链敏捷化

3. 下列不属于业务外包风险产生的原因的是（　　）。

A. 决策的有限理性　B. 信息非对称

C. 代理者的败德行为　D. 信息共享

4. 按照决策的范围与时限来划分，下列不属于供应链协同管理的是（　　）。

A. 战略层供应链协同管理　B. 战术层供应链协同管理

C. 运作层供应链协同管理　D. 技术层供应链协同管理

5. 区块链所解决的一个核心问题是（　　）问题。

A. 信息共享　B. 合作　C. 竞争　D. 信任

6. 下列不属于供应链管理信息系统运作层软件系统的是（　　）。

A. S&OP　B. OMS　C. WMS　D. TMS

7. 下列不属于供应链可视化技术的是（　　）。

A. EPC　B. GT NEXUS　C. BI　D. ABC

8.（　　）是企业核心竞争力最本质的特征。

A. 价值性　B. 整合性　C. 异质性　D. 延展性

9. 委托—代理风险属于（　　）风险。

A. 决策　B. 运作　C. 不可抗力　D. 不可逆转

10. 下列属于供应链管理信息系统控制层软件系统的是（　　）。
A. SCAP　　B. MES　　C. SCEM　　D. PDM

三、多选题

1. 企业核心竞争力的培育方法包括（　　）。
A. 演化法　　B. 孕育法　　C. 并购法　　D. 联合法
2. 业务外包有利于（　　）。
A. 企业实施归核化战略　　B. 企业强化核心业务
C. 企业培育核心能力　　D. 企业培育核心竞争力
3. 业务外包使企业面临的风险有（　　）。
A. 决策风险　　B. 运作风险
C. 委托—代理风险　　D. 人力资源管理风险
4. 委托—代理风险包括（　　）。
A. 代理人的违约风险　　B. 业务失控风险
C. 泄密风险　　D. 连带经营风险
5. 供应链关系包括（　　）。
A. 沟通关系　　B. 协调关系　　C. 合作关系　　D. 协同关系
6. 供应链合作伙伴的选择方法包括（　　）。
A. 直观判断法　　B. 协商选择法　　C. 层次分析法　　D. 加权平均法
7. 供应链协同的基础包括（　　）。
A. 信息共享　　B. 相互信任　　C. 共同的战略目标　　D. 流程无缝衔接
8. （　　）是实现供应链协同的常用方法。
A. VMI　　B. CPFR　　C. JIT　　D. MRP
9. （　　）是实现供应链协同的关键要素。
A. 协同绩效体系　　B. 信息共享　　C. 决策同步化　　D. 流程一体化
10. 供应链成员信息共享的方式包括（　　）。
A. 蝴蝶结方式　　B. 菱形方式　　C. 扇形方式　　D. 鱼尾方式
11. 供应链管理信息系统的控制层包括（　　）软件系统。
A. SCAP　　B. S&OP　　C. SCPM　　D. SCEM
12. 近年来，成熟的供应链管理软件不断涌现，包括（　　）。
A. 供应链计划系统　　B. 供应链执行系统
C. 专业的供应链操作功能系统　　D. ERP 中扩展的供应链管理子系统
13. 供应链可视化技术包括（　　）。
A. AIDC　　B. 网络交易平台　　C. 移动资源管理平台　　D. 商业智能工具
14. 供应链风险升高的原因包括（　　）。
A. 供应链精益化　　B. 供应链全球化
C. 供应链虚拟化　　D. 供应链敏捷化
15. 企业可以从（　　）方面入手构建弹性供应链。
A. 供应链再造　　B. 供应链协同
C. 构建敏捷供应链　　D. 培育供应链风险管理文化
16. 区块链具有（　　）特性，为供应链管理提供了新的解决方案。
A. 去中心化　　B. 不可篡改　　C. 透明化　　D. 智能化

17. 区块链在供应链中的应用主要包括（　　）。

A. 提升信息共享度与透明度　　B. 防伪与追溯

C. 提高效率和降低成本　　D. 提高风险管理能力

18. 区块链的主要应用场景包括（　　）。

A. 电子存证　　B. 供应链金融　　C. 产品溯源　　D. 共享经济

19. 区块链在供应链中应用最广的领域是供应链金融，涉及（　　）等业务。

A. 交易平台　　B. 电子票证　　C. 电子运单　　D. 电子仓单

20. 区块链在供应链中的应用主要集中在（　　）等领域。

A. 汽车供应链　　B. 家电供应链　　C. 化工供应链　　D. 农产品供应链

四、概念辨析题

请对以下相关概念进行辨析：反脆弱供应链、弹性供应链、韧性供应链、敏捷供应链、协同供应链、整合供应链、集成供应链、智慧供应链、电子供应链、精益供应链、全球供应链、绿色供应链。

五、情境问答题

1. 结合“9.1 企业核心竞争力的辨识与培育”中“英特尔公司的核心竞争力”案例回答以下问题：

（1）英特尔公司为什么能取得极大成功？

（2）英特尔公司的核心竞争力包括哪些关键构成要素？

（3）怎样理解“英特尔公司的核心竞争力主要体现在微处理器的开发和制造方面，而这种竞争力来自它的创新思维和先进的人才观”这句话？

（4）英特尔公司为什么要向日本学习？这与其核心竞争力有什么关系？

（5）怎样理解“公司的技术始终不断地创新，而保持这种创新能力则主要靠人才机制。”

2. 结合“9.3 供应链合作伙伴的选择”中“宜家与供应商的合作”案例回答以下问题：

（1）从本质上讲，宜家公司与供应商之间是一种什么关系？

（2）宜家公司采取了何种企业竞争战略？

（3）宜家公司的竞争战略与其采购战略之间是何种关系？

3. X 公司是国内民航软件开发领域的行业领导者。该公司经过多年的努力，凭借自身的实力，在国内民航软件开发领域独树一帜，拥有了强大的竞争力。其客户主要是民航领域的企业和一些大型企业，包括中国邮政。近年来，随着公司知名度的显著提升，客户越来越多，订单多得做不完，对于一些小订单，公司婉言谢绝。为此，有人提出，可否接下这些订单，再实施业务外包？理由是，目前国内有很多 IT 工作室，可以承接公司的订单。你是否赞同该观点？请说明理由。

4. 1993 年，日本半导体原材料供应商——住友化工的工厂发生大爆炸，对全球半导体供应产生严重影响；

2000 年，台湾发生大地震，造成全球计算机配件价格上涨；

2000 年 3 月，作为爱立信手机芯片供应商的美国新墨西哥州飞利浦公司第 22 号芯片厂发生火灾，使爱立信公司损失 4 亿美元的销售额，其市场份额从 12%降至 9%。一年后，爱立信公司宣布退出手机市场。

请结合以上材料回答以下问题：

（1）什么是供应链风险？

（2）怎样衡量供应链风险？

（3）供应链风险有哪些主要来源？

（4）如何才能有效管理供应链风险？

六、案例分析题

案例1：英特尔公司的供应链关系管理

英特尔公司是一家知名度很高的芯片供应商。公司拥有数百家直接物料的供应商和上千家间接物料的供应商。加上与之合作的第三方物流服务商和客户，英特尔公司的供应链合作伙伴的数量非常庞大。为此，英特尔公司制定了供应链关系管理策略，将供应链关系按照紧密程度划分为交易关系、基本联盟关系（相当于沟通关系）、运作联盟关系（相当于协调关系）、业务联盟关系（相当于合作关系）和战略联盟关系（相当于协同关系）五种类型，并通过ABC分类法对供应链关系进行管理。

对于交易关系，英特尔公司不需要投入过多的时间和资源去管理。英特尔公司与处于这种关系的商业伙伴只是短期合作，关系管理的目标是确保效率。换言之，英特尔公司把这种交易关系当作交易的商品一样来对待，而形成关系的关键是成本。为此，供应商需要承受巨大的压力来降低商品成本。英特尔公司通常采用在线竞标（反向拍卖）方式来确保其能以最佳的价格采购到公司所需的元器件。此外，英特尔公司还开展了全球外包，在全球范围内优化配置资源，以此来降低经营成本。处于交易关系阶段的供应商的成本压力越来越大。

对于战略联盟关系，英特尔公司需要投入比较多的时间和资源去管理。英特尔公司要确保这种关系能够稳定地持续比较长的一段时间，为3~5年。战略联盟关系的特点是，双方乃至多方的信息系统集成，有关生产计划、技术引进计划、新产品开发计划、新技术研发计划等信息是共享的。双方乃至多方在新产品开发和技术研发阶段加强合作，进行创新性的产品开发与设计。跨企业的流程团队推行联合行动计划，沟通并解决新产品开发和技术研发中的难题。因此，英特尔公司需要对敏感的客户及供应商的信息进行保护，以免信息外泄。合作伙伴彼此尊重、互利互惠，这为合作各方奠定了必要的基础和条件。战略联盟关系只占英特尔公司供应链关系的5%~10%。英特尔公司所面临的挑战是，决定哪些供应链关系值得公司进行这样的密切合作。

英特尔公司使用了ABC分类法对供应链关系进行管理（见图9.22），这适用于客户、供应商和服务商等供应链合作伙伴。英特尔公司主要根据与合作伙伴的交易金额的大小对合作伙伴进行分类，并与不同类型的伙伴加强不同程度的合作关系。其中，战略伙伴关系具有以下主要特征：①企业与合作伙伴的交易金额大（交易价值高）；②合作伙伴对企业业务的参与度高；③合作伙伴拥有独特的技术；④合作伙伴拥有稀缺的行业资源；⑤合作伙伴高度影响企业产品的质量或性能（如供应企业产品的核心部件）以及客户服务或上下游合作关系；⑥合作伙伴能给企业带来强大竞争优势。

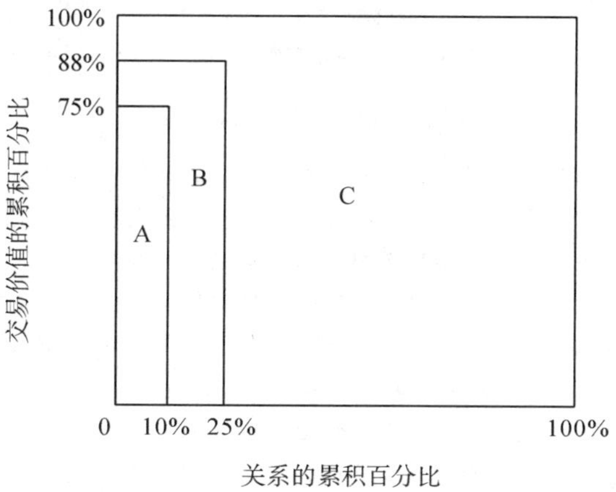

A——战略联盟　B——基本、运作与业务联盟　C——交易关系

图9.22　ABC分类法在供应链关系管理中的应用

需要指出，供应链管理者在努力寻求与最重要的合作伙伴建立战略伙伴关系（A类关系——战略联盟）、实现战略协同时，不应该忽视对其他类型合作伙伴的有效管理。换言之，供应链管理者需要建立一整套科学、有效的管理机制，以便实现供应链参与体的共赢。对于B类关系，尽管不需要核心企业投入过多的资源进行关系管理，但也应该做到谨慎管理。因为非战略伙伴关系代表了供应链关系中一个相当重要的层面，随着时间的推移，这种关系可能发展为战略同盟关系。现在对有价值的关系进行投入，能够为未来的战略协同奠定基础。随着市场环境的变化和关键技术的发展，供应链关系会不断演变。因此，对于短期交易的C类关系，供应链管理者也应该做到公平管理。在客户、供应商和服务商中赢得好的口碑，能够为公司的未来发展奠定良好的基础和条件。

根据案例提供的信息，请回答以下问题：

1. 英特尔公司把供应链关系划分为哪几种类型？每种类型的关系分别有什么主要特点？
2. 英特尔公司是如何对供应链关系进行管理的？
3. 战略伙伴关系具有哪些主要特征？
4. 企业应该如何对供应链合作关系进行有效管理？

案例2：联想运用区块链技术创新实现采销高效协同

采销模式（buy-sell）是指品牌核心企业直接从关键物料的供应商处采购原材料，然后将其转卖给自己的OEM/ODM代工厂，由代工厂完成产品生产后再将其卖给品牌核心企业的运营模式。该模式与传统的采购模式（由OEM/ODM代工厂直接从供应商处采购原材料）相比，更有利于品牌核心企业对供应链的全面掌控，对于质量、成本、交付、付款等都有着明显的优势，但核心企业需要承担更多的沟通和管理成本。

一、业务背景与需要解决的难题

采销模式最初由惠普公司提出。由于该模式具有明显的优势，以及代工和制造外包行业的兴起，该模式在电子行业得到了广泛的推广和应用。戴尔、苹果、思科、飞利浦等跨国公司都逐步采用了采销模式并进一步完善了该模式。联想也很早就引入了采销模式。该模式经过联想多年的探索和实践，已经得到广泛运用，为联想供应链的发展提供了有力保障。

联想采销协同的业务流程如图9.23所示。

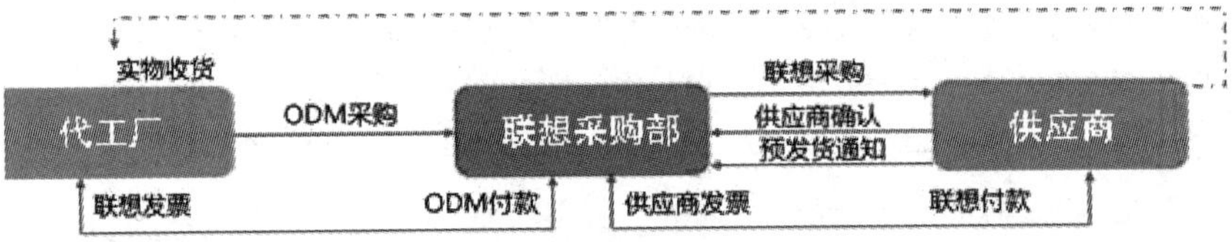

图9.23 联想采销协同的业务流程

然而，当几百家供应商与多区域的多家代工厂和联想所组成的复杂供应链在运作采销模式时，信息交互与协同变得异常复杂。此时，每天都有海量的计划信息、采购与价格信息、付款信息，以及物流信息相互交织传递和协同，过程中的任何匹配差错、信息延迟、人为错误将导致产品库存差异、交付不及时、付款周期延长、订单状态未知等情况。为了保障供应链运营，联想与供应商及代工厂等各方业务人员往往需要投入大量的人力完成账目信息的核对、订单状态的跟踪等工作。虽然联想前期已投入大量的IT开发和维护成本，但传统解决方案仍然不能有效满足采销业务的高效协同需求。具体体现在以下3个场景：一是代工厂为联想生产设备，需要通过联想采购原材料，由于无法得知供应商接受订单的时间和供应商的发货状态，将影响其生产计划的制订；二是联想需要控制代工厂的产品流程和质量，需要参与所有物料交易过程，因此联想作为交易的中间环节，必然产生大量的信息核对和沟通工作；三是供应商作为原材料提供者，在接收到联想的订单后，需要将货物直接发送至代工厂，造成联想不能及时掌握具体的收货时间，影响后续信息核对及付款等流程。上述问题亟需得到解决。

二、联想运用区块链技术创新性地提供解决方案

2017年，联想供应链团队引入区块链技术，基于区块链不可篡改、分布式账本、数据可追溯、隐私保护的特点打造了供应链企业间采购销售协同管理的新模式。区块链技术具备的去中心化特点，提供了快速数据共享的技术手段。针对采销协同业务流程，联想提出了一种基于区块链技术、简化的、高效的解决方案。该技术解决方案包括信息采集、存储与传输等的标准化、信任平台构建、协议智能处理和保密机制建设等内容（见图9.24）。

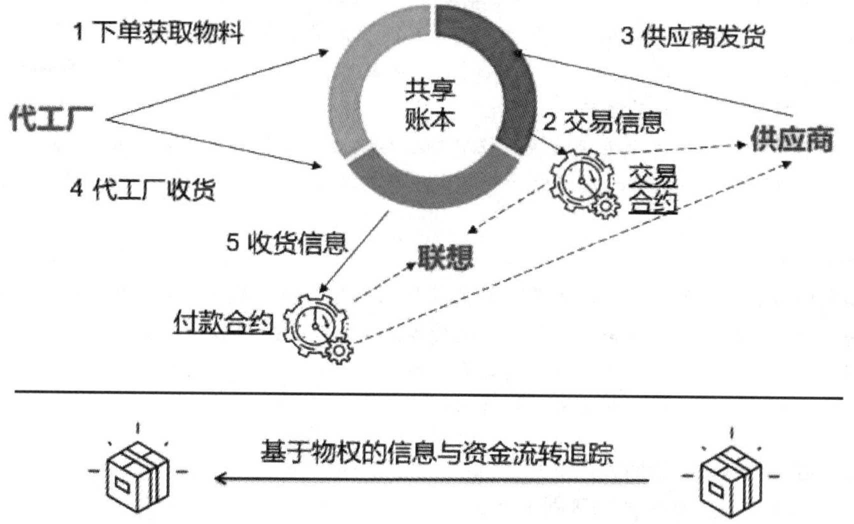

图9.24 联想基于区块链的采销协同业务解决方案

该技术解决方案具体包括以下流程：

第一步，代工厂根据需求计划，通过ERP系统将物料需求信息上传至区块链平台，联想和供应商同步实现信息共享。此时，基于共享数据，联想的采购订单被自动触发生成，而供应商也可以提前准备原材料，这将有助于缩短供应商的交货期。

第二步，当联想将采购订单上传至区块链以后，代工厂和供应商实时共享单据的最新状态信息。

第三步，供应商按订单生产，生产完工后将预发货信息上传至区块链。此时，根据共享信息，代工厂无须收到实物便可以根据供应商的发货信息完善其生产计划。

第四步，代工厂将实物收货信息和原材料使用信息上传至区块链。这有助于供应链参与体的库存信息保持一致。

第五步，联想依据区块链上代工厂的收货信息，启动与供应商的费用结算程序。

该项目在实施过程中，参与各方关注的焦点是多方交易数据的隐私加密问题。现有区块链普遍使用的通道功能能够将不同参与方的交易数据记录在不同的共享账本上，由此对交易数据进行隔离，解决核心企业需要与单一供应商共享数据的隐私问题。但是对于多方交易数据中只有部分字段需要加密的场景，只能在线下进行加密后再传递至区块链，或者直接不上传此类敏感字段。这将影响区块链的使用场景，从而对区块链灵活的加密方式提出了更高的要求。

联想提出的解决思路是基于指定字段和指定数据的可选加密方案，解决了上述问题，实现了多方交易过程中任意数据字段的加密问题，从而确保了交易数据的隐私不被非授权用户得知。联想不仅实现了对交易数据的加密访问，还引入了对交易身份的保护及对交易状态的保护等，从而实现了供应链系统中全隐私的保护。

三、联想创新解决方案所带来的价值

联想创新解决方案所带来的价值主要体现在以下几个方面：

(1) 该方案为企业的渠道商提供了统一的数据共享方式和统一的数据接口方案，操作方便，可扩展性强，并保证交易数据在业务发生时实时上传至区块链共享，提高了数据的实时性。

(2) 该方案结合区块链的数据可追溯性、不可篡改性，用以保证每一件商品在渠道销售全程可追溯，提高了数据的准确性，仅减少的人工校对成本就达到了 15%。

(3) 该方案借助溯源思想，为渠道商提供了统一的数据共享方式及统一的数据接口方案，操作方便，可扩展性强，并保证交易数据在业务发生时实时上传至区块链共享，提高了数据的实时性。

(4) 该方案结合区块链的数据可追溯性、不可篡改性，用以保证每一件商品在渠道销售全程可追溯，提高了数据的准确性，减少了后期人工校对数据的成本，同时结合共识特性，保证各节点账本的一致性，减少了财务结算前的对账环节。

(5) 在隐私保护方面，由于渠道销售过程中存在各种敏感信息，该方案利用了区块链平台的隐私保护特性，对敏感、隐私数据进行加密保护，在实现数据共享、高效协同的同时，保护了各参与方的隐私。

四、启示

采销模式实施成功的关键是供应链多方的高效协同，从而减少供应链参与体的信息不对称情况，通过多方的协同实现高效分工与合作。联想的成功案例充分说明高效协同依靠的不仅是采销业务模式和流程的创新，同时必须结合数字化供应链的突破和创新，而物联网、大数据、区块链、人工智能等新兴技术正为供应链发展提供前所未有的新机遇。

根据案例提供的信息，请回答以下问题：

1. 采销模式与传统采购模式的区别是什么？
2. 采销模式在运作中需要解决的问题有哪些？
3. 为什么区块链技术能够实现采销高效协同？
4. 联想在运用区块链技术实现采销高效协同中的创新点是什么？
5. 该案例给你什么启示？

任务10

供应链绩效管理

【素质目标】

1. 具有家国情怀。
2. 树立系统观念。
3. 树立全局观念。
4. 树立科学发展观。
5. 具有协同理念。
6. 具有成本意识。
7. 具有服务意识。
8. 具有质量意识
9. 具备合作精神。
10. 具备创新精神。
11. 具备精益求精的工匠精神。
12. 具有社会责任感。
13. 具有专业认同感。

【知识目标】

1. 了解供应链绩效评价的作用。
2. 理解供应链绩效评价指标的特点。
3. 了解供应链绩效评价的原则。
4. 掌握供应链绩效评价指标体系。
5. 熟悉供应链平衡计分卡模型。
6. 掌握供应链运作参考（SCOR）模型。
7. 掌握供应链策略成本管理的基本方法。

【能力目标】

1. 能运用KPI对供应链绩效进行评价。
2. 能运用供应链平衡计分卡模型进行供应链绩效评价。
3. 能运用SCOR模型分析供应链的流程。
4. 能运用SCOR模型进行供应链的设计与优化。
5. 能运用策略成本管理方法进行供应链成本分析与优化。

【引例】

X 公司的供应链绩效管理

X 公司是一家快速消费品制造企业，李彬是 X 公司新任命的供应链总监，他上任后接到的第一个任务，就是尽快把公司居高不下的库存降下来，并尽快改善客户对产品交付时间长、缺货多的抱怨，提高公司供应链的运营效率。

案例：X 公司的供应链绩效管理(微课)

李彬首先翻阅了公司最近半年的库存和销售报表，发现库存规模不断增大，平均交付时间也越来越长，数据表明，X 公司的产销协调出现了比较大的问题。

X 公司某类产品最近 3 个月的相关数据如表 10.1 所示。

表 10.1　X 公司某类产品最近 3 个月的相关数据

月份	月初库存/台	销售数量/台	预测销量/台	交付时间/小时
1	500	300	500	90
2	600	350	600	100
3	700	400	700	110
4	800	当月未完	当月未完	当月未完

面对这些数据，李彬意识到了问题的严重性。因为行业的平均库存周转天数也就是 15 天左右，而订单交付时间，一般也就是 72 小时。

为了进一步发现 X 公司供应链运营管理问题的原因，李彬与销售、生产计划部门、物流部门进行了进一步沟通，发现了如下问题：

(1) 物流部门目前对客户承诺的本地配送时间是在 24 小时以内。造成交付时间变长的原因是有大量的订单缺货，需要长时间的等待，使交付时间变长。

(2) 生产计划部门反馈说，接到的销售部门的预测数据多数不准。当问及有无对销售预测的量化评价标准时，销售部门反馈说都是凭记忆和感觉，没有量化的指标。

(3) 销售部门反馈说，市场竞争太激烈，他们也不知道公司有大量的库存，对于公司的经营状况，销售部门只觉得是供应不足导致的。

经过调研，李彬决定从供应链绩效 KPI 管理、部门沟通管理多方面入手，改善 X 公司的供应链绩效。

引导问题：

1. 如何进行供应链绩效评估？
2. 怎样才能实施有效的供应链绩效管理？
3. 为评价销售预测、库存管理、订单交付水平需要建立哪些绩效指标？这些指标如何计算？
4. 为什么李彬在分析了某类产品的相关数据报表后感觉到了问题的严重性？
5. 怎样计算库存周转天数？请计算 1、2、3 月 X 公司的库存周转天数，并比较库存周转天数和平均交付时间与行业平均水平的差距。
6. 根据 X 公司的现状，如何从产销配合的流程上改善 X 公司供应链的绩效？

管理循环及其在供应链管理中的应用(微课)　　供应链绩效管理的工具(微课)

从事管理活动，需要对管理的效果进行度量和评价，以此判断管理的绩效。在供应链管理中，科学、全面地分析和评价供应链的运营绩效极为重要。供应链绩效管理的方法主要有供应链绩效评价指标体系法、供应链平衡计分卡模型法、供应链运作参考模型法、供应链绩效标杆管理法及作业成本法和总体拥有成本分析等供应链策略成本管理方法。

10.1　供应链绩效评价认知

为了保证供应链管理目标的顺利实现就必须进行供应链绩效评价。绩效评价是供应链管理的重要一环。

一、供应链绩效评价的必要性

供应链绩效评价的必要性（微课）

加强供应链绩效评价很有必要。我们以零售商的部门及职能协同为例加以说明。对于零售商的销售人员，企业一般是按照销量来评价其绩效的，然而，如果采购部门采购不到适销对路的优质商品，销售部门又如何能够提高销量？反之，若采购部门采购到适销对路的优质商品，但门店销售人员工作不积极，配送中心配送货物不及时，商品又怎么能够销售得出去？企业的营利指标又怎么能够完成？另一方面，对采购人员而言，企业一般是按照采购成本的节约额度来评价其绩效的，如果仅仅根据这一指标来评价其绩效，就极有可能导致商品采购质量的下降。由此可见，供应链是一个新的系统，企业必须建立符合供应链管理需要的绩效评价指标体系并制定相应的激励机制，才能确保企业经营取得成功。

二、供应链绩效评价的含义和作用

进入 21 世纪，绩效问题已成为众多企业特别关注的热点。飞速变化的市场，使每家企业都更加关注自身的发展问题，越来越多的企业希望通过绩效评价来促进自身的发展。但很多企业对于绩效，特别是供应链绩效的理解并不准确，绩效管理的成效也不够理想。因此，要进行供应链绩效评价，首先就要明确供应链绩效评价的内涵。

（一）绩效评价与供应链绩效评价的含义

绩效评价与供应链绩效评价的含义（微课）

绩效是组织期望的结果，是组织为实现其目标而在不同层面上的有效输出，它包括个人绩效和组织绩效两个方面。

绩效评价是对个人或组织工作产生的效益以及影响效益的工作效率、对待工作的态度、人际关系、勤奋程度等经过一定考核后给出经济性、效率性或者效果性评价，以衡量其是否与组织的期望相一致。绩效评价不是为评价而评价，评价的最终目的是发现影响绩效实现或者提高的瓶颈，并寻求改善的方法。

绩效评价首先是结果评价，但如果某些因素对结果有明显、直接的影响，绩效评价就与这些因素密不可分了。影响绩效的因素如图 10.1 所示。

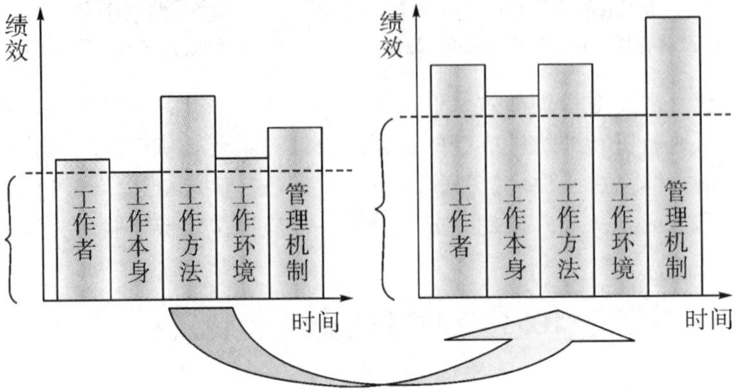

图 10.1　影响绩效的因素

供应链绩效评价是根据供应链管理运行机制、基本特征以及要达到的目的，设计科学合理的指标来恰当地反映供应链整体运营状况以及上下节点企业之间的运营关系，从而找出影响供应链绩效的问题，寻求解决的办法。换言之，供应链绩效评价就是对供应链运营过程及其所产生的效果进行全面、系统、科学地度量、分析与评估。

简单地说，供应链绩效评价就是要回答如下两个问题。

（1）供应链目前的运营状况如何？

（2）供应链要怎样运营才更好？

（二）供应链绩效评价的作用

为了能评价供应链的实施给供应链企业群体带来的效益，方法之一就是对供应链的运行状况进行必要的度量，并根据度量结果对供应链的运行绩效进行评价。因此，供应链绩效评价主要有以下四个方面的作用。

供应链绩效评价的作用（微课）

（1）评价供应链整体运行效果，了解供应链整体运行状况，找出供应链运营方面的不足，及时采取措施予以纠正。

（2）评价供应链成员企业，激励供应链成员企业，吸引优秀企业加盟，剔除不良企业。

（3）评价供应链成员企业间的合作关系。主要考察上游企业对下游企业提供的产品及服务的质量，从用户满意的角度评价上、下游企业之间的合作伙伴关系。

（4）绩效评价还可以起到对企业的激励作用，包括核心企业对非核心企业的激励。

三、供应链绩效评价指标的特点

根据供应链管理运行机制的基本特征和目标，绩效评价指标应具有如下特点。

供应链绩效评价指标的特点（微课）

（一）供应链绩效评价指标要能恰当地反映供应链整体运营状况及节点企业之间的运营关系

供应链绩效评价指标可以评价从最初供应商开始直至最终用户为

止的整条供应链的运营状况。例如，供应链总运营成本指标等。只有将各节点企业综合进行分析，才能找到提高供应链整体效率的措施和方法，才能在竞争中占有优势。

供应链绩效评价指标除了反映供应链整体运营状况外，还可以反映上下节点企业之间的运营关系，而不是孤立地评价某一节点企业的运营情况。例如，对于供应链上的某一供应商来说，该供应商所提供的某种原材料价格很低，如果孤立地对该供应商进行评价，就会认为该供应商的运行绩效很好。若其下游企业仅仅考虑原材料价格这一指标，而不考虑原材料的加工性能，就会选择该供应商所提供的原材料，而当该原材料的加工性能不能满足该节点企业生产工艺要求时，势必会增加生产成本，从而使这种低价格原材料所节约的成本被增加的生产成本所抵消。所以，评价供应链运行绩效的指标，不仅要评价该节点企业的运营绩效，而且还要考虑该节点企业的运营绩效对其上层节点企业或整个供应链的影响。

（二）供应链绩效评价指标是基于业务流程的绩效评价指标

供应链管理的绩效评价相对于现行企业管理的绩效评价来说有所不同。现行企业的绩效评价指标主要是基于职能部门的绩效评价指标，而供应链绩效评价指标则是基于业务流程的绩效评价指标。现行企业基于职能的绩效评价指标见图 10. 2，基于供应链业务流程的绩效评价指标见图 10. 3。

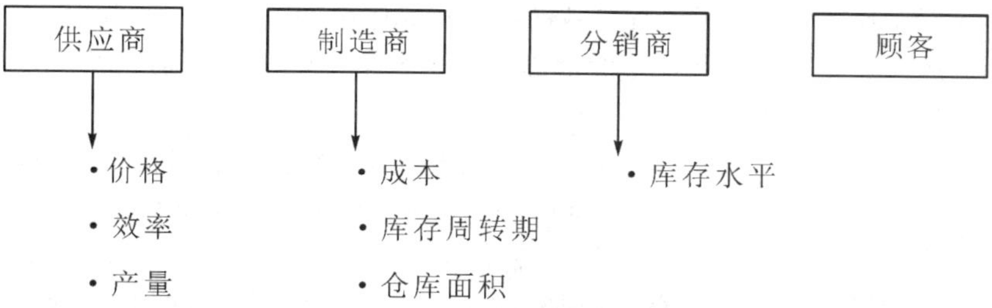

图 10. 2　现行企业基于职能的绩效评价指标

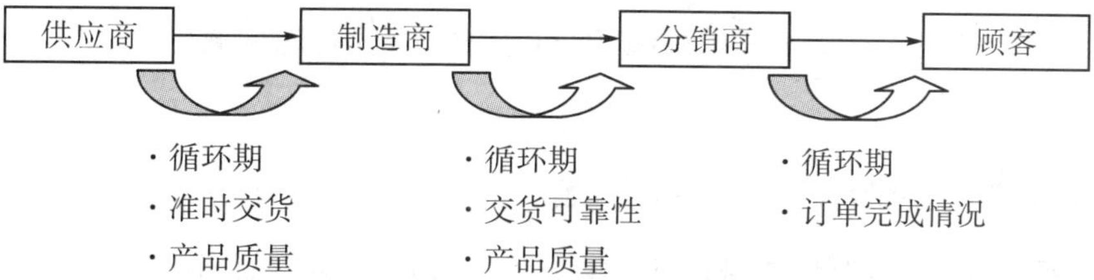

图 10. 3　基于供应链业务流程的绩效评价指标

基于职能的绩效评价追求的是每个节点自身的最优，这种简单的个体最优并不能带来供应链整体以及最终结果的最优。按照供应链系统管理的观点，每个节点都只是完整的供应链流程中的一个部分，因此基于流程的绩效评价更注重点与点之间的衔接，更注重上游节点对下游节点的影响，更加重视整个流程结束以后的效果。

（三）供应链绩效评价指标的内容具有广泛性

反映供应链绩效评价的指标比现行企业的绩效评价指标更为广泛，它不仅代替会计数据，同时还提出一些方法来测定供应链的上游企业是否有能力及时满足下游企业或市场的需求等问题，涉及的内容非常广泛。

（四）供应链绩效评价是一种动态的实时分析与评价

供应链绩效评价不仅在内容上全面反映整个供应链及其内部企业和上、下节点企业的关系，而且在时间上也打破了现行企业侧重于事后评价的传统，在供应链运营的过程中实时地进行度量，并及时采取措施，提高供应链的整体效率。

总之，现行企业绩效评价侧重于单个企业，评价的对象是某个具体企业的内部职能部门或员工个人，不能对供应链整体以及业务流程进行实时评价和分析，侧重于事后分析。而供应链绩效评价指标应该能够恰当地反映供应链整体运营状况以及上下节点企业之间的运营关系，而不是孤立地评价某个节点企业的运营情况。

四、供应链绩效评价应遵循的原则

供应链绩效评价遵循的原则（微课）

随着供应链管理理论的不断发展和供应链管理实践的不断深入，为了科学、客观地反映供应链的运营情况，应该寻求与之相适应的供应链绩效评价方法，并建立相应的绩效评价指标体系。在实际运作中，为了建立能有效评价供应链绩效的指标体系，应遵循如下原则。

（1）突出重点。要对关键绩效指标进行重点分析，从而有重点地对整个供应链的突出问题进行评价。

（2）建立能反映供应链业务流程绩效的评价指标体系。

（3）突出运营状况的整体性。评价指标要能反映整个供应链的运营情况，而非仅仅反映单个节点企业的运营情况。

（4）实时分析与评价。应尽可能采用实时分析与评价的方法，把绩效度量的范围扩大到能反映供应链实时运营的信息上去，这比仅进行事后分析要有价值得多。

（5）重视对节点企业之间关系的评价。在衡量供应链绩效时，要采用能反映供应商、制造商及用户之间关系的绩效评价指标，把评价的对象扩大到供应链上的相关企业。

10.2　供应链绩效评价指标体系的构建

一、供应链绩效评价指标体系法的内涵

指标体系法是进行综合评价时最常用的方法。供应链绩效评价指标体系法是指根据各个具体的单项绩效指标在指标体系中所处的地位、所起的作用、所包含的信息量以及所反映的指标体系的综合程度，采用各种评分法或者分析法确定各个指标的权重系数，再用算术平均法或几何平均法对规范化后的各个指标进行加权计算，从而得到其综合指数值，以此综合评价某一时期某一供应链在运营绩效方面的总体水平的分析方法。

二、供应链绩效评价指标体系

进行供应链绩效评价，就要建立相应的绩效评价指标体系。供应链绩效评价指标体系是由相关绩效评价指标所构成的一个综合的有机体系，供应链绩效评价指标体系如表 10.2 所示。

根据表 10.2，供应链绩效评价综合指数 P 可以通过如下公式计算出来：

$$P = A\times(W_1\times W_{11}\times W_{111})+B\times(W_1\times W_{11}\times W_{112})+C\times(W_1\times W_{11}\times W_{113})+D\times(W_1\times W_{12})+\cdots+J\times(W_2\times W_{21})+K\times(W_2\times W_{22})+\cdots$$

三、供应链绩效评价指标

（一）供应链绩效评价的一般性统计指标

供应链绩效评价指标是对整个供应链的运行效果和供应链节点企业的合作关系做出评价的具体指标，一般由用户满意度、产品质量、成本和资产管理等方面的指标构成，供应链绩效评价的一般性统计指标如表 10.3 所示。

表 10.2　供应链绩效评价指标体系

	一级指标	权重	二级指标	权重	三级指标	权重
供应链绩效水平 P	整个供应链流程绩效	W_1	产销率	W_{11}	节点企业的产销率 A	W_{111}
					供应链产销率 B	W_{112}
					核心企业的产销率 C	W_{113}
			平均产销绝对偏差 D	W_{12}		
			产需率	W_{13}	节点企业的产需率 E	W_{131}
					核心企业的产需率 F	W_{132}
			供应链产品出产循环期	W_{14}	供应商零部件出产循环期 G	W_{141}
					核心企业产品出产循环期 H	W_{142}
			供应链总运营成本 I	W_{15}		
			…	W_{1n}		
	供应链节点企业关系绩效	W_2	准时交货率 J	W_{21}		
			成本利润率 K	W_{22}		
			产品质量合格率 L	W_{23}		

表 10.3　供应链绩效评价的一般性统计指标

用户满意度和产品质量方面的指标	· 市场占有率 · 准时交货率 · 发运错误率 · 客户回头率 · 退货率 · 产需率 · 货损率 · 商品完好率	· 订单满足率 · 商品脱销率 · 订单准确率 · 循环时间 · 客户投诉率 · 促销率 · 产品合格率 · 饱和率 · 缺货率
成本和资产管理方面的指标	· 产品单位成本 · 人工成本 · 仓库成本 · 库存水平 · 供应周转期 · 净资产利润率	· 销售百分比成本 · 管理成本 · 运输成本 · 库存周转期 · 销售利润率 · 总资产利润率

除以上一般性统计指标外，供应链的绩效评价还可辅以一些综合性的指标，如供应链生产效率等指标，也可以用某些定性评价指标来反映，如企业核心竞争力等指标。

一般而言，企业可以从以下三个方面对供应链绩效进行评价：一是内部绩效度量，即主要对供应链节点企业的内部绩效进行评价，可以从成本、质量、生产效率、客户服务、管理等维度设置评价指标；二是外部绩效度量，即主要对供应链成员企业的运营状况进行评价，可以用用户满意度、最佳实施基准等指标进行评价；三是供应链综合绩效度量，即从总体上对供应链的运营绩效进行度量，可以从用户满意度、时间、成本、资产等维度设置评价指标。

（二）供应链绩效评价指标

1. 反映整个供应链业务流程的绩效评价指标

这类指标是指反映从最初的供应商一直到最终用户为止的整条供应链运营绩效的评价指标。主要包括以下指标。

（1）产销率。

产销率是指在一定时段内，已销售的产品数量与已生产的产品数量的比率，计算公式如下：

$$\text{产销率}=\frac{\text{一定时段内已售出的产品数量}}{\text{一定时段内生产的产品数量}}\times 100\%$$

产销率可以反映供应链在一定时期内的产销经营状况，该指标在一定程度上反映供应链企业生产的产品是否适销对路。其时间单位可以是年、月、日。随着供应链管理水平的提高，企业可以选择越来越短的单位时间，比如以天为单位。根据评价重点的不同，我们可以将产销率细分为如下三个具体指标。

①供应链节点企业的产销率。

$$\text{供应链节点企业的产销率}=\frac{\text{一定时段内节点企业已售出的产品数量}}{\text{一定时段内节点企业生产的产品数量}}\times 100\%$$

该指标反映供应链节点企业在一定时期内的经营状况。

②供应链核心企业的产销率。

$$\text{供应链核心企业的产销率}=\frac{\text{一定时段内核心企业已售出的产品数量}}{\text{一定时段内核心企业生产的产品数量}}\times 100\%$$

该指标反映供应链核心企业在一定时期内的经营状况。

③供应链产销率。

$$\text{供应链产销率}=\frac{\text{一定时段内供应链各节点企业已售出的产品数量之和}}{\text{一定时段内供应链各节点企业生产的产品数量之和}}\times 100\%$$

该指标反映供应链资源（包括人、财、物、信息等）的有效利用程度。产销率越接近100%，说明资源利用率越高。同时，该指标也反映供应链库存水平和产品质量，产销率越接近100%，说明供应链成品库存量越小。

（2）平均产销绝对偏差。

$$\text{平均产销绝对偏差}=\sum_{I=1}^{n}|P_i-S_i|/n$$

式中：n——供应链节点企业的数量；

P_i——第 i 节点企业在一定时段内生产的产品数量；

S_i——第 i 节点企业在一定时段内从已生产的产品中销售出的产品数量。

该指标反映供应链在一定时期内的总体库存水平，平均产销绝对偏差越大，说明供应链成品库存量越大，库存成本越高；反之，说明供应链成品库存量越小，库存成本越低。

（3）产需率。

产需率是指在一定时期内，节点企业已生产的产品数量与其上层节点企业（或用户）对该产品的需求量的比率。该指标反映供应链节点企业或核心企业满足用户需求的程度。

上下层节点企业的关系可以从供应链层次结构模型中看出（见图10.4）。

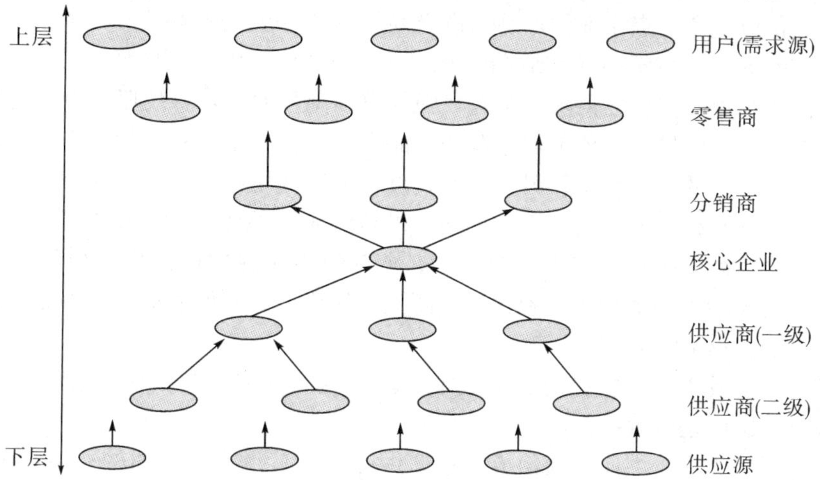

图10.4 供应链层次结构模型

具体而言，产需率可以细分为如下两个指标。

①供应链节点企业的产需率。

$$供应链节点企业的产需率=\frac{一定时段内节点企业已生产的产品数量}{一定时段内上层节点企业对该产品的需求量}\times 100\%$$

该指标反映上、下层节点企业的供需关系。产需率越接近100%，说明上、下层节点企业的供需关系协调，准时交货率高；反之，说明准时交货率低或者企业的综合管理水平较低。

②供应链核心企业的产需率。

$$供应链核心企业的产需率=\frac{一定时段内核心企业生产的产品数量}{一定时段内用户对该产品的需求数量}\times 100\%$$

该指标反映供应链的整体生产能力和满足市场需求的能力。若核心企业的产需率大于或等于100%，说明供应链整体生产能力较强，能满足市场需求；若该指标小于100%，则说明供应链生产能力不足，不能满足市场需求。

（4）供应链产品出产循环期或节拍。

当供应链节点企业生产的产品品种数量较多时，供应链产品出产（或投产）循环期一般是指节点企业混流生产线上同一种产品的出产间隔期。当供应链节点企业生产的产品为单一品种时，供应链产品出产循环期是指产品的出产节拍。供应链管理是在市场需求不断变化的经营环境下产生的一种新的管理模式，节点企业（包括核心企业）生产的产品品种数量较多，因此，供应链产品出产循环期主要是指混流生产线上同一种产品的出产循环期。具体而言，我们可以将其细分为如下两个指标。

①供应链节点企业（或供应商）零部件出产循环期。

该指标反映节点企业的库存水平以及对其上层节点企业需求的响应程度。该循环期越短，说明该节点企业对其上层节点企业需求的快速响应性越好。

②供应链核心企业产品出产循环期。

该指标反映整个供应链的在制品库存水平和成品库存水平，同时也反映整个供应链对市场需求的快速响应能力。核心企业的产品出产循环期决定着供应链各节点企业的产品出产循环期，即供应链各节点企业的产品出产必须与核心企业的产品出产合拍。该指标越小，说明整个供应链的在制品库存量和成品库存量都比较少；同时也说明供应链管理水平比较高，供应链能够快速响应市场需求，具有较强的市场竞争力。若要缩短核心企业的产品出产循环期，一方面应该使供应链各节点企业的产品出产与核心企业的产品出产合拍，使核心企业的产品出产与用户的需求合拍；另一方面，可以采用优化产品投产计划或优化生产运作管理的方法，缩短核心企业的产品出产循环期，提高供应链整体管理水平和供应链运营效率。特别是优化产品投产顺序和计划来缩短核心企业或节点企业的产品出产循环期的方法，既不需要增加投资又不需要增加人力和物力，而且见效快，是一种值得推广的好方法。

（5）供应链总运营成本。

供应链总运营成本包括供应链通信成本、供应链库存成本及供应链节点之间的运输成本。它反映供应链的运营效率。

①供应链通信成本。供应链通信成本包括供应链各节点企业之间的通信费用（如 EDI、因特网的建设和使用费用）、供应链信息系统开发和维护费用等费用。

②供应链库存成本。供应链库存成本包括供应链各节点企业的在制品库存及成品库存成本、各节点企业之间的在途库存持有成本。

③供应链节点之间的运输总成本，即供应链各节点企业外部运输总成本之和。供应链各节点企业外部运输总成本等于供应链所有节点企业之间运输费用的总和。

（6）供应链核心企业的产品成本。

供应链核心企业的产品成本是供应链管理水平的综合体现。根据核心企业的产品在市场上的价格确定该产品的目标成本，再向上游追溯到各供应商，确定相应的原材料、配套件的目标成本。只有产品的目标成本低于市场价格，供应链各成员企业才能够获利，供应链才能够得以发展。

（7）供应链产品质量。

供应链产品质量是指供应链各节点企业（包括核心企业）生产的产品或零部件的质量。主要包括产品质量合格率、废品率、退货率、货损率、货损物价值等指标。

（8）新产品开发率。

$$\text{新产品开发率}=\frac{\text{在研究新产品数}+\text{储备新产品数}+\text{已投产新产品数}}{\text{现有产品总数}}\times 100\%$$

该指标反映供应链的产品创新能力。该指标越大，说明供应链整体创新能力和快速响应市场需求的能力越强，具有旺盛和持久的生命力。

（9）专利技术拥有比例。

$$\text{专利技术拥有比例}=\frac{\text{供应链企业群体专利技术拥有数量}}{\text{全行业专利技术拥有数量}}\times 100\%$$

该指标反映供应链的核心竞争力。该指标越大，说明供应链整体技术水平越高，核心竞争力越强，其产品越不会轻易被竞争对手所模仿。

[小贴士]　　　　　　中国专利申请数量居全球第一

根据世界知识产权组织公布的最新报告，中国2019年和2020年连续两年成为《专利合作条约》（PCT）的第一名。其中，中国4所大学申请的国际专利数量位列全球大学排名前10，深圳大学国际专利申请数量居全球大学排名第三位，而被美国断供芯片的华为公司连续4年国际专利申请数量居全球第一。中国2020年专利申请数量达到68 000多项（其中5 464项是华为公司申请的），又一次超越美国，专利申请数量独占鳌头。日本、韩国、德国紧随其后。中国和瑞士专利申请数量增速位列全球第一和第二，而日本、德国、法国、加拿大等国家的专利申请数量增速下降。

想一想：

（1）为什么中国专利申请数量居全球第一？

（2）为什么华为公司连续4年国际专利申请数量居全球第一？

2. 反映供应链上、下节点企业关系的绩效评价指标

根据供应链层次结构模型（见图10.4），核心企业可以对每一层次的节点企业逐个进行评价，从而发现问题，解决问题，以优化对整个供应链的管理。在该层次结构模型中，我们可以把供应链看成是由不同层次的节点企业组成的递阶层次结构，上层节点企业可作其下层节点企业的用户。由于供应链是由若干个节点企业所组成的一种网络结构，如何选择节点企业、如何评价节点企业的绩效以及由谁来评价等问题必须明确。因而可以采用相邻层节点企业评价的方法，通过上层节点企业来评价和选择下层节点企业，这样更直接、更客观。依次递推可以覆盖供应链企业群体，从而对供应链的运营绩效进行评价。

综合反映供应链上、下节点企业关系的绩效评价指标主要是满意度指标，其具体内容如下。

（1）满意度。

满意度即用户满意度，它是指在一定时段内，上层节点企业 i 对相邻下层节点企业 j 的综合满意程度。它由准时交货率、成本利润率和产品质量合格率三个指标组成，同时，上层节点企业有必要对下层节点企业的上述三个指标分别赋予相应的权数 α、β、λ，且须满足 $\alpha+\beta+\lambda=1$ 的条件。其公式如下：

$$\begin{matrix}\text{上层节点的}\\\text{满意度}\end{matrix}C_{ij}=\alpha_j\times\begin{matrix}\text{下层节点的}\\\text{准时交货率}\end{matrix}+\beta_j\times\begin{matrix}\text{下层节点的}\\\text{成本利润率}\end{matrix}+\lambda_j\times\begin{matrix}\text{下层节点的}\\\text{产品质量合格率}\end{matrix}$$

在上述公式中，权数的取值可以随上层节点企业的不同而不同，即上层节点企业可以赋予 α、β、λ 不同的权数取值，但是，对于同一个上层节点企业，在计算与其相邻的所有下层节点企业的满意度指标时，其 α、β、λ 的权数取值应该是一样的。这样，通过满意度指标就能够评价不同节点企业的运营绩效以及这些不同的运营绩效对其上层节点企业的影响。

满意度指标值低，说明该节点企业的运营绩效差，生产能力和管理水平低，并且影响上层节点企业的正常运营，从而对整个供应链产生不良影响。因此，核心企业及上层节点企业应该把这种满意度指标值低的节点企业作为重点管理对象，对其进行全面整改，提升其满意度指标；或者重新选择和补充新的节点企业。以此类推，在每两个相邻的上、下节点企业之间都依次进行绩效评价，最终就可以完成对整个供应链的绩效评价。

供应链的最后一层为最终用户。对供应链的整体运营绩效进行评价要以最终用户的满意度指标为最终标准。相应地，其公式可做如下调整：

$$\text{最终用户满意度}=\alpha\times\text{零售商准时交货率}+\beta\times\text{产品质量合格率}+\lambda\times\left(\text{实际的产品价格}/\text{用户期望的产品价格}\right)$$

在上式中，我们可以用售后服务满意度来取代产品质量合格率，因为不合格产品是绝对不允许流出供应链的，而售后服务则是最终用户越来越重视的环节，是客户价值的重要内容，必须引起供应链企业群体的高度重视。

（2）准时交货率。

准时交货率是指下层供应商在一定时段内准时交货的次数占其总交货次数的百分比。其计算公式如下：

$$\text{准时交货率}=\frac{\text{一定时段内准时交货次数}}{\text{一定时期内总交货次数}}\times100\%$$

公式中的“一定时段”可以是一个月、一个季度、半年或一年。

供应商准时交货率低，说明其协作配套的生产能力或物流能力达不到用户要求，或者是其对生产过程的组织管理或物流运营跟不上供应链运行的节拍要求；供应商准时交货率高，说明其生产能力强，生产管理水平高，物流服务水平高。

（3）成本利润率。

成本利润率是指单位产品的净利润占其总成本的百分比。其计算公式如下：

$$\text{成本利润率}=\frac{\text{单位产品的净利润}}{\text{单位产品的总成本}}\times100\%$$

该指标反映供应商所供应产品的盈利能力和竞争能力。在市场经济条件下，产品价格是由市场决定的，因此在市场供求关系基本平衡的条件下，供应商生产的产品价格可以看成是一个不变的量。按照成本加成定价的原理，产品价格等于成本加利润，因此产品成本利润率越高，说明供应商的盈利能力越强，供应商的综合管理水平越高。在这种情况下，由于供应商在市场价格水平下能够获得较多的利润，其参与供应链合作的积极性必然增强，其必然对下游企业进行有关投资和改造，以提高生产效率。

（4）产品质量合格率。

产品质量合格率是指质量合格的产品数量占产品总产量的百分比。其计算公式如下：

$$\text{产品质量合格率}=\frac{\text{质量合格的产品数量}}{\text{产品总产量}}\times100\%$$

该指标反映供应商提供产品的质量及其综合管理水平，这也是反映企业竞争力的一个重要指标。质量不合格的产品数量越多，则产品质量合格率就越低，说明供应商提供产品的质量越不稳定或质量越差，供应商必须承担对不合格产品进行返修或报废的损失，这样就会增加供应商的总成本，降低其成本利润率。同时，产品质量合格率也与准时交货率密切相关，因为产品质量合格率低，会使产品的返修工作量加大，必然会延长产品的交货期，使准时交货率降低。

四、供应链绩效评价指标体系法的局限性

用指标值对供应链的绩效进行评价，既可以用作供应链自身纵向的对比，也可以与其他供应链进行横向对比。通过供应链自身纵向对比，可以找出其运营中存在的问题，并以此作为管理的重点对供应链进行全面整改，提高其管理水平和生产能力；通过与其他供应链进行

对比，可以找出供应链自身的差距，重新整合和构筑供应链，创造新的竞争优势。但与其他方法一样，供应链绩效评价指标体系法也存在一些不足之处，主要表现为以下几个方面。

第一，供应链绩效评价指标体系法无法保证所建立的绩效指标一定能够保持独立性，因而绩效指标间会发生相互影响和信息重叠的现象，致使在加权综合时，交叉部分得到了重复加权，因而加大了对交叉部分的影响。

第二，在供应链绩效评价指标体系法中，人为绩效指标的建立带有一定的主观性，不能检验所建立的指标是否都与绩效指标体系所要反映的绩效总体水平密切相关。

第三，供应链绩效评价指标中的权数确定，只考虑了专家或决策者对指标重要性的主观评价，并未从客观上考虑指标蕴含的信息量占指标体系全部信息量的比例。

第四，利用指标体系进行评价时，在指标数较多的情况下，尤其是采用层次分析法（AHP）确定权重系数时，给专家打分增加了判断难度和主观性，从而增加了计算的复杂性，并会产生较大的误差。

第五，在供应链绩效评价指标体系法中，运用算术平均法计算综合指数值时，若指标之间的数值相差悬殊，误差就比较大。用几何平均法计算综合指数值时，若指标体系中有些数值很小或为零，就失去了综合意义。

此外，指标体系的综合评价法只能适用于可量化的指标体系，并需要有足够多的统计资料；而关于定性的指标体系也有一定的局限性。随着情报和统计系统的健全和完善，对定性指标定量化处理方法的研究和数量化技术的发展，供应链绩效指标体系评价方法上的问题将会得到解决。

[拓展阅读]　　**SCPR 模型**

2003 年 10 月，中国电子商务协会供应链管理委员会（supply chain council of CECA，CSCC）推出了“中国企业供应链管理绩效评价参考模型”（supply chain performance metrics reference model，SCPR），这是我国第一个正式由全国性行业组织制订并推荐使用的定量评价供应链管理绩效水平和科学实施供应链管理工程的指导性工具。CSCC 吸取了众多供应链绩效模型的优点，并参考了大量中国企业的供应链实证数据，对国外发达国家先进的供应链绩效指标进行了本土化改造，最终形成了适合我国本土企业的供应链管理绩效评价参考模型。SCPR 的主要指标包括：订单反应能力（从订单实现角度评价企业对客户需求反应的水平）、客户满意度（通过满意度来反映供应链管理绩效）、业务标准协同（评价供应链上各节点企业业务上的标准协同状况）、节点网络效应（反映加入供应链的企业数量，互动能力等因素）、系统适应性（从建设方式、业务适应能力等角度评价企业的供应链管理绩效）五大类共 45 个三级指标。目前 SCPR 已在许多企业中成功应用。

10.3　运用平衡计分卡法进行供应链绩效管理

随着管理理论的发展，建立在绩效评价指标（KPI）基础之上的传统绩效评价方法逐渐发展到了平衡计分卡阶段。在供应链管理实践中，平衡计分卡模型的应用也越来越广泛。

一、平衡计分卡模型

平衡计分卡（the balanced score card，BSC）模型由哈佛大学教授罗伯特·卡普兰（Robert Kaplan）和大卫·诺顿（David Norton）于1992年共同提出。该模型是基于财务与非财务相结合的结构化的企业绩效评价体系。它以综合、平衡为原则，从财务（financial）、顾客（customer）、内部业务流程（internal business processes）及学习与成长（learning and growth）四个方面来评价组织的绩效，从形式上把组织的总体目标、战略和评价指标有机结合在一起。平衡计分卡模型的基本框架如图10.5所示。

平衡计分卡模型（微课）

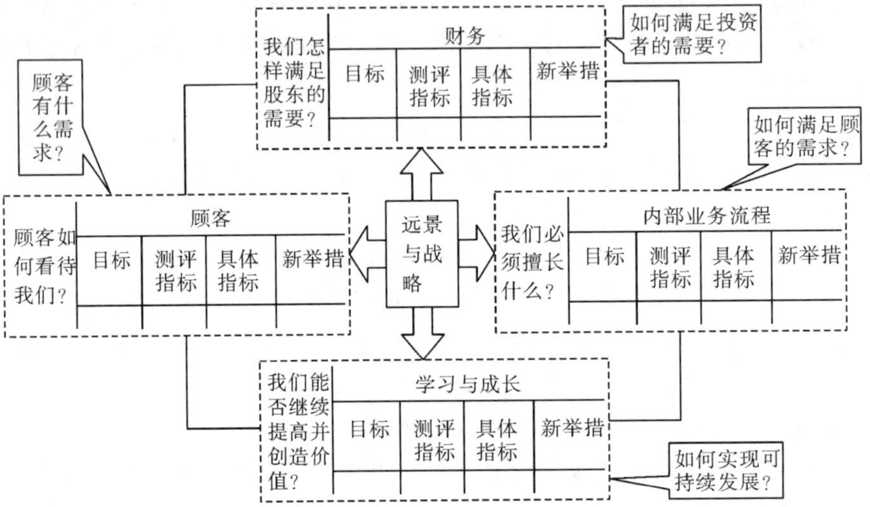

图10.5　平衡计分卡模型的基本框架

平衡计分卡模型不仅是控制组织行为及评估组织历史绩效的工具，而且可以用它来阐明企业战略和传播企业战略，同时帮助衔接个人、组织及部门间的计划，以实现共同目标。它强调平衡计分，从整体上对企业进行衡量，既有整体思想，又有局部观念，有利于短期目标与长期目标、财务指标与非财务指标、内部绩效与外部绩效之间的平衡。

平衡计分卡模型将管理者的注意力从短期目标的实现转移到兼顾战略目标的实现，从结果的反思转向对问题原因的实时分析。平衡计分卡模型的运用可以将企业的目标、战略转化为具体的行动，并使企业在动态调整中保持不断发展的势头。

二、供应链平衡计分卡模型

平衡计分卡模型作为企业全方位绩效评价的工具，通过与供应链管理流程相结合，为企业竞争战略与供应链管理策略的匹配、实现平衡的供应链绩效评价提供了一个完整框架。

供应链平衡计分卡模型（微课）

我们可以将供应链绩效评价指标划分为财务收益、客户收益、供应链管理目标、供应链管理能力提升四个方面，分别与平衡计分卡模型的财务、客户、内部业务流程及学习与创新相关联。

财务收益主要选取供应链绩效评价指标中与资产管理相关的指标，客户收益主要选取供应链绩效评价指标中与客户服务相关的指标，供应链管理目标（业务流程）主要选取供应链绩效评价指标中与成本管理和生产率相关的指标，供应链管理能力（学习与创新）主要选取供应链绩效评价指标中与质量有关的指标及一些定性指标。供应链平衡计分卡模型的基本框架如图 10.6 所示。

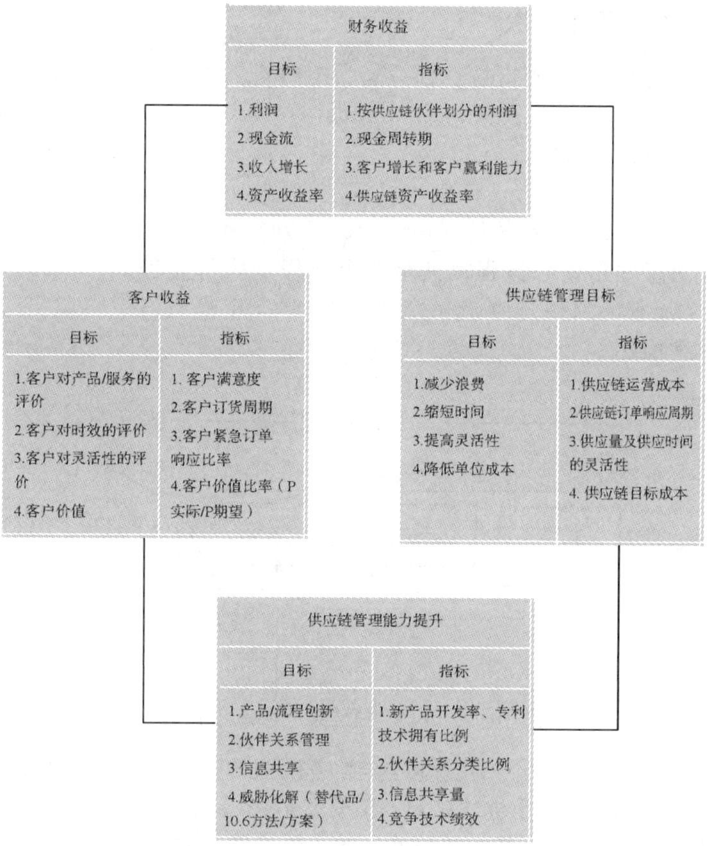

图 10.6　供应链平衡计分卡模型的基本框架

供应链平衡计分卡模型强调了供应链跨企业的职能与跨企业的本质，提出了企业之间以平衡的方法来管理企业内部和供应链伙伴的关系。最重要的是，该模型给出了企业员工和管理层在供应链上获得均衡目标的工具和方法论。

10.4　运用 SCOR 模型助力供应链绩效改善①

为了实施有效的供应链管理，需要分析并优化供应链流程。供应链运作参考模型（supply-chain operations reference-model，SCOR）是第一个标准的供应链流程参考模型，它由美国供应链协会（supply-chain council）开发成功。SCOR 模型是供应链的设计和诊断工

① 胡建波. SCOR 模型助力供应链改善［J］. 企业管理，2018（10）.

具，它涵盖所有的行业，能够使企业间准确地交流供应链运营的有关问题，客观地测量、评价供应链的运营绩效并确定新的供应链管理目标。SCOR 模型采用流程参考模式，管理者借助其分析公司目标和流程的现状，对供应链业务运作绩效进行量化评价，并将其与绩效目标值进行对照、分析，进而优化供应链绩效。SCOR 模型在供应链设计与优化、供应链流程再造与整合、供应链绩效评估与管理中发挥着越来越重要的作用。

一、SCOR 模型的基本层次

按照 SCOR 模型的流程定义可将其划分为三个层次，每个层次都可用于分析企业供应链的运作。

（一）第一层（基本流程）

第一层描述了五个基本流程：计划（plan）、采购（source）、生产（make）、交付（deliver）和退货（return），分别简称 P、S、M、D、R。其中，计划流程是核心流程，其余四个流程是执行流程，计划流程对其余四个流程起到整体协调和控制作用。SCOR 模型第一层流程元素如图 10.7 所示。

SCOR 模型的第一层流程元素（微课）

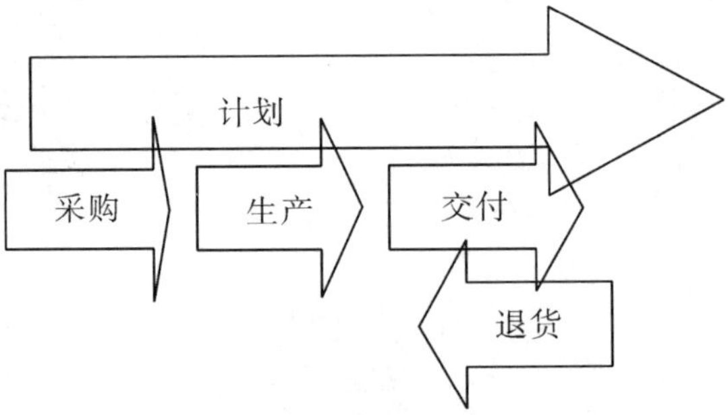

图 10.7　SCOR 模型第一层流程元素

SCOR 模型的基本流程定义了供应链运作参考模型的适用范围与内容，并确定了供应链管理目标的基础。供应链管理者通过对 SCOR 模型第一层流程元素的分析，可以根据供应链运作关键绩效指标（KPI）做出基本的战略决策。结合笔者的研究，提出如下供应链运作关键绩效指标（KPI），见表 10.4。

表 10.4　供应链运作关键绩效指标（KPI）

供应链运作绩效	关键绩效指标（KPI）
供应链交付的可靠性	准时交货率、交付准确率、商品完好率、配送率、订单完成率
供应链的反应性	订单完成提前期（供应链订单响应周期）
供应链的柔性	柔性生产的产品比率、实施延迟策略（包括生产延迟、物流延迟、结构延迟/形式延迟、完全延迟）的产品比率
供应链运营成本	供应链库存成本、供应链运输成本、供应链通信成本
供应链资金周转快慢	供应链库存周转天数、供应链库存周转次数、供应链运营资金周转率

其中：

准时交货率 = 准时交货次数/总交货次数×100%

交付准确率 = 准确交货次数/总交货次数×100%

商品完好率=交货时完好的物品量/应交付的物品总量×100%

配送率=实际配送次数/客户要求配送次数×100%

订单完成率=履行完成的订单数量/订单总数×100%

订单完成提前期=供应链订单响应周期=客户订货周期（从客户发出订单到收到货物的时间间隔）

柔性生产的产品比率=实施柔性生产的产品品种数量/供应链产品品种总数×100%

实施延迟策略的产品比率=实施延迟策略的产品品种数量/供应链产品品种总数×100%

供应链运营成本=供应链库存成本+供应链运输成本+供应链通信成本

供应链库存周转天数=计算期天数/计算期间的供应链库存周转次数

供应链库存周转次数=（一定期间的出库总金额/该期间的平均库存金额）

=一定期间的出库总金额×2/（期初库存金额+期末库存金额）

运营资金周转率=销售收入净额/平均运营资金

=销售收入净额/（平均流动资产-平均流动负债）

（二）第二层（配置层）

SCOR 模型的配置层由 26 种核心流程类型组成。由于每一种产品或产品型号（SKU）都可以有其相应的供应链，因此供应链管理者可以选择配置层中的标准流程单元构建其供应链。图 10.8 为 SCOR 模型第二层流程元素。

SCOR 模型的第二层流程元素（微课）

根据笔者的理论及实证研究，在运用 SCOR 模型的第二层流程元素构建或优化供应链时，需要注意以下事项。

（1）企业供应链的构建及优化与企业的需求响应策略（生产策略）密不可分，需要在企业需求响应策略的指导下进行。制造企业典型的需求响应策略包括备货生产（MTS）、订单生产（MTO）、订单组装（ATO）和定制生产/订单设计（ETO）四种类型。其中，“订单组装”属于“订单生产”的特殊情形。备货生产策略体现了预测驱动的特点，而订单生产、订单组装和定制生产策略均体现了订单驱动的特征。

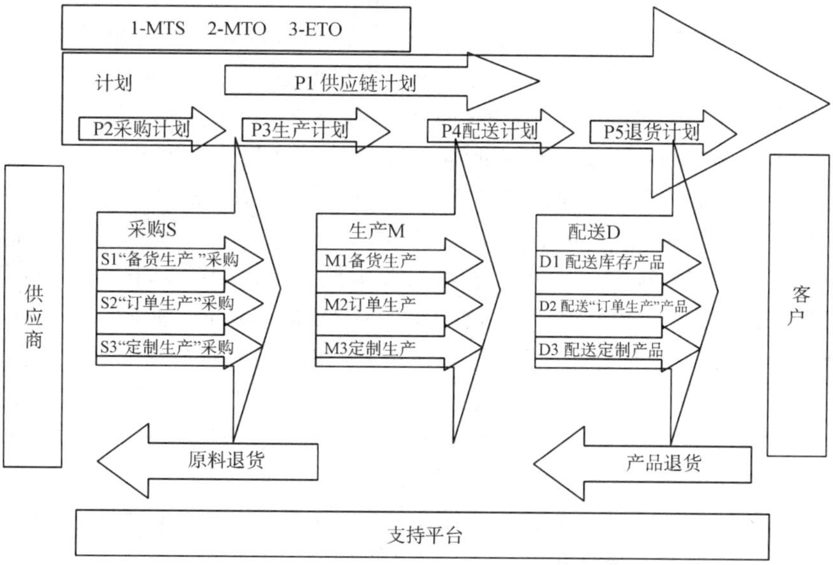

图 10.8　SCOR 模型第二层流程元素

（2）计划流程是供应链运作与管理的核心流程，包括供应链计划（P1）、采购计划（P2）、生产计划（P3）、交付计划/配送计划（P4）、退货计划（P5）五种类型。其中，后四种计划（运作计划）需要在供应链计划的指导下制订，同时运作计划也是对供应链计划的分解与落实。

（3）关键的执行流程一般是采购（S1、S2、S3）、生产（M1、M2、M3）、交付/配送（D1、D2、D3）流程类型的有效组合（需要强调的是，S1 的本质是提前备货，而 D1 的本质是配送库存产品）。从理论上讲，共有 27 种组合方式，但并非所有组合方式都有效，如 S2M1D1、S2M1D2、S2M3D1 等组合方式就无效。

（4）制造企业执行流程的典型组合方式包括 S1M1D1（预测驱动）、S2M2D2（订单驱动）、S3M3D3（定制驱动）、S1M2D2（推拉结合）等类型。①对于生产功能型产品（如日用百货）的企业（如传统制造企业），通常采用 S1M1D1 的运作流程，这类企业首先进行需求预测，并在此基础上按照"备货生产"的方式进行生产，然后有计划地调拨、配送库存产品，企业经营运作体现"预测驱动"的特点；②对于生产创新型产品（如新潮时装、PC）的企业（如现代制造企业），通常采用 S2M2D2 的运作流程，这类企业根据订单进行采购、生产，并按照订单进行配送，企业经营运作体现"订单驱动"的特点；③对于那些生产价值高且个性化突出的产品（如飞机、轮船、汽轮机等）的企业（如现代制造企业），通常采用 S3M3D3 的运作流程，这类企业根据客户订单进行产品设计、采购、生产，并按照订单配送定制产品，企业经营运作完全在订单的驱动下进行；④对于那些实施延迟生产策略的企业（如提供电脑兼容机产品的企业），通常采用 S1M2D2 的运作流程，这类企业首先预测目标市场对产品零部件的总需求量（根据目标市场对成品的总需求量进行预测），并在此基础上备货（零部件），接下来根据订单进行产品组装，并根据订单进行产品配送，其供应链运作体现了"先推后拉"的特点。

（5）流通企业执行流程的典型组合方式包括 S1D1（预测驱动）和 S2D2（订单驱动）两种类型。前者如传统的批发、零售企业，其运作流程多为"守株待兔"式——经销商在需求预测的基础上提前备货，买方购买商品后企业配送库存产品到用户；后者如现代的电子商务企业，其运作流程多为"订单驱动"型——经销商根据客户的订单备货，并根据订单进行货物配送。而且，在"商物分离"的今天，商流渠道与物流渠道在很大程度上实施了分离，线上与线下的有机结合，使企业的供应链运作非常有效。

（6）退货流程包括原料退货与成品退货两种情形。前者是企业将不符合需求的原材料等外购物料退换给上游供应商，而后者是下游客户将不符合需求的产成品退换给制造企业。

（三）第三层（流程元素层）

该层定义了企业在目标市场上竞争成功的关键能力元，包括以下内容：①流程元素的定义；②流程元素信息的输入与输出；③流程绩效指标；④最佳运作方式及适用领域；⑤匹配与运作方式相应的信息系统。

SCOR 模型的第三层流程元素（微课）

以备货型采购（S1）为例，采购执行主要包括：发送采购订单（S1.1）、货物验收（S1.2）两个关键流程。前者可以通过订单准确率、订单传输时间等 KPI 来衡量，后者可以通过货物验收正确率、货物验收效率、货物验收成本等 KPI 来衡量。当然，供应商的供应协同是采购工作顺利开展的必要条件，供应商主要涉及订单处理、备货、送货等关联业务。

采购流程元素及其输入与输出的信息如图 10.9 所示。

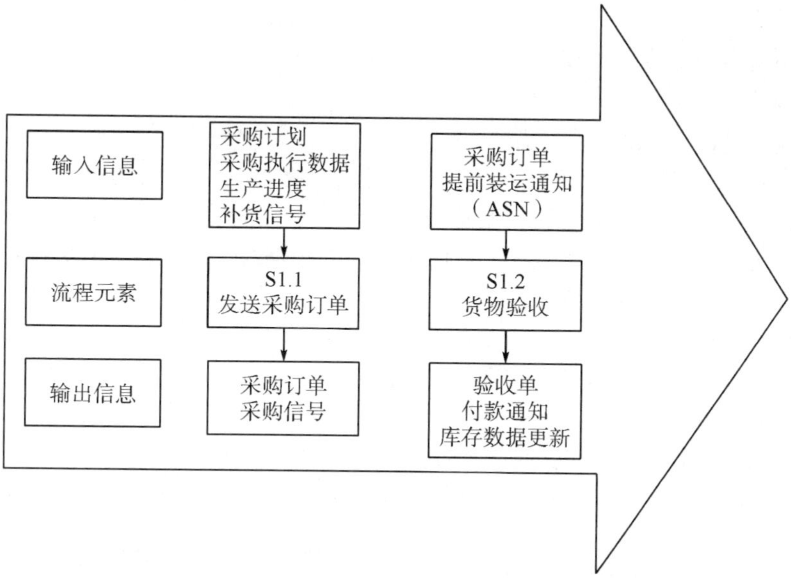

图 10.9 采购流程元素及其输入与输出的信息

在云计算、边缘计算、大数据、区块链、5G、增强现实/虚拟现实（AR/VR）等技术快速发展的今天，企业需要搭建信息平台，通过实时信息共享来实现与供应链合作伙伴的战略交互与运作协同。

［**案例**］

海尔借助 BBP 电子采购平台实现与供应商的运作协同

供应商通过海尔的 BBP 采购平台在网上接收订单，并通过网上查询海尔的物料需求计划及库存数据，及时补货①，实现了供应商管理库存（VMI）和准时（JIT）供应。通过 BBP 电子采购平台，海尔的订货周期从原来的 5~7 天缩短到 2 天，供应商次日就可以在 BBP 网站上查看从海尔 ERP 系统自动传输到 BBP 系统中的采购订单并打印送货单。借助信息平台，供应商对海尔的订单响应周期大大缩短，履行订单的准确率大大提高。

海尔借助 BBP 电子采购平台实现与供应商的运作协同（微课）

二、SCOR 模型的应用

SCOR 模型在供应链设计与优化、供应链流程再造与整合、供应链标杆管理、供应链绩效评估与管理中发挥着非常重要的作用。下面以制造企业供应链的构建为例，说明该模型的应用步骤。

SCOR 模型的应用步骤（微课）

（一）SCOR 模型在制造企业供应链构建中的应用

首先，供应链管理者应从企业供应链的物理布局开始构建供应链；接下来，根据本企业供应链流程的特点，选择 SCOR 模型配置层中的标准流程元素描述其供应链。具体包括以下几个步骤。

（1）选择拟构建的供应链的节点企业和物流节点，以及相应的产品组合；

（2）确定计划流程（P）、采购流程（S）、生产流程（M）、交付流程（D）和退货流程

---

① 补货（replenishment）是指“为保证物品存货数量而进行的补充相应库存的活动”（GB/T 18354-2021）。

（R）发生的位置；

（3）采用适当的供应链运作流程（S、M、D 等）标明每一供应链节点的活动（1 代表 MTS，2 代表 MTO，3 代表 ETO，例如 S1 代表“备货生产”方式下的采购或“基于需求预测的备货”，D1 代表“配送库存产品”，D2 代表“配送订单生产的产品”）；

（4）用“箭线”连接供应链各节点。这些箭线把物料（广义的物料，包括半成品和产成品在内）流经的供应源、供应商、制造商、分销商、零售商、用户以及供应链流程联系在一起。描绘这些箭线有助于管理者了解供应链中哪些是共同的执行流程，哪些是独立的执行流程，从而为延迟决策奠定基础；

（5）用虚线表达计划流程，以显示与执行流程的联系；

（6）标注 P1（供应链计划）。P1 可以通过汇总 P2（采购计划）、P3（生产计划）和 P4（配送计划）得出。

（二）以智能手机制造商为核心企业的供应链流程构建及分析

图 10.10 是基于上述步骤构建的以某智能手机制造商为核心企业的供应链流程。

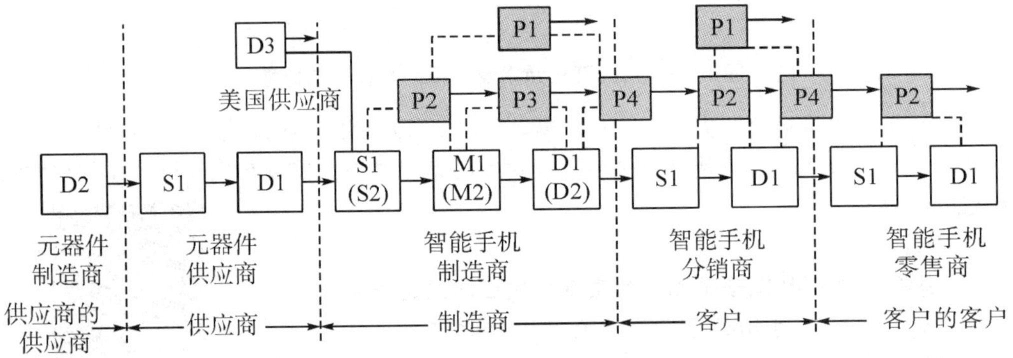

图 10.10　以智能手机制造商为核心企业的供应链流程

需要说明，对多数制造企业而言，一般采用“插单生产”策略，即企业首先在市场调查分析与需求预测的基础上制订经营计划，根据经营计划制订销售计划，根据销售计划制订生产计划，根据生产计划制订采购与供应计划，接下来组织采购（S1）与生产（M1）活动。但企业在执行原生产计划时，可能会接到客户的订单。在进行订单处理并接受订单后，企业需要检查成品库存以确认其能否满足订单需求，如果能满足，则进行库存货物发运（D1），同时调整（修正）原来的生产计划；如果成品库存不能满足订单需求，则调整（修正）原来的生产计划，进行“订单生产”（M2），相应地，可能会根据订单需要进行“订单采购”（S2），在得到成品后，进行“订单配送”（D2）。换言之，该智能手机制造商供应链的关键运作流程可能包含 S1M1D1 或 S2M2D2 或 S1M2D2 等类型。当然，为了更好地实现供需匹配，现代企业需要制订供应链综合计划（SCAP）和销售与运作计划（S&OP）。前者主要从事业部层面出发，在综合考虑企业需要的资源和企业内外（特别是供应链伙伴）资源约束的基础上，制订针对产品族的计划；后者则主要从销售与运作（采购、生产、物流）协同的角度去制订供需匹配的供应链计划。它借助 IT 形成应用系统，使企业经营计划、不受约束的营销计划和有约束的资源计划一体化同步运作，在快速响应用户需求的基础上达成企业营利的目标。

综上所述，供应链运作参考（SCOR）模型在供应链运作与管理中的应用很广，其每个层次都可用于分析企业供应链的运作。笔者结合理论及实证研究提出了供应链运作关键绩效指标（KPI）并对这些指标进行了定义；制造企业运作流程的典型组合方式有 S1M1D1（预测驱动）、S2M2D2（订单驱动）、S3M3D3（定制驱动）、S1M2D2（推拉结合）等类型，而流通企业运作流程的典型组合方式有 S1D1（预测驱动）和 S2D2（订单驱动）两种类型；S1 的本质是提前备货，而 D1 的本质是配送库存产品；企业为更好地实现供需匹配，需要制订供应链综合计划（SCAP）和销售与运作计划（S&OP），它们分别从事业部层面和职能协同层面实现供需平衡。

10.5　供应链策略成本管理

【引例】

以策略成本管理制胜的美国西南航空公司

美国西南航空公司（Southwest Airlines）成立于 1971 年。公司成立 3 年后开始盈利，并且一直处于盈利状态。该公司的价值主张是低成本、高可靠性和良好的服务。为了支持这一价值主张，并在与大型航空公司的竞争中获利，公司需要构建一条可以为乘客提供所承诺的服务，同时消除非增值环节、有效控制成本的供应链。

美国西南航空公司通过运用策略成本管理的思想和方法，使公司在竞争中制胜。相应的，其供应链呈现出以下特点：①公司在一些交通枢纽城市尽可能利用吞吐量不大、飞机起降不繁忙的第二机场，以便降低运营成本，减少飞机起降等待时间，提高飞机起讫的准时性与可靠性。②公司使用单一机型（波音 737），以提高飞行员及机组人员、飞机维修、航班周转及在需要时置换飞机的效率。③公司对飞机进行升级改造，以降低燃油成本和维修成本，同时降低噪音，并合理调整运程，以达到降低运营成本和改善服务水平、提高乘客满意度的目的。④公司不为乘客提供预订座服务，机舱不分头等舱和普通舱，飞行途中不为乘客提供餐食，以此来降低运营成本，加快飞机周转，提高飞机的利用率。⑤公司精心挑选并培训员工使其具有多种技能，以便员工在工作中能够体现公司的经营理念（为乘客提供满意的服务），并在需要时承担任何岗位的工作。⑥公司不与旅行社合作，乘客自行购票（不通过旅行社订购机票），以减少供应链的环节，降低运营成本，同时提高效率。

美国西南航空公司认为自己是美国唯一的短途、低价、高效、点对点的航空运输公司。其价值主张是由它的供应链设计（如机场和机型的选择）及公司对消除非增值环节、降低运营成本的不懈努力支撑起来的。这使其成为策略成本管理的成功案例。该公司有卓越的战略和战略执行能力，后者包括策略成本管理理念在公司全体员工中的强化。

想一想：该公司是怎样通过供应链策略成本管理来实现营利的？

策略成本管理是供应链绩效管理的重要方法之一。企业通过供应链分析、价值主张分析及成本动因分析，能够有效降低供应链的运营成本，提升供应链的运营绩效。

一、策略成本管理的基本原理

降低成本、获取利润一直是企业经营管理者追求的目标，也是评价供应链绩效的重要因素。降低成本对企业利润的贡献比增加营业收入要大得多，这是所谓的“利润杠杆效应”。但是，企业降低某一职能的成本不能孤立地进行，还必须考虑其他职能对成本的影响，甚至供应链成员企业之间的相互影响。因此，策略成本管理是在支持企业的价值主张①的同时，运用供应链管理的思想和方法及成本管理方法降低企业的成本，提高企业的赢利性。策略成本管理包括供应链分析、价值主张分析和成本动因分析三大要素。

供应链分析是企业对从供应源到需求源的物流、资金流、信息流及供应链运作与管理流程所进行的分析。企业可以在综合考虑供应链上的各种关系及供应链参与体之间互动的基础上，对特定的成员（如供应商、制造商、零售商、客户等）及供应链提供的产品或服务进行分析。供应链分析始于企业绘制供应链结构图及供应链流程图，终于企业对供应链绩效问题的梳理及其原因分析，以及供应链绩效改善方案的提出。一般而言，与供应链设计有关的决策会影响企业的成本结构、价值主张和生产能力。

价值主张分析是企业竞争战略的本质。通过价值主张分析，企业可以选择最有效的方式参与市场竞争。不同企业的价值主张往往不同。而且企业的价值主张不是一成不变的，随着时间的推移或伴随着产品生命周期的变化，企业的价值主张可能会发生变化（转移）。企业可能会采用不同价值主张的组合，不同的战略业务部门也可能会采用不同的价值主张。

成本动因分析是指企业管理者通过分析，识别在供应链运作与管理过程中产生成本的流程、活动与决策。在不同的时段，针对不同的产品或服务，企业的成本动因往往不同。常见的成本动因包括：企业开展业务外包的程度、企业使用非标准化的原材料或零部件、企业的运作规模大小、企业的产品组合程度等。企业在制定成本降低策略时必须把成本动因与其对企业价值主张的影响联系起来进行分析。

二、策略成本管理的方法

典型的策略成本管理方法有作业成本法和总体拥有成本分析等。

（一）作业成本法

作业成本法是美国芝加哥大学的青年学者库伯和哈佛大学教授卡普兰于 1988 年提出的，目前被认为是确定和控制成本最有前途的方法。

1. 作业成本法的概念与原理

作业成本法（activity-based costing，ABC）是以成本动因理论为基础，通过对作业进行动态追踪，评价作业业绩和资源利用情况的成本计算方法②。其实质是将提供产品或服务的间接成本与实际产生这些成本的作业活动相匹配。该法把成本、驱动成本的作业活动及其占用的资源直接联系起来，有助于管理者理解重要流程的本质。虽然作业成本法可以作为一个会计系统使用，但其主要用途是用于评估某个具体产品、渠道或客户的利润水平，是重要的策略成本管理方法。

作业成本法中有许多新的概念，图 10.11 显示了作业成本模型。资源按资源动因分配到作业或作业中心，作业成本按作业动因分配到产品。分配到作业的资源构成该作业的成本要素，多个成本要素构成作业成本池，多个作业构成作业中心。作业动因包括资源动因和成本

---

① 企业的价值主张即企业通过采取何种策略、方法和手段来创造价值，这包括能够用货币来衡量的价值和不能用货币来衡量的价值，包括给企业创造的价值和给客户创造的价值等多方面的内涵，其具体表现形式可以是企业的盈利点、企业使命等。

② 作业成本法在物流领域的应用即物流作业成本法。物流作业成本法（logistics activity-based costing）是指“以特定物流活动成本为核算对象，通过成本动因来确认和计算作业量，进而以作业量为基础分配间接费用的物流成本管理方法”（GB/T 18354-2021）。

动因，分别是将资源和作业成本进行分配的依据。

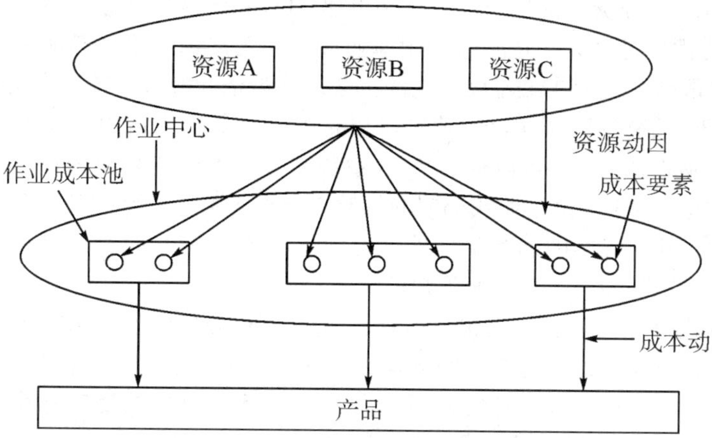

图 10.11　作业成本模型

作业成本法的基本原理是，产品消耗作业，作业消耗资源并导致成本的产生。作业成本法把成本核算深入到作业层次，它以作业为单位收集成本，并把“作业”或“作业成本池”的成本按作业动因分配到产品。

作业成本法的提出有重要的意义。一方面，作业成本法根据不同的作业类型，利用多个成本动因进行核算，不仅能够准确提供产品或服务的成本，尤其是间接成本，而且有助于企业了解客户是如何影响其成本结构的。另一方面，作业成本法着眼于企业生产中的价值增值活动，在整个供应链管理过程中有助于去除无效成本，优化流程。

2. 作业成本核算的步骤

作业成本核算的基本步骤如下。

（1）明确成本对象，即确定管理者要分析的产品、服务或客户。

（2）界定作业（活动）。作业（活动）是基本的工作单元，作业的类型和数量因企业而异。该步骤主要是确定企业的作业中心。比如，一个退货处理部门就是一个作业中心，其作业包括产品回收、运输、拆卸、零件翻新再利用及材料再生等。再如，客户服务部门的作业（活动）包括处理客户订单、解决产品问题以及提供客户报告三项作业。

（3）界定资源。企业活动消耗的资源主要包括劳动力、设施设备及能源等，资源的界定建立在作业分类的基础上，与作业无关的资源不能计入成本核算的范围。

（4）确认资源动因，将资源分配到作业。作业决定资源的耗用量，这种关系称作资源动因。资源动因联系着资源和作业，它把总分类账上的资源成本分摊到作业。在计算作业资源要素成本额时，应注意产品性质的不同会引起作业方式的不同。比如，药品适合独立小包装，大宗消费品适合整盘包装，包装方式的不同会进一步造成运输方式的不同。资源的耗费总是与一定的作业相关联，作业方式的不同会带来资源消耗的差异。

（5）确认成本动因，将作业成本分配到产品或服务。成本动因反映了成本对象对作业消耗的逻辑关系。例如，问题最多的产品产生的客户服务电话最多，故客户服务部门应该按照电话数的多少（作业动因）把解决顾客问题的作业成本分配到相应的产品。

3. 作业成本分析与优化的步骤

企业在进行作业成本分析与优化时，一般遵循以下几个步骤。

（1）设置目标、明确范围、成立小组。第一步的主要工作是设置ABC系统分析与优化的目标，明确ABC系统分析与优化的范围，并组建ABC系统实施小组。企业管理者必须明确ABC系统分析与优化的目标，并能够利用作业成本相关的信息进行正确的决策。一般而言，这些信息可以帮助管理者找出流程改进的机会，并为企业与供应链合作伙伴建立双赢的关系奠定基础。ABC系统分析与优化的范围可以是整个企业，也可以是企业独立核算的某个部门。比如，企业的物流中心可以通过ABC系统来分析不同产品或客户所分摊的物流成本①。ABC系统实施小组应该由企业或部门的领导来牵头，企业的财务部门负责人及相关人员参与，还应该邀请外部咨询顾问参加。外部咨询专家具有ABC系统实施的经验，有利于企业借鉴其他企业成功的经验，以规避失败的风险。

（2）了解企业的运作流程，收集相关信息，建立ABC分析模型。ABC系统实施小组通过梳理企业的经营运作流程，理清企业的成本流动过程，找出导致成本发生的因素，明确各个部门对成本的责任，以便设计作业活动及责任控制体系。ABC系统实施小组在对企业的经营运作进行充分了解与分析的基础上，按照ABC系统设计原理设计企业的ABC分析模型，明确成本对象、作业活动、作业动因及资源和资源动因。ABC系统计算要求流程可视化以及关于产品、服务、作业活动、资源及成本的大量信息，这是一项十分繁琐的工作。

（3）开发ABC系统实施工具，运行ABC系统，进行作业成本分析，并对症下药采取成本优化措施。ABC系统能够提供比传统会计体系更加丰富的信息，这是建立在大量计算基础之上的。ABC系统的实施离不开软件工具的支持，软件工具有助于系统完成复杂的成本核算任务，有助于系统对相关信息进行分析。ABC系统软件提供了ABC系统构造工具，可以帮助实施小组建立和管理ABC系统。实施小组在建立ABC系统的基础上，输入数据就可以运行ABC系统。接下来，实施小组对ABC系统的计算结果进行分析，针对成本核算反映的问题（如成本偏高或成本结构发生变化）采取相应的改进措施（如改进作业流程以提高作业效率、改变作业方式、剔除无价值的作业活动、加强对部门及员工的业绩考核等）以改善经营绩效。

需要指出，企业是一个变化的实体。在ABC系统正常运行以后，企业还需要对ABC分析模型进行维护，使其能够反映企业的发展变化。伴随着企业的经营运作，ABC系统的运行、分析及采取降本增效措施是一个不断循环的过程。

（二）总体拥有成本分析

在很多行业，市场竞争日益激烈，迫使企业降低产品售价以更好地与同业竞争。为了保证目标利润率，企业必须对成本管理及供应链成本结构进行改善。为此，企业管理者就需要关注与供应链流程相关的交易成本。这是总体拥有成本分析被越来越多的企业所重视的主要原因。

总体拥有成本（total cost of ownership，TCO）是指企业对拥有的原材料、零部件、半成品、产成品及其他物料乃至机器、设备、工具等固定资产所承担的全部成本。总体拥有成本（TCO）分析是企业管理者从供应链的角度理解所有相关成本的工具。它能够使管理者从更大的范围去考虑除采购价格之外的物料（物品）成本。特别的，对设备类品项而言，总体拥有成本通常包括获取成本、运行成本、维护成本和处置成本等。在进行TCO分析时，我们并不用精确地计算物品的所有成本项。相反，人们只需要关注主要的成本项以及与正在制定的决策相关的成本。

---

① 胡建波. 现代物流基础［M］. 4版. 北京：清华大学出版社，2019：218.

［案例］ **KD公司控制系统的采购**

KD公司成立了一个由采购部门和工程部门人员组成的采购小组，负责KD公司全球所有生产工厂控制系统的采购。控制系统对工厂的生产工艺流程进行控制，尤其是对于那些高度自动化的工厂，控制系统发挥的作用不可低估。在选择供应商时，KD公司尽可能减少供应商的数量，而且小组偏重于考察控制系统的寿命周期成本而非购置成本。寿命周期成本包括隐性成本和显性成本两部分。隐性成本包括工程安装、操作培训、零部件更换、维修保养、可靠性（质量成本）等方面的成本。KD公司估计隐性成本是单位购置成本的2.5倍。小组在全球范围内选择供应商。小组首先对潜在控制系统供应商进行评估，主要评估供应商的产品质量、服务水平、潜在的成本降低能力、全球竞争能力、战略导向等要素。在评估的基础上小组将供应商分为三类：世界一流供应商、首选的供应商和淘汰的供应商。KD公司选择尽可能少的供应商并与之合作。通过与少数优质供应商的合作，KD公司降低了控制系统25%的全产品生命周期成本。尤其是对于KD公司的小型生产工厂，获得了控制系统安装周期缩短、供应商允诺持续改善、地方分销商愿意持有闲置部件、供应商在产品设计早期参与（EPI/ESI）等好处。

总体拥有成本（TCO）分析通常包括以下步骤。

（1）明确TCO分析的动因。企业进行TCO分析有多方面的原因。可能的原因包括：建立绩效评价指标（KPI）、采用标杆法进行绩效评价、进行成本动因分析、建立成本分析框架、采购成本控制、采购决策、业务外包决策、部门（或职能）协同、构建商业模式、实现持续改善、开发盈利项目等。

（2）确定TCO分析的期望收益。企业实施TCO分析的收益应该大于其投入。因为TCO分析需要企业某一部门乃至相关部门付出大量的实践与努力。为此，企业管理者需要权衡TCO分析的收益与成本。如果TCO分析项目预期的收益大于成本，则TCO分析是值得的；反之，管理者就需要判断所选择的项目是否具有一个成功的TCO分析项目所具有的特征。比如，企业在进行采购或外包决策时，满足以下特征的产品或服务就是比较好的TCO分析对象：①产品或服务的采购成本高；②产品或服务的采购有规律可循（通过TCO分析，有利于采购部门参考历史采购成本数据进行采购决策；有利于企业收集当前采购成本信息丰富采购档案）；③交易成本高；④降低交易成本存在可能性（如企业与供应商进行谈判、更换供应商、优化上游价值链、帮助供应商降低成本等）；⑤若采购部门与使用部门等相关部门加强合作，可以了解产品或服务的成本结构。

（3）组建TCO分析团队。通常，TCO分析团队应该由企业的高层管理者、采购部门的人员、物料（物品）使用部门的人员、财务部门人员、有关的技术专家，甚至供应链合作伙伴（如关键的客户、供应商、物流商等）构成。需要说明，如果供应链合作伙伴对企业的TCO分析有影响，抑或分析结果对其有影响，企业应该将其纳入TCO分析团队。

（4）进行TCO分析，即TCO分析团队识别相关成本、收集有关数据并计算总体拥有成本。首先是识别相关成本。为了帮助TCO分析团队搞清楚产品相关的潜在成本，我们一般需要画出产品使用流程图，再通过头脑风暴的形式进行成本动因分析，并确定与决策相关的关键成本动因和影响决策的非成本项目。与决策相关的关键成本需要TCO分析团队在调查研究的基础上进行计算；影响决策的非成本项目则是"软成本"，不包含在TCO计算中，一般可作为定性问题反映在分析报告中。

以生产企业典型的原材料采购为例，典型原材料采购的TCO主要构成部分如图10.12所示。

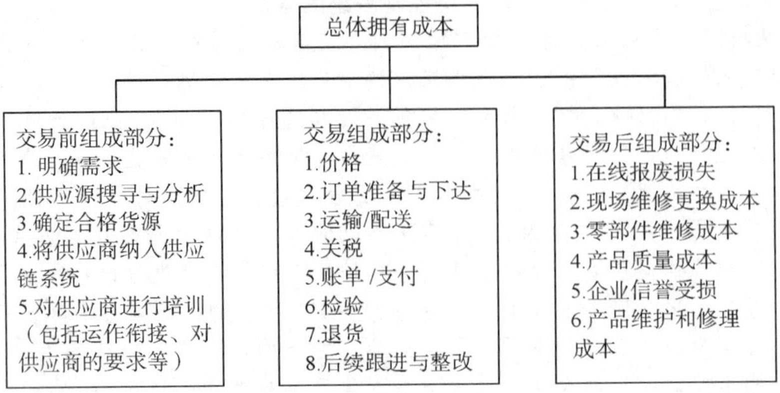

图 10. 12　典型原材料采购的 TCO 主要构成部分

接下来是收集成本数据。这需要花费很多的人工劳动，因为很多必要的数据不能在会计系统中找到。因此，保证分析规模的合理性即确保 TCO 分析的收益大于成本是很重要的。

（5）进行灵敏度分析。实施团队可以根据需要对 TCO 分析方法做适当调整，并进行灵敏度分析。TCO 计算模型中很多成本是可以估计的。对于关键的成本动因，TCO 分析团队要给出合理的取值范围，进行灵敏度分析，搞清楚成本数值改变时模型的灵敏度。如果决策不会因数据的变化而变化，说明决策结果是合理的。如果 TCO 分析团队认为数据准确、可靠，就可以将这些数据应用于决策。

（6）成本优化与持续改善。如果实施团队认为 TCO 分析结果可信，就可以向企业高层提交报告。该报告应该既有 TCO 分析的量化结果，又有包含非成本项目的定性“软成本”。报告的主要内容包括：摘要、TCO 分析概述、灵敏度分析、非成本项目及处理、建议、附录。其中，摘要应该反映 TCO 分析的项目背景、可选择的产品概要、关键问题、TCO 分析结果、关键因素的灵敏度分析及建议。而详细的计算过程与模型假设应该放入附录。一旦 TCO 分析报告得到企业高层的认可，接下来的成本优化过程与结果以及对过程的监控就显得至关重要，因为这关乎企业流程的优化与绩效的改善。需要说明，企业成本分析与优化是一个持续改善的过程，企业根据需要可以从上述第一步开始直到最后一步结束，周而复始，循环往复，持续改善。

小结

供应链绩效评价是供应链管理的最后一环。供应链绩效管理的方法主要有供应链绩效评价指标体系法、供应链平衡计分卡模型法、供应链运作参考模型法、供应链绩效标杆管理法及作业成本法和总体拥有成本分析等供应链策略成本管理方法。供应链绩效评价指标应基于供应链业务流程来设计并能够恰当地反映供应链整体运营状况及节点企业之间的运营关系。标杆管理包括战略性标杆管理、运营标杆管理和支持性活动的标杆管理三种类型。供应链绩效标杆被广泛应用于建立供应链绩效标准、设计供应链绩效过程、确定供应链绩效度量方法及供应链绩效目标管理等方面。平衡计分卡模型是基于财务与非财务相结合的结构化的企业绩效评价体系，以综合、平衡为原则，从财务、顾客、内部业务流程及学习与成长四个方面来评价组织的绩效，从形式上把组织的总体目标、战略和评价指标有机结合在一起。该模型与供应链管理流程相结合，为企业竞争战略与供应链管理策略的匹配、实现平衡的供应链绩效评价提供了一个完整的框架。策略成本管理包括供应链分析、价值主张分析和成本动因分析三大要素。供应链分析始于企业绘制供应链结构图及供应链流程图，终于企业对供应链绩效问题的梳理及其原因分析，以及供应链绩效改善方案的提出。价值主张分析是企业竞争战略的本质。通过价值主张分析，企业可以选择最有效的方式参与市场竞争。成本动因分析是指企业管理者通过分析，识别在供应链运作与管理过程中产生成本的流程、活动与决策。作业成本法是以成本动因理论为基础，通过对作业进行动态追踪，评价作业业绩和资源利用情况的成本计算方法。其实质是将提供产品或服务的间接成本与实际产生这些成本的作业活动相匹配。该法把成本、驱动成本的作业活动及其占用的资源直接联系起来，有助于管理者理解重要流程的本质。其主要用途是用于评估某个具体产品、渠道或客户的利润水平，是重要的策略成本管理方法。总体拥有成本是指企业对拥有的原材料、零部件、半成品、产成品及其他物料乃至机器、设备、工具等固定资产所承担的全部成本。总体拥有成本（TCO）分析是企业管理者从供应链的角度理解所有相关成本的工具。供应链运作参考（SCOR）模型是第一个标准的供应链流程参考模型，由美国供应链协会开发成功。SCOR 模型是供应链的设计和诊断工具，涵盖所有的行业，能够使企业间准确地交流供应链运营的有关问题，客观地测量、评价供应链的运作绩效并确定新的供应链管理目标。SCOR 模型采用流程参考模式，管理者借助其分析公司目标和流程的现状，对供应链业务运作绩效进行量化评价，并将其与绩效目标值进行对照、分析，进而优化供应链绩效。SCOR 模型在供应链设计与优化、供应链流程再造与整合、供应链绩效评估与管理中发挥着越来越重要的作用。

同步测试

一、判断题

1. SCPR 即中国企业供应链管理绩效评价参考模型，是中国电子商务协会供应链管理委员会于 2003 年 10 月发布的。它是第一个标准的供应链流程参考模型。（　）

2. 供应链分析始于企业绘制供应链结构图及供应链流程图，终于企业对供应链绩效问题的梳理及其原因分析及供应链绩效改善方案的提出。（　）

3. 总体拥有成本分析是以成本动因理论为基础，通过对作业进行动态追踪，评价作业业绩和资源利用情况的成本计算方法。其实质是将提供产品或服务的间接成本与实际产生这些成本的作业活动相匹配。（　）

4. 价值主张分析是企业竞争战略的本质。价值主张分析可以帮助企业选择最有效的方式参与市场竞争。（　）

5. 平衡计分卡模型是基于财务与非财务相结合的结构化的企业绩效评价体系。它以综合、平衡为原则。（　）

6. 成本动因分析是指企业管理者通过分析，识别在供应链运作与管理过程中产生成本的流程、活动与决策。（　）

7. SCOR 模型采用流程参考模式，管理者借助其分析公司目标和流程的现状，对供应链业务运作绩效进行量化评价，并将其与绩效目标值进行对照、分析，进而优化供应链绩效。（　　）

8. 作业成本法（ABC）是企业管理者从供应链的角度理解所有相关成本的工具。而总体拥有成本（TCO）分析的主要用途是用于评估某个具体产品、渠道或客户的利润水平，是重要的策略成本管理方法。（　　）

9. D1 的本质是提前备货，而 S1 的本质是配送库存产品。（　　）

10. SCOR 模型在供应链设计与优化、供应链流程再造与整合、供应链绩效评估与管理中发挥着越来越重要的作用。（　　）

二、单选题

1. 按照 SCOR 模型的流程定义可将其划分为（　　）个层次。
   A. 二　　B. 三　　C. 四　　D. 五

2. SCOR 模型第一层包括（　　）个基本流程。
   A. 二　　B. 三　　C. 四　　D. 五

3. 在 SCOR 模型的基本流程中，（　　）是核心流程。
   A. 采购　　B. 生产　　C. 交付　　D. 计划

4. SCOR 模型的配置层由（　　）种核心流程类型组成。
   A. 16　　B. 26　　C. 19　　D. 29

5. （　　）是重要的策略成本管理方法。
   A. KPI 法　　B. BSC 法　　C. ABC 法　　D. SCOR 模型法

6. （　　）在一定程度上可以反映供应链企业生产的产品是否适销对路。
   A. 产销率　　B. 产需率
   C. 平均产销绝对偏差　　D. 供应链产品出产循环期或节拍

7. （　　）在一定程度上可以反映供应链节点企业或核心企业满足用户需求的程度。
   A. 产销率　　B. 产需率
   C. 平均产销绝对偏差　　D. 供应链产品出产循环期或节拍

8. （　　）在一定程度上可以反映供应链在一定时期内的总体库存水平。
   A. 产销率　　B. 产需率
   C. 平均产销绝对偏差　　D. 供应链产品出产循环期或节拍

9. （　　）指节点企业混流生产线上同一种产品的出产间隔期。
   A. 供应链产品投产节拍　　B. 供应链产品出产节拍
   C. 平均产销绝对偏差　　D. 供应链产品出产循环期

10. （　　）反映供应链的核心竞争力。
   A. 供应链产品质量　　B. 新产品开发率
   C. 专利技术拥有比例　　D. 用户满意度

三、多选题

1. 供应链绩效管理的方法包括（　　）。
   A. 供应链绩效评价指标体系法　　B. 供应链运作参考模型法
   C. 供应链平衡计分卡模型法　　D. 供应链绩效标杆管理法

2. 策略成本管理包括（　　）几大要素。

A. 供应链分析　　B. 价值主张分析　　C. 成本动因分析　　D. 作业成本分析

3. 供应链绩效评价应遵循的原则包括（　　）。

A. 突出重点　　B. 突出供应链运营状况的整体性

C. 实时分析与评价　　D. 重视对节点企业之间关系的评价

4. 反映供应链流程的绩效指标包括（　　）。

A. 产销率　　B. 产需率　　C. 平均产销绝对偏差　D. 供应链总运营成本

5. 反映供应链节点企业关系的绩效指标包括（　　）。

A. 准时交货率　　B. 成本利润率

C. 产品质量合格率　　D. 供应链产品出产循环期

6. 供应链运营成本包括（　　）。

A. 供应链通信成本　　B. 供应链库存成本

C. 供应链节点之间的运输成本　　D. 供应链的机会成本

7. 平衡计分卡模型从（　　）方面来评价组织的绩效。

A. 财务　　B. 顾客　　C. 内部业务流程　　D. 学习与成长

8. 除了计划流程外，SCOR 模型的第一层还包括（　　）流程。

A. 采购　　B. 生产　　C. 交付　　D. 退货

9. 制造企业供应链运作流程的典型组合方式包括（　　）类型。

A. S1M1D1　　B. S2M2D2　　C. S3M3D3　　D. S1M2D2

10. 流通企业运作流程的典型组合方式包括（　　）类型。

A. S1D1　　B. S2D2　　C. S1D2　　D. S2D1

四、案例分析题

案例 1：AS 连锁超市的供应链绩效管理

一、公司概况

AS 连锁超市集团公司的前身是一家具有 50 年历史的国有批发企业。在改革创新思路的指引下，自 1997 年 12 月公司创办第一家大卖场超市起，该企业在省内得到了快速发展。经过公司管理者的不懈努力，该公司目前已成为省内最大的连锁超市企业。公司注册资本 1.2 亿元，已经连续 5 年保持了在全省连锁超市中销售规模第一的领先地位，现共有大卖场、综合超市、标准超市、便利店四种超市业态的大小门店 300 多家，其中单店面积最大的达 2 万多平方米。省内 10 个地市均有该公司的门店，有员工近万人，2002 年销售额达 18 亿元，税后利润达 3 000 多万元；2003 年销售额达 28 亿元，税后利润达 5 000 多万元；2004 年销售额达 34 亿元，税后利润达 6 000 多万元。目前公司正以每年新开 125 家门店的规模，快速地向前发展。

二、公司部门本位主义思想严重

虽然公司取得了辉煌的业绩，但在运营中仍然存在一些问题，其中比较典型的是部门本位主义思想严重。在公司，经常都会听到一些员工对其他部门产生抱怨，一旦有什么问题，总是把原因向其他部门推。比如，配送中心的员工经常抱怨商品管理部订购的商品过多，门店销售业绩不好，经常退货；门店的员工经常抱怨畅销品总是卖断货，而滞销品总是源源不断地向门店配送；商品管理部则认为是门店销售不力，配送中心的运营效率不高。一些员工还感到，与供应商和顾客相比，和本公司其他部门人员的沟通反倒更困难。

三、问题原因分析

公司的供应链总监认为，这应该从公司的绩效评价指标体系去考查。因为公司为部门设定的绩效指标仅仅是考核部门业绩的指标，缺乏公司整体供应链绩效的考核指标，这样，对各部门业绩的评价是孤立的，是部门利益对其产生了激励作用。所以各部门都追求本部门利益的最大化，都站在本部门利益的角度去思考问题，很少有人能够从公司供应链整体效益的角度去考虑问题，这直接导致了信息在公司内部不能快速准确地流动，导致公司的供应链资源得不到有效利用，公司内部部门间不能实现资源共享，从而影响了公司整体的经济效益。

四、采取的措施

在深入分析了问题存在的原因后，公司实施了完善的供应链绩效评价和激励机制，以确保公司内部各部门以及供应链业务流程各环节，都要以满足消费者的需求为目标。

对于配送中心来说，就是要做到如何科学管理，合理地安排存货，并能快速、准确、准时地将商品配送到门店，以满足门店销售的需要。对于门店而言，就是要做到科学、合理地制订要货计划，并尽量提高商品的销量，不至于使商品在门店积压形成库存。为此，必须要有一整套科学、合理的绩效评价指标体系，根据这些指标对供应链各环节的业务进行一体化考核，并且所下达的经济指标和任务完成程度的奖惩，不应有轻有重，而应一视同仁。

对于商品管理部，要对商品的总集、商品的引进速度、商品的价格、商品的库存周转、商品的适销率、新品成活率等指标进行考核。对于配送中心，要对门店的需求满足率、库存周转率（期）、配送时效、人均劳效、总费率、账实相符、需求满足率、订货平均成本、缺货率以及缺货成本等指标进行考核。对于门店，要对销售、利润、消费者需求情况的把握（对所在门店区域消费者总的需求变化能及时掌握，并及时向上游反馈）、购物环境（包括卖场环境、收银速度、方便消费者、商品陈列等）、要货准确率、逆向物流成本等指标进行考核。

在对供应链业务流程进行一系列 KPI 指标考核的基础上，建立科学、完善、合理的激励机制。具体而言，就是要在对各部门各环节独立考核的基础上，形成对完整供应链业务流程的综合考核机制（部门考核占 80%的权重，公司整体绩效考核占 20%的权重）。例如，库存周转率、销售利润率、消费者需求满足率等一些需要供应链各环节协同运作才能取得成效的指标，在相关部门的绩效考核中要占到 20%的权重。因为如果这些指标只是针对供应链中某个环节进行单独考核，而不与整体供应链绩效挂钩，必然会出现“局部最优”，但“整体不优”的局面。无法想象，如果采购部门采购不到适销对路的优质商品，销售部门又如何能提高销量？反之，若采购部门采购到适销对路的优质商品，但配送中心不配合、门店销售人员不积极，商品又怎么能够销得出去？企业的销售指标又怎么能完成？另一方面，若仅仅根据采购成本的节约额度来评价采购人员的绩效，又怎能确保所购商品的质量？

因此，在供应链系统中，如果门店的销售任务及利润完不成，其他相关部门也必须承担相应的责任；配送中心的库存周转率或库存周转期达不到要求，对其他有关部门也必须追究责任。同理，在对某部门进行奖励时，对供应链中相关部门也必须根据其所发挥的作用给予相应的奖励，以促使供应链上各环节各部门的员工都能从公司供应链绩效最大化的角度去思考问题，最终实现利润最大化的企业经营目标。

根据案例提供的信息，请回答以下问题：

1. 如何正确处理供应链绩效与部门绩效之间的关系？
2. 如何将供应链绩效评价与部门绩效评价有机结合？
3. 怎样根据企业的实际情况设置供应链绩效评价指标？
4. 根据 AS 连锁超市集团公司的实际情况，你认为应该设置哪些供应链绩效评价指标？

案例2：IBM公司欧洲PC产品的供应链管理

供应链管理的实现，是把供应商、制造商、分销商、零售商等在一条供应链上的所有节点企业都联系起来进行优化，使生产资料以最快的速度，通过生产、分销环节变成增值的产品，到达有消费需求的消费者手中。这不仅可以降低成本，减少社会库存，而且使社会资源得到优化配置，更重要的是通过信息网络、组织网络实现了生产及销售的有效连接和物流、信息流、资金流的合理流动。

计算机产业的戴尔公司在其供应链管理上采取了极具创新的方法，体现出有效的供应链管理比品牌经营更好的优越性。戴尔公司的成功为其他电脑厂商树立了榜样，使他们目睹了戴尔公司的飞速成长。作为戴尔的竞争者之一，IBM公司过去倾向于根据库存来生产计算机，由于其制造的产品型号繁多，常常发现在有的地区存储的产品不合格，丧失了销售时机。计算机面临的另一问题是技术上的日新月异，这意味着库存会很快过时，造成浪费。为解决这些问题，IBM和产业界的其他众多计算机厂商正在改变其供应链，使之能够适应急剧变化的市场环境。IBM公司欧洲区PC产品的供应链流程如图10.13所示。

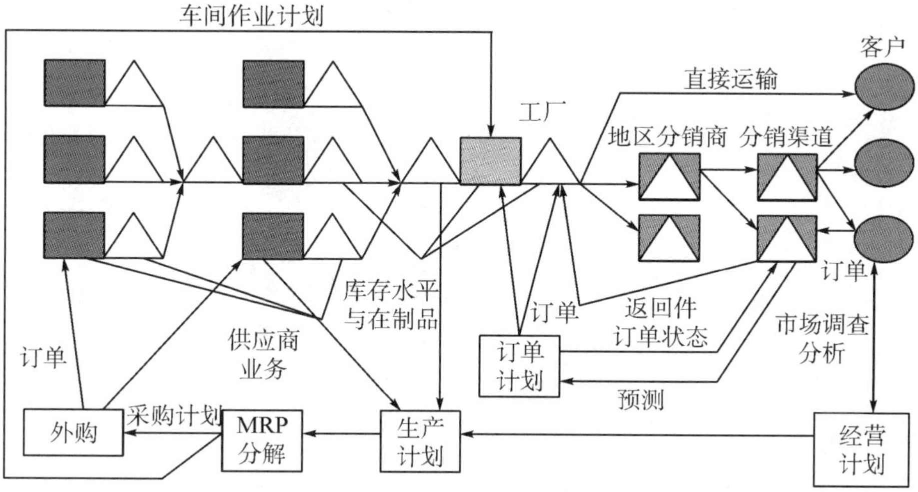

图10.13　IBM公司欧洲区PC产品的供应链流程图

通过实施供应链管理，IBM公司生产的盲目性得到避免，完整的欧洲区供应链管理系统所带来的益处是：帮助IBM公司随时掌握各网点的销售情况，充分了解、捕捉与满足顾客的真正需求，并且按照订单制造、交货，基本上没有生产效率的损失，在满足市场需求的基础上，增进了与用户的关系；能全面掌握所有供应商的详细情况；合理规划异地库存的最佳水平；合理安排生产数量、时间以及运输等问题；合理调整公司的广告策略和价格策略；网上订货和电子贸易；可随时把电脑的动态信息告诉每一位想了解的顾客；减少了工业垃圾和制造过程对环境的破坏。

根据案例提供的信息，请回答以下问题：

1. 请运用波特竞争模型和PEST模型分析IBM公司的经营环境。本案例中，IBM公司的环境构成要素主要涉及哪几种？

2. 在过去，IBM公司欧洲PC的供应链设计主要存在什么问题？后来进行了怎样的调整？

3. 经改进以后，IBM公司的供应链系统发生了什么变化？

4. IBM公司将需求响应策略进行了怎样的调整？

波特竞争模型和PEST模型在公司环境分析中的应用(微课)

5. 缓冲存货点（DP 点）发生了什么变化？有何好处？

6. 请描述 IBM 公司欧洲 PC 的供应链业务流程。

7. 请运用 SCOR 模型分析 IBM 公司欧洲 PC 的供应链业务流程。

8. IBM 公司是否实施了标杆管理？如果实施了，是战略性标杆管理还是运营标杆管理？抑或支持性活动的标杆管理？

9. IBM 公司后来是否实施了延迟策略？如果实施了，是哪一种延迟策略？

10. IBM 公司将其“供应链管理策略”进行了怎样的调整？

11. IBM 公司供应链绩效改善的原因是什么？

12. 请分析产品类型、供应链类型、供应链管理策略、企业需求响应策略、企业竞争战略、经济模式之间的内在匹配关系。

参考文献

[1] 胡建波. 供应链管理 [M]. 2 版. 成都：西南财经大学出版社，2024.

[2] 胡建波. 智慧物流与供应链基础 [M]. 成都：西南财经大学出版社，2024.

[3] 胡建波. 现代物流基础：微课版 [M]. 5 版. 北京：清华大学出版社，2024.

[4] 胡建波. 物流概论 [M]. 3 版. 成都：西南财经大学出版社，2023.

[5] 胡建波. 工作过程系统化的高职“供应链管理”课程教学改革探析 [J]. 供应链管理，2021 (10)：79-85.

[6] 胡建波. 采购成本核算范围的合理界定 [J]. 企业管理，2021 (4)：95-97.

[7] 胡建波. 降库存“舞动”供应链 [J]. 企业管理，2020 (3)：90-93.

[8] 胡建波. 从产品生命周期看采购与供应 [J]. 企业管理，2019 (11)：90-91.

[9] 胡建波. SCOR 模型助力供应链改善 [J]. 企业管理，2018 (10)：82-85.

[10] 胡建波. 延迟策略的实质与缓冲点决策 [J]. 企业管理，2017 (2)：97-99.

[11] 胡建波. 产品生命周期 (PLC) 理论在企业管理中的应用 [J]. 现代商业，2016 (36)：97-98.

[12] 胡建波. 工学结合背景下高职物流管理专业人才培养的思考 [J]. 职教通讯，2015 (7)：60-62，76.

[13] 胡建波，陈敏. 供应链库存管理策略 [J]. 企业管理，2013 (4)：66-68.

[14] 胡建波. 管理学 [M]. 2 版. 成都：西南财经大学出版社，2013.

[15] 胡建波. 延迟策略在供应链管理中的应用 [J]. 企业管理，2012 (2)：100-102.

[16] 胡建波. 探析物流外包的风险与对策 [J]. 企业导报，2012 (4)：34-36.

[17] 胡建波. 合理设置缓冲存货点 [J]. 企业管理，2011 (6)：75-77.

[18] 胡建波. 供应链管理的两种策略 [J]. 企业管理，2011 (7)：80-83.

[19] 胡建波. 牛鞭效应的成因与减弱对策 [J]. 企业管理，2011 (8)：77-79.

[20] 胡建波. 不同生产方式的库存管理策略 [J]. 企业管理，2011 (10)：74-76.

[21] 胡建波. 基于产品类型的供应链管理策略研究 [J]. 中国物流与采购，2011 (14)：74-75.

[22] 胡建波. 物流外包的风险成因与对策 [J]. 中国物流与采购，2011 (17)：56-57.

[23] 胡建波. ABC 分类法及其在物流管理中的应用 [J]. 商业时代，2011 (27)：45-46.

[24] 胡建波. 工商企业物流外包的动因探析 [J]. 中国水运，2011 (3)：35-36.

[25] 胡建波. 供应链设计与优化 [M]. 成都：电子科技大学出版社，2011.

[26] 胡建波. 高职供应链管理实务课程建设与改革研究 [M]. 成都：西南财经大学出

版社，2011.

[27] 胡建波. 物流案例与习题集 [M]. 成都：西南财经大学出版社，2011.

[28] 胡建波. 高职“供应链管理实务”学习领域课程整体设计 [J]. 职业技术教育，2009 (26)：25-27.

[29] 胡建波. 工作过程导向的高职“供应链管理实务”课程重构 [J]. 职业技术教育，2008 (34)：10-12，94.

[30] 胡建波. 企业核心竞争力的培育方法与途径 [J]. 商场现代化，2007 (20)：75-76.

[31] 胡建波，王东平. 供应链管理能力的提升策略 [J]. 企业改革与管理，2006 (7)：15-16.

[32] 胡建波，王东平. 企业核心竞争力的关键构成要素及分析 [J]. 华东经济管理，2006 (7)：103-106.

[33] 胡建波. 基于供应链管理的成都统一企业核心竞争力研究 [M]. 成都：电子科技大学出版社，2005.

[34] 胡建波. 高职院校教师职业能力研究 [M]. 成都：电子科技大学出版社，2012.

[35] 胡建波. 高职院校教师职业能力的内涵与要素分析 [J]. 职教通讯，2011 (5)：70-74.

[36] 胡建波. 高职院校教师职业能力的现状与对策 [J]. 商情，2010 (33)：46-48.

[37] 胡建波. 职业能力的内涵与要素分析 [J]. 职教论坛，2008 (4)：25-27.

[38] 胡建波. 高职学院核心竞争力及培育研究 [J]. 职业技术教育，2005 (34)：40-44.

[39] 汤伶俐，胡建波. 西部科技孵化载体的路径重建 [J]. 企业改革与管理，2006 (10)：26-27.

[40] 马士华，林勇. 供应链管理 [M]. 6版. 北京：机械工业出版社，2020.

[41] 陈荣秋，马士华. 生产与运作管理 [M]. 5版. 北京：机械工业出版社，2017.

[42] 朱占峰，陈勇. 供应链管理 [M]. 3版. 北京：高等教育出版社，2019.

[43] 田学军. 供应链管理 [M]. 北京：中国财富出版社，2013.

[44] 魏际刚. 物流战略 [M]. 北京：中国财富出版社，2013.

[45] 郑称德. 采购与供应管理 [M]. 北京：高等教育出版社，2013.

[46] 华蕊，马常红. 供应链管理 [M]. 北京：中国物资出版社，2006.

[47] 孙春华. CAD/CAPP/CAM技术基础及应用 [M]. 北京：清华大学出版社，2004.

[48] 张成海. 供应链管理技术与方法 [M]. 北京：清华大学出版社，2002.